G. I. GURDJIEFF

BEELZEBUBS ERZÄHLUNGEN
FÜR SEINEN ENKEL

G. I. GURDJIEFF

All und Alles
Erste Serie

G. I. GURDJIEFF

Beelzebubs Erzählungen für seinen Enkel

Eine objektiv unparteiische Kritik des Lebens des Menschen

Drittes Buch

 TRIANGLE EDITIONS, INC.

Die englische Ausgabe von G. I. Gurdjieffs Werk aus dem Jahr 1949 lautet
>Beelzebub's Tales to His Grandson,
An Objectively Impartial Criticism of the Life of Man.
All and Everything. First Series<

Die deutsche Fassung des Werkes,
aus dem Englischen übersetzt von Louise March,
erschien 1950 im Verlag der Palme, Innsbruck, 1967 in Editions Janus, Paris
und dem Freytag Verlag, München, in Kommission,
1981 im Sphinx Verlag, Basel, und 2000 im Diederichs Verlag, München.

Verantwortlich für diese durchgesehene Auflage: SAKEM e.V.
www.gurdjieff-arbeit.de

2010
ISBN 978–0–9823518–2–6 (*Drittes Buch*)
Copyright ©Triangle Editions, Inc., New York

Druck: Libri Plureos GmbH, Friedensallee 273, 22763 Hamburg
Printed in Germany.

PLAN DES GESAMTWERKES

ALL UND ALLES
IN 3 SERIEN

I. Serie

BEELZEBUBS ERZÄHLUNGEN
FÜR SEINEN ENKEL
oder
EINE OBJEKTIV-UNPARTEIISCHE KRITIK DES
LEBENS DES MENSCHEN

II. Serie

BEGEGNUNGEN MIT BEMERKENSWERTEN
MENSCHEN

III. Serie

DAS LEBEN IST NUR WIRKLICH,
,WENN ICH BIN'

Das Ganze ist nach völlig neuen Prinzipien logischer Erwägung geschrieben und strengstens auf die Lösung der folgenden drei Hauptprobleme gerichtet:

Die erste Serie,

um ohne Schonung und Kompromiß die im Denken und Fühlen des Lesers seit Jahrhunderten eingewurzelten Meinungen und Ansichten über alles in der Welt Existierende zu vernichten.

Die zweite Serie,

um den Leser mit dem für eine neue Schöpfung nötigen Material bekanntzumachen und dessen Richtigkeit und Qualität zu beweisen.

Die dritte Serie,

um im Denken und Fühlen des Lesers — anstelle der jetzt von ihm wahrgenommenen eingebildeten Welt — eine Vorstellung zu bilden, die der in Wirklichkeit existierenden Welt entspricht.

WOHLWOLLENDER RAT

aus dem Stegreif eigenhändig vom Autor geschrieben,
als er das Buch in Druck gab.

Den zahlreichen Folgerungen und Schlüssen nach, zu denen ich in meinen experimentellen Forschungen über die Art kam, wie der moderne Mensch neue Eindrücke, Gehörtes oder Gelesenes, verwertet, und auch dem Sinn einer Volksweisheit nach, deren ich mich soeben erinnerte und die aus sehr alten Zeiten auf unsere Tage kam und besagt:

„Jedes Gebet kann von den Höheren Mächten nur dann erhört und eine entsprechende Antwort nur dann erlangt werden, wenn es dreimal gesagt wird:

Erstens – für das Wohlergehen oder den Seelenfrieden unserer Eltern.

Zweitens – zum Wohle unseres Nachbarn

Und erst Drittens — zu unserem eigenen", halte ich es für nötig, auf der ersten Seite dieses ersten, jetzt ganz beendeten und schon in Druck gegebenen Buches folgenden Rat zu erteilen:

„Lies jede meiner Schriften dreimal:

Erstens — wenigstens so mechanisch, wie du gewöhnt bist, alle deine modernen Bücher und Zeitungen zu lesen;

Zweitens — so als ob du einer anderen Person vorläsest;

Und erst Drittens — versuche in das Wesen meiner Schriften einzudringen."

Erst dann kannst du dir deine dir allein eigene Meinung über meine Schriften bilden. Und nur dann kann sich meine Hoffnung verwirklichen, daß je nach deinem Verständnis du den besonderen Nutzen für dich daraus gewinnen wirst, den ich dir mit meinem ganzen Sein wünsche.

DER AUTOR

INHALT

Erstes Buch

		Seite
I.	Erwachen des Denkens.............................	1
II.	Einführung: Warum Beelzebub in unser Sonnensystem kam...........................	53
III.	Warum das Schiff „Karnak" im Fallen Verspätung hatte...............................	59
IV.	Das Fallgesetz..	70
V.	Das System des Erzengels Hariton................	75
VI.	Das Perpetuum mobile............................	78
VII.	Echter Seins-Pflicht bewusst werden..............	82
VIII.	Der freche Schlingel Hassin, Beelzebubs Enkel, erdreistet sich, die Menschen „Wegschnecken" zu nennen...............................	85
IX.	Der Entstehungsgrund des Mondes................	87
X.	Warum die „Menschen" nicht Menschen sind....	94
XI.	Ein pikanter Zug der sonderbaren Psyche des heutigen Menschen	101
XII.	Erstes „Knurren"...................................	105
XIII.	Warum in der Vernunft des Menschen die Einbildung als Wirklichkeit wahrgenommen wird..	111

		Seite
XIV.	Der Anfang von Perspektiven, die nichts sehr Heiteres versprechen...............................	115
XV.	Beelzebubs erste Hinabkunft auf den Planeten Erde...	118
XVI.	Die Relativität des Zeitbegriffs......................	131
XVII.	Erzabsurd: Beelzebub behauptet, daß unsere Sonne weder leuchtet noch wärmt..................	145
XVIII.	Erzphantastisch......................................	161
IX.	Beelzebubs Erzählungen von seiner zweiten Hinabkunft auf den Planeten Erde..................	191
XX.	Beelzebubs dritter Flug auf den Planeten Erde...	223
XXI.	Beelzebub besucht zum ersten Mal Indien........	244
XXII.	Beelzebub zum ersten Mal in Tibet................	270
XXIII.	Der vierte persönliche Aufenthalt Beelzebubs auf dem Planeten Erde...............................	287
XXIV.	Beelzebub fliegt ein fünftes Mal auf den Planeten Erde...	336
XXV.	Der von Oben auf die Erde gesandte Sehr Heilige Aschiata Schiämasch...........................	369
XXVI.	Der Legomonsismus betreffs der Überlegungen des Sehr Heiligen Aschiata Schiämasch unter dem Titel „Der Schrecken der Situation"..........	375
XXVII.	Die Form der Existenzordnung, die der Sehr Heilige Aschiata Schiämasch für die Menschen schuf..	389
XXVIII.	Der Hauptschuldige an der Vernichtung aller Sehr Heiligen Arbeiten Aschiata Schiämasch....	414

Zweites Buch

		Seite
XXIX.	Früchte alter Zivilisationen und Blüten der modernen.	439
XXX.	Kunst.	477
XXXI.	Sechstes und letztes Verweilen Beelzebubs auf dem Planeten Erde.	556
XXXII.	Hypnotismus.	593
XXXIII.	Beelzebub als berufsmäßiger Hypnotiseur.	617
XXXIV.	Beelzebub in Rußland.	631
XXXV.	Änderung in dem geplanten Fallkurs des Zwischen-System-Schiffes „Karnak".	700
XXXVI.	Noch ein klein wenig mehr über die Deutschen...	704
XXXVII.	Frankreich.	707
XXXVII.	Religion.	741
XXXIX.	Der heilige Planet „Fegefeuer".	793

Drittes Buch

XL.	Beelzebub erzählt, wie die Menschen das kosmische Grund-Welt-Gesetz Heptaparaparschinoch kennenlernten und wieder vergaßen.	867
XLI.	Der Bucharische Derwisch Hadschi-Asvaz-Truv.	927
XLII.	Beelzebub in Amerika.	978
XLIII.	Beelzebubs Ansicht über den periodischen gegenseitigen Vernichtungsprozess der Menschen.	1123
XLIV.	Beelzebubs Meinung nach ist des Menschen Auffassung von Gerechtigkeit im objektiven Sinn für ihn eine verfluchte falsche Vorspiegelung.	1190

Seite

XLV. Beelzebubs Meinung nach ist des Menschen Gewinnung von Elektrizität aus der Natur und ihre Vernichtung während ihres Gebrauches eine der Hauptursachen zur Verkürzung des Lebens des Menschen... 1219

XLVI. Beelzebub erklärt seinem Enkel die Bedeutung der von ihm gewählten Form und Reihenfolge, in der er die Kunde über die Menschen darlegte... 1236

XLVII. Das gesetzmäßige Resultat unparteiischen Denkens... 1249

XLVIII. Vom Autor... 1262

XL. Kapitel

BEELZEBUB ERZÄHLT, WIE DIE MENSCHEN DAS KOSMISCHE GRUNDGESETZ HEPTA-PARAPARSCHINOCH KENNENLERNTEN UND WIEDER VERGASSEN

Nachdem Beelzebub gehört hatte, was ihm in dem ihm überreichten ‚Leitutschanbros' mitgeteilt wurde, wandte sich sein Enkel Hassin wieder zu ihm und sagte:

„Mein teurer und lieber Großvater! Bitte hilf mir, einen für mich unbegreiflichen und mit meinen logischen Gegenüberstellungen nicht übereinstimmenden Widerspruch aufzuklären.

„Als du deine Aufklärungen über den heiligen Planeten Fegefeuer anfingst, hast du mir eingeschärft zu versuchen, alles, wovon du sprichst, ohne etwas auszulassen, in mich aufzunehmen und ebenso hast du mir eingeschärft, mein ‚aktives Denken' die ganze Zeit hindurch intensiv angespannt zu erhalten, damit sich die entsprechenden Gegebenheiten zur Bildung einer Vorstellung betreffs jeder Frage, die die Einzelheiten von beiden erstrangigen heiligen kosmischen Grundgesetzen erklärt, vollends in mir kristallisieren. Ich bemühte mich auch wirklich, während der ganzen Zeit deiner Erklärungen dies zu tun, und es scheint mir, daß mir diese heiligen kosmischen Gesetze schon so klar sind, daß ich sie vielleicht einem anderen sogar leicht erklären könnte.

„Auf jeden Fall kann ich mir das heilige Triamasikamno-Gesetz mit den Eigentümlichkeiten seiner drei heiligen selbständigen Kräfte schon sehr gut vorstellen und es für mein persönliches Wesen zufriedenstellend erkennen; was aber das heilige Heptaparaparschinoch-Gesetz betrifft, so hoffe ich, obgleich ich einige seiner, wie mir scheint, geringeren Einzelheiten meiner Vernunft noch nicht ganz klar gemacht habe, daß ich, wenn ich noch ein wenig aktiv nachdenke, sie auch begreifen werde.

„Jetzt aber, wo ich, während ich mich bemühte, diese heiligen Gesetze vollends zu erfassen, klar empfunden habe und mir bewußt geworden bin, daß sie sehr kompliziert und überhaupt nur schwer ‚vollends zu verstehen' sind, verwunderte es mich plötzlich sehr, und verwundert und interessiert es mich noch weiter, wie die auf dem Planeten Erde entstehenden und existierenden dreihirnigen Wesen diese heiligen kosmischen Gesetze nicht nur begreifen, sondern sie sogar in den sie umgebenden kosmischen Resultaten selbst feststellen konnten, da ich aus all deinen Erzählungen über sie den deutlichen Eindruck gewann, daß, wenn seit der zweiten ‚Transapalnischen-Umwälzung' dort ein neuentstandenes Resultat ein verantwortliches Wesen wird, es ob dem dort anomal gehandhabten ‚Oskiano' in den Besitz nur ‚automatischer-Vernunft' gelangt.

„Daß aber diese beiden heiligen kosmischen Gesetze mit einer solchen Vernunft unmöglich zu verstehen sind, davon wurde ich mit meinem ganzen Wesen überzeugt, als ich mich selbst bemühte, sie zu verstehen."

Nachdem Hassin dies gesagt hatte, blickte er gespannt und fragend nach seinem geliebten Großvater.

Nach kurzem Nachdenken sagte Beelzebub folgendes:

„Nun gut, mein lieber Junge, ich werde versuchen, auch auf dieses in dir ganz zu Recht entstandene Bedenken einzugehen.

„Es scheint mir, daß ich dir schon einmal sagte, daß, obgleich seit der Periode, die du erwähntest, fast alle dreihirnigen Wesen auf jenem Planeten durch die anomal eingerichteten Verhältnisse ihrer gewöhnlichen Seins-Existenz nur in den Besitz ‚automatischer Vernunft' gelangen, es doch vorkommt, daß einige von ihnen zufällig diesem allgemeinen Schicksal entgehen, und daß sich in diesen wenigen statt der dort üblich gewordenen ‚automatischen Vernunft' eine ‚echte-objektive-Seins-Vernunft' bildet, so wie in allen übrigen dreizentrischen Wesen unseres großen Megalokosmos.

„Wenn auch solche Ausnahmen, besonders in den letzten Jahrhunderten dort sehr selten geworden sind, so kommen sie doch hie und da vor.

„Damit du dir aber ungefähr vorstellen und verstehen kannst, wie solche Ausnahmen unter ihnen vorkommen können, mußt du vor allem wissen, daß, obgleich von der Zeit an, wo die Folgen der Eigenschaften des Organs Kundabuffer sich in ihnen zu kristallisieren begannen und es für sie schon ganz gang und gäbe wurde, während ihrer verantwortlichen Existenz nur ‚automatische Vernunft' zu haben, doch nichtsdestoweniger immer und bis auf heute bei ihrer Entstehung und anfänglichen Gestaltung im Bestande eines jeden von ihnen immer alle Möglichkeiten im Keim vorhanden sind, damit während ihrer vollendenden Gestaltung in verantwortliche Wesen sich die entsprechenden Seins-Gegebenheiten kristallisieren können, die später während der verantwortlichen Existenz zur Erzeugung und Funktionierung ‚objektiver Vernunft' dienen könnten, die im Bestande der dreihirnigen Wesen aller Naturen und aller äußeren Formen vorhanden sein sollte und die an sich nichts anderes ist als sozusagen der ‚Repräsentant-des-innersten-Wesens-der-Gottheit'.

„Ihr im objektiven Sinne außerordentliches Unglück über das, was dich verwundert und du selbst schon ‚instinktiv-erstaunt' vermutest, wie ich aus der Formulierung deiner Frage erkenne, besonders da du ‚Oskiano' erwähnt hast, besteht gerade darin, daß, obgleich sie wirklich solche

Möglichkeiten bei ihrem Entstehen haben, sie sofort vom ersten Tag nach der Trennung vom Leibe ihrer Mutter an, nur dank der Anomalitäten im Prozesse der gewöhnlichen Seins-Existenz der sie umgebenden Wesen, die schon verantwortliches Alter erreichten, unter den hartnäckigen Einfluß dieses bösen von ihnen selbst erfundenen Mittels fallen, das, wie ich dir schon gesagt habe, etwas in der Art von ‚Oskiano' darstellt und das sie ‚Erziehung' nennen.

„Und dadurch atrophieren allmählich in diesen unglückseligen, sozusagen ‚noch-in-allem-unschuldigen' neuentstehenden Wesen schon in der Periode ihres sogenannten ‚vorbereitenden Alters' alle Möglichkeiten für die freie Gestaltung all dessen, was zur Bildung objektiver Seins-Vernunft nötig ist, und verschwinden schließlich auf immer. Und als Resultat davon gelangen diese neuentstehenden Wesen, wenn sie später zu verantwortlichen Wesen werden, sozusagen in ihrem ‚Wesens-Schwerpunkt' statt in den Besitz einer ‚objektiven-Vernunft', wie sie sie besitzen sollten, in den einer ‚nur-subjektiven', die aus einer seltsamen Gesamtheit von automatisch-empfangenen, künstlichen, ja sogar trügerischen Eindrücken gebildet wird, die, obwohl sie nichts mit der Lokalisierung ihrer vergeistigten Seins-Teile gemein haben, trotzdem eine Verbindung mit den einzelnen Funktionierungen ihres ganzen Bestandes erwerben. Demzufolge verfließt nicht nur ihr ganzer Existenz-Prozeß automatisch, sondern auch fast der ganze Funktionierungs-Prozeß ihres planetischen Körpers wird von zufälligen automatisch wahrgenommenen äußeren Eindrücken abhängig.

„In sehr seltenen Fällen kommen einige von deinen Lieblingen, die das Alter eines verantwortlichen Wesens erreicht haben, in den Besitz echter ‚reiner-Vernunft', wie sie verantwortlichen dreihirnigen Wesen im allgemeinen zukommt. Das ereignet sich dort gewöhnlich so: Es kommt zum Beispiel vor, daß eines der neuentstehenden Wesen gleich nach der Trennung vom Leibe seiner Mutter für den Prozeß seiner weiteren Gestaltung in solche Verhältnisse gerät, wo aus irgendeinem Grund alle möglichen Arten von den Anomalitäten, mit denen der ganze Prozeß der äußeren Seins-Existenz der dreihirnigen Wesen auf diesem unglücklichen Planeten angefüllt ist, ihn nicht berühren und nicht automatisch verderblich auf ihn wirken, weshalb die in ihm vorhandenen Keime zur Möglichkeit der Erwerbung ‚reiner Vernunft' nicht während des Prozesses seiner Gestaltung bis zur Wurzel atrophieren können.

„Und weiter kommt es manchmal auch vor, daß für die weitere vollendende Gestaltung eines in den besagten verhältnismäßig normalen Bedingungen neu-entstandenen dreihirnigen Wesens dort sein verantwortlicher Führer während der Vorbereitung des betreffenden Wesens zu verantwortlicher Existenz ein solches dreihirniges Wesen ist, das sich bis dahin, natürlich auch zufällig, in der gleichen Weise vollendend gestaltet hat und am Funktionieren von dessen ‚Wachbewußtsein', die als Ganzes in seinem Unterbewußtsein gebliebenen Gegebenheiten zur Erzeugung des göttlichen Impulses ‚Gewissen' teilnehmen, dank der von ihm verwirklichten Seins-‚Partkdolgpflicht'.

„Und so dieser selbe Führer mit seinem ganzen Sein die wichtige Bedeutung dieser auf sich genommenen Verantwortung gegenüber diesem neuen Wesen, das erst in seinem vorbereitenden Alter ist, einsieht und für dessen ‚Oskiano' gewissenhaft und unparteiisch alle möglichen sogenannten ‚inneren-und-äußeren-Faktoren' zur Aufnahme entsprechender Eindrücke schafft, damit sich im ganzen Bestand des jungen Wesens all die Gegebenheiten kristallisieren, die insgesamt allein einem dreihirnigen Wesen während seines verantwortlichen Alters die Macht geben können, ‚svolibrunolnisch' zu sein oder, wie deine Lieblinge dort auf der Erde sagen würden, die Macht, ‚sich-nicht-mit-seinen-unvermeidlich-inhärenten-Leidenschaften-zu-identifizieren-und-nicht-durch-Äußeres-beeinflußt-zu-werden', jener Seins-Impuls, der einem Wesen allein helfen kann, die Möglichkeit zu erwerben, frei und unparteiisch alle wahren Erscheinungen festzustellen, die sich in den es umgebenden kosmischen Resultaten zeigen.

„Hier ist es sehr angebracht, noch einmal zu wiederholen, daß es auf den meisten Planeten unseres Megalokosmos, wo dreizentrische Wesen entstehen und existieren, einen oft wiederholten Spruch gibt, der folgendermaßen formuliert ist:

„ ‚UNSER GEMEINSAMER UNENDLICHER VATER ist nur der Erschaffer eines dreihirnigen Wesens; der wahre Schöpfer seines inneren Wesens aber in der Periode seiner vorbereitenden Existenz ist sein Oskianer, der nämlich, den deine Lieblinge ‚Erzieher' oder ‚Lehrer' nennen.'

„Und es kommt sogar in den letzten Jahrhunderten gelegentlich dort vor, daß ein solches Wesen unter deinen Lieblingen, das schon verantwortliches Alter erreicht und vollends herangebildet und in der besagten Weise, wie gesagt, für äußere Wahrnehmungen vorbereitet ist, zufällig in den ihn umgebenden kosmischen Resultaten eine gesetzmäßige Eigentümlichkeit feststellt und sie in Einzelheiten und von allen Seiten zu studieren beginnt, und wenn es dann nach langen andauernden Bemühungen zu der einen oder anderen objektiven Wahrheit gelangt, weiht es andere ihn umgebende Wesen seinesgleichen in sie ein.

„Doch jetzt, mein Junge, vernimm, wie diese eigentümlichen dreihirnigen Wesen dieses kosmischen Gesetzes Heptaparaparschinoch zuerst gewahr wurden, und wie dort alle Kunden über seine verschiedenen Einzelheiten insgesamt entstanden und dann, von einer Generation zur anderen weitergegeben wurden und in den Besitz jedes dreihirnigen

Wesens dieses deines Planeten kamen, und vernimm ferner, was ob immer derselben Eigentümlichkeit ihrer Psyche später daraus wurde.

„Ich will dir darüber so ausführlich wie möglich erzählen, und dir die ganze geschichtliche Entwicklung darstellen, sowohl was das Kennenlernen dieses heiligen Gesetzes angeht als auch sein allmähliches Wiedervergessenwerden, weil die Kunden über all das dir sehr helfen werden. Erstens wirst du eine Erklärung für, wie du es ausgedrückt hast, jene ‚unbedeutenden Einzelheiten' dieses heiligen Gesetzes, die du noch nicht ganz in deine Vernunft aufgenommen hast, finden, und zweitens wirst du durch diese meine Aufklärungen erfahren, daß unter deinen Lieblingen, sogar den gegenwärtigen, manchmal im Kreis echter Gelehrter solche verantwortliche Wesen vorkommen, durch deren unparteiische und bescheidene bewußte Anstrengungen — vorausgesetzt, daß die übrigen dortigen dreihirnigen Wesen mehr oder weniger normal existieren — ein echtes objektives Wissen auf diesem unseligen Planeten entstehen und sich allmählich entwickeln könnte, wodurch auch für sie jenes Wohl erzielt würde, das die dreihirnigen Wesen aller übrigen Planeten unseres großen Megalokosmos schon längst verdienterweise genießen.

„Anfangs, als die dreihirnigen Wesen dieses Planeten das Organ Kundabuffer noch in sich hatten, konnte natürlich keine Rede davon sein, daß die irdischen Wesen irgendwelche kosmischen Wahrheiten erfahren könnten.

„Später aber, als im Bestande der Wesen das Funktionieren dieses verderblichen Organs vernichtet war und ihre Psyche deshalb frei und, wie sie sagen, ihre eigene, ‚individuelle' geworden war, von da an begannen auch alle möglichen Geschichten betreffs ihres ‚verhältnismäßiggesunden' Seins-Denkens zu entstehen.

„Das Wahrnehmen und Erkennen des kosmischen

Grund-Gesetzes Heptaparaparschinoch durch den ganzen Bestand dieser dir lieben dreihirnigen Wesen fing auch zuerst auf dem Festlande Atlantis an, in jener Periode nämlich, wo, wie ich dir schon sagte, einige Wesen aus sich selbst begriffen, daß etwas mit ihnen ‚nicht-ganz-stimmte' und dann aus sich selbst entdeckten, daß sie gewisse Möglichkeiten hatten, um ‚was nicht stimmte' zu vernichten und um so zu werden, wie sie sein sollten.

„Gerade in jener Periode des Zeitlaufs, als einige von ihnen begannen, dieses dem gesunden Seins-Denken nach ‚anomale Funktionieren' in ihrem ganzen Bestande zu beobachten und nach der Ursache dieser Anomalitäten forschten und nach allen Möglichkeiten suchten, um sie aus sich zu entfernen, und als dort viele Zweige echter Wissenschaft einen hohen Entwicklungsgrad erreicht hatten, gerade damals war unter der Zahl derer, die sich ernstlich für das, was man dann das ‚allernötigste-Funktionieren-der-Vernunft' nannte, interessierten, auch jenes dreihirnige irdische Wesen mit Namen Theophani, das als erstes ein auf Vernunft beruhendes Fundament für die weitere Entwicklung dieses Zweiges echter Wissenschaft legte.

„Wie ich später zufällig erfuhr, goß einmal dieser Theophani eine bestimmte Mischung, die aus dem Extrakt einer Pflanze, die damals ‚Patetuk' hieß, aus Fichtenharz und aus Rahm von der Milch ‚der in jener Periode berühmten, sogenannten ‚Chenionischen Ziegen' bestand, auf flachen Marmor zum Trocknen, um, wenn sie hart wurde, einen Mastix zu erhalten, den man zum Kauen nach dem Essen gebrauchte, und dabei bemerkte er zum erstenmal, daß, wie und ganz gleich wie viel man von dieser Mischung auf diesen Marmor goß, sie stets — indem sie sich immer in derselben Weise verdichtete und schließlich abkühlte — eine Form annahm, die aus sieben Flächen bestand.

DAS HEPTAPARAPARSCHINOCH GESETZ

„Diese unerwarteterweise festgestellte Tatsache verwunderte diesen Theophani sehr, und es entstand der intensive Wunsch in seinem ganzen Bestand, sich die Grundursachen dieser ihm noch unbekannten Gesetzmäßigkeit klarzumachen, und deshalb begann er von da an dasselbe zu wiederholen, jedoch nur zu diesem einen bewußten Ziele.

„Bald danach, noch am Anfang der von Theophani unternommenen Untersuchungen, interessierten sich seine Freunde, andere Gelehrte der damaligen Zeit, denen er seine Feststellungen in den von ihm angefangenen verschiedenen aufklärenden Experimenten mitgeteilt hatte, und nahmen dann an seinen weiteren Forschungen teil.

„Und nach langen und eingehenden Forschungen erkannte diese Gruppe gelehrter dreihirniger Wesen deines Planeten damals zum ersten Male und überzeugte sich kategorisch davon, daß fast alle verwirklichten kosmischen Resultate, die sie um sich herum beobachteten, im Verlauf ihrer Manifestierung in äußeren vorübergehenden Zuständen, die von den Organen der Wesen in der einen oder anderen bestimmten Form wahrgenommen werden, immer sieben selbständige Aspekte haben.

„Als Resultat der bewußten Bemühungen dieser paar dreihirnigen Gelehrten deines Planeten entstand und begann sich damals auf dem Festlande Atlantis jener Zweig fast normaler Wissenschaft unter dem Namen ‚Tasalurinono' zu entwickeln, was soviel bedeutet als ‚die Siebenaspektigkeit-jeder-ganzen-Erscheinung'.

„Als aber dieses Festland unterging und nichts von diesem Zweig echter Wissenschaft übrigblieb, wußten die Wesen dieses Planeten wieder viele Jahrhunderte lang nichts mehr von diesem heiligen kosmischen Gesetz.

„Offenbar war dieser Zweig der Wissenschaft auf dem Festland Atlantis so gut bekannt, daß es nicht nötig schien, irgend etwas davon in einem Legomonismus aufzubewahren wie es, wie ich schon sagte, gewöhnlich von den gelehrten Wesen des Festlandes Atlantis betreffs all jener Ideen getan wurde, deren Kenntnis sie den Wesen der folgenden Generationen unverändert weitergeben wollten.

„Hätte es einen Legomonismus auch über diesen Wissenschaftszweig gegeben, so wäre auch etwas von diesen Kenntnissen übriggeblieben, wie es mit anderen Kenntnissen geschah, die von den Wesen des Festlandes Atlantis erworben und durch die beim Untergang des Kontinents zufällig Geretteten weiter bewahrt worden waren.

„Das Wissen über das heilige Heptaparaparschinoch-Gesetz wurde erst nach vielen, vielen ihrer Jahrhunderte wieder bekannt, dank zweier großer irdischer gelehrter Brüder ‚Tschun-Kil-Tes' und ‚Tschun-Tro-Pel', die später Heilige wurden und jetzt auf dem heiligen Planeten Fegefeuer sind, wo wir unlängst waren.

„Erinnerst du dich, daß ich dir schon erzählte, daß es auf dem Festland Asien ein Land Maralplässie gab und daß dort ein König namens Konuzion existierte, ein Nachkomme jenes gelehrten Mitglieds der Achaldan-Gesellschaft, der von Atlantis zur Beobachtung verschiedener Natur-Erscheinungen ihres Planeten dorthin gekommen war, eben jener König, der, um seine Untertanen von der üblen Gewohnheit des Kauens der Samen der Blume ‚Gülgüljan' zu retten, das von mir schon erzählte ‚weise Märchen' erfunden hatte.

„Und bei dem Enkel dieses Königs Konuzion entstanden außer dem Erben, der später auch König der Wesen dieser Gruppierung wurde, auch noch diese zwei Resultate männlichen Geschlechtes, Zwillinge, von denen der ältere ‚Tschun-Kil-Tes' und der jüngere ‚Tschun-Tro-Pel' hieß. Das Wort Tschun bedeutete damals auf dem Lande ‚Maralplässie' Prinz.

„Da diese beiden Brüder, die direkten Nachkommen

eines der Hauptmitglieder der großen Gelehrtengesellschaft, einerseits zufällig die ihrem ‚vorbereitenden Alter' entsprechende Umgebung hatten und anderseits sich von sich aus bemühten, die in ihnen wie überhaupt in allen neu entstehenden dreihirnigen Wesen dieses Planeten erblich inhärenten Gegebenheiten nicht verlöschen, sondern in sich kristallisieren zu lassen, um dadurch in sich die Macht zu erzeugen, Seins-‚Partkdolgpflicht' zu verwirklichen. Ferner hatte auch die ‚bejahende Quelle' der Ursache ihrer Entstehung, das heißt ihr, wie man dort sagt, Vater, beschlossen, ihre verantwortliche Existenz für die Gelehrtenlaufbahn zu bestimmen, und zu diesem Zwecke traf er alle entsprechenden Maßnahmen, um sie darauf vorzubereiten, weshalb sie vom Anfang ihres verantwortlichen Alters an, schon fast so waren, wie überall dreihirnige Wesen auf den Planeten unseres Großen Megalokosmos, die sich ein gleiches Ziel setzen, die nämlich, die alle ihre Nachforschungen nicht zur Befriedigung ihrer sogenannten ‚ehrgeizigen', ‚stolzen' und ‚eigenliebigen' Schwächen anstellen, wie es besonders die dortigen gegenwärtigen irdischen Wesen tun, die dasselbe Gebiet wählen, sondern zur Erreichung eines höheren Grades von Sein.

„Sie wurden zuerst, wie man dort sagt, gelehrte ‚Medizin-Spezialisten' und später Gelehrte im allgemeinen.

„Die Periode ihres vorbereitenden Alters und die ersten Jahre ihrer verantwortlichen Existenz verflossen in der Stadt Gob, in dem Lande Maralplässie; als aber dieser Teil der Oberfläche deines Planeten langsam unter Sand begraben wurde, waren sie beide unter den Flüchtlingen, die ostwärts zogen.

„Diese Gruppe dreihirniger Wesen, Flüchtlinge aus dem Lande Maralplässie, unter denen auch die beiden Zwillingsbrüder, die zukünftigen großen Gelehrten, waren, zogen über die östlichen Höhen von Maralplässie und ließen sich dann an den Ufern eines großen Wasserraumes nieder.

„Und sie bildeten später eine, auch jetzt noch existierende, solide Gruppierung dieser irdischen dreihirnigen Wesen, die jetzt Chinesen heißen, und die Gegend, die sie bewohnen, ‚China'.

„Und auf diesem neuen Platz ihrer dauernden Existenz, ‚China' genannt, waren diese beiden Brüder die ersten nach dem Untergange des Festlandes Atlantis, die das heilige kosmische Grund-Gesetz-‚Heptaparaparschinoch' feststellten und aufs neue erkannten.

„Höchst interessant und seltsam ist der Umstand, daß der Ausgangspunkt für diese ihre Feststellung die Gesamtheit der kosmischen Stoffe war, die sich gerade in jener aufplanetischen Bildung lokalisieren, die jetzt dort ‚Papaverun' heißt oder auch ‚Mohn' genannt wird. Zur Ausrottung der eingewurzelten Gewohnheit, die Samen dieser Pflanze zu kauen, hatte eben ihr Urgroßvater, der große König Konuzion, zum erstenmal die von mir schon erwähnte ‚Religionslehre' erfunden.

„Auf diese zwei großen irdischen Gelehrten war offenbar erblich von ihrem Urgroßvater, dem großen König Konuzion, außer der Fähigkeit ihre Seins-Pflicht gegenüber den sie umgebenden Wesen ihresgleichen gut zu bedenken und zu erkennen, auch ein Interesse und der Hang zum Studium dieses Produktes übergegangen, das für deine Lieblinge eines der unzähligen schädlichen Mittel war, das zur völligen Entartung ihrer ohnedies, schon geschwächten Psyche führte.

„Damit du dir besser vorstellen und gut begreifen kannst, weshalb die erwähnte kleine planetische Bildung, namens ‚Papaverun' oder ‚Mohn' die Ursache zur Feststellung jenes größten kosmischen Gesetzes durch diese großen irdischen Gelehrten war, mußt du vor allen Dingen wissen, daß es auf allen Planeten zum Zweck der Umwandlung all-kosmischer Stoffe während des Prozesses ‚Iraniranumansch', unter allen Arten auf- und inplanetischer Bildungen im allgemeinen und insbesondere unter denen der sogenannten ‚Flora' drei Klassen von Bildungen gibt.

„Die Bildungen, die zur ersten Klasse gehören, heißen ‚Unastralnische-Entstehungen', die zur zweiten Klasse gehören ‚Ochtastralnische-Entstehungen' und die zur dritten Klasse gehören ‚Polormedechtische-Entstehungen'.

„Durch die ‚Unastralnischen-Entstehungen' transformieren sich in ihren evolutionierenden und involutionierenden Prozessen solche kosmische Kristallisationen oder ‚aktive Elemente', die ihre Entstehung nur von solchen Stoffen erhalten, die durch den Planeten selbst transformiert werden, auf dem diese Art aufplanetischer oder inplanetischer Bildungen sich für die Zwecke des all-kosmischen ‚Iraniranumansch' bilden.

„Durch die ‚Ochtastralnischen-Entstehungen' transformieren sich, außer den erwähnten, auch solche ‚aktive Elemente', die ihre Ur-Entstehungen von Stoffen erhalten, die durch die Sonne selbst und andere Planeten des gegebenen Sonnen-Systems transformiert werden.

„Und durch die Entstehungen der dritten Klasse, nämlich der ‚Polormedechtischen', transformieren sich außer den ersten zwei Klassen auch all jene ‚aktiven Elemente', die ursprünglich durch die Transformierung der Stoffe verschiedener kosmischer Verdichtungen entstehen, die zu den anderen ‚Sonnen-Systemen' unseres Megalokosmos gehören.

„Die erwähnte aufplanetische Bildung der Flora, die auf deinem Planeten ‚Papaverunpflanze' genannt wird, gehört zur Klasse der ‚Polormedechtischen-Entstehungen', und durch sie evolviert oder involviert, was die ‚Gesamtheit-der-Resultate-der-Transformation' aller übrigen kosmischen ‚Schwerpunkts-Verdichtungen' genannt wird, die in die Atmosphäre dieses deines Planeten durch den all-kosmischen-Prozeß der sogenannten ‚allgemeinen Verbreitung-der-Ausstrahlungen-aller-kosmischen-Verdichtungen' kommen.

„Also, mein Junge, nachdem diese beiden großen irdischen Gelehrten Tschun-Kil-Tes und Tschun-Tro-Pel sich mehr oder weniger auf dem neuen Platz ihrer dauernden Existenz, auf dem noch ganz jungen China, eingerichtet hatten, setzten sie die — nicht durch ihre Schuld unterbrochene — absichtliche Verwirklichung der ‚Seins-Partkdolgpflicht' in ihrem Bestand in dem von ihnen für ihre verantwortliche Existenz gewählten Berufsfeld fort, nämlich in dem Zweig der ‚wissenschaftlichen Forschung', der dort ‚Medizin' genannt wird.

„Sie fingen dann an, jene Gesamtheit kosmischer Stoffe zu untersuchen, die deine Lieblinge dort zuvor schon von der besagten ‚Polormedechtischen-Pflanze' zu gewinnen erlernt hatten, und die sie ‚Opium' nannten, was in der Umgangssprache der Wesen dieser damaligen Gruppierung ‚Traum-Macher' bedeutete.

„Und zwar untersuchten diese beiden großen Brüder dieses ‚Opium', weil sie und viele andere damalige dreihirnige Wesen festgestellt hatten, daß alle schmerzhaften Empfindungen zeitweilig verschwanden, wenn sie ein bestimmtes Quantum dieser Masse zu sich nahmen.

„Sie begannen vor allem die Wirkung aller in ihm vorhandenen Eigenschaften zu erforschen, um vielleicht durch eine seiner Eigenschaften die Möglichkeit zu finden, eine damals sehr weit verbreitete besondere Form ‚psychischer Krankheit' unter den sie umgebenden dreihirnigen Wesen, Flüchtlinge wie sie selbst, zu vernichten oder zum besseren zu lenken.

„Während dieser Forschungen bemerkten sie als erstes, daß dieses ‚Opium' aus sieben selbständigen Kristallisationen mit bestimmten subjektiven Eigenschaften besteht.

„Und bei weiteren eingehenderen Nachforschungen stellten sie ganz bestimmt fest, daß jede dieser selbständigen sieben Kristallisationen dieses ‚einen-Ganzen' wiederum aus sieben anderen, auch bestimmten Kristallisationen mit selbständigen subjektiven Eigenschaften besteht und jene ihrerseits wieder aus sieben und so weiter fast bis zur Unendlichkeit.

„Das erstaunte und interessierte sie so sehr, daß sie alle zuvor in Aussicht genommenen Aufgaben zur Seite schoben und sich von da an ausschließlich und beharrlich mit der Erforschung dieser sie verwundernden und von ihnen zuerst festgestellten Tatsache beschäftigten, und sie gelangten schließlich zu Resultaten, wie es ihresgleichen weder in der Periode der Existenz des Festlandes Atlantis, noch in einer späteren Periode unter den dreihirnigen Wesen gab.

„Als ich zufällig viele Jahrhunderte nach der Periode der planetischen Existenz dieser großen irdischen Gelehrten, die jetzt heiligen Tschun-Kil-Tes und Tschun-Tro-Pel, wegen einer meiner ausführlichen Forschungen mit der Geschichte ihrer Tätigkeit bekannt wurde, stellte es sich heraus, daß, als sie zweifellos überzeugt waren, daß diese Gesamtheit kosmischer Stoffe, die ‚Opium‘ heißt, aus einer ganzen Reihe von Verbindungen von sieben ‚verschieden-subjektiv-eigenschaftigen-aktiven-Elementen‘ besteht, sie zu demselben Zwecke viele andere ‚kosmische Resultate‘, oder wie man dort sagt, ‚Erscheinungen‘, die in ihrer Umgebung vor sich gingen, untersuchten. Später aber beschränkten sie sich in ihren Erforschungen nur auf drei, nämlich auf eben dieses ‚Opium‘, auf den sogenannten ‚weißen Strahl‘ und auf was ‚Laut‘ genannt wird.

„Bei der Untersuchung der erwähnten drei verschieden-manifestierten Resultate der kosmischen Prozesse machten sie sich damals unter anderem kategorisch klar und überzeugten sich vollends, daß, obgleich diese drei Resultate, was die Ursachen ihrer Entstehung und ihrer äußeren Manifestierungen betrifft, nichts miteinander gemein haben, doch ihre innere Konstruktion und Funktionierung nichtsdestoweniger bis auf die kleinsten Einzelheiten ganz gleich sind.

„Kurzum, damals wurde zum zweitenmal auf deinem Planeten und schon nach dem Untergang des Festlandes Atlantis in diesem noch ganz neuen China von diesen beiden Zwillings-Brüdern festgestellt und kategorisch klargemacht, daß alle einzelnen, dem Äußeren nach selbständigen Erscheinungen — wenn man eine jede als eine Einheit nimmt — in der Gesamtheit ihrer Manifestationen wieder sieben zweitrangige selbständige Einheiten darstellen, die ihre eigenen subjektiven Eigenschaften haben, und diese zweitrangigen selbständigen Einheiten ihrerseits aus sieben drittrangigen Einheiten bestehen und so weiter bis ins Unendliche, und daß in jeder von solchen erstrangigen, zweitrangigen und drittrangigen und so weiter Einheiten die Prozesse der gegenseitigen Beziehungen und gegenseitigen Einflüsse bis in alle kleinsten Einzelheiten hinein genau gleich und mit den gleichen Folgen vor sich gehen.

„Dabei legten sie damals zum erstenmal in ihren Forschungen einzelne Benennungen fest, sowohl für die ersten sieben selbständigen Aspekte des von ihnen angenommenen ganzen Resultates, wie auch für die zweit- und drittrangigen Unterteilungen.

„Und zwar nannten sie die ersten sieben Grundaspekte eines jeden Ganzen:

        1. Erti-Pikan-On,
        2. Ori-Pikan-On,
        3. Sami-Pikan-On,
        4. Ochti-Pikan-On,
        5. Chuti-Pikan-On,
        6. Epsi-Pikan-On,
        7. Schwidi-Pikan-On.

Und die zweitrangigen:

        1. Erti-Nura-Tschaka,
        2. Ori-Nura-Tschaka,

3. Sami-Nura-Tschaka,
4. Ochti-Nura-Tschaka,
5. Chuti-Nura-Tschaka,
6. Epsi-Nura-Tschaka,
7. Schwidi-Nura-Tschaka.

„Und um zu unterscheiden, auf welche der drei erwähnten Resultate kosmischer Prozesse die gegebene Feststellung sich bezog, fügten sie jeder dieser Bestimmungen noch folgendes hinzu:

„Um die Nuancen des Lautes zu bestimmen, merkten sie die Zahl seiner Schwingungen an, und fügten dieser Zahl das Wort ‚Alil' bei.

„Zur Bestimmung der Eigentümlichkeiten der Zusammensetzung des ‚weißen Strahles' fügten sie den Ausdruck ‚Nar-Chra-Nura' hinzu.

„Und um die aktiven Elemente des ‚polormedechtischen Produktes', das man ‚Opium' nennt, zu bestimmen, fügten sie einfach die Zahl seines sogenannten ‚spezifischen Gewichtes' bei.

„Und zur Bestimmung der ‚spezifischen Vibrationen' und des ‚spezifischen Gewichtes' nahmen diese großen irdischen Gelehrten als Ausgangs-Einheit die Einheit der Vibrationen des Lautes, den sie damals zuerst ‚Niriunossischen Welt-Laut' nannten.

„Die Bedeutung der von den großen Gelehrten der Erde damals zum erstenmal angewandten Definition des ‚Niriunossischen-Welt-Lautes' werde ich dir später einmal erklären; einstweilen aber mußt du, um meine weiteren Erläuterungen des gegebenen Themas klarer zu verstehen, noch wissen, daß überall auf allen Planeten echte Gelehrte für ihre gegenüberstellenden Berechnungen des spezifischen Gewichtes und der spezifischen Vibrationen als Ausgangseinheit jenen von der objektiven Wissenschaft festgesetzten Teil des aller-heiligsten ‚Theomertmalogos' nehmen, in dem

883

noch die sogenannte ‚belebende Wirkung' aller drei heiligen Kräfte des heiligen ‚Triamasikamno' in ganzer Fülle enthalten ist; aber auf deinem Planeten nahmen und nehmen sowohl alle echten Gelehrten als auch die neuen Formats aller Perioden bis heute als Ausgangseinheit für den gleichen Zweck — nämlich die ‚Gegenüberstellung-der-Berechnungen' all dieser verschieden-eigenschaftigen ihnen bekanntgewordenen Teilen irgendeines Ganzen, wie zum Beispiel das spezifische Gewicht verschiedener ‚aktiver Elemente', aus den ihre Existenz umgebenden Sphären, — das sogenannte ‚Wasserstoff-Atom', das sie irgendwie aus unbekanntem Grunde für die kleinste unteilbare Größe halten.

„Man darf nicht übersehen, daß diese ‚Jammer-Gelehrten' unter deinen Lieblingen nicht einmal vermuten, daß, wenn dies ihr ‚Wasserstoff-Atom' wirklich dort in allen Sphären ihres Planeten die kleinste unteilbare Größe ist, das noch nicht bedeutet, daß man es nicht innerhalb anderer Sonnen-Systeme oder sogar in den Sphären eines anderen Planeten ihres Sonnen-Systems noch viele Male teilen kann.

„Du mußt übrigens wissen, daß eben dieser ‚Wasserstoff' einer der sieben kosmischen Stoffe ist, die in ihrer Gesamtheit, besonders für das betreffende Sonnen-System, die sogenannte ‚Innere-Ansapalnische-Oktave' kosmischer Stoffe verwirklichen, und diese selbständige Oktave ihrerseits ist wiederum ein siebenter selbständiger Teil der fundamentalen ‚All-Kosmischen-Ansapalnischen-Oktave'.

„Solch eine innere selbständige ‚Ansapalnische Oktave' gibt es auch in jenem Sonnen-System, zu dem unsere teure Karatas gehört, und wir nennen diese sieben verschiedenartigen und verschieden-eigenschaftigen kosmischen Stoffe so:

               1. Planekurab, was eben ihr Wasserstoff' ist,
               2. Alillonofarab,

3. Krilnomolnifarab,
4. Talkoprafarab,
5. Chritofalmonofarab,
6. Siriunorifarab,
7. Klananoizufarab.

„Und auf deinem Planeten nannten die dortigen echten Gelehrten diese selben sieben verschieden-eigenschaftigen ‚relativ-selbständigen' Kristallisationen, oder wie sie sich ausdrückten, ‚aktiven Elemente', die die ‚Innere-Ansapalnische-Oktave' ihres eigenen Sonnen-Systems bilden, in verschiedenen Perioden verschieden; die zeitgenössischen sogenannten ‚gelehrten-Chemiker', die schon ‚Gelehrteneuen-Formats-reinsten-Wassers' darstellen, nennen sie:

1. Wasser-Stoff,
2. Fluor,
3. Chlor,
4. Brom,
5. Jod.

„Für die zwei letzten bestimmten Kristallisationen haben sie gar keine Namen, weil sie nicht von ihren Vorfahren bis zu ihnen gelangten, und zur Jetztzeit vermuten sie sogar nicht einmal, daß es diese beiden kosmischen Stoffe auf ihrem Planeten gibt, obgleich diese kosmischen Stoffe die allernötigsten Faktoren für ihre eigene Existenz sind.

„Diese zwei letzten kosmischen Stoffe, die in allen Sphären ihres Planeten wahrgenommen und erfaßt werden könnten, waren noch vor nur ungefähr zwei Jahrhunderten unter den dortigen ‚Gelehrtenwesen' bekannt, die damals ‚Alchimisten' genannt wurden und die die zeitgenössischen ‚komischen Gelehrten' einfach ‚okkulte Scharlatane' nennen und die sie nur für ‚Ausnützer-der-menschlichen-Naivität' halten, und diese ‚Alchimisten' nannten diese beiden kosmischen Stoffe ‚Hydroumiak' und ‚Petrkarmak'.

„Also, mein Junge, diese großen irdischen Gelehrten,

die jetzt heiligen Zwillingsbrüder Tschun-Kil-Tes und Tschun-Tro-Pel, legten als erste nach dem Untergang der Atlantis aufs neue das Fundament zu diesem Wissen. Und sie legten nicht nur aufs neue das Fundament zu dieser ‚Gesamtheit-speziellen-Wissens‘, sondern sie stellten auch als erste auf Erden die zwei von den drei gesetzmäßigen Haupt-Eigentümlichkeiten dieses großen Gesetzes fest, von denen ich dir schon sprach; sie stellten nämlich zum erstenmal zwei seiner ‚Mdnel-In‘ fest, und sie nannten damals diesen Zweig echten Wissens, der dem ähnlich war, der auf dem Festlande Atlantis die ‚Sieben-Aspektigkeit-jeder-ganzen-Erscheinung‘ genannt wurde, Gesetz der ‚Neunfältigkeit‘ und nannten es deshalb so, weil sie zu den sieben offenbar verschiedenen Manifestationen dieses großen Gesetzes, das sie ‚Duszako‘ nannten, diese zwei von ihnen zum erstenmal festgestellten Eigentümlichkeiten hinzufügten, die sie ‚Suanso-Turabiso‘ nannten, was bedeutet, ‚Obligatorische-Lücken-Aspekte-im-ununterbrochenen-Fließen-des-Ganzen‘.

„Und sie nannten dieses Gesetz so, hauptsächlich, weil sie sich bei ihren detaillierten Forschungen vollends überzeugt hatten, daß in allen von ihnen erforschten kosmischen ‚vorübergehenden-Resultaten‘ diese von ihnen zuerst festgestellten Eigentümlichkeiten auch immer unbedingt an bestimmten Stellen des Prozesses dieses großen Gesetzes entstehen.

„Diese beiden großen chinesischen irdischen Gelehrten bedienten sich dann für ihre erhellenden Experimente aller sogenannten ‚chemischen‘, ‚physikalischen‘ und ‚mechanischen‘ Versuche, und bauten allmählich einen sehr komplizierten und höchst belehrenden experimentellen Apparat, den sie ‚Alla-Atapan‘ nannten.

„Mit diesem ‚Alla-Atapan-Apparat‘ bewiesen sie sich selbst und dann anderen, daß im eigentlichen Wesenskern dieser drei ‚vorübergehenden-Resultate‘ kosmischer Prozesse, und zwar in dem polormedechtischen Produkt, das dort ‚Opium' genannt wird, im ‚Weißen Strahl' und im ‚Laut' dieselben Eigenschaften vorhanden sind, daß es nämlich in diesen drei äußerlich ganz verschiedenen kosmischen Erscheinungen ganz gleiche sogenannte ‚verwirklichende-Konstruktionen' gibt, was besagt, daß es in ihnen für ihr Manifestieren genau die gleichen ‚gegenseitig-wirkenden-Gesetzmäßigkeiten' gibt, und daß das Funktionieren dieser ‚gegenseitig-wirkenden-Gesetzmäßigkeiten' in allen drei, dem Äußeren nach verschiedenen, selbständigen Erscheinungen, ganz dieselbe Wirkung aufeinander haben, wie in ihrer eigenen Manifestation; das heißt, das ‚Duszako' eines dieser Resultate wirkt auf das entsprechende ‚Duszako' eines anderen ganz genau so, wie es in dem ‚Duszako' funktioniert, das einer der sieben Aspekte dieses ganzen kosmischen Resultates ist.

„Ich selbst habe diesen gleichen Apparat, mit dem diese großen Brüder ihre aufklärenden Experimente machten, viele Jahrhunderte nach jener Periode in der sie dort existierten, selbst gesehen und kenne seine Konstruktion recht gut.

„Da ich mit allen Einzelheiten der Konstruktion und Wirkung dieses wunderbaren experimentellen Apparates ‚Alla-Atapan' durch zufällige Umstände bekannt wurde, die mit meinem Wesensfreund Gornachur Harharch zusammenhängen, wird es dich bestimmt interessieren und gleichzeitig höchst lehrreich für dich sein, wenn ich sie dir etwas ausführlicher beschreibe.

„Daß ich diesen wunderbaren Apparat Alla-Atapan, der dank Gornachur Harharch unter den echten Gelehrten fast unseres ganzen Megalokosmos berühmt wurde, persönlich und allseitig studieren konnte, ergab sich aus den folgenden zufälligen Umständen:

„Mein Wesensfreund Gornachur Harharch, der schon früher irgendwie von diesem Apparat gehört hatte, bat mich einmal während eines meiner Aufenthalte auf dem Planeten Saturn im Laufe eines Gespräches, ihm, wenn ich wieder auf den Planeten Erde käme, einen solchen experimentellen Apparat von dort mitzubringen.

„Und als ich danach wieder die Oberfläche deines Planeten besuchte, erwarb ich dort einen solchen Apparat und nahm ihn mit mir auf den Planeten Mars, um ihn bei passender Gelegenheit auf den Planeten Saturn zu Gornachur Harharch zu schicken.

„Da dieser Apparat Alla-Atapan dann lange bei mir zu Hause auf dem Planeten Mars stand, weil unser Schiff ‚Okkasion‘ zufällig lange Zeit nicht auf den Planeten Saturn flog, kam er oft in die Sphäre der automatischen Wahrnehmung meiner Sehorgane, und in meinen Ruhepausen von aktivem Denken untersuchte ich ihn aufmerksam und wurde schließlich mit allen Einzelheiten seiner Konstruktion und seiner Wirkung vertraut.

„Dieser berühmte experimentelle Apparat Alla-Atapan bestand aus drei selbständigen Teilen.

„Sein Vorderteil hieß ‚Lusotschepana‘, sein Mittelteil ‚Dzendvoch‘ und der letzte, hintere Teil, hieß ‚Riank-Pochortars‘.

„Jeder dieser drei Teile bestand seinerseits aus verschiedenen einzelnen speziellen Vorrichtungen.

„Der Vorderteil, der ‚Lusotschepana‘ hieß, hatte eine spezielle kegelartige Röhre, deren breites Ende hermetisch dem Rahmen des einzigen Fensters in dem Raum, wo die Experimente ausgeführt wurden, angepaßt war und deren anderes eine kleine spaltartige Öffnung mit einem sogenannten ‚sammelnden-Diskus‘ darstellte, durch die die vom Fenster hereinfallenden Strahlen des sogenannten ‚Tages-Lichtes‘ durchgingen und in das, was deine Lieblinge ‚konzentrierten-weißen-Strahl‘ nennen würden, verwandelt wurden.

„Dieser ‚konzentrierte-weiße-Strahl‘ ging dann durch

einen Kristall von besonderer Form hindurch und wurde dabei in sieben verschiedene ‚farbige Strahlen' gebrochen, die, wie man sagt, auf eine kleine aus Elfenbein gemachte Platte fielen, ‚Pirindschil' genannt.

„Diese Platte Pirindschil war so konstruiert und reguliert, daß die ‚farbigen Strahlen', die auf sie fielen, sich wieder konzentrierten, diesmal aber auf eine andere Weise, und dann durch ein zweites Kristall, auch von besonderer Form, gingen, wobei sie auf eine andere, schon größere Platte fielen, die auch aus Elfenbein gemacht war und die ‚Polorischburda' hieß.

„Dieser Polorischburda gegenüber war ein kleiner Apparat von besonderer Konstruktion, durch den man, wenn man ihn in einen bestimmten Weise bewegte, von dieser Polorischburda jeden beliebigen ‚farbigen Strahl' weiter auf den dritten Teil des Alla-Atapan, der ‚Riank-Pochortars' genannt wird, lenken konnte.

„Hier magst du übrigens wissen, daß die Kenntnisse dieser Konstruktion des ersten Kristalls dieses Teiles des Alla-Atapan-Apparates, auch bis auf deine gegenwärtigen Lieblinge gelangten und daß dieser Kristall jetzt bei ihnen ‚Prisma' heißt.

„Durch dieses Prisma erhalten unsere gegenwärtigen irdischen Gelehrten auch sieben farbige Strahlen vom weißen Strahle und bilden sich ein, daß sie dadurch auch über einige andere kosmische Erscheinungen etwas erfahren.

„Aber es kommt natürlich nichts bei diesen Träumereien noch bei allen anderen Formen ihres ‚wissenschaftlichen Gekitzels' heraus, schon allein deshalb nicht, weil sie vom weißen Strahle nur sogenannte ‚negative-farbige-Strahlen' durch ihr ‚Prisma' erhalten, und zum Verständnis jener anderen kosmischen Erscheinungen, die mit den vorübergehenden Veränderungen des weißen Strahles zusammenhängen, unbedingt sogenannte ‚positive-farbige-Strahlen' nötig sind.

„Deine gegenwärtigen Lieblinge bilden sich natürlich ein, daß die farbigen Strahlen, die sie durch dies ihr Kinderspielzeug, das sie Prisma nennen, erhalten, dieselben ‚positiven Strahlen' seien, die die großen Gelehrten erhielten, und sie glauben in ihrer Naivität, daß das, was sie ‚Spektrum' nennen und das sie vom weißen Strahl erhalten, die Strahlen in der gleichen Reihenfolge entstehen ließe, in der sie aus ihrem Urquell kommen.

„Was diesen ganzen Fall angeht, so kann man fürs erste nur betreffs dieser irdischen ‚Jammer-Gelehrten-neuen-Formates' unter deinen Lieblingen einen Ausdruck anwenden, den sie selbst oft benutzen: ‚Daß sie der Teufel hole'.

„Nicht umsonst nennen einige unserer geheiligten Individuen deine gegenwärtigen Lieblinge überhaupt nicht anders als ‚arme Wichte'.

„Also, dank dieser zwei Kristalle erhielten diese großen Gelehrten vom weißen Strahle positive-farbige-Strahlen, und später wurden mit Hilfe der Platte Polorischburda, die ein Teil vom Lusotschepana ist, jeder beliebige dieser farbigen Strahlen auf den dritten und hauptdarstellenden Teil dieses wunderbaren Apparates gelenkt, nämlich auf den ‚Riank-Pochortars'.

„Dieser Hauptteil bestand aus einem gewöhnlichen dreifüßigen Gestell, auf dem oben zwei Kugeln, auch aus Elfenbein, so übereinander angebracht waren, daß die obere Kugel viel größer als die untere war.

„Auf der unteren, kleinen Kugel, gerade dem Teil des Lusotschepana gegenüber, durch den die positiven farbigen Strahlen durchgingen, war eine Vertiefung von besonderer Form, in die während der Experimente entweder das besagte ganze polormedechtische Produkt, genannt Opium, oder einzelne seiner aktiven Elemente, die für die Experimente nötig waren, gelegt wurden.

„Die obere Kugel war horizontal zu dem ‚Lusotschepana' durchbohrt, und außerdem war auf dieser großen Kugel auch noch vertikal zu dieser großen Bohrung eine kleinere durchgeführt, die nur bis zum Mittelpunkt ging, der gerade dem Lusotschepana gegenüberlag.

„Diese zweite halbdurchgebohrte Höhlung war so gemacht, daß die farbigen Strahlen entweder direkt, wenn gewünscht, von dem Lusotschepana aus dahin gelenkt oder von der besagten Vertiefung der unteren kleineren Kugel zurückgeworfen werden konnten.

„Durch die offene Durchbohrung der großen Kugel konnte man sogenannten ‚Bambus‘, der auf besondere Weise vorbereitet war, in einer besonderen Weise frei hindurch bewegen.

„Lange bevor man an die Experimente ging, weichte man viele Bambusse in vollständiger Dunkelheit oder, wie man dort auf Erden sagt, in orangefarbenem ‚Licht‘ ein, das man durch Verbrennen von ‚Simkalasche‘ erhielt, die aus einer bestimmten im Boden deines Planeten abgelagerten Art von was man ‚Lehm‘ nennt, gewonnen wird. Solche Lehm-Ablagerungen findet man gewöhnlich in der Nähe von Anhäufungen von ‚Salunilovianischen-Säuren‘, die sich ihrerseits aus ‚Mamzolin‘ oder, wie deine Lieblinge sagen, aus ‚Naphtha‘ bilden.

„Diese Bambusse weichte man in einer Flüssigkeit ein, die erstens aus dem Eiweiß eines Vogels, den man damals ‚Amersamarskanapa‘ nannte, zweitens aus dem Saft einer Pflanze, die ‚Tschiltunach‘ hieß, drittens aus der Ausscheidung eines vierfüßigen Wesens, das den Namen ‚Kesmaral‘ trug und viertens aus einem besonders verfertigten sogenannten ‚Quecksilber-Amalgam‘ bestand.

„Wenn diese Bambusse lang genug eingeweicht waren, schob man einen nach dem anderen in andere dickere Bambusse, die nicht in gleicher Weise bearbeitet waren und deren Enden hermetisch verschlossen waren.

„Diese letzteren Vorbereitungen wurden natürlich auch

in völliger Dunkelheit oder beim orangefarbenen Licht der Simkalasche gemacht.

„Wenn man diese eingeweichten Bambusse später für Experimente nötig hatte, steckte man ein Ende des dickeren nicht eingeweichten Bambus in die erwähnte Durchbohrung der großen Kugel des Riank-Pochortars und machte an seinem Ende mit einem kleinen Haken, der an einer dünnen Stange befestigt war, ein Loch, wodurch der eingeweichte Bambus sich mit jeder beliebigen Geschwindigkeit weiterschieben ließ.

„Und die Wirkung der besagten Flüssigkeit, in der der Bambus eingeweicht war, war derart, daß jener Teil der eingeweichten Bambusse, auf den die farbigen Strahlen fielen, die direkt von dem Lusotschepana kamen oder von der Vertiefung des unteren kleinen Balls zurückgeworfen wurden, sofort für immer dieselbe Farbe annahmen, die der Strahl hatte, der auf sie fiel.

„Die unbedeckten Teile der auf diese Weise eingeweichten Bambusse nahmen ebenfalls die Farben an, welche den Laut-Schwingungen, die sie berührten, entsprachen, die durch sogenannte Saiten auf dem mittleren Teil des Apparates, der Dzendvoch hieß, entstanden.

„Dieser Dzendvoch bestand aus einem sehr starken Rahmen besonderer Form, der aus den Stoßzähnen eines Mammuts gemacht war, worauf viele Saiten verschiedener Länge und Dicke aufgezogen waren, die teilweise aus den gedrehten sogenannten ‚Ziegendärmen‘ gemacht waren und teilweise aus den Schwanzhaaren von Wesen verschiedener äußerer Form.

„Sage mir bitte, lieber Großvater, was ist ein Mammut?" fragte Hassin.

„Ein Mammut", erwiderte Beelzebub, „ist ein bestimmtes zweihirniges Wesen; anfangs kam es auch auf deinem Planeten vor und war im Vergleich zu anderen dortigen Wesen aller Hirnsysteme sehr groß.

„Diese Art von Wesen wurde auch ein Opfer der Folgen jenes großen vom Planeten Erde abgebrochenen Stückes, das jetzt Mond heißt, und ein selbständiger, wie ich es ausgedrückt habe, ‚planetischer Bastard' dieses Sonnensystems Ors ist und der Hauptträger des Bösen für deinen unseligen Planeten.

„Als nämlich die Atmosphäre dieses kleinen planetischen Bastards sich gebildet hatte und sich allmählich harmonisierte, entstanden starke Winde in der Atmosphäre des Planeten Erde, durch die verschiedene Teile ihrer Erdoberfläche — du erinnerst dich, daß ich dir schon davon sprach — von Sand bedeckt wurden. Und außerdem fiel damals dauernd Schnee in den sogenannten ‚nördlichen' und ‚südlichen' Polarregionen ihrer Atmosphäre und alle Vertiefungen der Oberfläche dieser Nord- und Südpol-Festländer wurden durch diese Schneemassen bedeckt.

„Die Wesen dieser äußeren Form kamen gewöhnlich auf den erwähnten Festlandsteilen der Oberfläche deines Planeten vor und wurden auch während dieser nie zuvor dagewesenen, wie man dort sagt, ‚Schneestürme' unter Schnee begraben. Und von da an kam diese Gattung von Wesen nicht mehr länger dort vor.

„Es ist interessant zu bemerken, daß man zur jetzigen Zeit dort in diesen Vertiefungen, die früher von Schnee bedeckt waren und später mit ‚Kaschiman', das heißt, jenen Stoffen, die im allgemeinen auf der Oberfläche der Festlandsteile den sogenannten ‚Erdboden' bilden, manchmal sogar wohlerhaltene planetische Körper dieser Mammuts findet.

„Diese planetischen Körper der Mammuts erhielten sich deshalb so lange Zeit hindurch, weil dieser Schnee sehr bald danach von Kaschiman bedeckt wurde und diese Körper dadurch in ‚isoliazsochlanische' Verhältnisse gerieten, das heißt, wie deine Lieblinge sagen würden, in die Verhältnisse einer hermetisch verschlossenen Sphäre, in der diese planetischen Körper der Mammuts bis jetzt noch nicht dem, wie man sagt, ‚Verfall' ausgesetzt waren, was besagt, daß die aktiven Elemente, aus denen diese planetischen Körper im allgemeinen gebildet sind, noch nicht vollends bis zu ihrem Ur-Anfang zurückinvolvierten.

„Also, mein Junge, der beschriebene wunderbare Apparat ‚Alla-Atapan' zeigt, daß alle drei erwähnten ‚vorübergehenden Resultate' der kosmischen Prozesse sich nicht nur in ihren inneren Manifestierungen in gleicher Weise äußern, sondern auch von denselben Faktoren gebildet werden.

„Durch diesen Apparat konnte man kontrollieren und sich überzeugen, daß in jedem der drei erwähnten vorübergehenden Resultate, die aus denselben all-kosmischen Prozessen stammen und die äußerlich nichts miteinander gemein haben, nicht nur ganz gleiche sozusagen ‚gegenseitige-Wirkungen,-von-denen-eine-aus-der-anderen-kommt-und-ein-gemeinsames-Funktionieren-bilden' vor sich gehen und daß, was die Evolutions- und Involutions-Eigentümlichkeiten des Heptaparaparschinoch-Gesetzes angeht, die Wirkung jedes einzelnen Zwischenstadiums in einem allgemeinen Funktionieren auf das Funktionieren des Zwischenstadiums eines anderen genau wie auf sein eigenes wirkt, sondern daß auch gemäß der Eigentümlichkeiten der Eigenschaften der Vibrationen, die ihre Gesamtheit ausmachen, diese vorübergehenden kosmischen Resultate einander ganz eng verwandt sind.

„Diese ganz enge Verwandtschaft in den inneren gegenseitigen Beziehungen dieser drei vorübergehenden Resultate, die dem Äußeren nach nichts miteinander gemein haben, bewies man in der folgenden Weise:

„Zum Beispiel verwandelte ein entsprechender farbiger Strahl, der auf irgendeines der aktiven Opium-Elemente gerichtet war, dieses in ein anderes aktives Element, das in seinen neuerworbenen Vibrationen den Vibrationen des farbigen Strahles entsprach, die auf dieses aktive Element gewirkt hatten.

„Das gleiche Resultat erhielt man, wenn man statt dieser farbigen Strahlen entsprechende ‚Laut-Vibrationen-der-Dzendvoch-Saiten' auf das gleiche aktive Element richtete.

„Und wenn man weiter einen farbigen Strahl durch irgendein aktives Opium-Element hindurchschickte, nahm dieser selbe Strahl dabei eine andere Farbe an, nämlich die Farbe, deren Vibrationen den Vibrationen dieses aktiven Elementes entsprachen; oder, wenn man einen farbigen Strahl durch eine soeben manifestierte und im gegebenen Augenblick noch wirkende sogenannte ‚Welle-von-Lautschwingungen' von einer entsprechenden ‚Dzendvoch-Saite' schickte, nahm er, wenn er durch diese Welle ging, eine andere Farbe an, die den durch die gegebene Saite manifestierten Vibrationen entsprach.

„Oder, wenn endlich ein bestimmter farbiger Strahl und bestimmte Laut-Vibrationen von den Saiten gleichzeitig auf eins der aktiven Opium-Elemente gerichtet wurden, die dieses polormedechtische Produkt ausmachen, das eine geringere Zahl von Vibrationen als die Gesamtheit der Vibrationen vom farbigen Strahl und dem betreffenden Laut hat, verwandelte sich dieses aktive Element in ein anderes aktives Opium-Element, dessen Vibrationszahl genau der Gesamtheit der Zahlen der besagten zwei verschieden-verursachten Vibrationen entsprach und so fort und so weiter.

„Dieser unvergleichliche Experimental-Apparat zeigte auch an, daß alle höheren Vibrationen eines Resultates immer die Richtung für alle niedrigen Vibrationen anderer vorübergehender-kosmischer-Resultate angeben.

„Nach allem, was ich dir jetzt erzählt habe, mein Junge, kann ich dir jetzt jene Kunde mitteilen, dank derer sich in deinem Denken sowohl Gegebenheiten zu der Vorstellung kristallisieren können, welch allgemeine Form damals in diesem China die Resultate der beharrlichen-unparteiischen-bewußten-Bemühungen dieser heiligen Zwillingsbrüder, der irdischen großen Gelehrten, annahmen als auch Gegebenheiten, damit du dir den Grad der späteren Verschlechterung der Seinsvernunft im Bestande dieser unglücklichen irdischen dreihirnigen Wesen vorstellen kannst.

„Also, als zum zweiten Male seit der Zeit meiner Beobachtungen der Existenz dieser dir lieben dreihirnigen Wesen dank der zwei besagten großen irdischen gelehrten Zwillingsbrüder ein selbständiger Zweig echter Wissenschaft in diesem noch ganz jungen China entstanden war, das heißt, ‚die Gesamtheit-der-Kunden-betreffs-der-speziellen-die-von-vervollkommneter-Vernunft-vollends-erkannten-Frage' betreffs des kosmischen Grundgesetzes des heiligen Heptaparaparschinoch, die die früher existierenden Wesen erkannt hatten und das Gesetz der Neunfältigkeit nannten — wurde dieser Zweig der Wissenschaft nicht nur fast normal und unverändert während der ersten zwei bis drei Jahrhunderte nach dem heiligen Raskuarno der großen Zwillingsbrüder von Geschlecht zu Geschlecht weitergegeben, sondern er wurde sogar allmählich dank ihrer Nachfolger, auch echter gelehrter Wesen jener Periode, wie man sagt ‚detailliert' und dem Verständnis sogar gewöhnlicher Wesen zugänglich gemacht.

„Dies geschah damals hauptsächlich deshalb, weil der Brauch, der von den gelehrten Wesen des Kontinents Atlantis eingeführt worden war, nämlich solche Kunden an die Wesen folgender Geschlechter nur durch solche Wesen weiterzugeben, die echte Eingeweihte sind — noch weiter unter ihnen existierte.

„Ich muß, mein Junge, unbedingt noch hinzufügen und meiner Überzeugung Ausdruck verleihen, daß, wenn ein solch kluger lange bestehender Brauch im Prozeß der Existenz dieser unglückseligen dir lieben dreihirnigen Wesen, wenn auch nur automatisch weiter existiert hätte, im gegebenen Falle gerade solch eine Gesamtheit echter Kenntnisse, die schon von der Vernunft ihrer noch ‚relativ normalen Vorfahren' erkannt worden war, wohl erhalten geblieben und auch in den Besitz deiner gegenwärtigen Lieblinge übergegangen wäre, so daß die unter ihnen, die dauernd danach streben, nicht ganz das Opfer der Folgen des für sie verderblichen Organs Kundabuffer zu werden, diese Kenntnisse zu dem Ziele benützen könnten, um ihren schon fast unmöglichen sogenannten ‚inneren Kampf'' zu erleichtern.

„Aber zum Leid aller mehr oder weniger bewußten ‚relativ-selbständigen-einzelnen-Individuen' unseres großen Megalokosmos und zum Unglück aller nachfolgenden dreihirnigen Wesen, die auf diesem deinem unseligen Planeten in der erwähnten Periode, nämlich während zwei bis drei ihrer Jahrhunderte entstanden, begann die allmähliche Entstellung und schließlich fast endgültige Vernichtung eben jenes Segens, der von ihren großen Vorfahren durch bewußte Bemühungen und absichtliche Leiden für sie geschaffen worden war.

„Dies geschah aus zwei Ursachen.

„Die erste Ursache bestand darin, daß ob immer derselben von ihnen selbst geschaffenen anomalen Verhältnisse der äußeren Seins-Existenz einige von ihnen sich allmählich in verantwortliche Wesen mit jenem besonderen ‚organisch-psychischen-Bedürfnis' gestalteten, das in ihrer Sprache so formuliert werden könnte:

„ ‚Ein-unwiderstehlicher-Durst-unter-den-Wesen-ihresgleichen-um-sie-herum-als-gelehrt-zu-gelten'; und dieses organisch psychische Bedürfnis brachte allmählich in ihnen jene seltsame Inhärenz hervor, von der ich schon oft sprach und das sie selbst ‚listiges Klügeln' nennen.

„Du mußt dir übrigens, mein Junge, ein für allemal merken, daß, wenn ich den Ausdruck ‚Gelehrte neuen Formats‘ gebrauchte und gebrauchen werde, ich damit gerade solche Gelehrte unter deinen Lieblingen meinte und meinen werde, die diese spezifische Inhärenz aufweisen.

„Und die andere Ursache bestand darin, daß die im ganzen Bestand echter eingeweihter Wesen dort kristallisierten Gegebenheiten, die in ihnen die Impulse des sogenannten ‚Vorausempfindens‘ und ‚Voraussehens‘ hervorrufen — ob einiger in jener Periode nicht von ihnen abhängigen äußeren Umstände, die aus all-kosmischen Prozessen stammen, hauptsächlich ob der Wirkung des Gesetzes ‚Soliunensius‘ — langsam schwächer wurden, und diese Wesen auch solche neugeformte Typen, wie ich sie gerade beschrieb, heranzogen und sie in die Gesamtheiten nur ihnen bekannter echter Kenntnisse einweihten, worunter auch jene Gesamtheit war, die ich erwähnte. Von jener Zeit an wurde auch dieser Zweig echten Wissens, der zu jener Zeit schon in den Besitz der meisten übergegangen war, allmählich entstellt und schließlich wieder fast ganz vergessen.

„Ich benutzte das Wort ‚fast‘, als ich von der allmählich fast völligen Vernichtung jenes Segens sprach, weil einige Fragmente der ganzen Gesamtheit dieser im objektiven Sinne wichtigen echten Kenntnisse nach dem Verlauf der erwähnten Periode, als ihr relativ normaler Prozeß der Seins-Existenz wieder unter ihnen hergestellt war, folgenden Geschlechtern wieder ausschließlich nur durch ‚echte Eingeweihte‘ von Geschlecht zu Geschlecht weitergegeben wurden, und sie sogar unverändert bis auf deine zeitgenössischen Lieblinge gelangten, wenn auch nur auf eine sehr beschränkte Anzahl von ihnen.

„In den Besitz der meisten deiner gegenwärtigen Lieblinge kamen jedoch von all dem von ihren großen fernen Vorfahren erreichten und vollends erkannten echten Wissen nur verschiedene praktisch unbedeutende Fragmente, die automatisch auf sie gekommen waren und die in der erwähnten verwirrten Periode unter den meisten gewöhnlichen Wesen dieses damals noch ganz jungen China weit verbreitet waren.

„Unter diesen unbedeutenden Fragmenten, die automatisch auf die meisten deiner gegenwärtigen Lieblinge kamen, sind erstens verschiedene Methoden, um aus dem polormedechtischen Produkt namens Opium einige seiner selbständigen aktiven Elemente abzusondern, zweitens das sogenannte ‚Gesetz der Farben-Kombinationen' und drittens die sogenannte ‚siebentönige Lautskala'.

„Was die erste Art der drei aufgezählten Fragmente von praktischen Resultaten betrifft, die durch die Vernunft der dreihirnigen Wesen des alten China erreicht worden waren und automatisch bis auf deine gegenwärtigen Lieblinge gelangten, so muß ich dir sagen, daß ob der Tatsache, daß einige der Teile, die dieses ganze dort Opium genannte Produkt ausmachen, von da an wegen der besonderen Eigenschaften seiner angenehmen Wirkung auf die anomale allgemeine Psyche der Wesen dauernd von ihnen angewandt wurde, die Kenntnis vieler Methoden, einige seiner selbständigen aktiven Elemente zu erhalten, von Geschlecht zu Geschlecht weitergegeben wurde und bis auf deine gegenwärtigen Lieblinge gelangte.

„Auch heutzutage erwerben sie viele seiner bestimmten Teile und benutzen sie höchst eifrig zur Befriedigung immer derselben in ihnen kristallisierten Folgen der Eigenschaften des Organs Kundabuffer.

„Diese von ihnen aus dem gesamten Bestand dieses polormedechtischen Produktes herausgezogenen Teile haben natürlich unter deinen gegenwärtigen Lieblingen schon verschiedene Bezeichnungen.

„Ein moderner ‚komischer gelehrter Chemiker', ein gewisser Mendeljeff, sammelte sogar die Namen all dieser jetzt gewonnenen ‚aktiven Elemente' und klassifizierte sie nach ihrem ‚Atomgewicht'.

„Obgleich seine Klassifizierung keineswegs der Wahrheit entspricht, kann man doch immerhin nach seinen ‚Atomgewichten' ungefähr jene Klassifizierung feststellen, die die großen irdischen Gelehrten des späteren China machten.

„Von den fast vierhundert ‚aktiven Elementen' des Opiums, die damals den großen Brüdern bekannt waren, gelangte auf die gegenwärtigen Chemiker der Erde die Kenntnis von zweiundvierzig seiner aktiven Elemente, und diese ‚aktiven Elemente' haben jetzt folgende Namen:

1. Morphium,
2. Protopin,
3. Lantopin,
4. Porphiroksin,
5. Opium oder Nikotin,
6. Paramorphin oder Tebain,
7. Formin oder Pseudoformin,
8. Metamorfin,
9. Gnoskopin,
10. Oilopin,
11. Atropin,
12. Pirothin,
13. Dephteropin,
14. Tiktutin,
15. Kolotin,
16. Haivatin,
17. Zootin,
18. Trotopin,
19. Laudanin,
20. Laudanosin,
21. Podotorin,
22. Archatosin,
23. Tokitosin,
24. Liktonosin,
25. Makanidin,
26. Popoverin,
27. Krintonin,
28. Kodomin,
29. Kolomonin,
30. Koilononin,
31. Katarnin,
32. Hydrokatarnin,
33. Opianin (Mekonin),
34. Mekonoiosin,
35. Pistotorin,
36. Fichtonosin,
37. Kodein,
38. Narzein,
39. Pseudokodein,
40. Mikroparain,
41. Mikrotebain,
42. Messain.

„Während meines letzten Aufenthaltes auf deinem Planeten hörte ich, daß die gegenwärtigen gelehrten Wesen der Gemeinschaft Deutschland angeblich Methoden fanden, um noch einige andere selbständige aktive Elemente aus Opium abzusondern.

„Da ich mich aber schon zuvor überzeugt hatte, daß die gegenwärtigen ‚Gelehrten' dieser Gemeinschaft erstens zum großen Teil nur phantasieren und zweitens wie die Wesen des alten Griechenlands nichts Gutes noch Segenbringendes für die künftigen Generationen schaffen, interessierte ich mich nicht für diese, wenn auch ‚neuen wissenschaftlichen Errungenschaften', weshalb ich auch die Bezeichnungen für diese neuen modernen aktiven Elemente nicht kenne.

„Was das zweite Fragment von praktischen Resultaten anbelangt, die auch durch die Vernunft der gleichen Wesen des alten China erworben worden waren und bis auf die gegenwärtigen Wesen gelangten, die Kenntnis nämlich, betreffs des ‚Gesetzes der Farbenkombinationen', so wurden alle Kunden darüber fast die ganze Zeit hindurch von Geschlecht zu Geschlecht weitergegeben und dabei mit jedem Jahr mehr zum Schlechteren verändert, bis sie schließlich vor erst zwei Jahrhunderten gänzlich vergessen wurden.

„Auch jetzt noch werden einige Kunden über dieses Gesetz weitergegeben, jedoch nur einigen dreihirnigen Wesen dort, die zu der Gruppierung von Wesen gehören, die dort ‚Perser' genannt werden; da sich aber der Einfluß der gegenwärtigen sogenanten ‚europäischen Malerei' automatisch mehr und mehr in dieser Gruppe verbreitet, muß man natürlich erwarten, daß auch diese Kunden schnell und völlig, wie unser geschätzter Lehrer sagt ‚verduften'.

„Und was die ‚siebentönige Lautskala' betrifft, die von den chinesischen Wesen des Altertums auf sie kamen, so mußt du darüber so ausführlich als möglich erfahren, erstens weil du dank dieser Kunde besser das ‚Vibrations-Gesetz' verstehen wirst, in dem man alle Eigentümlichkeiten des heiligen Heptaparaparschinoch feststellen und erkennen kann, und zweitens weil unter den Dingen, die von denselben dir lieben dreihirnigen Wesen zum täglichen Gebrauch in ihrer allgemeinen Existenz absichtlich reproduziert werden, ich von dort auch ein ‚lauterzeugendes-Instrument', das dort ‚Klavier' genannt wird, mit mir heimbrachte, auf dem die ‚Saiten', die die Vibrationen erzeugen, genau so angeordnet waren wie auf dem ‚Dzendvoch', das heißt dem zweiten Teil des berühmten Experimental-Apparates ‚Alla-Atapan', den die großen Zwillingsbrüder geschaffen hatten und auf dem ich dir, wenn wir auf unsere teure Karatas zurückkehren, anschaulich die sogenannte ‚Aufeinanderfolge-der-Prozesse-des-gegenseitigen-Verschmelzens-der-Vibrationen' erklären werde. Dank dieser praktischen Erklärungen wirst du dir leichter vorstellen und annähernd erkennen können, wie und in welcher Folge in unserem großen Megalokosmos der Prozeß des erhabenen Trogoautoegokraten vor sich geht und wie kleine und große kosmische Verdichtungen entstehen.

„Um dir zu erzählen, wie solch ein Fragment eines ‚praktischen Resultates' von den alten echten Kenntnissen übrigblieb und automatisch bis auf deine heutigen Lieblinge gelangte, muß ich dir zu allererst eingehender eben jenes bestimmte Gesetz der Vibrationen erklären, das zuerst von den großen Brüdern als die ‚sieben-Schwerpunkts-Lautvibrationen' formuliert worden war.

„Ich sagte dir schon, daß am Anfang, als diese Gesamtheit echter Kenntnisse oder jenes Fragment ‚echten Wissens' von den Wesen einer Generation auf die Wesen der folgenden Generation nur durch echte Eingeweihte dort weitergegeben wurde, sie nicht nur eine Änderung in der Gesamtheit des in sie gelegten genauen Sinnes erlitt, sondern langsam dank anderer auch echter Gelehrter unter den Nachkommen der folgenden Generationen ‚spezialisiert' und selbst für die Wahrnehmungen der gewöhnlichen dreihirnigen irdischen Wesen dort zugänglich gemacht wurde.

„Unter diesen Nachfolgern war eineinhalb Jahrhundert nach dem heiligen Raskuarno der heiligen Brüder ein gewisser echter Gelehrter mit Namen King-Tu-Tos, der auf Grund der Prinzipien der Konstruktion des Mittelteiles des ‚Alla-Atapan-Apparates', der ‚Dzendvoch' hieß, eine sehr ausführliche Theorie unter dem Namen ‚Evolution-und-Involution-der-Vibrationen' aufstellte und der zum Beweis seiner Theorie einen besonderen aufklärenden Apparat machte, der von ihm ‚Law-Merz-Noch' genannt wurde, der übrigens später unter fast allen gelehrten Wesen unseres großen Megalokosmos sehr berühmt wurde.

„Dieser besagte ‚Law-Merz-Noch'-Apparat bestand wie der mittlere Teil des Alla-Atapans aus einem sehr starken Rahmen mit einer Menge gespannter Saiten, die aus den Gedärmen und Schwanzhaaren verschiedener dortiger vierfüßiger Wesen angefertigt waren.

„Ein Ende dieser Saiten war am Rand des Rahmens befestigt und das andere am anderen Rand durch Wirbel gehalten.

„Diese Wirbel waren so angebracht, daß sie sich frei zu ihren sogenannten ‚Wirbellöchern' bewegen ließen und die auf ihnen befestigten Saiten nach Belieben angespannt und gelockert werden konnten, je nachdem wie es für die benötigte Anzahl der Vibrationen nötig war.

„Von der großen Anzahl der auf die ‚Law-Merz-Noch' gespannten Saiten waren neunundvierzig weiß gefärbt und die Gesamtheit der Vibrationen, das heißt der von der Vibration einer jeden von ihnen erhaltene bestimmte Laut wurde ‚Schwerpunkt-der-Oktave' genannt und dieser bestimmte Laut entsprach dem, was deine Lieblinge jetzt einen ‚ganzen Ton' nennen.

"Je sieben Saiten dieser ‚Schwerpunkts-Laute' oder ‚ganzen Töne' wurden damals und werden auch heute noch eine ‚Oktave' genannt.

„Und so waren auf dem ‚Law-Merz-Noch-Apparat' sieben Oktaven von ‚ganzen Tönen' gespannt, die Gesamtheit von deren Zusammenklang das sogenannte ‚heilige Ganziano' ergab, das heißt gerade das, was die zwei großen Brüder vermutet hatten und was fast genau mit dem übereinstimmte, was sie, wie ich schon gesagt habe, damals ‚Niriunossischen-Weltlaut' nannten.

„Eine jede dieser Saiten-Oktaven auf dem Law-Merz-Noch ergab die Gesamtheit von Vibrationen, die nach den Berechnungen der großen Zwillingsbrüder der Gesamtheit der Vibrationen all jener kosmischen Stoffe entsprach, die aus sieben einzelnen selbständigen Quellen stammen und einen der sieben Schwerpunkte der ‚grundlegenden-all-kosmischen-Ansapalnischen Oktave' bilden.

„Jede weiße Saite auf dem Law-Merz-Noch wurde einzeln von diesem chinesischen Gelehrten King-Tu-Tos so gestimmt, daß sie jene Durchschnittszahl von Vibrationen ergab, die nach den Berechnungen der großen Brüder auch in den Stoffen sein mußte, die einer der sieben Schwerpunkte der gegebenen Gesamtheit von Stoffen sind, die ihrerseits eine der sieben Schwerpunkte der grundlegenden kosmischen Stoff-Oktave sind.

„Auf dem ‚Law-Merz-Noch' hatte jede Oktave wie auch jeder ganze Ton der Oktave ihren eigenen Namen.

„Und zwar hieß die oberste Saiten-Oktave ‚Aratschiaplnisch'.

Die zweite von oben:	— ‚Erkrordiapan',
die dritte	— ‚Erordiapan',
die vierte	— ‚Tschoroitdiapan',
die fünfte	— ‚Piandschapan',
die sechste	— ‚Vezerordiapan',
die siebente	— ‚Ochterordiapan'.

„Und die ‚Schwerpunkts-Saiten' selbst waren weiß gefärbt und hießen in allen Oktaven gleich, nur mit Hinzufügung der Benennung der betreffenden Oktave.
„Und zwar hießen die ganzen Töne folgendermaßen:

Die erste von oben:	— ‚Adaschtanas',
die zweite	— ‚Evotanas',
die dritte	— ‚Goworktanis',
die vierte	— ‚Maikitanis',
die fünfte	— ‚Midotanis',
die sechste	— ‚Ltikotanis',
die siebente	— ‚Sonitanas'.

„Und die heutigen Wesen der Erde nennen dieselben ganzen Töne jetzt: ‚do', ‚si', ‚la', ‚sol', ‚fa', mi' ‚re'.

„Damit dir übrigens, mein Junge, die Größe dieser zwei heiligen Brüder noch offensichtlicher werde, lenke ich deine Aufmerksamkeit darauf, daß die von ihnen gemachten Berechnungen und die durch diese Berechnungen festgestellte Qualitivität der sogenannten ‚Verlebendigung-der-Laut-Vibrationen', die gemäß ihrer Voraussetzungen der ‚Verlebendigung' kosmischer Quellen von Stoffen entsprechen, fast genau mit der Wirklichkeit übereinzustimmen schienen.

„Ihr Verdienst ist um so größer, weil sie als irdische Wesen gar keine echten Kunden über all dies hatten und ihre richtigen Voraussetzungen und fast genauen Berechnungen vieler objektiver kosmischer Wahrheiten ausschließlich nur durch eigene bewußte Bemühungen und absichtliche Leiden machen konnten.

„Weiter waren auf diesem Law-Merz-Noch in jeder Oktave zwischen diesen weißen Saiten oder ganzen Tönen an bestimmten Stellen von diesem Gelehrten King-Tu-Tos noch fünf weitere Saiten aufgezogen worden, die diesmal aber schwarz gefärbt waren.

„Und diese schwarzen Saiten nannte er Demisacksacksa', was nach der Terminologie der Wesen auf der Erde dem was sie ‚halbe Töne' nannten entsprach, und diese ‚halben-Ton-Saiten' waren auf dem ‚Law-Merz-Noch' nicht zwischen jenen ganzen Tönen gespannt, zwischen denen nach den Vorschriften der heiligen Tschun-Kil-Tes und Tschun-Tro-Pel dem heiligen Heptaparaparschinoch zufolge keine Möglichkeit für die selbständige Evolution und Involution der Lautvibrationen besteht, und diese Stellen nannten sie als erste ‚Lücken' und an den betreffenden Stellen der Oktav, wo diese ‚Lükken' sein sollten, spannte dieser gelehrte King-Tu-Tos zwischen die ganzen Töne besondere Saiten, die aus den Schwanzhaaren des Wesens gemacht waren, das man dort ‚Pferd' nennt.

„Diese Haarsaiten gaben nicht immer gleiche Vibrationen und King-Tu-Tos nannte diese Vibrationen ‚chaotisch'.

„Die von diesen Haarsaiten erhaltene Vibrationszahl hing nicht von der Spannung der Saiten ab, wie dies bei den übrigen Saiten der Fall war, sondern von anderen Ursachen, hauptsächlich von drei Ursachen, die aus den sie umgebenden kosmischen Resultaten stammten, und zwar von der Wirkung der um sie herum verbreiteten Vibrationen, die von anderen Saiten des Law-Merz-Noch erzielt wurden, vom Zustand der sogenannten ‚Temperatur-der-Atmosphäre' im gegebenen Moment, und von den Ausstrahlungen der Wesen in ihrer Umgebung, ohne Unterschied ihres Gehirnsystems.

„Auf diesem Law-Merz-Noch waren zwischen diesen weißen, schwarzen und Haarsaiten noch in jeder Oktav vierzehn Saiten auch aus ‚gedrehten Därmen' gespannt, die rot bemalt waren und ‚Kisukeschur' hießen und die die gegenwärtigen irdischen Wesen, wenn sie sie brauchen würden, ‚Viertel-Töne' nennen würden.

„Außerdem waren alle diese ‚Viertel-Ton-Saiten', die

auf beiden Seiten der ‚Haarsaiten' gespannt waren, in einer solchen Weise angebracht, daß die Vibrationen, die von ihnen kamen, in jedem Augenblick nach Belieben verändert werden konnten, je nachdem man die Saiten anspannte oder lockerte und somit konnten die von ihnen hervorgebrachten Vibrationen reguliert werden und durch das Ohr mit den häufig sich ändernden Vibrationen aus den Haarsaiten in Einklang gebracht werden.

„Und dies war deshalb so gemacht, weil ob der häufigen Veränderungen der Vibrationen der Haarsaiten, deren Qualitativität, wie ich schon gesagt habe, von der Temperatur der Atmosphäre, den Ausstrahlungen der Wesen in der nächsten Nähe und von vielen anderen Ursachen abhing, die Vibrationen der ‚roten Saiten' eine solche Eigenschaft erwarben, daß, wenn sie nicht mit den Vibrationen der Haarsaiten verschmolzen, die von ihnen ausgehenden Vibrationen auf die anwesenden Wesen sehr ‚kakophonisch schädlich' wirkten, ja sie sogar vollkommen vernichten könnten.

„Durch häufige Veränderung der Spannung der ‚roten Saiten' und durch das Verschmelzen ihrer Vibrationen mit den allgemeinen Vibrationen aus dem ‚Law-Merz-Noch' erzielte man ihre Harmlosigkeit, das heißt dadurch wurden die allgemeinen Vibrationen, die aus dem ‚Law-Merz-Noch' kamen, für die Wesen, die sie hörten, was man nennt ‚harmonisch fließend' statt schädlich wirkend.

„Also, mein Junge, dieser Apparat ‚Law-Merz-Noch' und auch die eingehende Theorie des alten gewissenhaften Gelehrten King-Tu-Tos erlitt dasselbe Schicksal wie der unvergleichliche Apparat Alla-Atapan und die ganze Gesamtheit der von den Brüdern erkannten echten Kunden.

„Da sich andauernd einige und sogar immer mehr deiner Lieblinge zu dem erwähnten neuen Typ mit der besagten Inhärenz des ‚listigen Klügelns' heranbildeten, wurde die Gesamtheit der Kunden von da an verändert und ihr echter Sinn und ihre echte Bedeutung allmählich vergessen.

„Und daß das Grundprinzip der Saitenanordnung des Apparates ‚Law-Merz-Noch' und auch jenes Teiles des ‚Alla-Atapan', der ‚Dzendvoch' hieß, automatisch bis auf deine heutigen Lieblinge kam, geschah aus folgenden Gründen:

„Als die Hauptverwirrung der erwähnten ‚konfusen Periode' vorüber war und als einige erhalten gebliebene Fragmente all dieser großen Errungenschaften der Vernunft der noch ‚relativ-normalen' dreihirnigen Wesen auf deinem Planeten wieder langsam auf die folgenden Geschlechter in der Weise weitergegeben wurden, die sich schon zuvor im Prozeß ihrer gewöhnlichen Existenz gut festgesetzt hatte, das heißt durch die Vermittlung nur solcher Wesen, die schon würdig geworden waren, echte Eingeweihte zu werden und solches Wissen zu erwerben, und als mit jedem Jahr mehr und mehr von diesen verantwortlichen Wesen mit der soeben erwähnten Inhärenz herangebildet wurden, bildete sich zu dieser Zeit auch ein ‚Gelehrter neuen Formates', der in diesem selben China unter dem Namen ‚Tschei-Yu' entstand, zu einem verantwortlichen Wesen heran und wurde die Ursache dafür, daß die Kenntnis und praktische Anwendung dieser ‚siebentönigen-Lautskala' allgemein zugänglich wurde. Sie ging dann von Generation zu Generation weiter und gelangte automatisch auch auf deine gegenwärtigen Lieblinge.

„Dieser Tschei-Yu wurde in den ersten Jahren seiner verantwortlichen Existenz ob gewisser entsprechender subjektiver Verdienste zu einem Kandidaten für das, was man einen ‚Eingeweihten-ersten-Ranges' nennt bestimmt und somit wurde ihm Hilfe ohne sein Wissen zuteil — wie es lange zuvor durch den Brauch der echten eingeweihten Wesen festgesetzt worden war; es wurden ihm nämlich alle möglichen Kunden betreffs verschiedener wirklicher Ereignisse, die in vergangenen Zeiten auf ihrem Planeten stattgefunden hatten, mitgeteilt.

„Und wie meine letzten eingehenden Untersuchungen mir klarmachten, wurde er würdig befunden, unter anderem auch über den großen Apparat ‚Law-Merz-Noch' in allen Einzelheiten seiner Konstruktion unterrichtet zu werden.

„Darauf ‚erklügelte' dieser Tschei-Yu, nur um vor den Wesen seinesgleichen um ihn herum als ‚Wissenschaftler' zu gelten — er, der sozusagen einer der ersten ‚idealgebildeten-Wissenschaftler-neuen-Formats' dort war, das heißt ein Wesen mit einer ‚vollends geformten Inhärenz zum Klügeln' —, nicht nur eine neue Theorie auf Grund der Kunden, die er in der besagten Weise über die Einzelheiten des großen Apparates ‚Law-Merz-Noch' erfahren hatte, eine sozusagen ‚absolut-nichts-bejahende-nichtsverneinende' Theorie betreffs des Vibrations-Gesetzes, sondern konstruierte auch sein eigenes vereinfachtes ‚lauterzeugendes Instrument', genannt ‚King'.

„Seine Vereinfachung bestand darin, daß er, ohne auf die roten und Haarsaiten auf dem Law-Merz-Noch zu achten, nur die weißen und schwarzen Saiten zur Grundlage seines ‚lauterzeugenden Instrumentes' machte und zwar nur die Anzahl der Saiten von zwei Oktaven und daß er sie außerdem so anbrachte, daß die ganze Oktave, die sich in der Mitte befand, für die Dauer ihrer Evolution und Involution eine halbe der ihr folgenden höheren Oktav und eine halbe der ihr vorausgehenden niederen Oktav hatte.

„Also, wenn auch die von diesem Tschei-Yu ‚erklügelte Theorie' nicht sehr lange hielt, so wurde doch immerhin dieses von ihm konstruierte lauterzeugende Instrument King durch seine Vereinfachung allgemein zugänglich; und da das von ihm erzielte Resultat während der absicht-

lichen Wirkung sich als sehr gut und zufriedenstellend
erwies für sozusagen das ‚Kitzeln' vieler Gegebenheiten, die in ihrem allgemeinen Bestand ob der Folgen
der Eigenschaften des Organs Kundabuffer kristallisiert
waren, ging es allmählich automatisch von Geschlecht zu
Geschlecht über.

„Obgleich die äußere Form dieses lauterzeugenden
Instrumentes ebenso wie die Konstruktion seines Rahmens und die Spannung der Saiten und ihre Namen oft
von den Wesen der folgenden Generationen geändert
wurden und schließlich bei deinen gegenwärtigen Lieblingen zu ihren schweren, bis zur Idiotie komplizierten
lauterzeugenden Instrumenten wurden, die in ihrer Kraft
bis zu einem kindischen Grad entartet sind, als da sind
‚Klavizimbel', ‚Klavichord', ‚Orgel', ‚Klavier', ‚Harmonium', so blieb doch das Grundprinzip von dem, was man
‚Wechsel-der-Schwerpunkt-Laute' nennt, bis zur jetzigen
Zeit so wie er von den heiligen Brüdern Tschun-Kil-Tes
und Tschun-Tro-Pel auf dem Dzendvoch, das heißt dem
mittleren selbständigen Teil des von ihnen geschaffenen
unvergleichlichen Experimental-Apparates Alla-Atapan,
geschaffen worden war.

„Und deshalb, mein Junge, kann diese vom erwähnten
Tschei-Yu vereinfachte, wie sie jetzt dort genannt wird,
‚chinesische-siebentönige-Einteilung-der-Laut-Oktave',
die auf deine gegenwärtigen Lieblinge gelangt ist und
auch jetzt noch von ihnen für alle ihre von mir schon aufgezählten ‚lauterzeugenden Instrumente' gebraucht wird,
zum Teil, wie ich schon gesagt habe, für das sozusagen
‚praktisch-gegenüberstellende-Studium' und die ungefähre Erkenntnis dienen, wie im Prozeß des erhabenen
Trogoautocgokraten aus dem sogenannten ‚Fließen-einiger-Vibrationen-aus-anderen' kosmische Stoffe von verschiedener ‚Dichtigkeit' und ‚Verlebendigung' entstehen
und wie sie, indem sie sich miteinander vereinigen und

wieder auseinanderstreben, große und kleine ‚relativ selbständige Verdichtungen' bilden und somit das allkosmische ‚Iraniranumansch' verwirklichen.

„Übrigens wirst du dich selbst davon mit eigenen Augen überzeugen, wenn ich dir nach unserer Rückkehr auf unsere teure Karatas, wie ich dir schon versprach, praktisch die Bedeutung des Stimmens auf jenem modernen lauterzeugenden Instrument, dem ‚Klavier', erklären werde, das ich mit einer Anzahl anderer Dinge von der Oberfläche deines Planeten mit mir nahm, um bei mir zu Hause in Ruhe eine seiner Eigentümlichkeiten mir experimentell aufzuklären, die zu studieren ich dort an Ort und Stelle nicht Zeit genug hatte und die mit der seltsamen Psyche dieser dreihirnigen Wesen, die dir gefallen, und mit den von ihnen herrührenden Vibrationen verschiedener Verlebendigung um sie herum zusammenhängen.

„Und wenn ich jetzt außerdem noch betreffs der sonderbaren Psyche deiner Lieblinge hinzufüge, was ich während meines letzten Aufenthaltes unter ihnen feststellte, daß nämlich keines der heutigen dreihirnigen Wesen deines Planeten — obgleich sie eben diese ‚chinesische-siebentönige Einteilung' zur Grundlage all ihrer ‚lauterzeugenden Instrumente' machen und somit fast täglich die Resultate seiner Folgen wahrnehmen — nicht nur keineswegs davon angeregt sind, wie sie es objektiv sein müßten, sondern im Gegenteil unter der Wirkung dieser Art von Zusammenklang ohne jede Reue und sogar mit einem Impuls von Zufriedenheit absichtlich jene Assoziationen in all ihren vergeistigten Teilen weiterfließen lassen, die in ihrem allgemeinen Bestand unter dem Einfluß der Gegebenheiten entstehen, die sich in ihnen durch die Folgen der Eigenschaften des für sie verfluchten Organs Kundabuffer kristallisieren, wirst du, dessen bin ich sicher, nach einer praktischen Vorführung auf diesem Klavier nicht nur eine ungefähre Vorstellung über alle sogenannten ‚die-einen-aus-den-anderen-erzielten-und-harmonisch-verschmelzenden-Schwerpunkts-Vibrationen' haben, sondern du wirst auch noch einmal mit einem Impuls von Verwunderung feststellen, bis zu welchem Grad im allgemeinen Bestand deiner Lieblinge das Wesen der Wirkung jener Seins-Gegebenheiten geschwächt ist, die im Bestand aller dreihirnigen Wesen kristallisiert sein sollten und deren Gesamtheit ‚Feinheit-des-Instinkts' genannt wird.

„Also, mein Junge, einerseits ob der im Bestande dieser dir lieben dreihirnigen Wesen ständig fortschreitenden Verschlechterung der Qualität des Funktionierens der in ihnen für ein gesundes Seinsdenken kristallisierten Gegebenheiten und anderseits ob der immer wachsenden Anzahl von Wesen, die sich zu verantwortlichen Wesen des erwähnten neuen Typs gestalteten, nämlich in ‚gelehrte Wesen neuen Formats', gelangte schließlich auf die gegenwärtigen dreihirnigen Wesen dieses unseligen Planeten — von der von der Vernunft früherer Wesen ihresgleichen schon gründlich erkannten genauen ‚Gesamtheit von Kunden', die fast nirgends im Weltall unter gewöhnlichen dreihirnigen Wesen etwas ihresgleichen hatte und die sich langsam zu ändern begann, — nämlich die Gesamtheit jener echten Kunden, die heute überall zum Wohl der gewöhnlichen dreihirnigen Wesen auf den Planeten unseres großen Megalokosmos gebraucht werden, mit Ausnahme allein der Wesen jenes Planeten, auf dem diese Gesamtheit von Kunden entstand, — schließlich nur das, was unser geschätzter Mulla-Nassr-Eddin mit folgenden Worten definiert:

„ ‚Gepriesen seist du, Schöpfer, daß du die Zähne der Wölfe nicht wie die Hörner meines teuren Büffels geschaffen hast, so daß ich jetzt ein paar vorzügliche Kämme für meine teure Frau machen kann.'

„Und besonders was die ‚chinesische-siebentönige-Einteilung der Oktave' betrifft, die bis auf deine gegenwärtigen Lieblinge gelangte, und obgleich sie sie, wie ich schon gesagt habe, häufig im Prozeß ihrer gewöhnlichen Existenz gebrauchen, vermuten sie doch nicht, daß diese Einteilung eigens auf jenen unerschütterlichen Prinzipien geschaffen und aufgebaut ist, auf denen alles in unserem ganzen großen Megalokosmos Existierende beruht.

„Wenn man jene unbedeutende Zahl dreihirniger Wesen einiger kleiner Gruppen nicht rechnet, die auf dem Kontinent Asien vorkommen und die instinktiv die verborgene Bedeutung dieser ‚chinesischen-Einteilung-eines-ganzen-Lautes-in-sieben-bestimmte-Schwerpunkte' empfanden, und praktisch ausschließlich nur bei solchen ihrer Seins-Manifestationen wiedergaben, die ihnen als heilig galten, so muß man schlechtweg sagen, daß im Bestande fast aller dreihirnigen Wesen, die auf deinem Planeten in den letzten Jahrhunderten entstanden sind, sich schon nicht mehr länger die Gegebenheiten kristallisieren, um den hohen Sinn und die Bedeutung, die in diese Einteilung gelegt waren, zu erkennen; statt dessen wird diese von den gegenwärtigen dreihirnigen Wesen, sowohl von denen, die auf dem Festlande Asien als auch von denen, die auf allen anderen Festländern der Oberfläche deines Planeten vorkommen, und die schon jede Art von instinktivem Gefühl verloren haben, ohne Ausnahme zur Befriedigung einiger niederer Zwecke gebraucht, die sich für dreihirnige Wesen nicht ziemen.

„Das Interessanteste in der ganzen von mir erzählten Geschichte von der Erkenntnis des heiligen Heptaparaparschinoch-Gesetzes durch die dreihirnigen Wesen auf deinem Planeten und was sich hauptsächlich auf die gegenwärtigen Wesen bezieht, ist, daß, obgleich unter ihnen zur heutigen Zeit eine große Menge aller möglichen ‚Gesamtheiten spezieller Kunden' oder, wie sie sich ausdrücken, ‚einzelne Wissenschaftszweige' wieder entstanden und von ihnen sozusagen ‚eingeochst‘ wurden, trotzdem über das ‚Vibrations-Gesetz‘, dem Zweig, der das Wichtigste ist und die Möglichkeit gibt, wenigstens ungefähr die Wirklichkeit zu erkennen, einfach nichts unter ihnen zu finden ist, wenn man nicht jene verhältnismäßig kürzlich entstandene berühmte sogenannte ‚Theorie-des-Lautes‘ in Betracht zieht, die die gegenwärtigen sogenannten ‚gelehrten-Physiker‘ und ‚gelehrten-Musiker‘ ernsthaft studieren und angeblich kennen.

„Um dir sozusagen das Wesen deiner gegenwärtigen Lieblinge ‚illuminierend zu projizieren‘ und im Hinblick darauf, daß die Ursachen der Entstehung verschiedener Mißverständnisse auf dem Gebiet dieses Wissenszweiges, der dort unter einigen deiner Lieblinge weitverbreitet ist, sehr charakteristisch sind und überhaupt als ausgezeichnetes Material dienen können, um dir eine Vorstellung und Bewertung von dem Sinn und der objektiven Bedeutung aller übrigen modernen einzelnen selbständigen Zweige ihrer sogenannten ‚exakten Wissenschaften‘ zu geben, halte ich es für nötig, dir ausführlicher zu erklären, welche Theorien betreffs der ‚Laut-Vibrationen‘ von diesen besagten heutigen irdischen ‚Jammer-Gelehrten‘ ‚studiert‘ und angeblich ‚gekannt‘ werden.

„Bevor ich dir aber darüber erzähle, drängt mein Wesen wieder meinen ganzen Bestand, über das Schicksal all jener heutigen irdischen dreihirnigen Wesen mein aufrichtiges Mitleid zu bekunden, die ob ihrer ausdauernden ihnen eigentümlichen ‚Seins-Partkdolgpflicht‘ schließlich den Zustand jenes Vernunftgrades erreichen, wo sie unausbleiblich in ihrem Bestand auch die Gegebenheiten echter Kunden betreffs des Gesetzes der Vibrationen haben sollten.

„In diesem Augenblick erinnere ich mich assoziativ mit einem Impuls von Bedauern daran, weil es in der Periode meines letzten Aufenthaltes unter ihnen mehr als einmal geschah, daß ich mit solchen dreihirnigen Wesen zusammentraf, die gemäß ihres Zustandes von sozusagen ‚psychischer Vervollkommnung' unbedingt gerade die echten Kunden über das ‚Vibrations-Gesetz' aufnehmen und in sich umwandeln sollten, wobei ich aber gleichzeitig klar begriff, daß sie solche Kunden nirgends finden konnten.

„Sie haben tatsächlich jetzt solch eine ‚Gesamtheit von Kunden' oder, wie sie es nennen, eine ‚Theorie der Vibrationen', aber die erwähnten unglücklichen gegenwärtigen Wesen, die solcher Kunden bedürfen, können trotz aller Wünsche und Anstrengungen nichts annähernd Befriedigendes für ihr Suchen finden, nichts als verschiedene falsche Auffassungen und Widersprüche.

„Also, mein Junge, diese irdischen Mißverständnisse entstanden, weil verschiedene Fragmente von Kunden betreffs des ‚Vibrations-Gesetzes' aus zwei selbständigen Quellen auf die gegenwärtigen Wesen kamen, nämlich von eben diesen alten Chinesen und von jenen alten Griechen, von denen — du erinnerst dich — ich dir schon sagte, daß sich ihre Gemeinschaft lange zurück zwischen den Kontinenten Asien und Europa aus jenen asiatischen Fischern gebildet hatte, die aus Langeweile bei schlechtem Wetter verschiedene ‚Wissenschaften' erfanden, darunter auch die ‚Lehre von den Laut-Vibrationen'.

„Und diese Wissenschaft der alten Griechen ging später auch von einem Geschlecht zum anderen Geschlecht über, bis sie auf deine gegenwärtigen Lieblinge fast gleichzeitig mit der besagten chinesischen Wissenschaft kam.

„Die weiteren Mißverständnisse fingen damit an, daß in den von den alten Chinesen bis auf sie gelangten Kunden gezeigt wurde, daß die ‚ganze-Vibrations-Oktave' sieben ‚Restoriale' hat, das heißt, daß die Oktave aus sieben ‚Schwerpunkt-Lauten' besteht, während in den griechischen Kunden gesagt wurde, daß die ‚ganze Vibrations-Oktave' fünf ‚Restoriale' habe, das heißt, daß die Oktave aus fünf Schwerpunkten oder aus fünf ‚ganzen Tönen' bestehe.

„Und nur weil im Bestande deiner Lieblinge der letzten Jahrhunderte das Funktionieren aller möglichen in ihnen kristallisierten Gegebenheiten zum ‚logischen Seins-Nachdenken', wie man sagt, ‚verdreht' vor sich geht, und diese beiden aus ganz verschiedenen Quellen stammenden Kunden ihrem stutzschwänzigen logischen Denken gleich wahrscheinlich schienen, konnten jene Wesen der heutigen Zivilisation, die alle möglichen einzelnen selbständigen Zweige ihrer ‚erlauchten Wissenschaft' in einer neuen Mode wie Pfannkuchen zu backen begannen, als sie während einiger Jahre in einen Zustand von sogenannter ‚bestürzter Verwunderung' geraten waren, in keiner Weise entscheiden, welche von diesen beiden einander widersprechenden Theorien vorzuziehen und in die Zahl ihrer ‚offiziellen Wissenschaftszweige' aufzunehmen und einzureihen sei.

„Nachdem viel, wie sie manchmal noch sagen, ‚Speichel vertrocknet' war, beschlossen sie endlich, um niemand zu beleidigen und um gleichzeitig auch einen solchen Wissenschaftszweig zu haben, diese beiden aus alten Zeiten auf sie gekommenen Theorien, die nichts miteinander gemein hatten, in eine zu vereinen. Und als ein wenig später einer von ihnen namens ‚Gaidoropulo' eine sehr lange ‚mathematische' Erklärung über dieses Mißverständnis ersonnen hatte, darüber nämlich, warum in der einen Theorie die Einteilung der Oktave in sieben ‚ganze Töne' gemacht wurde und in der anderen in nur fünf ‚ganze Töne' und warum und wie ein solch wichtiger Widerspruch entstanden war, beruhigten schließlich seine mathematischen Erklärungen alle entsprechenden Vertreter der gegenwärtigen Zivilisation so vollends, daß sie zur Jetztzeit ruhigen Gewissens all ihre ‚Klügeleien' betreffs der ‚Vibrationen' auf Grundlage der mathematischen Erklärungen dieses zuvorkommenden Gaidoropulo hervorbringen.

„Diese mathematischen Erklärungen führten zu folgenden Betrachtungen:

„Er, das heißt eben dieser zuvorkommende Gaidoropulo, berechnete auf eine nur ihm bekannte Weise die Zahl der Vibrationen aller chinesischen sieben ganzen Töne und erklärte, daß in der chinesischen ‚siebentönigen Oktave' jene ganzen Töne, die ‚mi' und ‚si' genannt werden, gar nicht ganze Töne sind, sondern nur halbe Töne, weil die Zahl der Vibrationen, die sie aufweisen, fast mit der Zahl der Vibrationen jener griechischen halben Töne, die nach der Einteilung der griechischen Oktave sich gerade zwischen den ganzen Tönen ‚re' und ‚fa' und zwischen ‚si' und ‚do' befinden, übereinstimmt.

„Ferner nahm er an, daß es offenbar den Chinesen besser paßte, das ‚Restorial der Stimme', das heißt den ‚Schwerpunkt der Stimme', auch auf diese halben Töne zu legen und daß sie deshalb ihre Oktave nicht in fünf ganze Töne wie die Griechen, sondern in sieben einteilten und so weiter in dieser Art.

„Nach dieser Erklärung des Herrn Gaidoropulo beruhigten sich, wie ich dir schon gesagt habe, alle anderen heutigen Gelehrten neuen Formates vollständig, da sie auch diesem Zweig ihrer offiziellen Wissenschaft ein Etikett angehängt hatten.

„Und so existiert dieser Wissenschaftszweig jetzt noch bei ihnen unter dem Namen ‚Theorie-der-Vibrations-Gesetze', wie unser weiser Lehrer Mulla-Nassr-Eddin sagen würde ‚heiter drauf los'.

„In diesem Fall erinnere ich mich jener weisen Formulierung des von uns immer geschätzten Mulla-Nassr-Eddin und kann nicht umhin, sie laut zu wiederholen, so wie er sie in folgenden Worten ausdrückt:

‚Ach ... ihr kurfuristanischen Sonderlinge! Ist es denn nicht egal, ob ihr für eure Feldarbeit ein Maultier oder einen Hasen habt? Hat doch jedes dieser beiden Tiere vier Füße!'

„Deine gegenwärtigen Lieblinge können natürlich nicht wissen und sogar nicht einmal vermuten, daß diese zwei selbständigen Einteilungen der Oktave in ganze Töne, die sie jetzt haben, und die sie die ‚chinesische' und die ‚griechische' nennen, zur Grundlage ihrer Entstehung zwei ganz verschiedene Ursachen haben: die erste, nämlich die chinesische Einteilung, ist, wie ich schon gesagt habe, das Resultat eines tiefen Erkennens des Heptaparaparschinoch-Gesetzes durch die großen gelehrten Zwillingsbrüder, denen niemand vor noch nach ihnen auf der Erde gleichkam, und die zweite, das heißt die griechische Einteilung, war nur auf Grund der sogenannten ‚Stimmrestoriale' gemacht, die es in den Stimmen der Griechenwesen jener Periode gab, als diese ‚fünftönige griechische Oktave' zusammengestellt wurde.

„Es bildeten sich fast so viele ‚Restoriale der Stimme' oder, wie man sie manchmal auch nennt, ‚leichte Töne der Stimme' unter deinen Lieblingen und bilden sich auch noch heute, als es selbständige Gruppierungen gibt, in die sie zerfielen und auch noch weiter zerfallen, und dies geschieht, weil diese ‚leichten Töne der Stimme' in den Wesen sich durch viele äußere wie innere nicht von ihnen abhängige Verhältnisse um sie herum bilden, wie zum Beispiel durch geographische, erbliche und religiöse Verhältnisse und sogar durch die ‚Qualität der Nahrung' und die ‚Qualität-gegenseitiger-Einflüsse' und so fort und so weiter.

„Deine gegenwärtigen Lieblinge können natürlich nicht verstehen, daß wie sehr dieselben Griechen des Altertums sich bemühten, oder sozusagen wie ‚gewissenhaft' auch ihre Haltung in dieser Sache war, sie mit bestem Willen in der Einteilung der ‚Laut-Oktave' in bestimmte Stufen nicht mehr und nicht weniger als diese fünf ganzen Töne finden konnten, da die Gesamtheit aller inneren und äußeren nicht von ihnen abhängigen Verhältnisse ihnen keine andere Möglichkeit gab, als ihre Gesänge nur mit ihren fünf ‚Stimm-Restoralien' hervorzubringen.

„ ‚Restoriale' oder ‚Schwerpunktslaute in der Stimme' der Wesen sind und heißen im allgemeinen jene Töne, die die Wesen bei der Hervorbringung verschiedener Laute durch die entsprechenden Organe nach den in ihnen bestehenden Eigenschaften — die vom allgemeinen Funktionieren ihres Bestandes abhängen, und wiederum das Resultat von Vererbung und erworbenen Begabungen sind —, leicht, ungezwungen und für lange manifestieren, ohne eine Anstrengung in anderen selbständigen Funktionierungen zu erzeugen, das heißt mit anderen Worten, die Restoriale werden erzielt, wenn das Tempo der Resultate ihrer Manifestationen vollständig mit den anderen Funktionierungen ihres ganzen Bestandes harmoniert, dessen Tempo schon in ihnen ob aller inneren und äußeren Verhältnisse ihrer gewöhnlichen Seins-Existenz festliegt.

„Durch die verschiedenen Verhältnisse lokalen Charakters dort und auch durch verschiedene erblich erworbene Qualitäten bilden sich verschiedene ‚Restoriale der Stimme' oder ‚Schwerpunktstöne' in den Wesen fast jeder Gruppe oder jedes geographischen Platzes; und die Einteilung der Oktave in ganze Töne unter den Wesen auf jedem einzelnen Teil der Oberfläche deines Planeten ist ganz verschieden.

„Heutzutage gibt es unter deinen Lieblingen Gruppierungen, die die Fähigkeit besitzen, die Schwerpunktstöne in der Laut-Oktave nicht nur in fünf oder sieben ‚Schwerpunktstönen' hervorzubringen, sondern sogar in dreizehn oder siebzehn ‚ganzen Tönen'.

„Um das zu illustrieren, was ich soeben gesagt habe,

können die Wesen einer bestimmten kleinen Gruppe als gutes Beispiel dienen, die auf dem Kontinent Asien wohnen und deren Singen ich selbst sehr gerne hörte und die, wenn sie auch in ihren physiologischen Möglichkeiten Gegebenheiten zur Manifestierung von nur drei ‚Restorialen' hatten, trotzdem in ihren Gesängen bis zu vierzig einzelne bestimmte Laute hervorbringen konnten.

„Ihr Singen war außerordentlich schön und wie munter drauflos sie auch singen mochten, so brachten sie doch die Lautvibrationen nur aus der einen oder anderen dieser drei ihrer ‚organischen Restoriale' ganz ruhig hervor.

„Diese physiologische Eigentümlichkeit der Wesen dieser kleinen Gruppierung, nämlich daß ganz gleich welche Zahl bestimmter Laute sie auch hervorbrachten, sie immer in der vollen Oktave ihrer Stimme die sogenannte ‚unveränderliche Gesamtheit der Vibrationen' aus nur diesen drei, ihnen inhärenten Restorialen erhielten, die während ihrer Manifestation die Eigenschaft haben, die sogenannte ‚Zentralisierung' und, wie man sagt, das ‚Echo' im ganzen Bestand eines Wesens hervorzurufen, machte ich mir klar, als ich mich für ihre Gesänge interessierte und diese unter deinen gegenwärtigen Lieblingen so seltene Eigentümlichkeit mit Hilfe von drei speziellen, eigens von mir bestellten, dort sogenannten ‚Stimmgabeln' erforschte und einigen sehr feinen sogenannten ‚Vibrometern', die ich besaß und die von meinem Wesensfreund Gornachur Harharch eigens für mich erfunden worden waren.

„In der chinesischen Einteilung der Oktave in ganze Töne war diese Seins-Eigenschaft überhaupt nicht berücksichtigt.

„Die Grundlage der chinesischen ‚Einteilung-der-Oktaven-in-sieben-ganze-Töne' wie auch aller Kunden, die die Gesamtheit des besonderen Wissenszweiges betreffs des Gesetzes der Neunfältigkeit ausmachen, bestand in den Resultaten jener bewußten Bemühungen und absichtlichen Leiden der zwei großen Zwillingsbrüder, wofür ihre höheren Körper selig gesprochen wurden und jetzt auf jenem heiligen Planeten wohnen, auf dem wir unlängst das Glück hatten zu sein.

„Wie dies auch dort gewesen sein mag, mein Junge, so bedaure ich jetzt doch sehr, daß es für mich unmöglich ist, mit dem modernen lauterzeugenden Instrument Klavier, das ich von der Oberfläche deines Planeten mitgebracht habe, die Vibrations-Gesetze aller Quellen zu erklären, die den all-kosmischen ‚Ansanbaluiazar‘ verwirklichen, wie man das ideal auf dem bemerkenswerten ‚Law-Merz-Noch‘ machen konnte, das von dem Nachfolger der großen Zwillingsbrüder, dem nicht weniger großen und auch chinesischen Gelehrten King-Tu-Tos geschaffen worden war.

„Auf jenem bemerkenswerten ‚aufklärenden Apparat‘ Law-Merz-Noch brachte King-Tu-Tos gemäß der von den großen Brüdern gemachten Berechnungen gerade so viele Saiten zur Erzeugung von Vibrationen an und stimmte sie dementsprechend, wie es im Weltall aufeinanderfolgende Quellen von jedem beliebigen Planeten an bis zum Protokosmos gibt, in deren Bestand die Vibrationen kosmischer Stoffe bei den Trogoautoegokratischen Prozessen entsprechend der Verwirklichung alles weiteren gesetzmäßig verschmelzen.

„Jedoch, meine Junge, wenn auch das von mir von der Oberfläche deines Planeten mitgebrachte lauterzeugende Instrument Klavier eine sehr typische Erfindung deiner gegenwärtigen Lieblinge ist, so kann es doch, da, wie ich schon sagte, das hauptsächliche Stimmen der Saiten seiner ‚ganzen Töne‘ und ‚halben Töne‘ noch nicht geändert ist, nach den aufeinanderfolgenden und miteinander verschmelzenden Vibrationen, die in einer entsprechenden Weise durch die Saiten darauf hervorgebracht werden, noch möglich sein, experimentell wenigstens die Vibrationsgesetze darauf darzustellen, die aus einer all-kosmischen Grundoktave der Stoffe stammen, das heißt aus einer der sieben Grundgesamtheiten von Quellen. Und demzufolge könnte man sich alle gegenseitig aufeinanderwirkenden Vibrationen, die aus allen übrigen Quellen stammen, vorstellen und erkennen, weil, wie ich dir schon gesagt habe, alle Kosmen verschiedenen Maßstabes wie auch die selbständigen sieben Teile dieser Kosmen, fast genau dem Megalokosmos gleich sind, und weil in jedem von ihnen die siebenfältigen Quellen der Vibrationen die gleichen gegenseitigen Wirkungen haben, die im Megalokosmos vor sich gehen und da es, wenn sie das Gesetz der Vibrationen für irgendeinen Schwerpunkt erkannt haben, möglich ist, die Gesetze der Vibrationen für die anderen Schwerpunkte auch ungefähr zu verstehen, wenn man natürlich den Unterschied des Maßstabes in Betracht zieht.

„Ich wiederhole, daß, wenn man die Saiten dieses ‚Klaviers' genau stimmt und die entsprechenden Vibrationen auf den entsprechenden Saiten hervorruft, dann das daraus resultierende Verschmelzen der Vibrationen sogar im mathematischen Sinn fast genau mit der gesetzmäßigen Gesamtheit der Vibrationen von Stoffen zusammenfällt, die durch entsprechende kosmische Quellen auf Grund des heiligen Heptaparaparschinoch verwirklicht werden.

„Auf diesem Klavier gehen die Vibrationen jeder ganzen und halben Töne jeder beliebigen Oktave nach dem Gesetz des heiligen Heptaparaparschinoch genau eine in die andere über und somit helfen ihre Vibrationen einander zu evolvieren oder involvieren, so wie es immer und überall im Weltall geschieht.

„Hier ist es übrigens sehr interessant zu bemerken, daß, wenn die Berechnungen und Aufzählungen dieser großen irdischen Gelehrten ungefähr genau waren, sie dies dem verdanken, daß die von ihnen für ihre Berechnungen angenommene Ausgangseinheit eben zufällig jene Einheit war, die man überall im Weltall annimmt, das heißt eben jener kleine Teil des aller-heiligsten Stoffes Theomertmalogos, in dem noch die ganze Fülle der Kraft der ihm eigenen Verlebendigung enthalten war.

„Gerade hier will ich dir jetzt, wie ich versprach, den schon erwähnten ‚Niriunossischen Weltlaut' erklären.

„Der ‚Niriunossische Weltlaut' ist jener Laut, dessen Vibrationen von den ältesten Zeiten an und sogar noch heutzutage von einer sehr kleinen Zahl deiner Lieblinge, natürlich dieses gleichen Chinas, für ihre lauterzeugenden Instrumente als die ‚absolute Vibration' der Note ‚do' angenommen wird.

„Die Geschichte der Feststellung der Existenz dieses Lautes dort auf deinem Planeten ist folgende:

„Er wurde zuerst von jenem gelehrten Mitglied der Achaldan-Gesellschaft entdeckt, der auf dem Kontinent Atlantis existierte, und der Urvater dieser gleichen großen gelehrten Zwillingsbrüder war und der, wie ich dir schon sagte, die ersten Ansiedler des Landes Maralplässie zufällig traf und von ihnen später zu ihrem Oberhaupt gewählt wurde.

„Dieses selbe gelehrte Mitglied der Achaldan-Gesellschaft stellte damals bei seinen Beobachtungen verschiedener kosmischer Erscheinungen, die auf jenem Planeten und jenseits von ihm vorgingen, fest, daß in einer bestimmten Gegend eines Teiles dieses Landes, gerade unweit der Gegend, wo später die Stadt Gob entstand, zweimal jährlich nach bestimmten meteorologischen Umwälzungen in der Atmosphäre ziemlich lange Zeit hindurch immer ein gleicher bestimmter Laut entstand und gehört wurde.

„Und deshalb errichtete er damals an dieser Stelle eine Erhöhung, die für ihn zur Beobachtung der, wie man dort sagt, ‚Himmelskörper' nötig war; und er errichtete die ihm nötige Erhöhung deshalb an dieser Stelle, weil er bei seinen Beobachtungen gleichzeitig auch dies ihm zunächst noch ganz unbegreifliche ‚kosmische Resultat‘ beobachten und erforschen wollte.

„Und als später diese beiden großen Brüder und zukünftigen Heiligen das heilige Gesetz des kosmischen Heptaparaparschinoch festgestellt hatten und es zu erforschen begannen und auch weil sie schon zuvor dieses ‚kosmische Resultat‘ kannten, ließen sie sich an dieser Stelle nieder, und eben dort gelang es ihnen, den Charakter und die Natur dieses seltsamen Lautes zu erforschen, den sie dann zur ‚Maßeinheit‘ für alle ihre Berechnungen im allgemeinen machten.

„Vibrationen äußerer Herkunft sind für dieses Klavier verschiedene ‚Schocks‘ und ‚Zittern‘ und hauptsächlich die sogenannten ‚Trägheitsschwingungen der Luft‘, die sich im allgemeinen im Atmosphärenraum durch vorausgehende natürliche Vibrationen bilden.

„Man muß hier übrigens, was die Verwirklichung des fünften Stopinders des heiligen Heptaparaparschinoch angeht, eine Parallele zwischen jenen zwei Prozessen ziehen, die nach außen nichts miteinander gemein haben: so wie nämlich die ‚erste Seins-Nahrung‘ in einem Wesen nur nach der Umwandlung in Seins-‚Piandschoächari‘ Verlebendigung erwerben kann, so erzielen die Vibrationen eines Akkordes auf diesem Klavier eine ähnliche verlebendigende Kraft erst, nachdem sie mit den vorausgehenden Vibrationen verschmolzen sind, die von dem ‚Schwerpunkt-der-Gesamtheit-der-Vibrationen‘ der Note ‚sol‘ erzielt werden.

„Von dieser letzten Eigentümlichkeit des heiligen Heptaparaparschinoch-Gesetzes kann man sich einwandfrei überzeugen, im gegebenen Falle auf dem Klavier, wenn selbst nur dadurch, daß die Vibrationen der Note ‚mi‘ und der Note ‚si‘, wenn sie in einem hermetisch geschlossenen Raum hervorgebracht werden, entweder sofort aufhören, oder daß die Note ‚mi' und ‚si' ob der vom ersten Schock für ihre Entstehung erhaltenen Trägheit zurückinvolvieren und sofort aufhören, sobald die Note ‚mi' die Note ‚do' erreicht und die Note ‚si' die untere Note ‚fa' erreicht.

„Zum Schluß meiner dir hier gegebenen Erklärungen betreffs dieser ‚siebentönigen Einteilung der Lautoktave', die unter deinen heutigen Lieblingen existiert, muß ich noch einmal mit Bedauern betonen, daß nur, weil in ihrem Bestande der Brauch verschwand, Seins-Partkdolgpflicht zu verwirklichen — weshalb eine allmähliche Verschlechterung des dreihirnigen Wesens eigenen Denkens in ihnen vor sich ging — solch echtes von der Vernunft ihrer fernen Vorfahren erkanntes Wissen allmählich wieder vergessen wurde und daß fast nichts, wie es hätte geschehen sollen, auf deine gegenwärtigen Unglücklichen gelangte."

An dieser Stelle seiner Erzählung verfiel Beelzebub wieder in seine eigenen Gedanken und sein Blick blieb an der Nasenspitze seines Enkels hängen.

Und als er sich nach einer ziemlich langen Pause wieder zu ihm wandte, sagte er:

„Ach . . . mein teurer Junge . . .

„Jetzt muß ich schon, ob ich will oder nicht, dir noch von jenen Experimenten erzählen, die ich auf dem Planeten Erde gesehen habe und die gerade das Gesetz der Vibrationen betreffen.

„Von diesen Experimenten muß ich dir etwas ausführlicher aus den folgenden zwei Gründen erzählen.

„Erstens würde es mir sehr leid tun, wenn — da ich schon sehr viel über das erste heilige Grundgesetz Heptaparaparschinoch gesprochen habe — irgendeine seiner Eigentümlichkeiten dir nicht ganz klar wäre, weshalb ich dir auch über diese Experimente erzählen muß. Bin ich doch überzeugt, daß die Erzählung darüber dir eine erschöpfende Vorstellung all seiner Einzelheiten geben wird.

„Und zweitens will ich dir alle nur möglichen Einzelheiten, die diese Experimente angehen, berichten, weil das irdische Wesen, das sie machte, dank der von ihm erreichten Kenntnisse über kosmische Vibrationen der erste und einzige in den vielen Jahrhunderten meines Aufenthaltes auf der Erde war, der meine echte Natur erkannte."

XLI. Kapitel

DER BUCHARISCHE DERWISCH HADSCHI-ASVAZ-TRUV

„Da meine erste Begegnung mit diesem heutigen irdischen dreihirnigen Wesen, bei dem ich die besagten Experimente sah und dank dem dort aller Wahrscheinlichkeit nach die Kunde über das heilige kosmische Grundgesetz Heptaparaparschinoch wieder bekannt und jedem, sogar jedem gewöhnlichen heutigen nach Wissen durstenden Wesen, zugänglich gemacht wird, sich für dich als höchst interessant und lehrreich erweisen dürfte, werde ich dir alles, was sich auf diese Begegnung bezieht, ganz eingehend erzählen.

„Meine erste Begegnung mit ihm fand drei irdische Jahre vor meiner endgültigen Abreise von jenem Sonnensystem statt.

„Als ich einmal den Teil des Kontinents Asien, der ‚Buchara' heißt, bereiste, traf ich dort zufällig ein dreihirniges Wesen, das zu der Gruppierung gehörte, die diesen Teil der Oberfläche deines Planeten einnimmt, und befreundete mich mit ihm. Er war von Beruf, was man dort ‚Derwisch' nennt und hieß ‚Hadschi-Zephir-Bogga-Eddin'.

„Er war sehr typisch für jene heutigen irdischen dreihirnigen Wesen, die sich gern, wie man dort sagt, mit ‚höheren Dingen' abgeben und die immer automatisch mit jedem, der ihnen begegnet, bei allen passenden und unpassenden Gelegenheiten, ohne jedes wesentliche-Selbstbewußtsein darüber reden. Und wenn wir zusammenkamen, sprach er immer gern davon.

„Eines Tages kamen wir auf das zu sprechen, was dort die ‚alt-chinesische-Wissenschaft' genannt wird, die ‚Schat-Tschai-Mernis' heißt.

„Diese Wissenschaft besteht aus den Fragmenten der zuvor Verwähnten Gesamtheit echter Kunden betreffs des heiligen Heptaparaparschinoch, die die großen chinesischen Zwillingsbrüder und andere echte Gelehrte des Altertums erkannt hatten und die sie damals die ‚Gesamtheit-echten-Wissens-über-das-Gesetz-der-Neunfältigkeit' nannten.

„Ich sagte dir schon, daß einige Fragmente dieser Kenntnisse unversehrt geblieben und durch eine sehr beschränkte Anzahl dortiger eingeweihter Wesen von Geschlecht zu Geschlecht überliefert worden sind.

„Hier muß ich sagen, daß, wenn diese zufällig unversehrt gebliebenen Fragmente, die dort durch eine sehr beschränkte Anzahl eingeweihter Wesen von Geschlecht zu Geschlecht überliefert wurden und heute noch werden, nicht in die Hände der heutigen ‚Gelehrten' fallen, dies ein großes Glück für die künftigen dreihirnigen Wesen deines Planeten sein wird.

„Und es wird deshalb ein großes Glück sein, weil, wenn diese erhalten gebliebenen Fragmente echten Wissens in die Hände der dortigen modernen ‚Gelehrten' fallen würden, diese ob ihrer Inhärenz zu ‚klügeln' bestimmt allen möglichen ‚wissenschaftlichen Schmarren' über den in diese Fragmente gelegten Sinn zusammenbrauen würden, wodurch die schon ohnedies kaum ‚glimmende Vernunft' aller übrigen dreihirnigen Wesen gänzlich ausgelöscht und außerdem auch diese letzten Reste der großen Errungenschaften ihrer Vorfahren völlig vom Antlitz dieses unseligen Planeten ‚weggefegt' würden.

„Also, mein Junge, als ich einmal mit diesem Derwisch Hadschi-Zephir-Bogga-Eddin über diese alt-chinesische Wissenschaft ‚Schat-Tschai-Mernis' sprach, schlug er mir im

Laufe der Unterhaltung vor, mit ihm zusammen zu einem anderen Derwisch, einem Freund von ihm, zu gehen, einem großen Kenner dieser alten chinesischen Wissenschaft, um uns gemeinsam mit ihm über sie zu unterhalten.

„Er sagte mir, daß sein Freund im ‚Oberen Buchara' weit weg von allen wohne und sich dort mit gewissen Experimenten im Gebiet dieser Wissenschaft beschäftige.

„Da ich in der Stadt, wo wir damals waren, keine besondere Beschäftigung hatte und da sein Freund gerade in jenen Bergen wohnte, deren Natur ich schon längst hatte sehen wollen, war ich sofort einverstanden und wir machten uns gleich am nächsten Tag dorthin auf.

„Von der Stadt, wo wir waren, wanderten wir drei Tage lang.

„Hoch in den Bergen des ‚Oberen Buchara' machten wir endlich in einer kleinen Schlucht halt.

„Dieser Teil von Buchara heißt ‚Ober-Buchara', weil er sehr gebirgig und viel höher als jener Teil von Buchara ist, der zum Unterschied von diesem ‚Unter-Buchara' heißt.

„In der besagten Schlucht bat mich mein Bekannter, der Derwisch Hadschi-Zephir-Bogga-Eddin, ihm zu helfen, eine nicht sehr große Steinplatte auf die Seite zu schieben, und als wir dies getan hatten, sahen wir darunter eine kleine Öffnung, aus der zwei eiserne Stangen hervorragten.

„Er brachte diese Stangen zusammen und begann zu horchen.

„Bald darauf hörte man durch sie einen seltsamen Laut, und zu meinem Erstaunen sprach Adschi-Zephir-Bogga-Eddin in die Öffnung hinein, in einer mir unbekannten Sprache.

„Als er zu sprechen aufgehört hatte, schoben wir die Steinplatte an ihren Platz zurück und gingen weiter.

„Nachdem wir eine ziemlich lange Strecke gegangen waren, blieben wir vor einem Felsen stehen und Hadschi-Zephir-Bogga-Eddin begann sehr gespannt auf etwas zu warten, bis sich plötzlich ein riesiger Stein, der dort lag, öffnete und einen Eingang in eine Art von Höhle bildete.

„Wir traten in diese Höhle ein und begannen uns in ihr vorwärts zu bewegen, wobei ich bemerkte, daß unser Weg abwechselnd von was man ‚Gas' oder ‚elektrische Beleuchtung' nennt, erhellt war.

„Obgleich mich diese Beleuchtung verwunderte und verschiedene Fragen in mir darüber entstanden, entschloß ich mich trotzdem, die ernste Aufmerksamkeit meines Reisegefährten nicht zu stören.

„Als wir wieder eine beträchtliche Strecke gegangen waren, sahen wir an einer Biegung ein anderes irdisches dreihirniges Wesen uns entgegenkommen, das uns dann in der dort üblichen Weise begrüßte und weiterführte.

„Er war, wie es sich herausstellte, der Freund meines ersten Derwisch Bekannten.

„Er war nach dortiger Auffassung schon sehr bejahrt und schien, da er im Vergleich zu den Wesen um ihn herum von hohem Wuchs war, außerordentlich mager zu sein.

„Er hieß Hadschi-Asvaz-Truv.

„Während er mit uns sprach, führte er uns in eine kleine Abteilung der Höhle, wo wir uns alle auf dem auf der Diele ausgebreiteten Filz niederließen und dieweil wir uns unterhielten, aus einem irdenen Geschirr, was dort kalter bucharischer ‚Schila-Plav' genannt wird, aßen, den dieses ältere Wesen uns aus einer benachbarten Abteilung gebracht hatte.

„Während wir aßen, erzählte ihm mein erster Derwisch-Bekannter unter anderem, daß ich mich auch sehr für die Wissenschaft Schat-Tschai-Mernis interessiere und erklärte in kurzen Worten, welche Fragen mir schon gut bekannt waren und worüber wir im allgemeinen schon früher gesprochen hatten.

„Darauf begann der Derwisch Hadschi-Asvaz-Truv selbst Fragen an mich zu stellen und ich gab ihm entsprechende Antworten, aber natürlich in der mir schon gewohnt gewordenen Form, durch die ich immer meine echte Natur zu verbergen wußte.

„Im allgemeinen verstand ich es dort auf deinem Planeten sehr geschickt, so zu sprechen, daß deine Lieblinge mich immer für einen ihresgleichen, und zwar einen ihrer Gelehrten hielten.

„Aus dem weiteren Gespräch mit ihm ersah ich, daß dieser geachtete Hadschi-Asvaz-Truv sich schon lange für die erwähnten Kenntnisse interessierte und daß er sie in den letzten zehn Jahren ausschließlich praktisch studierte.

„Ich begriff auch, daß er durch dieses Studium Resultate erzielt hatte, die die irdischen dreihirnigen Wesen längst schon nicht mehr zu erzielen vermögen.

„Als mir das alles klar geworden war, war ich sehr erstaunt und interessiert zu erfahren, wie er dazu gekommen war, weil ich schon sehr gut wußte, daß es schon seit langem nicht mehr solche Kenntnisse in der Vernunft der dreihirnigen Wesen der Erde gab, und daß dieser ehrwürdige Hadschi wohl nicht oft davon hatte hören können, so daß sich in ihm nicht auf diese Weise, wie es oft bei ihnen vorkommt, allmählich ein Interesse dafür hatte bilden können.

„Und tatsächlich, mein Junge, war es den dir lieben dreihirnigen Wesen dort schon längst zuvor eigen geworden, sich nur für das zu interessieren, was sie oft sehen und worüber sie oft hören; und wenn sie sich für etwas interessieren, erstickt dieses Interesse alle übrigen Seins-Bedürfnisse und es scheint ihnen dann selbstverständlich, daß, wofür sie sich im gegebenen Augenblick interessieren, eben das ist, ‚worum die Welt sich dreht'.

„Als sich zwischen mir und diesem sympathischen Derwisch Hadschi-Asvaz-Truv die für einen solchen Fall nötigen

Beziehungen hergestellt hatten, das heißt, als er mit mir schon mehr oder weniger normal zu sprechen anfing, sozusagen ohne ‚Maske' — die zu tragen den heutigen Wesen im Verkehr mit anderen ihresgleichen schon ganz eigen geworden ist, besonders wenn sie diese anderen zum erstenmal treffen — also, als diese nötigen Beziehungen zwischen uns hergestellt waren, fragte ich ihn — natürlich in der entsprechenden geziemenden Form — warum und wie er dazugekommen sei, sich für diesen Zweig echten Wissens zu interessieren.

„Hier mußt du übrigens wissen, daß sich im allgemeinen auf jedem einzelnen Teil der Oberfläche deines Planeten im Prozeß der gewöhnlichen Seins-Existenz dieser seltsamen dreihirnigen Wesen besondere Formen für ihren äußeren Umgang mit anderen gebildet haben und von Geschlecht zu Geschlecht übergehen.

„Diese verschiedenen Formen der gegenseitigen Beziehungen bildeten sich ganz von selbst, nachdem in ihrer Psyche die Seins-Eigenschaft, das innere ihn betreffende Gefühl eines anderen Wesens ihresgleichen zu empfinden, völlig verkümmert war, die Eigenschaft, die unbedingt in allen Wesen unseres großen Weltalls ohne Unterschied ihrer äußeren Form und des Ortes ihrer Entstehung vorhanden sein muß.

„Heutzutage stellen sich gute oder böse gegenseitige Beziehungen ausschließlich nur nach den äußeren berechneten Manifestationen her, hauptsächlich durch das, was sie ‚Liebenswürdigkeit' nennen, das heißt, durch leere Worte, in denen nicht ein Atom eines sogenannten ‚Resultates-eines-inneren-wohlwollenden-Impulses' ist, so wie er im allgemeinen im Bestand aller Wesen bei direkten Begegnungen mit ‚ihresgleichen' entsteht.

„Dort ist es jetzt so, daß, wenn auch ein Wesen einem anderen von innen her wohlgesinnt ist, dieses wohlwollende Wesen sich aber dem anderen gegenüber irgendwie in Worten ausdrückt, die der Konvention nach als nicht gut gelten . . . dann alles aus ist und sich in allen einzelnen vergeistigten Lokalisierungen des anderen unbedingt Gegebenheiten kristallisieren, die immer assoziativ in seinem allgemeinen Bestand die Überzeugung hervorbringen, daß dieser andere, der ihm innerlich tatsächlich wohlmeint, nur dazu da ist, um ihm immer und überall alle möglichen, wie sie sagen, ‚Niederträchtigkeiten' anzutun.

„Besonders in der letzten Zeit wurde es dort sehr wichtig, alle möglichen ‚Redensarten' zu kennen, um Freunde zu haben und sich keine ‚Feinde' zu machen.

„Die anomale Existenz dieser seltsamen dreihirnigen Wesen verdarb nicht nur ihre eigene Psyche, sondern ihre anomale Existenz verdarb zwangsläufig allmählich auch die Psyche vieler einhirniger und zweihirniger Wesen dort.

„Die Gegebenheiten, die den erwähnten inneren Seins-Impuls erzeugen, bilden sich noch nicht im Bestand jener irdischen einhirnigen und zweihirnigen Wesen, mit denen diese seltsamen dreihirnigen Wesen häufig in Berührung kamen und noch kommen.

„Obgleich sich diese Seins-Gegebenheiten im Bestand verschiedener dortiger einhirniger und zweihirniger Wesen anderer äußerer Form bilden, wie zum Beispiel in denen, die sie ‚Tiger', ‚Löwe', ‚Bär', ‚Hyäne', ‚Schlange', ‚Phalange', ‚Skorpion' und so weiter nennen, die durch die Art ihrer Existenz nicht mit deinen zweifüßigen Lieblingen in Berührung kamen und auch jetzt nicht kommen, bildete sich trotzdem schon in ihrem allgemeinen Bestand — natürlich dank der anomal bestehenden Verhältnisse der gewöhnlichen Existenz deiner Lieblinge — eine sehr seltsame und höchst interessante Besonderheit, und zwar daß die aufgezählten Wesen, ‚Tiger', ‚Löwen', ‚Bären', ‚Hyänen', ‚Schlangen', ‚Phalangen', ‚Skorpione' und so weiter das innere Furchtgefühl der anderen Wesen vor ihnen als Feindseligkeit ihnen gegenüber wahrnehmen und deshalb darauf aus sind, diese anderen zu vernichten, um die ‚Drohung' von sich selbst abzuwenden.

„Und dazu kam es deshalb, weil deine Lieblinge ob immer derselben anomalen Existenz-Verhältnisse allmählich, wie sie selbst sagen, ‚Hasenfüße' von Kopf bis Fuß wurden und weil gleichzeitig das Bedürfnis, die Existenz anderer zu vernichten, sich in ihnen auch von Kopf bis Fuß breitmachte. Also, wenn sie, die schon Hasenfüße im ‚höchsten Grad' sind, darauf ausgehen, die Existenz der Wesen dieser anderen Formen zu vernichten und dabei diese Wesen zufällig treffen, die — wie es hier angebracht ist zu sagen — zu ihrem Unglück und zu unserem Bedauern in der heutigen Zeit sowohl physisch als auch in vielen anderen Seins-Errungenschaften viel stärker als die dreihirnigen Wesen sind — haben sie, wie man dort in solchen Fällen sagt, ‚Angst bis zum naß werden'.

„Und in diesen Momenten denken sie mit ihrem ganzen Sein — dank des ihrem Bestand inhärenten Bedürfnisses, die Existenz anderer Wesen, die auf ihrem Planeten vorkommen, zu vernichten —, wie sie die Existenz dieser Wesen anderer Form vernichten könnten.

„Und als Resultat von all dem bildet sich allmählich im allgemeinen Bestand dieser anderen Wesen der zuvor erwähnten Formen durch die von deinen Lieblingen ausgehenden Ausstrahlungen, die ihrem sonderbaren Bestand inhärent sind — statt der Gegebenheiten, die in ihnen zur Erzeugung des zuvor erwähnten Impulses vorhanden sein sollten, nämlich jeder Form von Wesen ‚instinktiv-Achtung-und-Sympathie' entgegenzubringen —, andere Gegebenheiten mit einem speziellen Funktionieren, wodurch das Furchtgefühl, das sich im allgemeinen Bestand deiner Lieblinge zeigt, als Drohung ihnen gegenüber wahrgenommen wird.

„Deswegen eben bemühen sich die erwähnten einhirnigen

und zweihirnigen irdischen Wesen, wenn sie mit deinen Lieblingen zusammentreffen und der Gefahr für ihre eigene Existenz entrinnen wollen, die Existenz deiner Lieblinge immer zu vernichten.

„Anfangs existierten auch dort auf deinem Planeten alle Wesen ungeachtet der Verschiedenheit ihrer äußeren Form und ihres ‚Gehirnsystems' zusammen in Frieden und Eintracht, und es kommt sogar jetzt noch gelegentlich vor, daß einer deiner Lieblinge sich bis dahin vervollkommnet, daß er erstens mit all seinen vergeistigten Teilen empfindet, daß jedes Wesen, oder wie man sagt, ‚jedes atmende Geschöpf' UNSEREM GEMEINSAMEN VATER, DEM SCHÖPFER gleich nah und teuer ist, und daß er zweitens — durch die Verwirklichung von Seins-Partkdolgpflicht in seinem Bestand die vollständige Vernichtung der Gegebenheiten erreicht, die den Impuls von Furcht vor Wesen anderer Form hervorrufen, weshalb diese Wesen anderer Form nicht allein nicht versuchen, die Existenz dieses vervollkommneten Wesens unter deinen gegenwärtigen Lieblingen zu vernichten, sondern ihm sogar alle mögliche Achtung und Dienste erweisen, als einem Wesen, das größere objektive Möglichkeiten besitzt.

„Kurzum, all das und viele andere kleine Faktoren, die ihren Ursprung in der anomalen Existenz deiner Lieblinge haben, brachten es schließlich dahin, daß sich für ihren Verkehr miteinander verschiedene Formen von, wie sie es ausdrücken, ‚verbaler-Liebenswürdigkeiten' bildeten, von denen, wie ich dir schon gesagt habe, jede Gegend ihre eigene besondere Form hat.

„Die Haltung, die jenes sympathische irdische dreihirnige Wesen Hadschi-Asvaz-Truv mir gegenüber hatte, war wohlwollend, hauptsächlich deshalb, weil ich der Freund eines guten Freundes von ihm war.

„Hier mag nebenbei bemerkt werden, daß die dreihirnigen Wesen dieses Teiles der Oberfläche deines Planeten die einzigen sind, unter denen es noch echte freundschaftliche Beziehungen gibt.

„Bei ihnen ist, wie im allgemeinen überall unter dreihirnigen Wesen und wie es auch in den ersten Epochen unter deinen Lieblingen auf deinem Planeten war, nicht nur der Freund selbst ein Freund, sondern auch seine Verwandten und Freunde gelten als Freunde und werden genau wie der Freund selbst behandelt.

„Da ich damals als Freund des Derwisch Hadschi-Zephir-Bogga-Eddin galt, der ein sehr guter Freund des Hadschi-Asvaz-Truv war, nahm mich dieser sofort sehr freundlich auf.

„Ich aber wollte dieses Verhältnis noch besser gestalten, weil ich den großen Wunsch hatte zu wissen, wie er dazu gekommen war, sich für diese Kenntnisse zu interessieren und wie er zu solchen noch nie auf Erden dagewesenen wissenschaftlichen Errungenschaften gekommen war, und deshalb gebrauchte ich im Gespräch ausgiebig jene Formen liebenswürdiger Redensarten, die in jener Gegend üblich waren.

"Als wir im Laufe unseres Gespräches, das ausschließlich von den jetzt dort ‚Schat-Tschai-Mernis' genannten Kenntnissen handelte, auf die Natur und Bedeutung der Vibrationen im allgemeinen zu sprechen kamen und dann unter anderem von der Oktave des Lautes sprachen, sagte Hadschi-Asvaz-Truv, daß nicht nur die volle Oktave der Laute sieben Aspekte habe mit relativ selbständigen ganzen Manifestationen, sondern daß die Vibrationen jeder dieser relativ selbständigen Manifestationen sowohl in ihrer Entstehung als auch in ihrer Manifestierung derselben Gesetzmäßigkeit folgen.

„Indem er weiter über die Gesetze der Vibrationen der Laute sprach, sagte er:

„ ‚Ich selbst begann mich für die Wissenschaft Schat-Tschai-Mernis, angeregt durch die Gesetze der Lautvibration zu interessieren, und sie waren auch die Ursache dafür, daß ich mein ganzes folgendes Leben ihrem Studium widmete.'

„Und nachdem er eine Weile nachgedacht hatte, erzählte er folgendes:

„ ‚Vor allem muß ich euch, meinen Freunden, sagen, daß obgleich ich vor meinem Eintritt in die Derwisch-Bruderschaft ein sehr reicher Mann war, ich mich doch manchmal sehr gern mit einem Handwerk beschäftigte; ich machte nämlich verschiedene Saiten-Musikinstrumente in der Art der sogenannten ‚Sajas‘, ‚Tar‘, ‚Kiamantsche‘, ‚Zimbal‘ und so weiter.

„ ‚Und sogar nach meinem Eintritt in die Bruderschaft widmete ich meine ganze freie Zeit diesem Beruf und verfertigte Musikinstrumente hauptsächlich für unsere Derwische.

„ ‚Und mein weiteres ernstes Interesse für die Gesetze der Vibrationen war folgendermaßen verursacht worden:

„ ‚Eines Tages rief mich der Scheich unseres Klosters zu sich und sagte:

„ ‚Adschi, wenn in dem Kloster, wo ich als gewöhnlicher Derwisch war, unsere Derwisch-Musikanten bei einigen Mysterien die Melodien heiliger Gesänge spielten, erlebten wir Derwische alle beim Hören der Melodien der heiligen Gesänge immer besondere Empfindungen, die dem Text des gegebenen heiligen Gesanges entsprachen.

„ ‚Hier dagegen bemerkte ich im Laufe meiner langen und sorgfältigen Beobachtungen noch nie irgendeine besondere Wirkung dieser heiligen Gesänge auf unsere Derwischbrüder.

„ ‚Woran liegt das? Was ist die Ursache dafür? Dies herauszufinden, ist in der letzten Zeit mein Ziel gewesen und ich habe dich nun zu mir gerufen, um mit dir darüber zu sprechen; vielleicht kannst du — als großer Liebhaber und Spezialist in der Anfertigung von Musikinstrumenten — mir helfen, diese mich interessierende Frage aufzuklären."

„ ‚Darauf begannen wir diese Frage von allen Seiten aus zu bedenken.

„ ‚Nach langen Überlegungen kamen wir endlich zu dem Schluß, daß die ganze Ursache wohl in der Natur der Vibrationen der Laute selbst liegen müsse. Und wir kamen zu diesem Schluß, weil es sich in unseren Gesprächen herausstellte, daß man in dem Kloster, in dem unser Scheich als gewöhnlicher Derwisch gewesen war, außer dem Tambourin auch noch Saitenmusikinstrumente spielte, dieweil man in unserem Kloster dieselben heiligen Melodien ausschließlich auf Blasinstrumenten spielte.

„ ‚Darauf beschlossen wir, alle Blasinstrumente unseres Klosters sofort durch Saiten-Instrumente zu ersetzen; dabei aber machten wir eine andere sehr ernste Feststellung, nämlich daß die nötige Anzahl von Spezialisten, die Streichinstrumente spielen könnten, unmöglich unter uns aufzutreiben seien.

„ ‚Nachdem unser Scheich kurz nachgedacht hatte, sagte er mir folgendes:

„ ‚ "Hadschi, du als Spezialist für Saitenmusikinstrumente, versuche doch, vielleicht kannst du ein Saiteninstrument machen, auf dem jeder Derwisch, ohne ein Spezialist zu sein, die Klänge der nötigen Melodien nur durch mechanische Wirkung, wie zum Beispiel durch Drehen, Schlagen, Drücken und so weiter, hervorbringen kann."

„ ‚Dieser Vorschlag unseres Scheichs interessierte mich damals sofort sehr, und ich übernahm diese Aufgabe mit großem Vergnügen.

„ ‚Nach diesem Entschluß erhob ich mich und ging, nachdem ich seinen Segen empfangen hatte, in meine Zelle zurück.

„ ‚Dort angekommen, setzte ich mich hin und dachte sehr ernst und lange nach . . . und das Resultat all meines

Denkens war, daß ich beschloß, ein gewöhnliches Zimbal zu verfertigen und mit der Hilfe meines Freundes, des Derwisches Kerbalay-Asis-Nuaran einen Mechanismus von Hämmerchen zu erfinden, durch deren Anschlag entsprechende Laute hervorgerufen würden.

„‚Und noch am gleichen Abend ging ich zu diesem meinem Freund, dein Derwisch Kerbalay-Asis-Nuaran.

„‚Obgleich dieser mein Derwischfreund unter seinen Kameraden und Bekannten als Sonderling galt, war er doch von allen geachtet und geschätzt, weil er sehr verständig und gelehrt war und oft über bestimmte Fragen sprach, wobei jeder, ob er wollte oder nicht, ernst über sie nachzudenken hatte.

„‚Vor seinem Eintritt in den Derwischorden übte er einen wirklichen Beruf aus, er war nämlich ein Uhrmacher.

„‚Und auch im Kloster widmete er seine ganze freie Zeit diesem seinem Lieblingshandwerk.

„‚Dieser Freund von mir, der Derwisch Kerbalay-Asis-Nuaran, war in der letzten Zeit übrigens von einer ‚absonderlichen Idee‘ besessen, er versuchte nämlich, eine mechanische Uhr zu schaffen, die die Zeit ohne die Hilfe irgendeiner Feder sehr genau anzeigen würde.

„‚Diese absonderliche Idee erklärte er in der folgenden kurzen und sehr einfachen Formulierung.

„‚„Nichts auf der Erde ist in absoluter Ruhe, weil die Erde selbst sich bewegt. Auf der Erde ist nur die Schwere in Ruhe und auch nur auf der Hälfte des von ihrem Volumen eingenommenen Platzes. Ich will solch ein absolutes Gleichgewicht der Hebel erreichen, auf daß ihre Bewegung, die von dem Tempo der Bewegung der Erde ausgehen muß, genau der erforderlichen Bewegung der Uhrzeiger entspricht und so fort und so weiter."

„‚Als ich zu diesem meinem sonderlichen Freund kam und ihm erklärte, was ich erreichen wollte und welche

Hilfe ich von ihm erwartete, interessierte er sich sofort sehr dafür und versprach mir, in allem zu helfen, soviel er nur könne.

„‚Am nächsten Tag begannen wir gemeinsam die Arbeit.

„‚Bei dieser gemeinsamen Arbeit war das Gehäuse des von mir ersonnenen Musikinstrumentes bald fertig. Ich selbst gab die Abstände der entsprechenden Saiten an und bezeichnete sie, während mein sonderlicher Freund am Mechanismus der Hämmerchen arbeitete.

„‚Und als ich dann mit dem Spannen der Saiten fertig war und sie in der entsprechenden Weise zu stimmen anfing, begann eben das, was jenes weitere Interesse in mir hervorrief, das mich zu den Experimenten betreffs der Vibrations-Gesetze führte, die ich damals begann und noch fortsetze.

„‚Es begann in der folgenden Weise:

„‚Ich muß Ihnen vor allem sagen, daß ich schon zuvor sehr genau wußte, daß die Hälfte der Länge jeder beliebigen Saite die Zahl der Vibrationen einer ganzen Saite von gleichem Umfang und gleicher Dicke verdoppelt gibt, und nach diesem Prinzip brachte ich die sogenannten ‚Stege‘ für die Saiten auf dem Zimbal an und begann dementsprechend alle Saiten für eine bestimmte alte heilige Melodie mit ‚achteltönigen‘ Lauten zu stimmen, natürlich nach meinem ‚Perambarsasidaan‘ oder, wie man in Europa sagt, mit meiner ‚Stimmgabel‘, die die Vibrationen der chinesischen absoluten Note ‚do‘ angibt.

„‚Bei diesem Stimmen stellte ich zum erstenmal deutlich fest, daß dieses Prinzip — nämlich, daß die Zahl der Vibrationen einer Saite umgekehrt proportional zu ihrer Länge ist — nicht immer, sondern nur manchmal, mit der Erzielung eines sogenannten ‚gemeinsamen-Verschmelzens-harmonischer Klänge‘ zusammenfällt.

„‚Und diese Feststellung interessierte mich so sehr, daß ich dann meine ganze Aufmerksamkeit auf die Erforschung von dem allein richtete und völlig aufhörte, mich mit dem besagten Zimbal zu beschäftigen.

„ ‚Zufällig traf es sich dann noch so, daß mein Sonderling-Freund sich für das gleiche interessierte, weshalb wir zusammen anfingen, diese Tatsache, die uns beide so verwunderte, zu erforschen.

„ ‚Erst nach ein paar Tagen bemerkten mein Freund und ich, daß wir unsere Hauptarbeit vernachlässigten, und wir beschlossen deshalb, von diesem Tag an die Hälfte unserer Zeit der Beendigung des Zimbals zu widmen und die andere Hälfte den besagten Forschungen.

„ ‚Und es gelang uns tatsächlich sehr bald, diese beiden Aufgaben in einer solchen Weise durchzuführen, daß die eine nicht die andere störte.

„ ‚Das von uns ausgedachte mechanische Zimbal war bald fertig, es befriedigte uns vollends und war übrigens etwas in der Art einer ‚neugriechischen Leier‘, jedoch mit vierteltönigen Lauten und von etwas größeren Dimensionen.

„ ‚Es wurde durch Drehen aufgezogen, wodurch die Hämmerchen auf die entsprechenden Saiten schlugen, und diese Übereinstimmung wurde mittels Bündeln von plattgedrückten Schilfrohren erzielt, in die wir Vertiefungen gemacht hatten, in die dann durch das Drehen die Enden der Hämmerchen fielen und die entsprechenden Saiten vibrieren ließen.

„ ‚Für jede einzelne heilige Melodie machten wir ein besonderes Bündel dieser plattgedrückten und zusammengebundenen Schilfrohre, und man konnte sie nach Belieben je nach der benötigten Melodie auswechseln.

„ ‚Als wir endlich unser eigentümliches Zimbal unserem Scheich überreichten und ihm erzählten, was uns im Augenblick am meisten interessierte, gab er uns nicht nur seinen Segen, das Kloster eine Zeitlang zu verlassen und uns mit dieser uns interessierenden Frage zu beschäftigen, sondern er stellte uns sogar eine große Summe von den im Kloster angesammelten Geldmitteln zur Verfügung.

„ ‚Damals zogen wir hierher und lebten weit weg von anderen Menschen und außerhalb unserer Bruderschaft.

„ ‚Dieser Derwisch-Bruder und ich lebten hier die ganze Zeit in Frieden und voller Eintracht, bis ich kürzlich diesen unvergeßlichen und unersetzlichen Freund für immer verlor.

„ ‚Ich verlor ihn durch folgende traurige Umstände:

„ ‚Vor einigen Wochen stieg er zum Ufer des Flusses Amudarja hinab, in die Stadt X, um verschiedene Materialien und Instrumente zu kaufen.

„ ‚Gerade als er die Stadt wieder verließ, um hierher zurückzukehren, streckte ihn eine ‚verirrte Kugel', die aus dem Gefecht zwischen den Russen und Anglo-Afghanen kam, auf der Stelle nieder, und ich wurde von diesem Unglück durch einen gemeinsamen Bekannten, einen Sarten, unterrichtet, der zufällig dort vorbeigekommen war.

„ ‚Einige Tage später brachte ich seine Überreste hierher und begrub sie dort, und dabei wies er auf eine Ecke der Höhle, wo ein sonderbarer Vorsprung zu sehen war.

„Nachdem Hadschi-Asvaz-Truv dies gesagt hatte, stand er auf und machte — nach einer Gebetsgeste, die wohl für die Seelenruhe seines Freundes bestimmt war — uns mit dem Kopf ein Zeichen, ihm zu folgen.

„Wir folgten ihm und kamen wieder zum Hauptgang in der Höhle, wo dieses ehrwürdige irdische Wesen vor einem Vorsprung stehenblieb und auf etwas drückte, worauf sich der Block auftat und sich dahinter ein Eingang in eine andere Abteilung der Höhle zeigte.

„Diese Abteilung, in die wir kamen, war, abgesehen von der Bildung durch die Natur selbst, auch künstlich — der Auffassung deiner heutigen Lieblinge nach — so originell gestaltet, daß ich sie dir gern so ausführlich wie möglich beschreiben möchte.

„Die Wände dieser Abteilung, die Decke und sogar der Boden waren mit mehreren Schichten von sehr dikkem Filz belegt. Wie man mir später erklärte, war diese zufällig natürliche Bildung dazu benutzt und verwandt worden, damit nichts aus den anderen Abteilungen noch überhaupt die geringsten Vibrationen irgendwelcher Manifestationen von außen dorthin dringen könnten, sei es durch irgendeine Bewegung, Rauschen, Scharren, und nicht einmal von den Vibrationen, die durch das Atmen verschiedener großer oder kleiner ‚Geschöpfe' in der Nähe hervorgerufen werden.

„In diesem ungewöhnlichen Raum waren verschiedene ‚Experimental-Apparate' von seltsamer Form, und darunter war ein Exemplar jenes lauterzeugenden Instrumentes, wie ich eines von der Oberfläche deines Planeten mit mir brachte, jener Typ von modernem lauterzeugendem Instrument, den deine Lieblinge einen ‚Flügel' nennen.

„Der Deckel dieses Flügels war geöffnet und an jeder Serie von Saiten, die man darunter sah, waren selbständige kleine Apparate angebracht, die dazu dienten, den ‚Gradder-Verlebendigung-der-verschiedenquelligen-Vibrationen' zu messen und ‚Vibrometer' genannt wurden.

„Als ich die große Anzahl dieser Vibrometer sah, wuchs der Seins-Impuls von Verwunderung in meinem allgemeinen Bestand zu einer solchen Intensität an, wie sie unser Mulla-Nassr-Eddin mit folgenden Worten ausdrückt: ‚Nach vollster Sättigung kommt Platzen.'

„Dieser Impuls von Verwunderung war in mir in dem Augenblick entstanden und danach fortwährend gewachsen, als ich in den Gängen der Höhle Gas und elektrische Beleuchtung gewahrte.

„Da schon hatte ich gedacht, woher und wie dies alles wohl dahin gekommen sein mag.

„Ich wußte schon zuvor sehr wohl, daß, obgleich diese seltsamen dreihirnigen Wesen dort wieder solche Quellen von kosmischen Bildungen für ihre, wie sie sagen ‚Beleuchtung' zu verwenden gelernt hatten, sie jedoch diese Mittel für ihre Beleuchtung mit Hilfe sehr komplizierter Einrichtungen erwerben und daß diese Einrichtungen nur in der Nähe einer großen Gruppierung von ihnen zu finden sind.

„Und hier plötzlich, weit weg von jeder Gruppierung an einem Platz, wo alle die Zeichen fehlen, die im allgemeinen solche Möglichkeiten unter deinen heutigen Lieblingen begleiten, traf ich diese Beleuchtung.

„Und als ich die erwähnten Vibrometer zur Messung des ‚Grades-der-Verlebendigung-der-Vibrationen' sah, wuchs, wie ich schon gesagt habe, der Impuls von Verwunderung in mir bis zum höchsten Grad.

„Ich war um so mehr darüber verwundert, weil ich schon sehr gut wußte, daß es in jener Periode dort nirgends solche Apparate gab, mittels derer man Vibrationen messen kann, weshalb ich mich wieder fragte, wie dieser ehrwürdige alte Mann, der weit weg von den Wesen, die die heutige moderne Zivilisation ausmachen, in diesen wilden Bergen wohnt, zu solchen Apparaten gelangt war.

„Ungeachtet dieses Interesses wagte ich jedoch nicht, den ehrwürdigen Hadschi-Asvaz-Truv gerade hier um eine Erklärung zu bitten, und ich wagte es nicht, weil ich befürchtete, daß eine solche abschweifende Frage den Lauf der begonnenen Unterhaltung ändern könnte, von der ich die Aufklärung der Frage erwartete, die mich am meisten interessierte.

„In dieser Abteilung der Höhle gab es viele andere Apparate, die ich noch nicht kannte, und darunter auch einen sehr seltsamen Apparat, an dem einige sogenannte ‚Masken' angebracht waren, von denen etwas in der Art von Schläuchen, die aus Hälsen von Kühen gemacht waren, zur Decke der Höhle führten.

„Durch diese Schläuche konnte, wie ich später erfuhr, die Luft von außen kommen, die unbedingt für das Atmen der Wesen während der Experimente nötig war, weil der Raum dann von allen Seiten hermetisch verschlossen war.

„Die Wesen, die bei den Experimenten zugegen waren, zogen die ‚Masken‘ von diesem seltsamen Apparat über ihr Gesicht.

„Als wir uns alle auf den Boden in der besagten Abteilung der Höhle niedergelassen hatten, sagte der ehrwürdige Hadschi-Asvaz-Truv unter anderem, daß er und sein Freund, der Derwisch Kerbalay-Asis-Nuaran, bei ihren Untersuchungen auch oft Gelegenheit gehabt hatten, sehr gründlich alle auf der Erde existierenden Theorien über die Vibrationen zu studieren, die von ernsten irdischen Gelehrten verfaßt worden sind.

„Er sagte: ‚Wir studierten die Assyrische Theorie vom großen Malmanasch und die arabische vom berühmten Selne-Ech-Avaz und die griechische des Philosophen Pythagoras und natürlich auch alle chinesischen Theorien.

„ ‚Und wir verfertigten Apparate, die genau denen glichen, mit denen all diese Weisen des Altertums ihre Experimente gemacht haben, und wir fügten sogar einem ihrer Apparate etwas hinzu, der jetzt der hauptsächlichste für meine Experimente ist.

„ ‚Auf diesem Apparat machte Pythagoras seine Experimente und damals wurde dieser Apparat ein ‚Monochord‘ genannt; seitdem ich ihn aber verändert habe, nenne ich ihn ‚Vibroschau‘.‘

„Nachdem er dies gesagt, drückte er mit der Hand auf etwas am Boden und zeigte mit der anderen auf einen sehr seltsam geformten Apparat, der auch dort stand, und fügte hinzu, daß dies eben der veränderte ‚Monochord‘ sei.

„Der Apparat, auf den er zeigte, bestand aus einem zwei Meter langen Brett, dessen halbe Vorderseite in Abschnitte, ‚Bünde' genannt, eingeteilt war, wie der Hals des lauthervorbringenden Instrumentes, das ‚Guitarre' heißt, und darauf war nur eine Seite gespannt.

„Auf der anderen Hälfte dieses Brettes waren viele ‚Vibrometer' oder Schwingungsmesser befestigt, ähnlich denen auf den Saiten des Flügels, und sie waren in einer solchen Weise angebracht, daß die Nadeln, die die Vibrationen anzeigten, genau über den erwähnten ‚Bünden' der Vorderseite des Brettes waren.

„Auf der Rückseite dieses Brettes war ein ganzes Netzwerk verschiedener kleiner Glas- und Metallröhren angebracht, die auch dazu dienten, Laute hervorzubringen, diesmal aber Laute, die durch Vibrationen erzielt werden, die durch bestimmte Bewegungen und den gewöhnlichen oder künstlich verdichteten oder verdünnten Luftstrom entstehen, und zum Messen der Vibrationen dieser Laute dienten dieselben Vibrometer, mit denen die durch die Saiten entstehenden Vibrationen gemessen wurden.

„Der ehrwürdige Hadschi-Asvaz-Truv wollte gerade etwas sagen, als aus einer anderen Abteilung der Höhle ein Knabe eintrat, von dem Typ, den man ‚Uzbek' nennt, und auf einem Servierbrett ein Tee-Gedeck und grünen Tee brachte.

„Nachdem der Knabe das Servierbrett vor uns hingestellt hatte und wieder hinausgegangen war, goß der ehrwürdige Hadschi Tee in unsere Tassen und wandte sich dann scherzend mit folgendem Ausdruck, der bei solchen Gelegenheiten in jener Gegend gebraucht wird, an uns:

„ ‚Laßt uns diese Gabe der Natur mit der demütigen Zuversicht zu uns nehmen, daß sie ihr zum Segen diene.'

„Nachdem er dies gesagt, fuhr er fort:

„ ‚Ich fühle schon, daß die mich erhaltenden Kräfte in mir abnehmen und deshalb muß ich die nötige Quantität von dem mir zuführen, was der Aufmunterung meines ganzen Selbst bis zur nächsten Dosis dient.'

„Und dann trank er mit einem sanften Lächeln langsam seinen Tee. Während er ihn trank, beschloß ich, die Gelegenheit zu benutzen, um ihn verschiedene Fragen zu fragen, die mich die ganze Zeit hindurch schon beschäftigt hatten.

„Vor allem fragte ich ihn folgendes:

„‚Hochgeschätzter Hadschi! Bis jetzt war ich vollkommen überzeugt, daß es nirgends auf Erden einen Apparat für die genaue Messung von Vibrationen gibt. Hier jedoch sehe ich viele solcher ‚Meß'-Apparate.

„‚Wie soll ich das verstehen?

„‚Woher haben Sie sie?'

„Darauf antwortete der ehrwürdige Hadschi-Asvaz-Truv folgendermaßen:

„‚Diese Apparate für unsere Experimente machte mein verstorbener Freund Kerbalay-Asis-Nuaran und ihnen verdanke ich es hauptsächlich, daß ich zu meinen Errungenschaften in der Kenntnis der Vibrations-Gesetze gelangte.

„‚Tatsächlich", fuhr er fort, „gab es einmal auf Erden in der Blütezeit des großen Tikliamisch alle möglichen Apparate dieser Art, heutzutage aber gibt es nicht einen einzigen Apparat dieser Art, es sei denn, daß man jene sozusagen ‚Kinderspielerei' dazu rechnen will, die es jetzt in Europa gibt, durch die man angeblich Vibrationen zählen kann und die man dort in Europa ‚Sirenen' nennt. Ich hatte sogar solch eine Sirene, als ich meine aufklärenden Experimente begann.

„‚Diese Sirene wurde vor zwei Jahrhunderten von einem gewissen gelehrten-Physiker, namens Zebek, erfunden und um die Mitte des letzten Jahrhunderts durch einen gewissen Cognar-de-la-Tour sozusagen vervollkommnet.

„‚Der Aufbau dieser Kinderspielerei besteht darin, daß ein Strom von verdichteter Luft aus einer Röhre auf eine sich drehende durchlochte Platte gerichtet wird, auf der jedes Loch seiner Größe nach genau der Öffnung des Hauptluftrohres entspricht, und durch die Drehung dieser Platte öffnet und schließt sich der Durchgang für den Luftstrom, der aus dem Hauptrohr durch diese Löcher strömt.

„ ‚Und durch das schnelle Drehen dieser Platte werden in den darauf befindlichen Löchern der Reihe nach Luftstöße erzielt, worauf ein Laut von gleicher Tonlage hervorgebracht wird; die Anzahl der Umdrehungen des Uhrmechanismus multipliziert mit der Zahl der Löcher auf der Platte sollte die Zahl der Vibrationen dieses Lautes in dem betreffenden Zeitintervall ergeben.

„ ‚Zum Unglück der Europäer hat weder der erste Erfinder der Sirene noch der, der sie vervollkommnet hatte, gewußt, daß ein Laut nicht nur von der Wirkung echter Vibrationen, sondern auch vom gewöhnlichen Luftstrom erzielt werden kann; und da ihre Sirene nur durch den Luftstrom und keineswegs durch natürliche Vibrationen zum Tönen gebracht wird, kann keine Rede davon sein, daß durch das, was die Sirene anzeigt, die genaue Zahl der Vibrationen bestimmt werden kann.

„ ‚Und daß ein Laut durch zwei Ursachen erzeugt werden kann, nämlich durch natürliche Weltvibrationen selbst und einfach durch den Luftstrom, ist eine sehr zufriedenstellende und interessante Tatsache, die ich Ihnen nun praktisch vorführen will.‘

„Nachdem der ehrwürdige Hadschi dies gesagt hatte, stand er auf, holte aus einer anderen Abteilung der Höhle einen Topf mit blühenden Blumen, stellte ihn in die Mitte unserer Abteilung der Höhle, und setzte sich dann an den ursprünglichen ‚Monochord‘ des berühmten Pythagoras.

„Darauf sagte er, zu uns gewandt:

„ ‚Ich will nun durch diese verbundenen Röhren nur fünf

verschiedene Lauttöne erzeugen, und Sie, achten Sie, bitte, auf diesen Blumentopf; sehen Sie auf Ihre Uhren und beobachten Sie, wie lang ich diese Lauttöne hervorbringe und merken Sie sich ferner auch die Zahlen, die die Zeiger der Vibrometer für diese Töne anzeigen.'

„Und darauf begann er mit einem kleinen Blasebalg Luft in die entsprechenden Röhren zu blasen, die dann eine monotone Melodie aus fünf Tönen erfolgen ließen.

„Diese monotone Melodie dauerte zehn Minuten lang und wir merkten uns nicht nur die Zahlen, die die Zeiger der Vibrometer angaben, sondern es prägten sich auch diese fünf Töne unserem Gehörorgan ganz deutlich ein.

„Als Hadschi seine monotone Musik abbrach, standen die Blumen im Topf in der gleichen Blüte wie zuvor da.

„Darauf ging Hadschi von dem früheren Monochord zu dem lauterzeugenden Instrument Flügel, und nachdem er unsere Aufmerksamkeit wieder auf die Zeiger des Schwingungsmessers gelenkt hatte, schlug er nacheinander die entsprechenden Tasten des Flügels an, die dieselbe monotone Melodie aus denselben fünf Tönen von sich gaben.

„Und auch diesmal zeigten die Zeiger der Schwingungsmesser auf dieselben Ziffern.

„Noch waren keine fünf Minuten vergangen, als wir auf ein Nicken Hadschis nach den Blumen im Topf schauten und sahen, daß sie sehr deutlich zu welken begonnen hatten, und als der ehrwürdige Hadschi nach zehn Minuten seine Musik wieder abbrach, waren im Topf nur noch verwelkte Stengel der früheren blühenden Pflanzen zu sehen.

„Darauf setzte sich Hadschi wieder zu uns und sagte:

„ ‚Wie meine langjährigen Untersuchungen mich erkennen ließen und die Wissenschaft Schat-Tschai-Mernis behauptet, gibt es tatsächlich in der Welt zwei Arten von Vibrationen: nämlich sozusagen ‚schöpferische Vibrationen' und ‚Trägheits-Vibrationen'.

„ ‚Wie ich experimentell feststellte, sind die besten Saiten zur Hervorbringung der besagten ‚schöpferischen Vibrationen' die, die aus einem bestimmten Metall oder aus Ziegendärmen gemacht sind.

„ ‚Saiten aus anderen Stoffen aber haben nicht diese gleiche Eigenschaft.

„ ‚Die aus solchen Saiten stammenden Vibrationen, ebenso wie die durch die Strömung der Luft hervorgerufenen Schwingungen sind bloß Trägheitsvibrationen. In diesem Falle werden die Lauttöne von jenen Vibrationen erzielt, die von der mechanischen Wirkung der von den Vibrationen hervorgerufenen Trägheit und von der durch die Luft verursachten Reibung entstehen.'

„Dann fuhr Hadschi-Asvaz-Truv fort:

„ ‚Zuerst machten wir unsere Experimente mittels diesem ‚Vibroschau' allein. Als aber eines Tages mein Freund Kerbalay-Asis-Nuaran geschäftlich in der bucharischen Stadt X war, sah er auf einer Auktion unter vielen verschiedenen Dingen aus dem Besitz eines weggezogenen russischen Generals einen Flügel, und als er zufällig bemerkte, daß seine Saiten gerade aus dem Metall gemacht waren, das wir für unsere Experimente benötigten, kaufte er ihn und brachte ihn dann, natürlich mit großen Schwierigkeiten, hier auf unseren Berg herauf.

„ ‚Nachdem wir diesen Flügel hier aufgestellt hatten, stimmten wir seine Saiten genau nach jenen Vibrationsgesetzen, wie sie in der alten chinesischen Wissenschaft Schat-Tschai-Mernis angegeben sind.

„ ‚Um die Saiten zu stimmen, zogen wir damals nicht nur den absoluten Ton der altchinesischen Note ‚do' in Betracht, sondern auch, wie es diese gleiche Wissenschaft empfiehlt, die lokalen geographischen Verhältnisse, den Druck der Atmosphäre, Form und Größe des Gemaches und die mittlere Temperatur sowohl des umgebenden Raumes als auch des Gemaches selbst und so weiter. Ja, wir zogen sogar in Betracht, von wieviel Leuten menschliche Ausstrahlungen in diesem Gemach während der von uns geplanten Experimente kommen könnten.

„ ‚Und von dem Augenblick an, wo wir diesen Flügel genau gestimmt hatten, erwarben die von ihm ausgehenden Vibrationen sofort tatsächlich all jene Eigenschaften, von denen in der besagten großen Wissenschaft die Rede ist.

„ ‚Ich will Ihnen jetzt vorführen, was mit den vom Menschen erzielten Kenntnissen über die Vibrationsgesetze und mit den Vibrationen, die von diesem gewöhnlichen Flügel ausgehen, gemacht werden kann.'

„Nachdem er dies gesagt hatte, stand er wieder auf.

„Diesmal brachte er aus einer anderen Abteilung der Höhle einen Briefumschlag, Papier und einen Bleistift.

„Auf das Papier, das er brachte, schrieb er etwas, tat das Geschriebene dann in den Briefumschlag und hing diesen dann an einen Haken, der von der Decke in der Mitte des Gemaches herunterhing, setzte sich wieder an den Flügel und begann ohne ein weiteres Wort, genau wie zuvor, bestimmte Tasten anzuschlagen, was wieder eine monotone Melodie hervorrief.

„Diesmal wiederholten sich in diesen Melodien in gleichen Abständen und andauernd zwei Töne der untersten Oktave des Flügels.

„Nach kurzem bemerkte ich, daß es für meinen Freund, den Derwisch Hadschi-Bogga-Eddin, unbequem wurde, länger zu sitzen, und er seinen linken Fuß unruhig hin und her zu bewegen begann.

„Noch ein wenig später begann er seinen linken Fuß zu reiben und seine Grimassen ließen erkennen, daß ihn sein Fuß schmerzte.

„Der ehrwürdige Hadschi-Asvaz-Truv achtete gar nicht darauf und schlug weiter die gleichen Tasten an.

„Als er endlich aufhörte, wandte er sich uns zu und sagte zu mir:

„ ‚Freund meines Freundes, stehen Sie bitte auf, nehmen

Sie den Briefumschlag vom Haken und lesen Sie, was darin geschrieben steht.'

„Ich stand auf, nahm den Briefumschlag, öffnete den Brief und las folgendes:

„ , An jedem von Ihnen muß sich durch die von dem Flügel ausgehenden Vibrationen an ihrem linken Bein vier Zentimeter unter dem Knie und zwei Zentimeter nach links von der Mitte des Beines das bilden, was eine ‚Beule' genannt wird.'

„Nachdem ich dies gelesen hatte, bat der ehrwürdige Adschi uns beide die angedeuteten Teile unseres linken Beines zu entblößen.

„Als wir sie entblößten, zeigte es sich, daß bei dem Derwisch Bogga-Eddin genau an der erwähnten Stelle seines linken Beines eine wirkliche ‚Beule' war, wogegen bei mir, zum großen Staunen des ehrwürdigen Hadschi-Asvaz-Truv nichts dergleichen an meinem Bein zu sehen war.

„Als Hadschi-Asvaz-Truv sich dessen vergewissert hatte, sprang er wie ein Junge von seinem Platze auf und rief sehr aufgeregt aus: ‚Das kann doch nicht sein' und starrte mit den Augen eines Verrückten auf mein linkes Bein.

„So vergingen fast fünf Minuten. Ich muß gestehen, daß ich zum erstenmal auf jenem Planeten ratlos war und nicht sogleich einen Weg aus dieser Lage finden konnte.

„Schließlich kam er nahe zu mir heran und wollte etwas sagen, aber gerade dann fingen durch die Aufregung seine Beine heftig zu zittern an, weshalb er sich auf den Boden setzte und mich mit einem Zeichen aufforderte, mich auch zu setzen.

„Und als wir uns beide gesetzt hatten, sah er mich mit sehr kummervollen Augen an und sagte in einer durchdringenden Weise folgendes zu mir:

„ ‚Freund meines Freundes. In meiner Jugend war ich ein sehr reicher Mann, so reich, daß nicht weniger als zehn meiner Karawanen mit nicht weniger als tausend Kamelen stets in allen Richtungen unser großes Asien durchzogen.

‚‚ ‚Mein Harem galt bei allen Kennern als der beste und reichste auf Erden und alles übrige war in derselben Art; kurzum, ich hatte alles, was ein gewöhnliches Leben bieten kann, in Hülle und Fülle und Überfluß.

‚‚ ‚Doch all das wurde mir allmählich so langweilig und ich dessen so überdrüssig, daß, wenn ich mich des Nachts zum Schlafen legte, ich immer mit Grauen daran dachte, daß ich am nächsten Tag dasselbe wiederholen würde und dieselbe mühselige ‚Bürde' weiter zu schleppen hätte.

‚‚ ‚Schließlich wurde es mir unerträglich, mit solch einem inneren Zustand weiter zu leben.

‚‚ ‚Und als ich wieder einmal die Leere des gewöhnlichen Lebens besonders stark verspürte, kam mir die Idee, meinem Leben durch Selbstmord ein Ende zu machen.

‚‚ ‚Einige Tage lang dachte ich ganz kaltblütig darüber nach und beschloß schließlich kategorisch, dies auszuführen.

‚‚ ‚Als ich dann am letzten Abend in das Zimmer trat, wo ich diesen Entschluß verwirklichen wollte, entsann ich mich plötzlich, daß ich nicht noch einen letzten Blick auf die geworfen hatte, die die Hälfte der Ursache meiner Erschaffung und der Bildung meines Lebens war.

‚‚ ‚Ich erinnerte mich nämlich an meine Mutter, die damals noch am Leben war. Und die Erinnerung an sie stieß alles in mir um.

„ ‚Ich stellte mir plötzlich vor, wie sie leiden würde, wenn sie von meinem Ende erführe und noch dazu durch solch ein Mittel.

‚‚ ‚Als ich mich an sie erinnerte, stellte ich mir gleichsam in Wirklichkeit vor, wie sie, meine gute alte Mutter, in völliger Einsamkeit mit unterdrücktem Seufzen und untröstlichem Leid zusammenbrechen würde, und durch all das entstand in mir ein solches Mitleid mit ihr, daß das Schluchzen, das dadurch in mir ausbrach, mich fast erwürgte.

„ ‚Eben erst damals erkannte ich mit meinem ganzen Sein, was meine Mutter mir war und was für ein unauslöschliches Gefühl zu ihr in mir existieren sollte.

„ ‚Von da an wurde meine Mutter für mich die Quelle meines Lebens.

„ ‚Wenn immer ich mich von da an an ihr teures Antlitz erinnerte, sei es bei Tag oder Nacht, wurde ich mit neuer Kraft belebt, und der Wunsch zu leben und alles so zu tun, damit ihr Leben angenehm verfließen möge, stellte sich aufs neue in mir ein.

„ ‚Und so ging es zehn Jahre lang bis sie an einer unbarmherzigen Krankheit starb und ich wieder allein blieb.

„ ‚Nach ihrem Tod begann mich meine innere Leere wieder von Tag zu Tag mehr und mehr zu bedrücken.'

„Als an dieser Stelle seiner Erzählung der Blick des ehrwürdigen Hadschi-Asvaz-Truv zufällig auf den Derwisch Bogga-Eddin fiel, sprang er wie gestochen von seinem Platz auf und sagte, sich zu ihm wendend:

„ ‚Mein teurer Freund! — Im Namen unserer Freundschaft verzeihe mir Altem, daß ich vergessen habe, dem dir durch die übelbringenden Vibrationen des Flügels zugefügten Schmerz ein Ende zu machen.'

„Nachdem er dies gesagt hatte, setzte er sich an den Flügel und schlug wieder die Tasten an; diesmal brachte er die Laute von nur zwei Tönen hervor, immer abwechselnd einen von einer höheren und einen anderen von einer tieferen Oktave, und dieweil er so tat, schrie er fast:

„ ‚Möge jetzt dank wieder der Vibrationen der Töne des Flügels, diesmal jedoch der wohlbringenden, der Schmerz meines guten alten Freundes aufhören.'

„Und es waren tatsächlich noch keine fünf Minuten vergangen, als sich nicht nur das Gesicht des Derwisch Bogga-

Eddin wieder aufhellte, sondern auch keine Spur von der enormen schrecklichen Beule mehr übrig blieb, die bis dahin auf seinem linken Bein geprangt hatte.

„Darauf setzte sich der Derwisch Hadschi-Asvaz-Truv wieder zu uns und fuhr, äußerlich vollkommen beruhigt, so zu sprechen fort:

„‚Am vierten Tage nach dem Tode meiner teuren Mutter saß ich in meinem Zimmer und dachte verzweifelt darüber nach, was aus mir werden sollte.

„‚Gerade dann begann auf der Straße unter meinem Fenster ein wandernder Derwisch seine heiligen Gesänge zu singen.

„‚Als ich aus dem Fenster schaute und sah, daß der singende Derwisch alt war und ein sehr gütiges Gesicht hatte, beschloß ich plötzlich, ihn um Rat zu fragen und schickte sogleich einen meiner Diener, um ihn zu mir zu bitten.

„‚Und nachdem er eingetreten und sich nach den üblichen Begrüßungen auf den ‚Mindari‘ gesetzt hatte, erzählte ich ihm von meinem Seelenzustand, ohne etwas vor ihm zu verhehlen.

„‚Als ich zu Ende war, verfiel der wandernde Derwisch in tiefes Nachdenken und erst nach geraumer Weile sagte er, dieweil er von seinem Platze aufstand und mich dauernd anschaute:

„‚Dir bleibt nur ein Ausweg — dich der Religion zu widmen.‘

„‚Nachdem er dies gesagt hatte, ging er, ein Gebet murmelnd, davon und verließ für immer mein Haus.

„‚Ich verfiel, nachdem er weggegangen war, in tiefe Gedanken.

„‚Das Endresultat meiner Überlegungen war, daß ich noch am gleichen Tage unwiderruflich beschloß, einer ‚Derwisch-Bruderschaft‘ beizutreten, jedoch nicht in meiner Heimat, sondern irgendwo weit weg.

„ ‚Am nächsten Tag begann ich, mein ganzes Hab und Gut unter meinen Verwandten und unter den Armen zu verteilen, und nach zwei Wochen verließ ich auf immer meine Heimat und kam hierher nach Buchara.

„ ‚Und hier in Buchara wählte ich eine der zahlreichen ‚Derwisch-Bruderschaften' und trat ihr bei, wobei ich gerade eine solche Bruderschaft auswählte, deren Derwische für ihre strenge Lebensart im Volke bekannt waren.

„ ‚Zu meinem Unglück aber enttäuschten mich die Derwische dieser Bruderschaft bald und so ging ich zu einer anderen Bruderschaft über; doch auch da geschah dasselbe, bis ich schließlich ein Derwisch jener Bruderschaft wurde, dessen Scheich mir die Aufgabe zuteilte, jenes mechanische Saiteninstrument zu erfinden, von dem ich Ihnen schon gesprochen habe.

„ ‚Und darauf wurde ich, wie ich Ihnen ebenfalls schon erzählt habe, ganz von der Wissenschaft der Vibrationsgesetze in Anspruch genommen und sie beschäftigten mich bis auf den heutigen Tag.

„ ‚Heute aber zwingt mich diese Wissenschaft, denselben inneren Zustand durchzumachen, den ich zum erstenmal am Vorabend des Todes meiner Mutter erlebte, deren Liebe der einzige Wärmeherd für mich war, der so viele Jahre mein leeres und überdrüssiges Leben erhalten hatte.

„ ‚Bis heute kann ich mich nicht ohne Schaudern jenes Augenblicks entsinnen, wo unsere Ärzte mir sagten, daß meine Mutter den nächsten Tag nicht überleben könne.

„ ‚Die erste Frage, die damals in meinem schrecklichen Zustand in mir entstand, war: wie werde ich dann weiterleben?

„ ‚Was weiter geschah und sich später mit mir ereignete, habe ich Ihnen auch schon mehr oder weniger erzählt.

„ ‚Mit einem Wort, als ich mich ganz der Wissenschaft der Vibrationen hingab, fand ich langsam eine neue Gottheit für mich.

„ ‚Diese Wissenschaft ersetzte mir meine Mutter und erwies sich im Laufe vieler Jahre als ein gleicher Halt, ebenso treu und unveränderlich wie meine eigene Mutter gewesen war, und bis auf den heutigen Tag habe ich nur durch ihre Wahrheiten allein gelebt und bin von ihr allein aufrecht erhalten worden.

„ ‚Bis heute ist es nicht ein einziges Mal vorgekommen, daß die von mir über die Vibrationsgesetze entdeckten Wahrheiten nicht genau die Resultate in ihren Manifestationen zeigten, die ich erwartete.

„ ‚Heute aber geschah es zum erstenmal, daß sich die Resultate, die ich zuversichtlich erwartete, nicht einstellten.

„ ‚Der Hauptschrecken besteht für mich darin, daß ich heute mehr als je aufmerksam in den Berechnungen der für den gegebenen Fall erforderlichen Vibrationen war, das heißt, daß ich ganz genau berechnet hatte, daß die geplante Beule sich an dieser Stelle Ihres Körpers bilden sollte und an keiner anderen.

„ ‚Und da geschah, was noch nie dagewesen war. Sie fehlt nicht nur an der bezeichneten Stelle, sondern sie hat sich überhaupt nicht an Ihrem Körper gebildet.

„ ‚Diese Wissenschaft, die bis heute den Platz meiner teuren Mutter einnahm, hat heute zum erstenmal versagt, und deshalb bin ich jetzt voll unbeschreiblicher Trauer.

„ ‚Heute kann ich mich noch mit diesem außerordentlich großen Unglück aussöhnen, was aber morgen sein wird, kann ich mir nicht einmal vorstellen.

„ ‚Und wenn ich heute mich noch damit aussöhnen kann, so ist es nur, weil ich sehr gut der Worte unseres alten großen Propheten Isi-Nura eingedenk bin, der gesagt hat, ‚ein Individuum ist für seine Manifestationen nur im Todeskampf nicht verantwortlich'.

„ ‚Offensichtlich ist meine Wissenschaft, meine Gottheit, meine zweite Mutter, auch im Todeskampf, da sie mich heute betrogen hat.

„ ‚Ich weiß sehr gut, daß auf den Todeskampf immer der Tod folgt.

„ ‚Und Sie, teurer Freund meines Freundes, wurden heute unfreiwillig für mich wie jene Ärzte, die damals am Vorabend des Todes meiner teuren Mutter mir erklärten, daß sie den nächsten Tag nicht überleben werde.

„ ‚Heute sind Sie der, durch den ich erfahre, daß auch dieser mein neuer Herd morgen erlöschen werde.

„ ‚Schon wiederholen sich in mir dieselben schrecklichen Gefühle und Empfindungen, die ich damals durchmachte, von dem Augenblick an, als unsere Arzte mir den bevorstehenden Tod meiner Mutter ankündigten, bis zu ihrem tatsächlichen Ende.

„ ‚So wie ich damals unter diesen schrecklichen Gefühlen und Empfindungen dennoch die Hoffnung nicht aufgab, daß sie vielleicht doch nicht sterben werde, so flackert auch jetzt noch etwas wie diese Hoffnung in mir.

„ ‚Ach, Freund meines Freundes! Jetzt, wo Sie bereits meinen Seelenzustand kennen, bitte ich Sie ernstlich, mir aufrichtig zu sagen, ob Sie mir erklären können, welche übernatürliche Kraft es verursacht hat, daß sich die erwartete Beule, die sich unbedingt hätte bilden müssen, nicht auf ihrem linken Bein gebildet hat.

„ ‚Denn der Glaube, daß sie sich unbedingt hätte bilden müssen, steht in mir schon so fest wie der ‚Tuklunische Stein‘.

„ ‚Und er steht deshalb so unerschütterlich fest, weil ich während beinahe vierzig Jahre Tag und Nacht hindurch diese großen Gesetze der Weltvibrationen beharrlich studierte, bis das Verstehen ihrer Bedeutung und Verwirklichung für mich gleichsam zu meiner zweiten Natur geworden ist.‘

„Nach diesen letzten Worten schaute dieser vielleicht letzte große irdische Weise mit einem erwartungsvollen Blick mir in die Augen.

„Kannst du dir, mein teurer Junge, meine damalige Lage vorstellen? Was konnte ich ihm antworten?

„Zum zweitenmal an diesem Tage konnte ich ob dieses irdischen Wesens keinen Weg aus der entstandenen Lage finden.

„Diesmal mischte sich in den für mich ungewöhnlichen Zustand noch meine ‚Seins-Hichdschnapar‘ oder wie deine Lieblinge sagen, mein ‚Mitleid‘ mit diesem irdischen dreihirnigen Wesen, hauptsächlich weil er meinetwegen litt.

„Und dies deshalb, weil ich mir klar bewußt war, daß, wenn ich ihm nur ein paar Worte sagen würde, er sich nicht allein beruhigen würde, sondern dadurch sogar begreifen könnte, daß die Tatsache, daß sich keine Beule auf meinem linken Bein gebildet hatte, noch mehr die Wahrheit und Genauigkeit der von ihm vergötterten Wissenschaft bewies.

„Ich hatte ein volles moralisches Recht, ihm die Wahrheit über mich zu sagen, weil er durch seine Errungenschaften schon ein ‚Kalmanuior‘ war, das heißt ein solches dreihirniges Wesen jenes Planeten, mit dem aufrichtig zu sein uns nicht von obenher verboten ist.

„In diesem Augenblick aber konnte ich dies auf keinen Fall tun, weil auch der Derwisch Hadschi-Bogga-Eddin zugegen war, der noch ein gewöhnliches irdisches dreihirniges Wesen war, mit denen schon längst zuvor es den Wesen unseres Stammes von Oben her verboten war und wir geschworen hatten, keinem von ihnen, bei was für einer Gelegenheit es auch sei, wahre Kunden mitzuteilen.

„Dieses Verbot war, so scheint es, den Wesen unseres Stammes auf die Initiative des Sehr Heiligen Aschiata Schiämasch hin gegeben worden.

„Und dieses Verbot war den Wesen unseres Stammes hauptsächlich deshalb gegeben worden, weil für die dreihirnigen Wesen deines Planeten zuerst ‚Seins-Wissen‘ nötig ist.

„Jede Kunde, auch wenn sie wahr ist, gibt den Wesen im allgemeinen nur ‚Verstandes-Wissen‘, und Verstandes-Wissen dient den Wesen, wie ich schon einmal gesagt habe, immer nur dazu, ihre Möglichkeiten ‚Seins-Wissen‘ zu erwerben, zu verringern.

„Und da das einzige Mittel, das den unglücklichen dreihirnigen Wesen blieb, um sich von den Folgen der Eigenschaften des Organs Kundabuffer zu befreien, eben die Erwerbung dieses Seins-Wissen ist, war dieser Befehl den Wesen unseres Stammes betreffs der irdischen Wesen gegeben und eidlich von uns angenommen worden.

„Und deshalb eben, mein Junge, konnte ich nicht im Beisein des Derwisches Bogga-Eddin diesem würdigen dreihirnigen Weisen Hadschi-Asvaz-Truv die wahre Ursache seines Mißerfolges erklären.

„Da aber beide Derwische auf meine Antwort warteten, mußte ich ihnen auf jeden Fall etwas sagen und so wandte ich mich an Hadschi-Asvaz-Truv und sagte ihm folgendes:

„ ‚Ehrwürdiger Hadschi-Asvaz-Truv! Wenn Sie damit einverstanden sind, meine Antwort nicht gleich jetzt, sondern etwas später entgegenzunehmen, schwöre ich Ihnen bei der Ursache meiner Entstehung, daß ich Ihnen eine Antwort geben werde, die Sie vollkommen befriedigen wird. Sie werden sich nicht nur davon überzeugen, daß ihre geliebte Wissenschaft die wahrste aller Wissenschaften ist, sondern auch, daß seit den großen Gelehrten, dem heiligen Tschun-Kil-Tes und Tschun-Tro-Pel Sie der größte irdische Gelehrte sind.‘

„Auf diese Antwort hin legte der ehrwürdige Derwisch Hadschi-Asvaz-Truv nur seine rechte Hand auf den Platz, wo sich in irdischen Wesen das Herz befindet, und diese Geste bedeutet in jener Gegend ‚ich glaube und hoffe ohne Zweifel‘.

„Darauf wandte er sich, als ob nichts geschehen wäre,

an den Derwisch Bogga-Eddin und fing mit ihm über die Wissenschaft Schat-Tschai-Mernis zu sprechen an.

„Um die zuvor herrschende Verwirrung vollends zu verwischen, wandte ich mich wieder an ihn und fragte ihn, dieweil ich auf eine Nische in der Höhle deutete, wo viele Streifen von Seidenstoffen aller Farben hingen:

„ ‚Hochgeehrter Hadschi, was für Stoffe sind das, die da in der Nische hängen?‘

„Auf diese Frage antwortete er, daß diese farbigen Stoffe ebenfalls für Experimente mit Vibrationen gebraucht würden und fuhr dann weiter fort: ‚Kürzlich machte ich mir klar, welche Farben des Materials durch ihre Vibrationen und in welchem Maße sie schädlich auf Menschen und Tiere wirken.

„ ‚Wenn Sie wollen, will ich Ihnen auch dieses höchst interessante Experiment vorführen.‘

„Nachdem er dies gesagt hatte, stand er auf und ging wieder in die nächste Abteilung, von wo er bald, diesmal mit Hilfe des Knaben, drei dortige vierfüßige Wesen hereinführte, ‚Hund‘, ‚Schaf‘ und ‚Ziege‘ dort genannt; zugleich brachte er auch mehrere Apparate von besonderer Form, die Armbändern glichen.

„Eines dieser besonderen Armbänder legte er dem Derwisch Bogga-Eddin um den Arm und ein anderes um seinen eigenen Arm, wobei er nebenbei zu mir sagte:

„ ‚Ihnen lege ich keinen solchen Apparat an . . ., wofür ich recht schwerwiegende Gründe habe.‘

„Je einen dieser seltsamen Apparate, die wie Halsbänder aussahen, legte er dann um den Hals der erwähnten Ziege, des Schafes und des Hundes und bat uns, indem er auf die ‚Vibrationsmesser‘ an diesen seltsamen Apparaten wies, uns die Ziffern zu merken und aufzuschreiben, die die Zeiger der Vibrationsmesser für jedes dieser dem Äußeren nach verschiedenen Wesen angeben würden.

„Wir sahen auf die Ziffern, die die fünf Vibrometer

anzeigten und schrieben sie in den uns von dem Knaben gereichten Notizblock, wie man dort gewöhnlich broschiertes Schreibpapier nennt.

„Darauf setzte sich der Derwisch Asvaz-Truv wieder auf den Filz und sagte uns folgendes:

„ ‚Jede Form von ‚Leben‘ hat eine ihr allein eigene ‚Gesamtsumme von Vibrationen‘, die alle Vibrationen darstellt, die durch verschiedene bestimmte Organe der gegebenen Form von Leben erzeugt werden, und diese Summe ist bei jeder Form von Leben in verschiedenen Zeiten verschieden und hängt davon ab, wie intensiv diese verschieden-verursachten Vibrationen sich durch die entsprechenden Quellen oder Organe umwandeln.

„ ‚Und all diese verschiedenartigen und verschieden-verursachten Vibrationen verschmelzen für die Dauer des ganzen Lebens in einen allgemeinen subjektiven sogenannten ‚Vibrations-Akkord‘ des gegebenen Lebens.

„ ‚Nehmen Sie zum Beispiel meinen Freund Bogga-Eddin und mich selbst.

„ ‚Sehen Sie‘, und dabei zeigte er auf die Ziffern des Schwingungsmessers, den er am Arm hatte, und fuhr fort:

„ ‚Ich habe im allgemeinen so viele Vibrationen und mein Freund Bogga-Eddin hat deren soviel mehr.

„ ‚Das kommt daher, weil er viel jünger ist als ich und einige Organe in ihm viel intensiver als in mir funktionieren, weshalb die entsprechenden Vibrationen in ihm viel intensiver als in mir ‚auftreten‘.

„ ‚Beachten Sie die Ziffern der Vibrometer an dem Hund, dem Schaf und der Ziege. Beim Hund ist die Gesamtsumme dreimal größer als beim Schaf und um die Hälfte größer als bei der Ziege und die Zahl. der Vibrationen des allgemeinen Vibrations-Akkordes dieses Hundes ist nur ein wenig kleiner als die meine und die meines Freundes.

„ ‚Man muß bemerken, daß es unter den Menschen, und

besonders unter den Menschen der letzten Zeit, sehr viele gibt, die in dem subjektiven Vibrations-Akkord ihres allgemeinen Bestandes nicht einmal die Zahl der Vibrationen aufweisen, die der Bestand dieses Hundes hat.

„ ‚Dies kommt daher, weil in den meisten dieser Menschen, von denen ich soeben spreche, eine Funktion, und zwar die Gefühls-Funktion, die die Haupt-Quantität subjektiver Vibrationen verwirklicht, fast vollends verkümmert ist, weshalb die Gesamtsumme der Vibrationen in ihnen geringer ist als in diesem Hund.'

„Nachdem der ehrwürdige Hadschi-Asvaz-Truv dies gesagt hatte, stand er wieder auf und ging zu dem Platz, wo die verschiedenen farbigen Stoffe lagen.

„Darauf begann er diese farbigen Stoffe, die aus sogenannter ‚bucharischer-Seide' bestanden, aufzurollen, eine Farbe nach der anderen, und mit besonderen Walzrollen bedeckte er mit jedem Stück Stoff ein und derselben Farbe nicht nur alle Wände und die Decke, sondern auch den Boden dieser Abteilung der Höhle, so daß das ganze Gemach mit dem Stoff einer gegebenen Farbe bespannt war. Jeder dieser farbigen Stoffe veränderte die Zahl der Vibrationen aller Formen von ‚Leben'.

„Nach diesen Experimenten mit den farbigen Stoffen forderte uns dieser große irdische Gelehrte der letzten Zeit auf, ihm zu folgen, und wir gingen aus dieser Abteilung der Höhle zurück in ihren Hauptgang und kamen dann in einen anderen schmalen Seitengang.

„Hinter uns trotteten, mit den improvisierten Halsbändern, Ziege, Schaf und Hund.

„Wir gingen längere Zeit, bis wir schließlich in die allerwichtigste Abteilung dieser unterirdischen Räume gelangten.

„Dort ging der ehrwürdige Derwisch Hadschi-Asvaz-Truv wieder auf eine der Nischen jenes großen unterirdischen Raumes zu und sagte, wobei er mit der Hand auf einen großen Haufen von sehr seltsam gefärbten Stoffen zeigte, die dort lagen:

„ ‚Dieser Stoff ist eigens aus den Fasern einer Pflanze ‚Tschaltandr‘ gewebt und hat deren Natur-Farbe.

„ ‚Diese Pflanze Tschaltandr ist eine der seltenen Bildungen auf der Erde, deren Farbe nicht allein die Fähigkeit besitzt, die Vibrationen aus anderen Quellen in der Nähe zu verändern, sondern selbst auch allen anderen Vibrationen gegenüber vollkommen indifferent zu bleiben.

„Deshalb habe ich für meine Experimente, die die Vibrationen betreffen, die nicht durch Farben, sondern durch andere Ursachen entstehen, gerade diesen Stoff gewählt und aus ihm für diesen ganzen unterirdischen Raum etwas wie ein großes ‚Zelt‘ verfertigt und es so eingerichtet, daß es in jeder Richtung bewegt und ihm jede beliebige Form verliehen werden kann.

„ ‚Und mit diesem sonderbaren Zelt führe ich jetzt die Experimente aus, die ich ‚architektonische‘ nenne. Und diese architektonischen Experimente machen mir jetzt klar, welche Räumlichkeiten und in welchem Maße sie schädlich auf Menschen und Tiere wirken.

„ ‚Diese architektonischen Experimente haben mich schon vollkommen überzeugt, daß nicht nur die Größe und allgemeine innere Form der Räumlichkeit tatsächlich eine enorme Wirkung auf Menschen und Tiere ausüben, sondern daß auch alle inneren sogenannten ‚Kurven‘, ‚Ecken‘, ‚Vorsprünge‘, ‚Unterbrechungen in den Wänden‘ und viele andere Dinge eine Änderung in den Vibrationen bewirken, die in der Atmosphäre dieses Raumes vor sich gehen, und immer dazu beitragen die subjektiven Vibrationen der Menschen und Tiere zum besseren oder schlechteren zu ändern.‘

„Als er dann seine Experimente mit jenem großen Zelt zu machen begann, bemerkte ich auch unter anderem, daß die Vibrationen, die sich durch verschiedene Ursachen in der Nähe veränderten, viel stärker auf den allgemeinen Bestand dieser dir lieben dreihirnigen Wesen wirken als auf die irdischen einhirnigen und zweihirnigen Wesen.

„Dies geschieht offensichtlich auch infolge all der anomalen inneren und äußeren Verhältnisse ihrer gewöhnlichen Seins-Existenz.

„Nach diesen architektonischen Experimenten führte uns dieser große Weise des Planeten Erde noch in andere kleinere Abteilungen, wo er uns noch viele andere Experimente vorführte, aus denen leicht zu sehen und zu verstehen war, welche verschieden-verursachten Vibrationen und wie sie auf die subjektiven Vibrations-Akkorde deiner Lieblinge wirken.

„Diese Experimente ließen auch die Resultate erkennen, welche von den Vibrationen, die durch die Ausstrahlungen anderer irdischer Wesen sowohl auf verschiedene Typen ihresgleichen als auch auf zweihirnige und einhirnige Wesen hervorgerufen werden und auch von den Vibrationen, die durch ihre Stimmen und viele andere eine Wirkung-nach-sich-ziehende Handlungen erzeugt werden.

„Er zeigte und erklärte unter anderem auch noch einige Experimente, die die schädliche Wirkung bewiesen, die jene Ursachen auf die irdischen heutigen Wesen ausüben, die sie angeblich absichtlich und besonders in der letzten Zeit in großen Mengen hervorbringen, und die sie ‚Kunstwerke‘ nennen.

„Darunter waren ‚Bilder‘, ‚Statuen‘ und natürlich ihre vielgepriesene ‚Musik‘.

„Aus allen Experimenten, die dieser Weise uns vorführte, zeigte es sich, daß die schädlichsten Vibrationen für die heutigen irdischen dreihirnigen Wesen jedoch die sind, die sich in ihnen durch ihre sogenannten ‚medizinischen-Mittel‘ bilden.

„Ich blieb vier irdische Tage in diesem unterirdischen Reich dieses wahrhaft gelehrten Wesens, worauf ich mit dem Derwisch Bogga-Eddin wieder in jene bucharische Stadt zurückkehrte, von wo wir gekommen waren, und so endete mein erstes Zusammentreffen mit ihm.

„Während dieser vier Tage zeigte und erklärte er uns noch vieles andere, was die ‚Vibrationsgesetze' anging; das Interessanteste aber für mich war seine letzte Erklärung, nämlich warum und wie er dazu gekommen war, in dieser wilden Gegend, weit weg von jedem Gruppierungsplatz der gegenwärtigen irdischen Wesen, in seinem unterirdischen Reich Gas und elektrische Beleuchtung zu haben.

„Im Laufe dieser Erzählung konnte sich dieses höchst sympathische irdische dreihirnige Wesen, als er uns irgendeine Tatsache erklärte, nicht zurückhalten, aufrichtige Tränen zu vergießen, was mich so rührte, daß ich es selbst jetzt noch nicht vergessen kann.

„Und jetzt kann die Kunde von einigen durch seine Erzählung uns klar gewordenen Tatsachen dir für deine weitere Existenz als sehr gutes Material für die entsprechenden Gegenüberstellungen und Aufklärungen all jener Resultate, die man ‚subjektives Geschick' nennt, dienen, das heißt jener Resultate, die im allgemeinen in unserem Großen Megalokosmos vorkommen, wo eine große Menge relativ selbständiger einzelner Individuen entstehen und zusammen existieren.

„Es kommt oft vor, daß in dem gemeinsamen Existenz-Prozeß das Geschick für ein einzelnes Individuum im Prozeß seiner persönlichen Existenz für dieses selbst absolut ungerecht ist, wobei aber für alle anderen, die mit ihm zusammen existieren, sich daraus im objektiven Sinn eine Unmenge gerechter Früchte ergeben. Und deshalb will ich dir so ausführlich als möglich davon erzählen und mich sogar bemühen, dir soviel als möglich von seinem Bericht wörtlich wiederzugeben, ohne etwas daran zu ändern.

„Es war kurz bevor wir dieses unterirdische Reich verließen, das heißt jenen Platz auf deinem Planeten, der mich unter anderem überzeugte, daß die Resultate der Errungenschaften der Vernunft früherer dreihirniger Wesen ihrer Vorfahren nicht vollends verlorengegangen sind. Selbst wenn die folgenden Geschlechter der Wesen dieses seltsamen Planeten nicht mehr länger die von ihren Vorfahren entdeckten kosmischen Wahrheiten sich aneignen und obgleich sie in den schon entdeckten Wahrheiten ob ihrer anomalen Seins-Existenz keinen Fortschritt gemacht haben, wie es sonst überall geschieht, so sind diese Wahrheiten doch automatisch in jenem seltsamen unterirdischen Reich deines Planeten konzentriert und warten auf ihre weitere Vervollkommnung und Ausgestaltung durch kommende dreihirnige Wesen.

„Also, als ich ihn über die Methoden der Gas- und elektrischen Beleuchtung in seinem unterirdischen Reiche befragte, erzählte er folgendes:

„ ,Die Entstehungsursachen dieser zwei Beleuchtungsarten sind ganz verschieden und jede von diesen Beleuchtungsarten hat ihre eigene selbständige Geschichte.

„ ,Die Gasbeleuchtung existierte hier vom ersten Anfang an und war auf meine Initiative hin und die meines alten Freundes, des Derwisches Kerbalay-Asis-Nuaran, eingerichtet worden.

„ ,Und was die elektrische Beleuchtung betrifft, so wurde sie erst kürzlich hier eingerichtet und verdankt ihren Ursprung auch einem meiner Freunde, einem ganz jungen Menschen europäischer Herkunft.

„ ,Es wird wohl besser sein, wenn ich Ihnen die Geschichte jeder dieser Beleuchtungsarten einzeln erzähle.

„ ,Ich will mit der Gasbeleuchtung beginnen.

„ ,Als wir hierher übergesiedelt waren, gab es nicht weit von hier eine gewisse heilige Stätte, die ,heilige Höhle' genannt wurde, wohin ,Pilger' und ,Andächtige' aus ganz Turkestan zusammenströmten.

„ ‚Der Volksglaube über diesen heiligen Platz war, daß in dieser Höhle einmal der berühmte ‚Herailaz' gelebt hatte, der später ‚lebendig' in den Himmel aufgenommen worden war.

„ ‚In diesem Volksglauben hieß es auch, daß er so unerwartet ‚lebendig' in den Himmel aufgenommen worden war, daß er nicht einmal Zeit gehabt hatte, das Feuer auszulöschen, das seine Höhle erleuchtet hatte.

„ ‚Dieser Glaube wurde dadurch unterstützt, daß es in dieser Höhle tatsächlich ein ‚unauslöschliches Feuer' gab.

„ ‚Also, Freund meines Freundes!

„ ‚Da weder ich noch mein Freund, der Derwisch Kerbalay-Asis-Nuaran, an die Wahrheit dieser Volkssage glauben konnten, beschlossen wir, die wirkliche Ursache dieser sonderbaren Erscheinung zu ergründen.

„ ‚Da wir damals hinreichende materielle Möglichkeiten hatten und in zur Erforschung dieser Erscheinung entsprechenden Verhältnissen lebten, ohne von jemand gestört zu werden, begannen wir nach ihrer Entstehungsquelle zu suchen.

„ ‚Es zeigte sich, daß nicht weit von dieser Höhle ein unterirdischer Strom floß, der einen aus Mineralien bestehenden Stoff umspülte und daß die Wirkung des Wassers auf den besagten Stoff in einem brennbaren Gas resultierte, das zufällig durch Spalten im Boden einen Ausgang in diese Höhle fand.

„ ‚Eine irgendwie zufällige Entzündung dieses Gases mußte offensichtlich jenes unauslöschliche Feuer verursacht haben.

„ ‚Als mein Freund und ich uns diese Ursache völlig aufgeklärt und gleichzeitig festgestellt hatten, daß die besagte Quelle nicht weit von unserer Höhle war, beschlossen wir, dieses Gas künstlich in unsere Höhle zu leiten.

„ ‚Und von dieser Zeit an floß dieses Gas durch Tonröhren, die wir gelegt hatten, hierher in die Hauptabteilung unserer Höhle und von hier aus leiteten wir es durch ‚Bambusrohre', je unseren Bedürfnissen entsprechend, weiter.

„ ‚Und was die elektrische Beleuchtung in unseren Höhlen betrifft, so ist ihre Entstehungsgeschichte folgendermaßen:

„ ‚Bald nachdem wir uns in diesen Höhlen eingerichtet hatten, kam einmal durch Vermittlung eines sehr alten Freundes von mir, auch eines Derwisches, ein noch sehr junger europäischer Reisender zu mir, der meine Bekanntschaft ob immer der gleichen mich interessierenden Wirkung der Vibrationsgesetze suchte.

„ ‚Wir wurden bald gute Freunde, da er sich erstens sehr ernst im Suchen nach Wahrheit und zweitens sehr gütig und ‚schonungsvoll-den-Schwächen-aller-andern-gegenüber' zeigte.

„ ‚Er studierte die Vibrations-Gesetze im allgemeinen, doch betrafen seine Studien in erster Linie jene ‚Vibrations-Gesetze', die die Bildung verschiedener Krankheiten im Menschen verursachen.

„ ‚Bei diesen Studien erforschte er unter anderem die Entstehungsursachen jener Krankheit, die unter dem Namen ‚Krebs' bekannt ist, und ebenfalls die Möglichkeiten zur Vernichtung dieser übelbringenden Entstehung in den Menschen.

„ ‚Er hatte damals die Möglichkeit festgestellt und konnte sie auch schon praktisch verwirklichen, daß nämlich jeder Mensch durch eine bestimmte Lebensweise und gewisse Vorbereitungen in sich bewußt solche Vibrationen ausarbeiten kann, durch die er, wenn er die mit dieser schrecklichen Krankheit befallene Person mit diesen Vibrationen in einer bestimmten Weise und eine bestimmte Zeit lang behandelt, jene vollends vernichten kann.

„ ‚Nachdem wir uns später getrennt hatten, sah ich ihn

nicht für eine lange Zeit, doch hatten wir immer Nachrichten voneinander.

„ ‚Ich wußte, daß dieser junge Freund von mir, bald nachdem er mich verlassen hatte, in seiner Heimat geheiratet und in den folgenden Jahren mit seiner Frau in voller, wie wir hier in Asien sagen, ‚Familienliebe-und-gegenseitiger-moralischer-Unterstützung' lebte.

„ ‚Ich interessierte mich besonders für die Nachrichten von ihm, die seine Errungenschaften betreffs der Entdeckung eines Mittels betrafen, durch das die zuvor erwähnte unselige Plage im Menschen vernichtet werden konnte, weil die Entstehungsursachen jener Vibrationen, durch die sich Gegebenheiten für jene Krankheit kristallisieren, eng mit den Ursachen der Vibrationen zusammenhingen, deren Aufklärung in der letzten Zeit das Hauptinteresse meines Lebens war.

„ ‚Ich wußte auch schon, daß, obgleich er noch kein allgemein anwendbares Mittel zur Vernichtung dieser Krankheit gefunden hatte, er doch glaubwürdigen Nachrichten nach, die mich häufig erreichten, für die Behandlung der von dieser Krankheit Befallenen die noch nicht allgemein anwendbaren Mittel gebrauchte, die er zuerst herausgefunden und deren Verwirklichung in der Praxis er erreicht hatte und in jedem Fall war ihm die völlige Vernichtung dieser schrecklichen Plage der Menschheit gelungen.

„ ‚Ich erhielt sehr genaue Nachricht über die günstigen Resultate, die er in dieser Zeit in einigen Dutzenden von Fällen erreicht hatte.

„ ‚Dann traf es sich, daß aus Gründen, die von keinem von uns beiden abhingen, für ungefähr zehn Jahre keine Nachricht von diesem jungen Europäer zu mir gelangte.

„ ‚Ich fing bereits an, schon völlig zu vergessen, daß er existierte, als ich einmal, ganz in meine Beschäftigung vertieft, jemand unser geheimes Signal geben hörte, und als ich antwortete und fragte wer da sei, sofort seine Stimme erkannte; er bat mich, ihm den Zugang zu unserem unterirdischen Reich zu öffnen.

„ ‚Es braucht nicht gesagt zu werden, daß wir beide froh waren, uns wieder zu treffen und wieder unsere Meinungen über unsere geliebte Wissenschaft von den ‚Vibrations-Gesetzen' austauschen zu können.

„ ‚Als sich die Erregung, die durch unser neues Zusammentreffen hervorgerufen war, wieder gelegt hatte und wir all die Dinge, die mein Freund auf Kamelen mitgebracht, ausgepackt hatten — und darunter waren unter anderem einige der berühmten, modernen, europäischen, sogenannten ‚Röntgenapparate', ungefähr fünfzig ‚Bunsen-Elemente', einige Akkumulatoren, mehrere Ballen verschiedenen Materials für ‚elektrische Leitungen' —, begannen wir ruhig zu reden, und aus dem was er mir erzählte, erfuhr ich zu meinem großen Kummer folgendes:

„ ‚Einige Jahre zuvor, als — ob höherer Weltgesetze — Verhältnisse und Umstände so waren, daß die Menschen fast überall auf der Erde weder eine Sicherheit für den nächsten Tag noch für das Dach über ihrem Kopf haben konnten, bemerkte er plötzlich, daß sich in seiner geliebten Frau gerade jene schreckliche Krankheit zu entwickeln begann, für die ein Heilmittel zu finden eines der Hauptziele seiner Existenz in der letzten Zeit gewesen war.

„ ‚Er erschrak besonders, weil er ob der Verhältnisse um sie herum keine Möglichkeit hatte, jenes Mittel zur Vernichtung jener schrecklichen Krankheit anzuwenden, das er gefunden hatte und das bis dahin nur er allein verwirklichen konnte.

„ ‚Als er sich nach dieser schrecklichen Feststellung wieder etwas beruhigt hatte, faßte er den einzig möglichen Entschluß, nämlich geduldig eine entsprechende Zeit abzuwarten und sich einstweilen zu bemühen, solche Lebensverhältnisse für seine Frau zu schaffen, durch die der fortschreitende Prozeß jener schrecklichen Krankheit so langsam wie möglich vor sich gehen sollte.

„ ‚So verflossen mehr als zwei Jahre und in dieser Zeit wandelten sich die Verhältnisse um ihn herum zum Besseren, und es ward meinem jungen Freund dann möglich, sich endlich zur Anwendung jener Kur gegen jene schreckliche Krankheit vorzubereiten, die ihm allein bekannt war.

„ ‚Doch als er gerade mit dieser Behandlung beginnen wollte, geriet er an einem für ihn traurigen Tag in einer der großen europäischen Städte in einem durch eine Demonstration verursachten Gedränge unter ein Automobil und wurde zwar nicht getötet, aber doch sehr ernsthaft verletzt.

„ ‚Durch diese Verletzungen verlief erstens sein eigenes Leben mehrere Monate lang in ‚bewußtlosem Zustand‘ und ging zweitens bei seiner Frau durch den Mangel an bewußter und absichtlicher Leitung ihres gewöhnlichen Lebens durch ihn der Prozeß jener schrecklichen Krankheit in einem beschleunigten Tempo vor sich und dies um so mehr, als sie ihn in seiner Krankheit andauernd und aufopfernd pflegte, ohne sich selbst zu schonen.

„ ‚Und als dann mein armer Freund schließlich wieder zum Bewußtsein kam, sah er bald mit Schrecken, daß der Krankheitsprozeß in seiner Frau schon bis zum letzten Stadium vorgerückt war.

„ ‚Was konnte er tun? . . . Was war zu machen. . . da er infolge der erlittenen Verletzungen jeder Möglichkeit beraubt war, sich vorzubereiten und in sich Vibrationen von jener Qualität auszuarbeiten, die für die von ihm erfundene Kur nötig waren, um jene schreckliche Krankheit im Menschen zu vernichten?

„ ‚Im Hinblick auf all das und weil er keinen anderen Ausweg sah, entschloß er sich, seine Zuflucht zu jenem Heilmittel zu nehmen, das die Vertreter der modernen europäischen Medizin gegen diese Krankheit anwenden und dem sie die Möglichkeit zuschreiben, diese Krankheit im Menschen zu vernichten.

„ ‚Er beschloß nämlich, seine Zuflucht zu den sogenannten Röntgenstrahlen zu nehmen.

„ ‚Die Behandlung mit den besagten Strahlen begann.

„ ‚Im Laufe dieser Behandlung bemerkte er, daß, obgleich die ‚Haupt-Konzentrierung' oder der ‚Schwerpunkt' der Krankheit im Körper seiner Frau gleichsam ‚verschwand', jedoch gleichzeitig eine andere ‚Konzentration' begann, diesmal in einem ganz anderen Teil ihres Körpers.

„ ‚Nach einigen Monaten wiederholter ‚Sitzungen', wie sie sie dort in Europa nennen, zeigte sich eine ähnliche selbständige Konzentrierung und diesmal wieder an einem anderen Platz, einem dritten.

„ ‚Und als Resultat von all dem stellte es sich eines traurigen Tages heraus, daß die Tage der Kranken gezählt waren.

„ ‚Als mein junger Freund diesen Greuel feststellte, beschloß er, mit allen Klügeleien der modernen europäischen Medizin aufzuräumen und, ohne seinen eigenen Zustand zu berücksichtigen, in sich die nötigen Vibrationen auszuarbeiten und den Körper der Kranken damit zu sättigen.

„ ‚Obgleich es ihm trotz fast unüberwindlicher Schwierigkeiten für ihn selbst gelang, die Existenz seiner Frau um fast zwei Jahre zu verlängern, starb sie doch schließlich an dieser schrecklichen menschlichen Krankheit.

„ ‚Es muß noch bemerkt werden, daß in ihrer letzten Krankheitsperiode, als er schon nicht mehr länger die Klügeleien der europäischen Medizin anwandte, sich noch zwei weitere ähnliche selbständige ‚Konzentrationen' im Körper seiner Frau bildeten.

„ ‚Als mein junger Freund nach jenem schrecklichen Ende sich mehr oder weniger beruhigt hatte und wieder einen Teil seiner Zeit seinen Lieblingsstudien und dem Erforschen der großen Weltgesetze widmete, interessierte es ihn unter anderem sehr, zu erfahren, warum während der Behandlung des ‚Krebses' durch Röntgenstrahlen sich im Körper seiner Frau jene selbständigen Konzentrierungen gebildet hatten, wie er sie festgestellt hatte, die sich gewöhnlich nicht in dieser Krankheit entwickeln und die er nie zuvor in den langen Jahren seiner früheren Beobachtungen bemerkt hatte.

„ ‚Da aber die Aufklärung dieser ihn interessierenden Frage kompliziert war und nicht in den Verhältnissen, die seinen dortigen Wohnort umgaben, praktisch möglich war, beschloß er, hierher zu mir zu kommen und diese Frage mit meiner Hilfe experimentell aufzuklären.

„ ‚Und deshalb brachte er alle nötigen Stoffe für diese aufklärenden Experimente mit.

„ ‚Am nächsten Tag stellte ich ihm eine der Abteilungen unseres unterirdischen Reiches zur Verfügung und mehrere ‚Salkamursche' Ziegen und alles, was für seine aufklärenden Experimente nötig war.

„ ‚Unter anderen Vorbereitungen, die er traf, brachte er mit Hilfe von Bunsen-Elementen den Röntgenapparat in Gang.

„ ‚Und schon drei Tage nach seiner Ankunft begann das, was zur Entstehungsursache der dauernden elektrischen Beleuchtung in unseren Höhlen diente.

„ ‚Und dies geschah in der folgenden Weise: Als wir verschiedene Experimente mit meinem Vibrationsmesser machten und die Vibrationen des elektrischen Stromes berechneten, die die Strahlen im Röntgenapparat hervorbringen, bemerkten wir, daß die Zahl der Vibrationen des durch diese Bunsenelemente erzielten elektrischen Stromes, bald zunahmen und bald abnahmen; da aber für unsere Experimente gerade die Zahl der Vibrationen in einer gewissen Zeitspanne, wenn der elektrische Strom lief, höchst wichtig war, so wurde es uns klar, daß diese Art von elektrischem Strom für die uns nötigen Aufklärungen vollkommen untauglich war.

„ ‚Diese Feststellung entmutigte und bedrückte meinen jungen Freund sehr.

„ ‚Er hörte sofort mit den begonnenen Experimenten auf und begann nachzudenken.

„ ‚Während der zwei folgenden Tage dachte er, selbst während des Essens, unaufhörlich nach.

„ ‚Als wir am Ende des dritten Tages zusammen durch die Abteilung gingen, wo wir gewöhnlich unsere Mahlzeiten einnahmen und über eine kleine Brücke mußten, die in der Hauptabteilung unserer Höhle über einen unterirdischen Strom führte, blieb er plötzlich stehen, schlug sich an die Stirn und schrie erregt: ‚Heureka!'

„ ‚Das Resultat dieses Ausrufes war, daß er am nächsten Tag mit Hilfe mehrerer gemieteter Tadschiks aus verschiedenen in der Nähe sich befindenden alten verlassenen Erzgruben drei große ‚Klumpen Erz' heraustragen ließ, die dann in einer gewissen Ordnung in das Bett unseres unterirdischen Flusses gelegt wurden.

„ ‚Und als das Erz dann auf dem Flußboden lag, verband er ganz einfach zwei sogenannte elektrische-Pole mit den kaum gefüllten Akkumulatoren, die er selbst gebracht hatte, und dadurch begann der elektrische Strom in der Art des sogenannten berühmten ‚Ampère' durch diese Akkumulatoren zu fließen.

„ ‚Als wir nach vierundzwanzig Stunden den in den besagten Akkumulatoren angesammelten elektrischen Strom durch meine Vibrometer durchließen, zeigte es sich, daß, obgleich sein ‚Ampère' nicht stark genug war, trotzdem die Zahl der durch diesen elektrischen Strom verursachen Vibrationen während der ganzen Zeit, wo er durch meine Vibrometer ging, unverändert und absolut gleichmäßig blieb.

„ ‚Um die Kraft des auf diese sonderbare Weise erlangten elektrischen Stromes zu verstärken, machte er ‚Kondensatoren' aus verschiedenem Material, und zwar aus Ziegenfell, aus einer besonderen Art von ‚Ton', aus gestampftem

‚Zinkerz' und ‚Fichtenharz', und auf diese Weise erhielten wir den elektrischen Strom in Ampère und Volt für den Röntgenapparat, den er gekauft hatte.

„ ‚Mittels dieser sonderbaren Quelle des elektrischen Stromes machten wir uns folgendes endgültig klar:

„ ‚Obgleich durch die Anwendung dieser heutigen Erfindung zur Behandlung der besagten schrecklichen Krankheit deren Verdichtungsplatz im Körper des Menschen atrophiert wird, fördert sie doch anderseits sehr die ‚Metastasen' in anderen Drüsen und hilft ihrem Blühen und erfolgreichen Gedeihen an diesen neuen Stellen.

„ ‚Also, Freund meines Freundes: Da mein junger Freund mit dieser Erklärung befriedigt war, war er in diese Frage, die ihn bis dahin so beschäftigt hatte, nicht mehr länger interessiert und als er wieder nach Europa zurückging, überließ er uns zum weiteren Gebrauch jene von ihm geschaffene Quelle, die weder Aufmerksamkeit noch irgendwelches fremde Material erforderte, und seitdem brachten wir allmählich in unseren Höhlen elektrische Lampen an, wo wir sie benötigten.

„ ‚Zwar kann unsere besondere Quelle nicht soviel Energie liefern, als wir für alle Lampen in unseren Höhlen nötig hatten, aber da wir überall Schalter angebracht haben und die Energie nur benutzen, wenn wir sie brauchen, wird sie nicht nutzlos in der übrigen Zeit verbraucht und sammelt sich deshalb in den Akkumulatoren an, manchmal sogar in einer solchen Quantität, daß sie sogar etwas für unsere verschiedenen häuslichen Zwecke abgeben kann.' "

An dieser Stelle von Beelzebubs Erzählung empfanden alle Passagiere des Zwischensystem-Schiffes Karnak im inneren Teil ihres Mundes etwas wie einen süß-sauren Geschmack.

Dies bedeutete, daß das Schiff Karnak sich einem Planeten näherte, und zwar einem Platz, an dem anzuhalten nicht zuvor bestimmt war.

Und dieser Planet war der Planet ‚Deskaldino'.

Darauf hörte Beelzebub mit seiner Erzählung auf und ging mit Ahun und Hassin, alle drei in ihre ‚Keschah', um sich für ihre Landung auf dem Planeten Deskaldino fertigzumachen.

Anmerkung: So sich jemand für die in diesem Kapitel dargelegten Ideen besonders interessiert, rate ich ihm dringend, auch das von mir geplante Buch zu lesen, betitelt: „Die Opiumisten", vorausgesetzt natürlich, daß es zum Schreiben dieses Buches genug französischen Armagnac und Khaisarische Basturma gibt.

Der Autor.

XLII. Kapitel

BEELZEBUB IN AMERIKA

Als das Zwischensystem-Schiff Karnak nach zwei ‚Dionosken' wieder weiter zu fallen begann und die überzeugten Anhänger unseres geschätzten Mulla-Nassr-Eddin wieder ihre gewohnten Plätze eingenommen hatten, wandte sich Hassin wieder an Beelzebub mit folgenden Worten:

„Mein teurer Großvater! Darf ich dich, wie du mir befahlst, an ... die dreihirnigen Wesen ... des Planeten Erde erinnern ... an die ... wie heißen sie doch? ... an die Wesen, die gerade auf der diametral entgegengesetzten Seite von dem Platz vorkommen und existieren, wo die moderne irdische Zivilisation blüht ... an die dreihirnigen Wesen dort, von denen du sagtest, daß sie sehr große Meister im Tanzen des ‚Foxtrotts' seien."

„Ach, an die Amerikaner?"

„Ja, gerade an diese Amerikaner", rief Hassin erfreut aus.

„Natürlich, ich erinnere mich ... ich versprach dir tatsächlich ein wenig auch über diese heutigen Fatzken dort zu erzählen."

Und Beelzebub begann so:

„Es traf sich, daß ich den Teil der Oberfläche deines Planeten, der heutzutage ‚Nord-Amerika' heißt, gerade vor meiner endgültigen Abreise von jenem Sonnensystem besuchte.

„Ich fuhr von meinem letzten Existenzort auf jenem Planeten, nämlich von der Stadt Paris auf dem Kontinent Europa, dorthin.

„Ich fuhr vom Kontinent Europa auf einem Schiff dorthin, so wie es alle heutigen sogenannten ‚Dollar-Besitzer' tun, und kam in der Hauptstadt von ‚Nord-Amerika' an, in der Stadt New York oder, wie sie auch manchmal dort genannt wird, ‚dem-Schmelztiegel-aller-Rassen-der-Erde'.

„Vom Landungsplatz aus ging ich direkt in ein Hotel, namens ‚Majestic', das mir von einem meiner Pariser Bekannten empfohlen worden war und das aus irgendeinem Grund, zwar nicht offiziell, ‚jüdisch' genannt wurde.

„Nachdem ich mich in diesem ‚Majestic'-Hotel eingerichtet hatte, suchte ich noch am gleichen Tage einen ‚Mister' auf, an den ich durch einen meiner Pariser Bekannten empfohlen worden war.

„Mit dem Wort ‚Mister' wird auf jenem Kontinent jedes Wesen männlichen Geschlechts angeredet, das kein, was man ‚Kleid' nennt, trägt.

„Als ich zu diesem ‚Mister' kam, an den ich einen Empfehlungsbrief hatte, war er, wie es jedem echten amerikanischen Geschäftsmann zukommt, mit unzähligen, wie man dort sagt, ‚Dollar-Geschäften' überladen.

„Ich denke, es schadet nichts, jetzt am Anfang meiner Aufklärung über diese Amerikaner sogleich zu bemerken, daß jene dreihirnigen Wesen dort, besonders die heutigen, die die Grundbevölkerung dieses Teiles der Oberfläche deines Planeten ausmachen, sich im allgemeinen fast alle nur mit diesen ‚Dollar-Geschäften' abgeben.

„Mit den Gewerben und ‚Berufen', die für den Prozeß der Seins-Existenz unbedingt erforderlich sind, geben sich ausschließlich nur solche Wesen ab, die von anderen Kontinenten vorübergehend dorthin kommen, um, wie man sagt, ‚Geld-zu-verdienen'.

„Sogar in dieser Hinsicht haben sich die Verhältnisse der gewöhnlichen Seins-Existenz unter deinen heutigen Lieblingen, besonders unter denen, die auf diesem Kontinent vorkommen, sozusagen in ‚Tralalaualalala' verwandelt;

oder wie es unser geschätzter Lehrer Mulla-Nassr-Eddin definieren würde, in ‚eine-Seifenblase-die-nur-in-ruhiger-Umgebung-lange-hält'.

„Die Verhältnisse der gewöhnlichen gemeinschaftlichen Existenz dort haben sich in der heutigen Zeit schon so gestaltet, daß man ruhig sagen kann, daß, wenn irgendwie die für ihre gewöhnliche gemeinsame Existenz nötigen Berufs-Spezialisten aller Art nicht mehr länger von anderen Kontinenten zu ihnen kommen könnten, um ‚Geld-zu-verdienen', innerhalb eines Monats die ganze bestehende Ordnung ihrer gewöhnlichen Existenz vollends in die Brüche gehen würde, weil es dann keinen gäbe, der auch nur Brot backen könnte.

„Die Hauptursache dafür, daß es allmählich zu jener Anomalität unter ihnen kam, war einerseits das von ihnen selbst festgelegte Gesetz betreffs der Rechte der Eltern über ihre Kinder und anderseits die Einrichtung in den Schulen, für Kinder eine sogenannte ‚Dollar-Sparkasse' zu haben, um den Kindern Liebe zu diesen Dollars einzuimpfen.

„Dadurch und ob noch verschiedener anderer eigentümlicher äußerer Verhältnisse der gewöhnlichen Existenz, wie sie sie selbst eingerichtet haben, ist gerade die Liebe zu ‚Dollar-Geschäften' und zu den Dollars selbst im allgemeinen Bestand jedes einheimischen Bewohners dieses Kontinents, der verantwortliches Alter erreicht, der hauptantreibende Faktor für seine verantwortliche — sagen wir — ‚hektische-Existenz'.

„Darum macht jeder von ihnen immer ‚Dollar-Geschäfte' und noch dazu immer mehrere zu gleicher Zeit.

„Obgleich der erwähnte ‚Mister', zu dem ich einen Empfehlungsbrief hatte, auch sehr mit ‚Dollar-Geschäften' beschäftigt war, so empfing er mich dennoch sehr herzlich. Als er den ihm überreichten Empfehlungsbrief las, ging sofort ein seltsamer Prozeß in ihm vor, ein Prozeß, wie ihn sogar einige deiner Lieblinge schon bemerkt haben, da er deinen Lieblingen heutzutage überhaupt inhärent ist und den sie ‚unbewußt-sich-aufblasen' nennen.

„Und dieser seltsame Prozeß ging deshalb in ihm vor, weil in dem ihm überreichten Brief der Name eines anderen Bekannten von mir, auch eines Misters, erwähnt war, der in der Ansicht vieler und auch dieses ‚Misters' als, was man dort einem ins Gesicht einen ‚höchstfähigen-Menschen' nennt, galt, was besagen will, ein ‚Dollar-Fachmann '.

„Trotzdem er von dieser deinen heutigen Lieblingen eigenen Inhärenz ganz besessen war, beruhigte er sich doch langsam, dieweil er mit mir sprach, und sagte mir schließlich, daß er mir ‚ganz-zur-Verfügung-stehe'; darauf fiel ihm jedoch plötzlich etwas ein, worauf er rasch hinzufügte, daß es ihm zu seinem lebhaften Bedauern — Umstände halber, über die er absolut keine Kontrolle habe — unmöglich sei, dies am gleichen Tage zu tun, sondern erst am nächsten, da er von wichtigen Geschäften ganz in Anspruch genommen sei.

„Und tatsächlich hätte er mit dem besten Willen in der Welt nicht anders handeln können, da diese unglücklichen Amerikaner, die immer von ihren ‚Dollar-Geschäften' geleitet werden, nur an Sonntagen tun können, was ihnen beliebt, wogegen der Tag, an dem ich zu ihm kam, zufällig kein Sonntag war.

„Dort auf dem Kontinent Amerika hängen die Dollar- und anderen Geschäfte nie von den Wesen selbst ab, sondern im Gegenteil, deine Lieblinge hängen immer ganz von ihren ‚Geschäften' ab.

„Kurzum, da dieser Tag kein Sonntag war, konnte dieser echte amerikanische Mister nicht tun, wie es ihm beliebte, nämlich mit mir ausgehen und mich mit verschiedenen Leuten bekannt machen, die mir nützlich sein konnten, und deshalb verabredeten wir uns für den folgenden Morgen an einem bestimmten Platz auf der berühmten Straße, die ‚Broadway‘ heißt.

„Diese Broadway-Straße ist nicht nur die wichtigste und die Hauptstraße von New York, sondern soll sogar die längste Straße in allen großen heutigen Städten auf deinem Planeten sein.

„Am nächsten Tag beschloß ich, dorthin zu gehen.

„Da das ‚Automobil-Taxi‘, in dem ich nach diesem Platz fuhr, zufällig nicht aus einer von Mister Fords Fabriken kam, kam ich zu früh dort an, und folglich war der Mister noch nicht da.

„Dieweil ich auf ihn wartete, ging ich langsam auf und ab. Da aber in diesem Teil des Broadways alle New-Yorker ‚Börsenmakler‘ ihren Spaziergang vor ihrem ‚quick lunch‘ zu machen pflegen, so wurde das Gedränge an diesem überfüllten Ort so groß, daß ich, um ihm zu entgehen, beschloß, mich an einem Platz niederzulassen, von wo aus ich sehen konnte, wenn der ‚Mister‘, auf den ich wartete, ankam.

„Ein passender Platz schien ein typisches Restaurant in der Nähe zu sein, von dessen Fenstern aus alle Vorübergehenden gesehen werden konnten.

„Ich muß hier nebenbei sagen, daß es auf deinem Planeten in keinem anderen Existenzort irgendeiner anderen Gruppe deiner Lieblinge so viele Restaurants gibt wie in diesem New York.

„Besonders wimmelt es davon in den Hauptvierteln und die Besitzer dieser Restaurants sind überdies meistens ‚Armenier‘, ‚Griechen‘ und ‚russische Juden‘.

„Damit du nun, mein Junge, ein wenig von aktivem Denken ausruhen kannst, will ich mich für eine Weile ganz auf die Form des Denkens unseres teuren Lehrers Mulla-Nassr-Eddin beschränken und über eine im höchsten Grad originelle Sitte reden, die in den letzten paar Jahren in den heutigen New-Yorker Restaurants herrscht.

"Da Herstellung, Einfuhr und Verbrauch von sogenannten ‚alkoholischen Flüssigkeiten' kürzlich den gewöhnlichen Wesen dort von den machthabenden Wesen dieser Gruppierung strengstens verboten worden sind, und ferner den Wesen, auf die die machthabenden Wesen ihre Hoffnung für ihr Wohl setzen, entsprechende Einschärfungen erteilt worden waren, so ist es für die gewöhnlichen Wesen dort jetzt fast unmöglich, solche Flüssigkeiten zu erhalten. Gleichzeitig aber kann man in diesen New-Yorker Restaurants verschiedene ‚alkoholische Flüssigkeiten, als da sind ‚Arak', ‚Dusiko', ‚Scotch-Whisky', ‚Benedictiner', ‚Wodka', ‚Grand Marnier' und viele andere verschiedene Flüssigkeiten unter allen möglichen Namen und in jeder beliebigen Quantität haben, die alle auf sogenannten ‚alten Barken' auf der See in der Nähe der Küste dieses Kontinents gemacht werden.

"Der eigentliche ‚Zimmes' des besagten Brauches liegt darin, daß, sobald man den vierten Finger hebt und — dieweil man mit dem rechten Handinnern die Hälfte seines Mundes bedeckt — den Namen einer beliebigen Flüssigkeit nennt, diese Flüssigkeit dann sofort, ohne ein weiteres Wort, auf dem Tisch serviert wird, allerdings in einer Flasche, die vorgibt, Limonade oder das berühmte französische ‚Vichy' zu enthalten.

"Bemühe dich nun, deinen Willen mit aller Macht anzustrengen und in deinem Bestand eine allgemeine Mobilisation deiner ‚aufnehmenden Organe' zu bewirken, um alles, was sich auf die Herstellung dieser soeben aufgezählten ‚alkoholischen Flüssigkeiten' auf der See auf ‚alten Barken' bezieht, ohne etwas zu überhören, aufzunehmen und dir zu merken.

"Ich bedaure sehr, daß ich mich nicht gründlich mit allen Einzelheiten eben jener modernen irdischen ‚Wissenschaft' bekannt gemacht habe.

"Alles, was ich damals erfuhr, war, daß in allen Rezepten für ihre Herstellung die folgenden sogenannten ‚Schwefel-‘, ‚Salpeter-‘ und ‚Salzsäuren‘ vorkommen und als das wichtigste von allem die ‚Zauberformel‘ des berühmten zeitgenössischen deutschen Professors Kischmenhof.

„Diese letztere, nämlich die Zauberei von Professor Kischmenhof für amerikanische Alkoholflüssigkeiten, ist entzückend interessant und wird, wie man sagt, in der folgenden Weise vorgenommen:

„Zunächst müssen nach einem den Spezialisten in diesem Geschäft schon bekannten Rezept tausend Flaschen einer Flüssigkeit hergerichtet werden; es müssen unbedingt genau tausend Flaschen sein, weil, wenn auch nur eine Flasche mehr oder weniger da ist, der Zauberspruch nicht wirken kann.

„Diese tausend Flaschen stellt man am Boden auf und dann stillschweigend eine Flasche mit einer irgendwo dort existierenden, wirklich echten ‚alkoholischen Flüssigkeit‘ für nur zehn Minuten daneben, und dieweil man dann sein rechtes Ohr mit der linken Hand kratzt, vollzieht man sehr langsam und in gewissen Pausen diese besagte alkoholische Zauberei.

„Darauf verwandelt sich nicht nur der Inhalt der tausend Flaschen sofort genau in jene alkoholische Flüssigkeit, die die eine Flasche enthält, sondern jede Flasche erhält auch denselben Namen, den die Flasche mit der echten alkoholischen Flüssigkeit trägt.

„Unter den Zauberkunststücken dieses unvergleichlichen deutschen Professors Kischmenhof gibt es, wie ich erfuhr, einige tatsächlich sehr erstaunliche.

„Dieser berühmte deutsche Professor, ein Spezialist in dieser Branche, begann erst ganz kürzlich mit der ‚Erfindung‘ dieser bemerkenswerten Zaubereien, nämlich in den ersten Jahren des ersten großen allgemein europäischen Prozesses gegenseitiger Vernichtung.

„Als in seinem Vaterland Deutschland die Nahrungskrise begann, erbarmte er sich der Not seiner Landsleute und erfand seine erste Zauberei, die darin bestand, ‚Hühnersuppe' sehr billig und ökonomisch herzustellen.

„Dieses erste Zauberkunststück von ihm heißt ‚deutsche Hühnersuppe', und seine Ausführung ist auch höchst interessant, und zwar geschieht sie folgendermaßen:

„Man stellt einen sehr großen Topf auf den Herd, gießt gewöhnliches Wasser hinein und streut ein paar sehr feingeschnittene Petersilienblätter darauf.

„Dann öffnet man beide Küchentüren sperrangelweit, oder wenn es nur eine Tür gibt, öffnet man auch das Fenster weit, und dieweil man dann die Zauberformel sehr laut ausspricht, jagt man ein Huhn eiligst durch die Küche.

„Darauf ist eine höchst schmackhafte ‚Hühnersuppe' fertig im Topf.

„Ich erfuhr auch, daß die Wesen Deutschlands während des großen Prozesses gegenseitiger Vernichtung sich dieses Zauberkunststücks ungeheuer oft bedient haben sollen, weil diese Methode, ‚Hühnersuppe' herzustellen, sich tatsächlich als sehr gut und auf jeden Fall als sehr sparsam erwies.

„Und dies kam daher, weil ein Huhn für sehr lange Zeit Dienst tun konnte, da man es jagen und immer wieder jagen konnte, bis das Huhn selbst aus irgendeinem Grunde, wie man dort sagte, ‚zu streiken' begann und nicht mehr länger atmen wollte.

„Und wenn das Huhn, obwohl es unter deinen Lieblingen existierte, noch nicht damit angesteckt war, nur etwas vorzugeben, sondern tatsächlich nicht mehr länger atmen wollte, so bestand für diesen Fall, wie ich später herausfand, ein allgemeiner Brauch unter den Wesen dieser Gruppierung namens Deutschland.

„Wenn nämlich das Huhn zu streiken angefangen hatte, brieten seine Besitzer es sehr feierlich im Backofen und luden zu diesem feierlichen Anlaß unbedingt all ihre Verwandten zu Gast.

„Es ist sehr interessant, hier noch zu bemerken, daß ein anderer auch sehr berühmter deutscher Professor, namens Steiner, bei seinen sogenannten ‚wissenschaftlichen-Erforschungen-übernatürlicher-Erscheinungen' mathematisch feststellte, daß, wenn diese Hühner bei diesen ‚Einladungs-Diners' serviert werden, ihre Besitzer stets ein und dasselbe sagen.

„Jede Gastgeberin pflegt nämlich, die Augen zum Himmel gewandt, mit großer Rührung auf das Huhn zu deuten und zu sagen, daß dies ein ‚berühmter-Pamir-Fasan' sei und daß er ihnen eigens aus Pamir von ihrem teuren Neffen geschickt worden war, der dort Konsul ihres großen ‚Vaterlandes' sei.

„Und so gibt es auf diesem Planeten sehr viele ‚Zaubereien' für alle möglichen Zwecke.

„Diese Zaubereien nahmen besonders zu, seit viele Wesen dieses sonderbaren Planeten Spezialisten für übernatürliche Erscheinungen wurden, und ‚Okkultisten', ‚Spiritisten', ‚Theosophen', ‚violette Magier', ‚Chiromanten' und so weiter genannt werden.

„Nicht nur, daß diese ‚Spezialisten' ‚übernatürliche Erscheinungen' hervorrufen können, sie verstehen auch sehr gut, den andern ‚Sand-in-die-Augen-zu-streuen'.

„Diese amerikanische Prohibition des Alkoholverbrauches kann uns wieder als ein sehr anschauliches Beispiel dienen, um uns klar zu machen, bis zu welchem Grad die Möglichkeiten für die Kristallisation der Gegebenheiten zum Seins-Nachdenken in diesen heutigen verantwortlichen machthabenden Wesen ausgelöscht sind, so daß sich dort solche Albernheiten wiederholen können.

„Dank dieses Alkoholverbotes nehmen jetzt alle ohne Ausnahme dort auf jenem Kontinent diesen Alkohol zu sich, selbst die, die unter andern Umständen ihn jedenfalls niemals gekostet hätten.

„Es ereignet sich jetzt genau dasselbe auf dem Kontinent Amerika mit dem Verbrauch von Alkohol, was in dem Lande Maralplässie mit dem Kauen der Mohnsamen geschah.

„Der Unterschied ist, daß damals im Lande Maralplässie die Wesen nur echte Mohnsamen kannten, wogegen die Wesen jetzt in Amerika jede beliebige Flüssigkeit zu sich nehmen, vorausgesetzt, daß sie den Namen einer irgendwo auf ihrem Planeten existierenden alkoholischen Flüssigkeit trägt.

„Und ein anderer Unterschied ist, daß, was die Verheimlichung des Verbrauchs des von der Regierung verbotenen Produktes betrifft, die heutigen Wesen auf dem Kontinent Amerika keineswegs so naiv sind, wie es die Wesen in der maralplässischen Epoche waren.

„Wie weit es deine Lieblinge heutzutage in dieser Hinsicht gebracht haben, wirst du sehr gut aus den folgenden Beispielen begreifen.

„Heutzutage führt dort jeder junge Mann, der noch kaum trocken hinter den Ohren ist, unbedingt etwas bei sich, was wie ein ganz gewöhnliches harmloses ‚Zigaretten'- oder ‚Zigarren-Etui' aussieht, und wenn er in einem Restaurant oder in einem ihrer vielgerühmten ‚Tanz-Lokale' sitzt, nimmt er einfach dieses ‚Zigaretten'- oder ‚Zigarren-Etui' aus seiner Tasche und jedermann denkt natürlich, daß er rauchen will.

„Aber nein! Er dreht ein wenig an diesem ‚Zigaretten'- oder ‚Zigarren-Etui' in einer besonderen Weise herum und plötzlich hält er ein kleines Trinkglas in der linken Hand und gießt mit seiner Rechten aus seinem ‚Zigaretten'- oder ‚Zigarren-Etui' ganz l-a-n-g-s-a-m und r-u-h-i-g in sein kleines Trinkglas eine Flüssigkeit, wahrscheinlich Scotch-Whisky, der aber, wie ich dir schon gesagt habe, auf einer alten Barke unweit der Küste Amerikas hergestellt wurde.

„Während meiner Beobachtungen dort in jener Zeit sah ich einmal auch noch ein anderes Bild.

„In einem der besagten Restaurants saßen nicht weit von meinem Tisch zwei junge Amerikanerinnen.

„Der Aufwartende, oder wie sie ihn nennen, der ‚Kellner' dieses Restaurants, brachte ihnen eine Flasche Mineralwasser und zwei Gläser.

„Eine von ihnen drehte auf besondere Weise ein wenig am Griff ihres modernen Schirms herum, und darauf floß aus diesem Griff offenbar auch Scotch-Whisky oder etwas anderes dieser Art, ebenfalls sehr r-u-h-i-g und ganz l-a-n-g-s-a-m in ihre Gläser.

„Kurzum, mein Junge, dasselbe wiederholt sich auf dem Kontinent Amerika, was sich ganz kürzlich in der großen Gemeinschaft namens Rußland zutrug. Dort hatten die ‚machthabenden' verantwortlichen Wesen den Genuß des berühmten ‚russischen Wodka' verboten, was zur Folge hatte, daß sich die Wesen sehr bald daran gewöhnten, statt Wodka den nicht weniger berühmten ‚Hanja' zu trinken, von dessen Folgen noch jetzt Tausende dieser unglücklichen Wesen täglich dort sterben.

„Doch muß man in diesem Fall den heutigen amerikanischen Wesen Gerechtigkeit widerfahren lassen: in ihrer Geschicklichkeit, den Genuß des vielgerühmten Alkohols vor ihrer Obrigkeit zu verbergen, sind sie unvergleichlich viel ‚zivilisierter' als die Wesen der Gemeinschaft Rußland.

„Nun also, mein Junge, um dem Gedränge auf der Straße zu entgehen, trat ich in ein typisches New-Yorker Restaurant ein, setzte mich an einen Tisch und schaute durch das Fenster hinaus auf die Menge.

„Da es dort auf deinem Planeten im allgemeinen üblich ist, daß, wenn Leute in einem Restaurant oder einem anderen öffentlichen Lokal sitzen, sie dem Besitzer der Anstalt immer unbedingt, was sie ‚Geld' nennen, für etwas bezahlen, so tat ich ein gleiches und bestellte ein Glas ihrer vielgerühmten sogenannten ‚Orangeade'.

„Dieses gepriesene amerikanische Getränk besteht aus dem Saft, der aus Orangen oder der vielgerühmten sogenannten ‚Grapefruit' ausgedrückt wird und wird von den Wesen dieses Kontinents immer und überall in unglaublichen Quantitäten getrunken.

„Man muß zugeben, daß diese vielgerühmte ‚Orangeade' manchmal bei großer Hitze erfrischend wirkt, anderseits aber ist dieses Getränk in seiner Wirkung auf die sogenannten Schleimhäute des Magens und der Gedärme einer der vielen Faktoren, die alle zusammen, zwar langsam, so doch mit unbedingter Sicherheit die Vernichtung jener ‚unnützen' und ‚wertlosen' Funktion herbeiführen, die die ‚verdauende-Funktion-des-Magens' genannt wird.

„Als ich also in dem besagten Restaurant vor dieser vielgerühmten Orangeade saß und die Vorbeigehenden betrachtete, in der Hoffnung, unter ihnen den Mister zu finden, den ich erwartete, schaute ich mich aus Langeweile unter den im Restaurant vorhandenen Gegenständen um.

„Auf dem Tisch, an dem ich saß, sah ich unter anderem eine sogenannte ‚Speisekarte' des Restaurants.

„ ‚Speisekarte' heißt auf deinem Planeten ein Stück Papier, auf dem alle verschiedenen Gerichte und Getränke verzeichnet stehen, die in dem Restaurant zu haben sind.

„Ich las, was auf diesem Papier geschrieben stand, und fand unter anderem, daß für jenen Tag nicht weniger als achtundsiebzig verschiedene Speisen verzeichnet waren.

„Dies verwunderte mich sehr, und ich dachte, was für einen Ofen die Amerikaner wohl in ihrer Küche haben müssen, um darauf achtundsiebzig Speisen für einen einzigen Tag zubereiten zu können.

„Ich muß hinzufügen, daß ich auf allen Kontinenten gewesen war und Gast sehr vieler Wesen verschiedener Kasten.

„Und ich hatte viele Male gesehen, auch in meinem eigenen Haus, wie Speisen zubereitet werden, und wußte deshalb schon mehr oder weniger, daß für die Zubereitung eines einzigen Gerichtes mindestens zwei bis drei Töpfe nötig sind, und deshalb rechnete ich aus, daß die Amerikaner zur Zubereitung von achtundsiebzig Gerichten in einer Küche ungefähr dreihundert Töpfe nötig haben würden.

„Das wollte ich mir ansehen, wie es möglich war, auf einem Ofen dreihundert Töpfe unterzubringen, und beschloß deshalb, dem Kellner, der mir die ‚Orangeade‘ gebracht hatte, ein, was man dort ‚gutes Trinkgeld‘ nennt, zu geben, damit ich die Küche des Restaurants mit eigenen Augen sehen könne.

„Der Kellner arrangierte es irgendwie und ich ging in die Küche.

„Was glaubst du . . . was für ein Bild ich dort sah . . . einen Herd mit dreihundert Töpfen?

„Nichts dergleichen!

„Ich sah dort nur ein kleines sogenanntes ‚Gas-Öfchen‘, so wie es gewöhnlich sogenannte ‚ausgemachte-Junggesellen‘ und ‚Männerverächterinnen‘, was besagen will ‚zunichts-taugliche-alte-Jungfern‘, in ihren Zimmern haben.

„Neben diesem ‚Öfchen‘ saß ein sehr dickhalsiger Koch ‚schottischer Herkunft‘ und las die für jeden Amerikaner unentbehrliche Zeitung — es war wohl die Zeitung ‚The Times‘.

„Ich schaute mich mit Verwunderung um und wieder auf den dicken Hals des Kochs.

„Dieweil ich mich verwundert umsah, kam ein Kellner aus dem Restaurant in die Küche und bestellte in einem seltsamen Englisch ein sehr kompliziertes Gericht von dem dickhalsigen Koch.

„Ich kann dir wohl auch gleich sagen, daß ich an seinem Akzent erkannte, daß der Kellner, der dieses Gericht mit einem phantastischen Namen bestellt hatte, erst kürzlich vom Kontinent Europa gekommen war, offenbar in der Hoffnung, seine Taschen mit ‚amerikanischen Dollars‘ anzufüllen, — jener Hoffnung auf amerikanische Dollars, die jeder Europäer hat, der noch nicht in Amerika gewesen ist und die jetzt niemand in Europa in Frieden schlafen läßt.

„Als dieser Kandidat zu einem ‚amerikanischen-Multimillionär‘ dies besagte phantastische Gericht von dem dickhalsigen Koch bestellt hatte, erhob sich dieser letztere ohne alle Hast und schwerfällig von seinem Platz und nahm zunächst eine kleine sogenannte ‚Junggesellen-Bratpfanne‘ von der Wand.

„Darauf zündete er sein kleines Öfchen an und stellte die Bratpfanne darauf, dann ging er mit schweren Schritten an einen der vielen Schränke, die dort standen, nahm eine Konservenbüchse heraus, öffnete sie und leerte ihren ganzen Inhalt in die besagte Bratpfanne.

„Dann ging er auf gleiche Weise zu einem anderen Schrank und nahm wieder eine Konservenbüchse heraus; diesmal aber tat er nur ein wenig ihres Inhalts in die Pfanne, rührte die erhaltene Mischung und legte dann alles sehr akkurat auf eine Platte, die er auf den Tisch stellte; darauf setzte er sich auf seinen früheren Platz und nahm nach dieser Unterbrechung das Lesen seiner Zeitung wieder auf.

„Dieser dickhalsige Koch hatte das alles mit voller Gleichgültigkeit getan, ganz wie ein Automat, und alle seine Bewegungen zeigten, daß seine Gedanken sonst irgendwo waren, wohl an Orten, wo er sich vorstellte, daß die Ereignisse geschehen waren, von denen er soeben in jener amerikanischen Zeitung gelesen hatte.

„Bald darauf kam der Kellner, der dieses phantastische Gericht bestellt hatte, wieder in die Küche mit einem sehr großen sogenannten ‚Kupfer-Tablett‘, auf dem viele aus hohlem Metall gemachte sogenannte ‚moderne-Messingwaren' standen, und nachdem er das Gericht mit dieser seltsamen Nahrung auf das Servierbrett gestellt hatte, trug er das Ganze ins Restaurant.

„Als ich dorthin zurückgegangen war und wieder an meinem Tisch saß, sah ich, daß an einem andern Tisch in der Nähe ein ‚Mister' saß, der sich die Lippen ableckte, dieweil er das Gericht aß, bei dessen Zubereitung in der Küche ich zufällig zugesehen hatte.

„Als ich dann wieder durch das Fenster auf die Straße schaute, erblickte ich endlich in der Menge den Mister, den ich erwartete, und so zahlte ich meine Rechnung und verließ das Restaurant.

„Und indem ich nun, mein Junge, weiter die Form des Denkens unseres teuren Lehrers beibehalte, kann ich dir ebensowohl auch ein wenig über die ‚Sprache' dieser amerikanischen Wesen erzählen.

„Du mußt wissen, daß ich noch vor meiner Ankunft auf jenem Kontinent die Sprache der Wesen jenes Kontinents beherrschte, nämlich die sogenannte ‚englische-Sprache'.

„Aber vom ersten Tag meiner Ankunft in der Hauptstadt von ‚Nord-Amerika' an empfand ich eine große Unbequemlichkeit in meinem ‚verbalen-Verkehr', weil, wie es sich herausstellte, die Wesen dort, obgleich sie zwar die englische Sprache für ihren ‚verbalen-Verkehr' untereinander gebrauchen, doch ihre ‚englische-Sprache' recht speziell und ganz eigentümlich benutzen.

„Da ich also diese Unbequemlichkeit empfunden hatte, beschloß ich, dieses besondere dortige ‚Umgangsenglisch' zu erlernen.

„Als ich am dritten Tag nach meiner Ankunft dort auf meinem Weg zu einem Mister war, dessen Bekanntschaft ich neu gemacht hatte, um ihn eigens zu fragen, ob er mir einen Lehrer für diese ‚englische-Sprache' empfehlen könne, sah ich plötzlich eine mit Scheinwerfern auf den Himmel geworfene amerikanische Reklame, die da lautete:

SPRACHSCHULE NACH DEM SYSTEM VON
MISTER TSCHATTERLITZ
13 Nord, 293. Straße.

Die Sprachen und die Zeit, wann sie gelehrt wurden, waren angegeben und von der ‚amerikanisch-englischen-Sprache' war unter anderem gesagt, daß sie in von fünf Minuten bis zu vierundzwanzig Stunden erlernt werden könne.

„Zuerst verstand ich nicht, um was es sich handelte, beschloß aber trotzdem, am nächsten Tag zu der angegebenen Adresse zu gehen.

„Als ich am nächsten Tag diesen Mister Tschatterlitz aufsuchte, empfing er mich in eigener Person, und als er hörte, daß ich die ‚amerikanisch-englische-Sprache' nach seinem System lernen wolle, setzte er mir zuerst auseinander, daß diese Sprache nach seinem System auf drei verschiedene Arten erlernt werden könne und daß jede dieser Arten einer besonderen Anforderung entspräche.

„‚Die erste Art', sagte er, ‚ist die Sprache für den, der hier unter uns unbedingt unsere amerikanischen Dollars verdienen muß.

„‚Die zweite Art ist für den nötig, der, obgleich er unsere Dollars nicht braucht, trotzdem gern ‚Dollar-Geschäfte' macht, und auch damit jeder in seinen gesellschaftlichen Beziehungen zu unseren Amerikanern von ihm denke, daß er nicht ‚irgendein Beliebiger', sondern ein echter ‚Gentleman' mit englischer Erziehung.

„‚Und was die dritte Art der englischen Sprache betrifft, so ist sie für die bestimmt, die überall und allenthalben und zu jeder Zeit Scotch-Whisky auftreiben wollen.

„Da die Zeit, wo die englische Sprache nach der zweiten Art dieses Systems gelehrt wurde, mir am besten paßte, beschloß ich, ihm sofort die verlangten Dollars zu zahlen, um das Geheimnis dieses Systems zu erfahren.

„Als ich ihm die verlangten Dollars bezahlt hatte und er sie, scheinbar gleichgültig, in Wirklichkeit aber mit jener Gier, die auch schon allen Wesen deines Planeten eigen ist, in seine innere Tasche gesteckt hatte, erklärte er mir, daß, um diese zweite Art zu erlernen, es notwendig sei, nur fünf Worte im Gedächtnis zu behalten, nämlich:

>   1. Maybe,
>   2. Perhaps,
>   3. Tomorrow,
>   4. Oh, I see,
>   5. All right.

„Weiter fügte er hinzu, daß es, wenn ich mich mit einem oder mehreren ihrer ‚Mister' unterhalten wolle, nur nötig sei, hin und wieder eines dieser fünf Worte auszusprechen.

„ ‚Das wird genügen, fügte er hinzu, jedermann denken zu lassen, daß Sie erstens die englische Sprache gut kennen und daß Sie zweitens in Dollar-Geschäften schon recht zu Hause sind.'

„Obgleich das System dieses hochgeschätzten Tschatterlitz sehr originell und gut war, kam ich doch nicht dazu, es praktisch anzuwenden.

„Und ich kam nicht dazu, weil ich am nächsten Tag zufällig einem alten Bekannten auf der Straße begegnete, einem sogenannten Redakteur vom Kontinent Europa, der mir im Laufe unserer Unterhaltung sogar noch ein idealeres Geheimnis für die Erlernung der amerikanischen Sprache anvertraute.

„Als ich ihm unter anderem sagte, daß ich am Tag zuvor Mister Tschatterlitz zwecks Erlernung der dortigen Sprache aufgesucht hatte und ihm ein wenig über das System erzählte, erwiderte er:

„ ‚Wissen Sie was, geschätzter Doktor? Da Sie zu den

Abonnenten unserer Zeitung hier gehören, kann ich nicht anders, als Ihnen ein Geheimnis der hiesigen Sprache enthüllen.'

„Und er sagte weiter:

„ ‚Da Sie bereits mehrere unserer europäischen Sprachen beherrschen, können Sie, wenn Sie mein Geheimnis anwenden, auch Meister in der hiesigen Sprache werden und tatsächlich über alles Beliebige reden und nicht nur, um andere glauben zu machen, daß Sie die englische Sprache einfach kennen, zu welchem Zweck das System dieses Tschatterlitz tatsächlich sehr gut ist.'

„Er erklärte ferner, daß, wenn man irgendein Wort aus irgendeiner europäischen Sprache nähme und, wenn man es ausspreche, sich vorstelle, daß man heiße Kartoffeln im Munde habe, dann sich gewöhnlich ein Wort der englischen Sprache daraus ergebe.

„ ‚Und wenn Sie sich vorstellen, daß diese heißen Kartoffeln mit gestoßenem ‚roten-Pfeffer' wohl gewürzt sind, so haben Sie auch die Aussprache der hiesigen amerikanisch-englischen Sprache.'

„Er riet mir auch noch, bei der Wahl der Worte aus europäischen Sprachen nicht zu zögern, da die englische Sprache überhaupt aus einer systemlosen Ansammlung fast aller europäischen Sprachen bestehe, weshalb es in dieser Sprache beinahe für jeden gewöhnlichen Begriff mehrere Worte gibt und man deshalb ‚fast-immer-das-richtige-Wort-trifft'.

„ ‚Sollten Sie aber unerwartet ein Wort gebrauchen, das in dieser Sprache nicht vorkommt, so schadet auch das nicht viel; schlimmstenfalls wird nur der Zuhörer denken, daß er selbst das Wort nicht kennt.

„ ‚Sie müssen Sich nur gut die besagten heißen Kartoffeln vorstellen . . . und Schluß mit allen ‚Faxereien'.

„ ‚Ich garantiere für dieses Geheimnis und ich kann sogar ruhig sagen, daß, wenn Sie meinen Rat genau befolgen und Ihre Sprache nicht ideal dadurch wird, Sie nicht mehr länger bei uns abonnieren sollen.'

„Einige Tage darauf mußte ich nach der Stadt Chicago fahren.

„Chicago ist die zweitgrößte Stadt auf jenem Kontinent und ist gleichsam die zweite Hauptstadt von Nord-Amerika.

„Als mich jener Mister, mein Bekannter von New York, an die Bahn begleitete, gab er mir eine Empfehlung an einen gewissen Mister dort mit.

„Als ich in dieser Stadt Chicago ankam, ging ich direkt zu diesem Mister.

„Dieser Chicagoer Mister stellte sich als sehr liebenswürdig und höchst verbindlich heraus.

„Sein Name war ‚Mister-Nabel'.

„Gleich am ersten Tag schlug mir dieser liebenswürdige und verbindliche Mister Nabel vor, ihn des Abends in das Haus eines seiner Freunde dort zu begleiten, damit ich, wie er es ausdrückte, mich nicht in dieser ganz fremden Stadt ‚langweile'.

„Ich nahm natürlich an.

„Als wir dort ankamen, trafen wir eine Anzahl junger amerikanischer Wesen, Gäste wie wir.

„Alle Gäste waren außerordentlich lustig und sehr ‚vergnügt'.

„Einer nach dem anderen erzählte ‚drollige-Geschichten' und das durch diese Geschichten hervorgerufene Gelächter blieb andauernd im Zimmer, wie der Rauch an Tagen, wenn der Wind vom Süden kommt, über den Schornsteinen der amerikanischen Fabriken, wo die amerikanischen Würstchen, die man dort ‚hot-dogs' nennt, hergestellt werden.

„Da ich auch gern über lustige Geschichten lache, so verging mein erster Abend in der Stadt Chicago tatsächlich sehr heiter.

„All das wäre ganz verständlich und ausgezeichnet gewesen, wenn nicht ein ‚Zug' in diesen Geschichten gewesen wäre, der mich gleich an jenem ersten Abend sehr verwunderte und stutzig machte.

„Ich war nämlich über ihre, sagen wir, ‚Zweideutigkeit' und ‚Obszönität' verwundert.

„Die Zweideutigkeit und Obszönität dieser Geschichten war derart, daß jeder dieser jungen amerikanischen Erzähler dem auf dem Planeten Erde berühmten ‚Boccaccio' weit überlegen war.

„Boccaccio ist der Name eines Schriftstellers, der für die Wesen der Erde ein sehr belehrendes Buch schrieb, betitelt ‚Dekamerone', das jetzt dort sehr verbreitet und das Lieblingsbuch der heutigen Wesen auf allen Kontinenten und fast allen Gemeinschaften dort ist.

„Am folgenden Tag nahm mich dieser gute Mister-Nabel des Abends wieder zu einigen seiner Freunde mit.

„Auch dort war eine große Anzahl junger amerikanischer Wesen männlichen und weiblichen Geschlechts, die in den verschiedenen Ecken eines sehr großen Zimmers saßen und sich ruhig und sehr friedlich miteinander unterhielten.

„Als wir Platz genommen hatten, setzte sich bald eine hübsche junge Amerikanerin neben mich und begann mit mir zu plaudern.

„Ich führte, wie es dort gewöhnlich geschieht, das Gespräch weiter und wir plauderten über dies und das, wobei sie mich unter anderem viel über die Stadt Paris fragte.

„Mitten in der Unterhaltung begann diese amerikanische, wie sie sagen, ‚young-lady' plötzlich, mir nichts dir nichts, meinen Hals zu streicheln.

„Ich dachte sofort, wie gut von ihr, sie muß sicherlich einen ‚Floh' auf meinem Hals bemerkt haben und streichelt jetzt die Stelle, damit die Reizung schneller vergehe.

„Als ich aber bemerkte, daß alle anwesenden jungen

amerikanischen Wesen einander streichelten, war ich sehr erstaunt und konnte nicht begreifen, worum es ging.

„Meine anfängliche Vermutung betreffs der ‚Flöhe‘ hielt nicht mehr länger stand, weil es unmöglich war zu glauben, daß ein jeder einen Floh auf dem Halse hatte.

„Ich suchte herauszufinden, was all das bedeuten könne, doch wie ich mich auch bemühte, ich konnte es mir in keiner Weise erklären.

„Erst später, als wir das Haus verlassen hatten und auf der Straße waren, bat ich Mister Nabel um eine Erklärung von all dem. Er brach sofort in schallendes Lachen aus, nannte mich einen ‚Einfaltspinsel‘ und einen ‚Tölpel-vom-Lande‘, und als er sich ein wenig beruhigt hatte, sagte er:

„ ‚Was für ein sonderbarer Kerl Sie doch sind! Wieso, wir waren doch auf einer ‚Petting-Party‘, und indem er noch weiter über meine Naivität lachte, erklärte er mir, daß wir am Tag zuvor auch auf einer ‚Party‘ waren, jedoch auf einer ‚Story-Party‘. Und morgen‘, fuhr er fort, ‚plante ich, Sie auf eine ‚Swimming-Party‘ zu nehmen, wo junge Leute zusammen schwimmen, alle jedoch natürlich in besonderen Schwimmanzügen.‘

„Als er meinem Gesicht ansah, daß ich noch immer erstaunt war, sagte er: Wenn Ihnen aber aus irgendeinem Grund diese ‚bescheidenen Gesellschaften‘ nicht gefallen, können wir auch auf andere gehen, zu denen nicht jeder Zutritt hat, um so mehr, als es viele solcher ‚Parties‘ gibt und ich Mitglied von mehreren bin; auf solchen ‚Gesellschaften‘, die nicht jedem zugänglich sind, können Sie, wenn Sie wollen, auch etwas ‚Solideres‘ haben.

„Ich machte aber von der Freundlichkeit dieses ‚verbindlichen‘ und höchst ‚liebenswürdigen‘ Mister Nabel keinen Gebrauch, weil ich am nächsten Morgen ein Telegramm erhielt, das mich nach New York zurückrief."

An dieser Stelle seiner Erzählung versank Beelzebub plötzlich in Gedanken, und nach einer ziemlich langen

Pause fuhr er mit einem tiefen Seufzer so zu reden fort:

„Am nächsten Tag nahm ich nicht den Morgenzug, wie ich beschlossen hatte, als ich das Telegramm erhielt, sondern verschob meine Abfahrt bis zum Abend.

„Da der Grund zur Verschiebung meiner Abfahrt dir gut das Übel illustrieren kann, das aus einer Erfindung dieser amerikanischen Wesen kommt und sehr weit über deinen ganzen Planeten verbreitet und eine der Hauptursachen der zunehmenden sozusagen ‚Verflachung-der-Psyche' aller andern dreihirnigen Wesen deines Unglücksplaneten ist, so will ich dir darüber ausführlich erzählen.

„Diese verderbliche Erfindung der Wesen dieses Kontinents, die ich dir zu erklären beabsichtige, ist nicht nur der Grund zur Beschleunigung des Tempos der noch größeren ‚Verflachung' der Psyche aller dreihirnigen Wesen gewesen, die auf deinem unglückseligen Planeten vorkommen, sondern war und ist auch die Ursache, daß in den Wesen aller anderen Kontinente der letzten Zeit jene ‚Seins-Funktion' völlig vernichtet ist, die zu haben allen dreihirnigen Wesen eigen ist und die die einzige Funktion sogar bis zum letzten Jahrhundert war, die in ihrem Bestand aus eigenem Antrieb entstand — jene Seins-Funktion nämlich, die da überall genannt wird: ‚gesunder-Instinkt-an-die-Wirklichkeit-zu-glauben'.

„An Stelle dieser für jedes dreihirnige Wesen sehr nötigen Funktion kristallisierte sich allmählich eine andere besondere, sehr bestimmte Funktion, deren Wirkung in ihren Trägern einen dauernden Zweifel an allem hervorruft.

„Diese verderbliche Erfindung nennen sie ‚Reklame'.

„Damit du alles Folgende besser verstehst, muß ich dir vor allem sagen, daß ich einige Jahre vor dieser Reise nach dem Kontinent Amerika auf dem Kontinent Europa reiste und mir einmal verschiedene Bücher kaufte, um sie im Zug zu lesen, und mir so die bevorstehende lange und langweilige Reise zu verkürzen. In einem dieser von einem berühmten Schriftsteller verfaßten Bücher las ich einen Artikel über dieses Amerika, in dem sehr viel über das sogenannte ‚Schlachthaus‘ in jener Stadt Chicago gesprochen wurde.

„ ‚Schlachthaus‘ nennt man dort den besonderen Platz, wo dreihirnige irdische Wesen die Vernichtung der Existenz jener Wesen verschiedener anderer Formen vollziehen, deren planetische Körper sie für ihre erste Seins-Nahrung gebrauchen, wiederum ob der anomalen Verhältnisse der gewöhnlichen Seins-Existenz.

„Dabei aber sagen sie und glauben auch, daß der Vollzug dieser Manifestationen von ihnen in diesen besonderen Einrichtungen aus Notwendigkeit geschieht und gleichsam in einer vollkommen, wie man sagt, ‚humanen‘ Weise.

„Dieser besagte irdische, sehr berühmte, zeitgenössische Schriftsteller oder Verfasser dieses Buches beschrieb entzückt als ein Augenzeuge dieses seiner Meinung nach vortrefflich gut eingerichtete Schlachthaus dieser Stadt Chicago.

„Er beschrieb die Vollkommenheit der Maschinen aller Art und seine außerordentliche Reinlichkeit; nicht nur, so schrieb er, erreiche in diesem Schlachthaus die Humanität den Wesen anderer Form gegenüber einen Grad von ‚Göttlichkeit‘, sondern sogar die Maschinen seien so vervollkommnet, daß es fast so sei, als ob ein lebender Ochse durch eine Tür hineingetrieben und zehn Minuten später durch eine Tür am anderen Ende, sagen wir in heißen Würsten fertig zum Essen herauskomme. Schließlich betonte er besonders, daß all das lediglich durch ‚vervollkommnete-Maschinen‘ allein getan werde, ohne daß sich eine menschliche Hand auch nur rühre, und daß deswegen, wie, er sagte, alles so rein und sauber war, daß man sich nichts Reineres und Saubereres vorstellen könne.

„Einige Jahre nachdem ich dieses Buch gelesen hatte, fand ich wieder fast das gleiche über dieses Chicagoer-Schlachthaus in einer anderen, auch ernsten russischen Zeitschrift, in der dieses Schlachthaus in derselben Weise gepriesen wurde.

„Und danach hörte ich über dieses Chicagoer-Schlachthaus von tausend verschiedenen Wesen, von denen viele angeblich die Wunder, von denen sie erzählten, mit eigenen Augen gesehen hatten.

„Kurzum, vor meiner Ankunft in der Stadt Chicago wußte ich schon genau, daß es dort ein auf der Erde noch nie dagewesenes Wunder gäbe.

„Du mußt wissen, daß ich mich immer sehr für diese ihre Einrichtungen interessierte, für jene Plätze nämlich, wo deine Lieblinge die Existenz verschiedener Formen irdischer Wesen vernichten, und außerdem hatte ich seit der Zeit, wo ich mein Observatorium auf dem Planeten Mars eingerichtet hatte und dort mit verschiedenen Maschinen beschäftigt gewesen war, immer und überall großes Interesse für alle möglichen Arten von Maschinen.

„Und aus diesem Grund dachte ich, als ich zufällig in der Stadt Chikago war, daß es unverzeihlich meinerseits sei, die Gelegenheit nicht zu benutzen, dieses berühmte Chicagoer-Schlachthaus zu besichtigen. Und so beschloß ich am Morgen des Tages meiner Abreise von dort, in Begleitung eines meiner neuen Chicagoer Bekannten dorthin zu gehen, um mir diese seltene Einrichtung deiner Lieblinge anzuschauen.

„Dort angekommen, nahmen wir als Führer — nach der Anweisung eines der Assistenten des Hauptdirektors — einen Angestellten der Filiale einer Bank, die mit diesem Schlachthaus in Verbindung stand, und machten uns mit ihm zusammen zur Besichtigung des Schlachthauses auf.

„Wir gingen in seiner Begleitung zuerst durch alle Plätze, wo die armen vierfüßigen Wesen hingetrieben werden und wo sie bis zum Schlachten bleiben.

„Dieser Platz war genau so wie überall in allen Einrichtungen dieser Art auf deinem Planeten; außer daß er von bedeutend größeren Ausmaßen war. Dafür war es aber auch viel schmutziger als in irgendwelchen anderen Schlachthäusern, die ich zuvor in anderen Ländern gesehen hatte.

„Darauf gingen wir durch verschiedene sogenannte ‚Abteilungen‘ des Riesengebäudes. Eine davon war der ‚Eiskeller‘ zur Aufbewahrung des Fleisches, in einer anderen wurde die Existenz vierfüßiger Wesen mit einfachen Hämmern vernichtet und ihnen die Haut abgezogen, was auch so geschah wie im allgemeinen in allen anderen Schlachthäusern.

„Ich erinnere mich übrigens, daß, als wir damals durch diese letzte Abteilung gingen, ich dachte, daß dieser Platz wohl zum Schlachten der eigens für die Juden bestimmten Tiere vorgesehen sei, die, wie ich schon wußte, vierfüßige Wesen nach den Vorschriften ihrer Religion auf eine besondere Art vernichten.

„Während wir so durch die besagten Gebäude gingen, verging eine lange Zeit, und ich wartete unterdessen auf den Augenblick, wo wir endlich in jene Abteilung gelangen würden, von der ich soviel gehört hatte und die ich unbedingt sehen wollte.

„Als ich aber meinem Führer diesen Wunsch ausdrückte, schneller in jene Abteilung zu gelangen, erfuhr ich, daß wir bereits alles gesehen hatten, was in diesem berühmten Chicagoer Schlachthaus zu sehen war, und daß es keine anderen Abteilungen mehr gab.

„Ich habe, mein teurer Junge, nirgends eine einzige

Maschine gesehen, es sei denn, daß man die Rollen auf Schienen rechnet, die in allen Schlachthäusern dazu dienen, schwere Tierrümpfe zu bewegen, und was den Schmutz in diesem Chicagoer-Schlachthaus angeht, so konnte man, soviel man wollte, davon sehen.

„An Reinlichkeit und allgemeiner Organisation war das Schlachthaus der Stadt Tiflis, das ich zwei Jahre zuvor gesehen hatte, dem Schlachthaus der Stadt Chicago weit überlegen.

„In dem Tiflischen Schlachthaus würde man zum Beispiel keinen einzigen Tropfen Blut auf dem Boden finden, wogegen man im Chicagoer-Schlachthaus bei jedem Schritt ganze Blutlachen sah.

„Offenbar hatte irgendeine Gesellschaft amerikanischer Geschäftsleute, die sich im allgemeinen für jedes Geschäft aufs ‚Reklame-machen‘ verlegen, es nötig gefunden, für das Chicagoer-Schlachthaus Reklame zu machen, damit eine falsche, der Wirklichkeit keineswegs entsprechende Vorstellung darüber auf dem ganzen Planeten verbreitet werde.

„Wie es gewöhnlich dort üblich ist, knauserten sie sicherlich auch in diesem Falle keineswegs mit ihren Dollars, und da die heilige Seins-Funktion ‚Gewissen‘ vollends unter den heutigen irdischen sogenannten ‚Journalisten‘ und ‚Reportern‘ fehlt, so kam es dazu, daß sich in allen deinen auf allen verschiedenen Kontinenten vorkommenden Lieblingen eben jene höchst übertriebene Vorstellung von dem Schlachthaus der Stadt Chicago kristallisierte.

„Und dies taten sie, wie man sagen muß, tatsächlich auf echt amerikanische Art.

„Die dreihirnigen Wesen auf diesem Kontinent Amerika sind solche Meister im Reklame-machen geworden, daß man den Ausspruch unseres teuren Mulla-Nassr-Eddin schon gut auf sie anwenden kann, der da sagt: ‚Der-

Mensch-wird-ein-Freund-des-Gehörnten,-der-sich-zu-einer-solchen-Vernunft-und-einem-solchen-Sein-vervollkommnet,-daß-er-aus-einer-Fliege-einen-Elefanten-machen-kann'.

„Sie sind tatsächlich sehr geschickt geworden, ‚einen-Elefanten-aus-einer-Fliege-zu-machen', und tun es so oft, daß, wenn man heute einen wirklichen amerikanischen Elefanten sieht, es nötig ist, wie man sagt, ‚seiner-selbst-mit-seinem-ganzen-Sein-eingedenk-zu-sein', um nicht den Eindruck zu bekommen, daß er eine Fliege sei.

„Von Chicago fuhr ich also nach New York zurück, und da all meine Pläne, zu deren Ausführung ich auf diesen Kontinent gekommen war, sich dann unerwartet rasch und erfolgreich verwirklichten und die Umstände und Verhältnisse der gewöhnlichen Existenz der dreihirnigen Wesen jener Stadt dem entsprachen, was für mein zeitweiliges vollständiges Ausruhen, das ich während meines letzten persönlichen Aufenthalts auf der Oberfläche deines Planeten brauchte, erforderlich war, beschloß ich, länger dort zu bleiben und mit den Wesen dort nur nach den unvermeidlich in mir fließenden Seins-Assoziationen zu existieren.

„Während ich dann in der besagten Weise in diesem Hauptpunkt der Wesen dieser großen heutigen Gruppierung verweilte und bei allen möglichen Gelegenheiten mit verschiedenen Typen von ihnen in Berührung kam, stellte ich — ohne jeglichen Plan, ganz einfach aus Gewohnheit, sozusagen indem ich ‚nebenbei' Material für meine Statistik sammelte, wie ich es, wie ich dir schon gesagt habe, während meines ganzen letzten persönlichen Aufenthalts unter deinen Lieblingen tat, hauptsächlich zu dem Zwecke, um den Grad, bis zu dem alle Krankheiten und alle seltsamen sogenannten ‚Seins-subjektiven-Laster', die unter den Wesen verschiedener Gruppierungen verbreitet sind, zu vergleichen — eine Tatsache fest, die mich sehr interessierte; und zwar stellte ich die Tatsache fest, daß im Bestand fast der Hälfte der dreihirnigen Wesen, denen ich begegnete, das Funktionieren der Umwandlung der ‚ersten-Seins-Nahrung' disharmoniert ist, das heißt, wie sie selbst sagen würden, daß ihre Verdauungsorgane verdorben sind und daß fast jeder vierte von ihnen jene spezifische Krankheit aufweist oder Kandidat für sie ist, die von ihnen ‚Impotenz' genannt wird, jene Krankheit nämlich, durch die sehr viele Wesen deines Planeten heutzutage für immer der Möglichkeit beraubt sind, ihre Gattung fortzupflanzen.

„Als ich dies zufällig feststellte, entstand in mir ein großes Interesse für die Wesen gerade dieser neuen Gruppierung, und von da an änderte ich meine früher festgesetzte Existenzweise und verwandte die Hälfte der Zeit, die ich für mein persönliches Ausruhen bestimmt hatte, dazu, besondere Beobachtungen und Erforschungen der Ursachen dieser für mich seltsamen und für sie beklagenswerten Tatsache anzustellen. Zu diesem Zweck reiste ich sogar zu verschiedenen anderen Provinzpunkten der Wesen dieser neuen heutigen Gruppierung; ich blieb jedoch nirgends mehr als ein oder zwei Tage, mit Ausnahme der Stadt Boston, oder wie sie manchmal genannt wird: ‚der-Stadt-der-Leute,-die-der-Rassendegeneration-entkamen'. Dort blieb ich eine ganze Woche.

„Also durch diese Beobachtungen und statistischen Forschungen wurde es mir schließlich klar, daß diese beiden besagten Krankheiten, die bis zu einem gewissen Grad heutzutage unter den Wesen im allgemeinen auf allen Kontinenten herrschen, auf diesem Kontinent so außerordentlich weit verbreitet sind, daß mir die wahrscheinlichen Folgen für die nächste Zukunft sofort klar wurden, nämlich daß, wenn dies unter ihnen in dem jetzigen Ausmaß weitergeht, sich genau dasselbe mit dieser großen selbständigen heutigen Gruppierung der dir lieben dreihirnigen

Wesen ereignen wird, was sich vor nicht langem mit der großen Gemeinschaft zutrug, die ‚die Monarchie Rußland' hieß, was besagen will, daß auch diese Gruppierung vernichtet werden wird.

„Der Unterschied wird allein im Vernichtungsprozeß selbst bestehen. Der Vernichtungsprozeß der großen Gemeinschaft, der ‚Monarchie-Rußland', war die Folge der Anomalität der Vernunft der ‚machthabenden-Wesen' dort, wogegen der Vernichtungsprozeß dieser Gemeinschaft Amerika infolge organischer Anomalitäten vor sich gehen wird. Mit anderen Worten, der ‚Tod' der ersten Gemeinschaft kam sozusagen vom ‚Verstand', wogegen der Tod der zweiten Gemeinschaft von ‚Magen-und-Geschlecht' ihrer Wesen kommen wird.

„Schon längst zuvor ist es übrigens bestimmt worden, daß die Möglichkeit zu einer langen Existenz für ein dreihirniges Wesen deines Planeten heutzutage im allgemeinen ausschließlich und allein von der normalen Betätigung dieser zwei erwähnten Seins-Funktionen abhängt, nämlich von dem Zustand ihrer sogenannten ‚Verdauung' und dem Funktionieren ihrer ‚Geschlechtsorgane'.

„Dabei sind aber gerade diese beiden für ihren allgemeinen Bestand nötigen Funktionen auf dem Weg zu vollständiger Atrophie und noch dazu in einem sehr beschleunigten Tempo.

„Die Gemeinschaft Amerika ist in der jetzigen Zeit noch ganz jung; sie ist, wie man dort auf deinem Planeten sagt, wie ein Kind, ganz ‚Milch-und-Honig'.

„Wenn es also mit diesen Wesen, dieweil ihre Gemeinschaft noch so jung ist, hinsichtlich der zwei Haupttriebfedern ihrer Existenz so eilig bergab geht, glaube ich, daß auch in diesem Falle, wie es gewöhnlich mit allem im Megalokosmos Existierenden geschieht, der Grad der weiteren Bewegung zum Zweck der Wiederverschmelzung mit dem Unendlichen von der Richtung und dem Grad der Kräfte abhängen die sie vom ersten Anstoß erhalten.

„Es besteht sogar in unserem großen Megalokosmos für alle Wesen mit Vernunft gleichsam ein Gesetz, wonach man immer und in allem sich gerade vor dem ersten Anstoß hüten muß, weil er, sobald er, der Trägheitskraft zufolge, weitergeht, eine Kraft wird, die der Hauptbeweger von allem im Weltall Existierenden ist und alles zurück zum Ursein führt."

An dieser Stelle seiner Erzählung wurde Beelzebub ein „Leitutschanbros" überreicht. Nachdem er den Inhalt der Mitteilung angehört hatte, wandte er sich wieder an Hassin und sagte:

„Ich denke, mein Junge, daß es für deine eingehendere Vorstellung und dein Verständnis der Seltsamkeit der Psyche dieser dir lieben dreihirnigen Wesen auf dem Planeten Erde überhaupt sehr nützlich sein wird, wenn ich dir ausführlicher die Ursachen erkläre, die im Bestand dieser amerikanischen dreihirnigen Wesen Disharmonie in diesen ihren Grund-Funktionierungen hervorrufen.

„Zur Erleichterung der Darstellung will ich dir die Ursachen der Disharmonie jeder dieser zwei Grund-Funktionen einzeln erklären. Ich werde mit der Erklärung der Ursachen der Disharmonie im Funktionieren der Umwandlung ihrer ‚ersten-Seins-Nahrung' beginnen oder mit den Ursachen, die, wie sie selbst sagen, ‚ihren-Magen-verderben'.

„Für die Disharmonie dieser Funktion gab es und gibt es noch jetzt verschiedene bestimmte Ursachen, die sogar der Vernunft der gewöhnlichen normalen dreihirnigen Wesen verständlich sind; aber die Haupt- und Grundursache ist, daß sie vom ersten Anfang der Gestaltung ihrer Gemeinschaft an sich langsam daran gewöhnten — allen möglichen bestehenden Verhältnissen und Einflüssen zufolge, die von einer Autorität ausgingen, die sich von selbst anomal gebildet hatte — und nun schon vollends daran gewöhnt sind, als erste-Seins-Nahrung überhaupt nichts Frisches, sondern ausschließlich Produkte zu gebrauchen, die schon auf dem Weg des Zerfalls sind.

„Heutzutage verzehren die Wesen dieser Gruppierung als ihre erste-Seins-Nahrung fast niemals ein eßbares Produkt, das noch jene von der Großen Natur selbst hineingelegten ‚aktiven-Elemente' enthält, die eine unausweichliche Notwendigkeit sind, um Kraft für normale Existenz zu geben, sondern sie ‚konservieren', ‚gefrieren' und ‚essenziieren' zuerst all jene Produkte und gebrauchen sie erst, wenn die meisten der für normale Existenz erforderlichen ‚aktiven-Elemente' sich schon aus ihnen verflüchtigt haben.

„Und diese Anomalität ging im gewöhnlichen Prozeß der Seins-Existenz der dich interessierenden dreihirnigen Wesen — im gegebenen Fall dieser neuen Gruppierung — vor sich und verbreitet sich noch weiter und setzt sich überall fest — auch natürlich als Folge davon, daß, nachdem sie oder überhaupt alle dreihirnigen Wesen deines Planeten aufgehört hatten, in sich die unbedingt erforderlichen Seins-Anstrengungen zu verwirklichen, allmählich in ihnen die Möglichkeit für die Kristallisation der Seins-Gegebenheiten in ihrem Bestand vernichtet wurde, durch die, selbst wenn ihnen die Führung durch echtes Wissen fehlt, die Schädlichkeit jeder ihrer Manifestationen von ihnen instinktiv empfunden werden kann.

„Wenn im gegebenen Fall auch nur ein paar dieser Unglücklichen den den dreihirnigen Wesen eigenen Instinkt besäßen, könnten sie — dank sogar nur gewohnter zufälliger Seins-Assoziationen und Gegenüberstellungen — vor allem selbst gewahr werden und später alle andern davon unterrichten, daß, sobald die ursprüngliche Verbindung irgendeines Produktes, das als erste-Seins-Nahrung dienen kann, mit der Großen Natur überhaupt unterbrochen wird, es dann, auch wenn es vollständig abgeschlossen aufbewahrt wird, was besagen will ‚hermetisch-versiegelt‘, ‚gefroren‘ oder ‚essenziiert‘, wie alles andere im Weltall seine Form verändern muß und nach demselben Prinzip und in derselben Ordnung zerfallen muß, in der es geformt war.

„Hier mußt du, was die aktiven Elemente angeht, aus denen im allgemeinen alle kosmischen Bildungen von der Natur geformt werden, sowohl jene, die der Umwandlung durch Tetartokosmen unterliegen und die Produkte der ersten Nahrung von Wesen sind, als auch überhaupt alle anderen vollständig vergeistigten und halbvergeistigten Entstehungen, wissen, daß, sobald die entsprechende Zeit kommt, diese bestimmten aktiven Elemente, ganz gleich in welchen Zusammensetzungen sie sich befinden, obligatorisch in einer bestimmten Reihenfolge sich aus diesen Zusammensetzungen allmählich abtrennen, mit denen sie während des Trogoautoegokratischen Prozesses verschmolzen waren.

„Und dasselbe geschieht natürlich mit den unter den amerikanischen Wesen so beliebten Produkten, die sie in sogenannten ‚hermetisch-verschlossenen-Konserven‘ aufbewahren.

„Wie ‚hermetisch‘ diese Konservenbüchsen auch verschlossen sein mögen, sobald die Zeit des sogenannten ‚Zerfalls‘ herankommt, trennen sich die entsprechenden aktiven-Elemente von der Gesamtmasse. Diese von der Gesamtmasse abgetrennten aktiven Elemente setzen sich gewöhnlich je nach ihrem Ursprung in diesen hermetisch verschlossenen Konservenbüchsen in der Form von ‚Tropfen‘ und ‚kleinen Blasen‘ ab, die, sobald die Büchsen zum Gebrauch dieser Produkte geöffnet werden, sich sofort

‚auflösen', und indem sie in den Raum verduften, sich nach den ihnen entsprechenden Orten zerstreuen.

„In frischer Form verzehren die Wesen dieses Kontinents verschiedene Sorten von Obst — was aber dieses Obst angeht, so ist es kein Obst, sondern einzig und allein, wie unser teurer Lehrer sagen würde: ‚Bluff'.

„Da es Obstbäume im Überfluß auf diesem Kontinent gibt, gelang es verschiedenen heutigen Gelehrten ‚neuen Formats' nach und nach mit ihren ‚Klügeleien', diese amerikanischen Früchte heutzutage ausschließlich sozusagen zu einem ‚Fest-für-die-Augen' zu machen, aber nicht zu einer Seins-Nahrung. Die dortigen Früchte enthalten schon fast nichts mehr von dem, was von der Großen Natur eigentlich bestimmt war, um als Nahrung für die normale Seins-Existenz der Wesen zu dienen.

„Diese Gelehrten neuen Formats sind natürlich sehr weit davon entfernt zu begreifen, daß, wenn eine aufplanetische Bildung künstlich gepfropft und auf andere Weise an ihr herummanipuliert wird, sie in den Zustand gerät, den objektive Wissenschaft ‚Absoizomosa' nennt, worin sie von dem sie umgebenden Stoff nur solche kosmische Stoffe aufnimmt, die zur Bekleidung ihres sogenannten ‚automatisch-sich-reproduzierenden-subjektiven-Bestandes' dienen.

„Vom ersten Anfang dieser ihrer letzten modernen Zivilisation kam es unter den Wesen aller aufgezählten einzelnen Gruppierungen dort irgendwie dazu, daß von den sieben Aspekten des den dreihirnigen Wesen von oben gegebenen Grundgebotes, das da lautet: ‚Strebe-innere-und-äußere-Reinheit-zu-erreichen', der einzige Aspekt, den sie annahmen und der in einer entstellten Form ihr Ideal geworden war, der Aspekt ist, der in folgenden Worten symbolisiert ist: ‚Stehe-allem-um-dich-herum-sowohl-dem-Belebten-als-auch-dem-noch-nicht-Belebten-bei,-ein-schönes-Äußeres-zu-erwerben'.

„Und tatsächlich haben sie sich, besonders in den letzten zwei Jahrhunderten, bestrebt, nur ein ‚schönes-Äußeres' zu erreichen — aber natürlich nur für jene bestimmten Gegenstände außerhalb von ihnen, die in der gegebenen Periode, wie sie es ausdrücken, ‚in-Mode' sind.

„In dieser besagten Periode war es ihnen überhaupt ganz gleichgültig, wenn etwas außerhalb von ihnen überhaupt keine Substanz hatte; alles, worauf es ankam, war, wie sie es ausdrücken: ‚ein-gewinnendes-Äußeres'.

„Was die Errungenschaften der heutigen Wesen dieses Kontinents hinsichtlich der Verwirklichung der ‚äußersten-Schönheit' dieser Früchte betrifft, so habe ich, mein Junge, tatsächlich nirgends, weder auf den anderen Kontinenten des gleichen Planeten noch auf anderen Planeten dieses Sonnensystems, Früchte gesehen, die ihrem Aussehen nach so schön wie die sind, die es heutzutage auf dem Kontinent Amerika gibt; was aber anderseits den inneren Gehalt dieser amerikanischen Früchte angeht, so kann man nur jenen Lieblingsspruch unseres großen Lehrers anführen, der in den folgenden Worten besteht:

„ ‚Der-größte-aller-Seins-Segen-für-den-Menschen-ist-die-Wirkung-von-Rizinusöl'.

„Wie geschickt sie aber wurden aus diesen Früchten, ihre berühmten Konserven zu bereiten, so kann dies, wie man sagt, ‚weder-ein-Märchenerzähler-noch-eine-Dichterfeder-beschreiben'; du mußt sie selbst sehen, um in deinem allgemeinen Bestand den Grad des Impulses von ‚Entzücken' zu erleben, zu dem man gelangen kann, wenn man die äußere Schönheit dieser amerikanischen Obstkonserven mit den Sehorganen wahrnimmt.

„Wenn man die Hauptstraßen der Städte der Wesen dieses Kontinents entlanggeht, besonders der Stadt New York, und die Auslagen in einem beliebigen Obstladen sieht, ist es zuerst sehr schwer festzustellen, was man eigentlich vor den Augen hat. Ist es eine Bilderausstellung der Futuristen der Stadt Berlin auf dem Kontinent Europa oder eine Auslage der vielgepriesenen Parfümgeschäfte für Ausländer in der Weltstadt Paris?

„Erst nach einiger Zeit, wenn man die verschiedenen Einzelheiten der Ausstellungen in diesen Schaufenstern schließlich aufnehmen kann und dann wieder nachzudenken anfängt, kann man deutlich feststellen, daß die Verschiedenartigkeit der Farben und Formen der Konservenbüchsen und Dosen in diesen amerikanischen Auslagen von Obstkonserven viel größer ist als in den erwähnten Auslagen auf dem Kontinent Europa — und daß es mehr Farben und Formen von Konservenbüchsen gibt, kommt offensichtlich daher, daß die Kombination in der allgemeinen Psyche der Wesen dieser neuen Gruppierung, die durch die Vermischung früherer selbständiger Rassen zustande gekommen war, zufällig mehr einer besseren Auffassung und einer vollständigen gründlichen Erkenntnis des Sinnes und Segens der Errungenschaften der Vernunft sowohl der Wesen der heutigen Gemeinschaft Deutschland hinsichtlich der von ihnen erfundenen chemischen Stoffe entspricht, die dort ‚Anilin' und ‚Alizarin' genannt werden, als auch der Wesen der Gemeinschaft Frankreich, was ‚Parfümerie' betrifft.

„Ich selbst konnte, als ich zum erstenmal eine solche Ausstellung dort sah, mich nicht zurückhalten, in einen dieser Läden zu gehen und ungefähr vierzig ‚Büchsen' von Fruchtkonserven in allen möglichen Formen und Farben zu kaufen.

„Ich kaufte sie, um die Wesen, die mich damals begleiteten und von den Kontinenten Asien und Europa stammten, wo es noch nicht Früchte mit solch außerordentlich schönem Äußeren gibt, zu erfreuen. Und als ich meinen Einkauf nach Hause brachte und unter sie verteilte, waren diese Wesen tatsächlich zuerst nicht weniger entzückt als ich und erstaunt über ein solches Aussehen; als sie sie aber später als ihre ‚erste-Seins-Nahrung' zu verzehren begannen, würde es genügt haben, ihre Grimassen zu sehen und die Veränderung der Farbe in ihrem Gesicht, um zu begreifen, welche Wirkung diese Früchte im allgemeinen auf den Organismus der Wesen haben.

„Noch schlimmer steht es auf jenem Kontinent mit jenem Produkt, das für sie wie für fast alle dreihirnigen Wesen des Weltalls das wichtigste Produkt für ihre ‚erste-Seins-Nahrung' ist, jenes Produkt nämlich, das ‚Prosphora' heißt und das sie selbst ‚Brot' nennen.

„Bevor ich dir erzähle, wie es mit diesem amerikanischen Brot steht, mußt du wissen, daß dieser Festlandsteil der Oberfläche deines Planeten, der ‚Nord-' und ‚Süd-Amerika' heißt, durch verschiedene zufällige Kombinationen entstanden ist, die erstens aus dem zweiten großen ‚nichtgesetzmäßigen-Kataklysmus', der diesem unglückseligen Planeten widerfuhr, stammen, und zweitens durch die Stellung, die er hinsichtlich des Prozesses der ‚allgemeinen-Systembewegung' einnimmt, wodurch er eine Schicht von sogenanntem ‚Erdboden' hat, der zur Hervorbringung dieses ‚göttlichen Kornes' geeignet war und noch ist, aus dem eben dieses ‚Prosphora' gemacht wird. Mit bewußtem Wissen über ihre Nutzbarmachung kann die Erdoberfläche dieser Kontinente in einer sogenannten ‚guten Jahreszeit' die ‚Fülle-eines-vollendeten-Prozesses-des-heiligen-Heptaparaparschinoch' tragen oder in andern Worten ‚eine-neunundvierzigfältige-Ernte' hervorbringen, und sogar bei einer halb bewußten Nutzbarmachung dieses Bodens, wie es heutzutage dort geschieht, bringt dieses ‚göttliche Korn' dort im Vergleich zu andern Kontinenten eine beträchtliche Fülle hervor.

„Und, mein Junge, als dann die Wesen dieses Kontinents allmählich ob verschiedener zufällig günstiger Umstände in den Besitz vieler ‚Dollars' gelangten, die für die seltsame Psyche der heutigen dir lieben dreihirnigen Wesen einer der Gegenstände ihrer Träume sind, wodurch sie, wie es schon seit langem dort Brauch geworden ist, in den ‚Vorstellungen' der Wesen aller übrigen Kontinente das, was man einen ‚Anstrich von Überlegenheit' nennt, erwarben und folglich, wie es auch schon unter ihnen üblich geworden ist, mit allem zu klügeln begannen, um dieses ihr besagtes heutiges Ideal zu erreichen, begannen sie auch mit aller Macht an diesem göttlichen Korn zu klügeln, aus dem Prosphora gemacht wird.

„Sie begannen sozusagen mit jedem Mittel dieses ‚göttliche Korn' zu verhöhnen, um dem daraus gewonnenen Produkt ein ‚schönes und auffallendes Aussehen' zu geben.

„Zu diesem Zweck erfanden sie verschiedene Maschinen, mit denen sie den Weizen, der das Unglück hat, auf ihrem Kontinent zu entstehen, ‚schaben', ‚kämmen', ‚glätten' und ‚polieren', bis sie die vollständige Vernichtung all jener aktiven Elemente erreichen, die nah an der Oberfläche des Korns gerade unter der sogenannten ‚Hülse' konzentriert sind und die eben von der Großen Natur dazu ausersehen sind, um im Bestand der Wesen das zu erneuern, was sie verausgaben, indem sie ihr würdig dienen.

„Und deshalb, mein Junge, enthält das Prosphora oder Brot, das heutzutage aus dem im Überfluß auf diesem Kontinent entstehenden Weizen gemacht wird, nichts Nützliches für die Wesen, die es verzehren, und nichts wird durch seinen Verbrauch in ihrem ganzen Bestand hervorgebracht, außer schädlichen Gasen und was sie dort ‚Würmer' nennen.

„Es muß jedoch um der Gerechtigkeit willen bemerkt werden, daß, wenn sie nichts für sich selbst Nützliches aus diesem Weizen erhalten, um der Großen Natur besser oder bewußter zu dienen, sie doch andererseits, indem sie die besagten ‚Würmer' hervorbringen, unbewußt ihrem Planeten sehr, sehr helfen, ‚ehrenhaft' dem Erhabenen-

All-kosmischen-Trogoautoegokraten zu dienen; denn sind nicht diese ‚Würmer' auch Wesen, durch die kosmische Stoffe ebenfalls umgewandelt werden?

„Auf jeden Fall haben die Wesen, die auf diesem Kontinent vorkommen, durch ihre Klügeleien mit dem Brot das erreicht, wonach sie gestrebt und was sie sehnlichst gewünscht haben, nämlich, daß die Wesen aller übrigen Kontinente immer unbedingt etwas in der Art von ihnen sagen, wie zum Beispiel im gegebenen Fall:

„ ‚Erstaunlich kluge Kerle, diese Amerikaner! Sogar ihr Brot ist etwas Außerordentliches! So weiß und einfach köstlich — wirklich der ‚Gipfel der modernen Zivilisation'!

„Daß aber durch den Spott, den sie mit dem Weizen treiben, ihr Brot ‚wertlos' wird und auch einer der unzähligen Faktoren, die ihren Magen verderben — das ist ihnen ganz gleich — schreiten sie denn nicht in den ersten Reihen der sogenannten ‚westlichen-Zivilisation'?

„Das Erstaunlichste an all dieser ihrer Naivität ist, daß sie das Beste und Nützlichste, was die Natur in diesem göttlichen Korn für ihre normale Existenz erzeugt, den Schweinen geben oder es einfach verbrennen, während sie für sich selbst nur jenen Stoff verwenden, der von der Natur im Weizen nur dazu gebildet wird, um seine aktiven Elemente zu verbinden und zu erhalten, die hauptsächlich, wie ich schon gesagt habe, gerade unter der Hülse des Korns lokalisiert sind.

„Ein zweiter und auch wieder recht wichtiger Faktor in der Disharmonierung der Verdauungsfunktion dieser unglücklichen amerikanischen dreihirnigen Wesen ist das System, das sie kürzlich für die Ausscheidung der verdauten Reste ihrer ersten-Nahrung erfunden haben, was besagen will, die von ihnen zu diesem Zweck erfundenen ‚bequemen-Sitze' in ihren sogenannten ‚water closets'.

„Nicht genug, daß diese verderbliche Erfindung einer der Hauptfaktoren in der besagten in ihnen vorsichgehenden Disharmonierung war und noch ist, wie auch der in fast allen Wesen der übrigen Kontinente, die übrigens in den letzten Jahren sehr eifersüchtig die Amerikaner in all ihren besonderen Methoden, diesem Umwandlungs-Funktionieren ‚beizustehen‘, imitieren, sondern dank dieser Erfindung, durch die deine Lieblinge jetzt sogar diese unvermeidliche Seins-Funktion mit der größtmöglichen Empfindung der für sie erreichbaren angenehmen Ruhe zu erfüllen sich bestreben, haben sie nun auch gleichsam einen neuen Antrieb, ihrem Gott ‚Selbstberuhigung‘ eifrigst zu dienen, der, wie ich schon mehr als einmal gesagt habe, für sie fast das Hauptübel war und noch ist, um sowohl alle Anomalitäten ihrer Psyche als auch ihrer gewöhnlichen Sein-Existenz hervorzubringen und zu fördern.

„Als ein sehr gutes Beispiel und sogar ein sozusagen ‚aufklärendes-Bild-für-deine-Seins-Vorstellung‘, was für außerordentliche Perspektiven in der Zukunft von gerade dieser Erfindung der heutigen amerikanischen Wesen erwartet werden können, kann die Tatsache dienen, daß einige von ihnen, die durch verschiedene Zufälle viele der gepriesenen Dollars erworben haben, in ihren ‚Wasserklosetts‘ mit bequemen Sitzen solche Annehmlichkeiten einrichten, wie einen kleinen Tisch, ein Telephon und einen sogenannten ‚Radioapparat‘, damit sie, wenn sie auf diesen bequemen-Sitzen sitzen, ihre ‚Unterhaltung‘ weiterführen können, am Telephon mit ihren Bekannten über alle ihre ‚Dollargeschäfte‘ reden mögen, ruhig die Zeitung lesen, die ihnen schon unentbehrlich geworden ist, oder schließlich den von verschiedenen Hasnamussen verfaßten musikalischen Kompositionen zuhören können, die, da sie sozusagen ‚in-Mode‘ sind, auch jeder heutige amerikanische Geschäftsmann unbedingt kennen muß.

„Der Hauptschaden, den diese amerikanische Erfindung anrichtet und die Hauptbedeutung der daraus resultierenden Disharmonie im Funktionieren der Verdauung aller heutigen dreihirnigen Wesen deines Planeten stammen aus folgenden Ursachen:

„Früher, als sich im allgemeinen Bestand deiner Lieblinge noch mehr oder weniger normale Gegebenheiten zur Erzeugung objektiver Vernunft kristallisierten und sie nachdenken und begreifen konnten, wenn andere Wesen ihresgleichen, die schon darin erleuchtet waren, es ihnen erklärten, nahmen sie die besagte Stellung so ein, wie es nötig war; später aber, als sich die besagten Seins-Gegebenheiten definitiv nicht mehr länger in ihnen kristallisierten und sie auch diese Funktion nur noch automatisch zu verwirklichen begannen, konnte dank des dieser amerikanischen Erfindung vorausgehenden Systems der planetische Körper selbst nur durch das, was man ‚Tierinstinkt' nennt, noch die erforderliche bestimmte Stellung einnehmen. Seit sie ‚bequeme-Sitze' erfunden haben und sie alle sie für diese unvermeidliche Funktion gebrauchen, ist ihr planetischer Körper schon vollends der Möglichkeit beraubt, sich, sei es auch nur instinktiv, der erforderlichen Stellung anzupassen, und folglich verschwinden nicht nur einige sogenannte ‚Muskeln', die diese unvermeidliche Seins-Funktion erfüllen, allmählich in denjenigen deiner Lieblinge, die diese ‚amerikanischen-bequemen-Sitze' benutzen, weshalb sich sogenannte ‚Verstopfungen' in ihnen bilden, sondern es entstehen dadurch auch die Ursachen zu verschiedenen neuen spezifischen Krankheiten in ihnen, die in unserem ganzen Weltall allein im Bestand dieser seltsamen dreihirnigen Wesen entstehen.

„Unter den erst- und zweitrangigen Ursachen, die insgesamt diese Grundfunktion im allgemeinen Bestand deiner heutigen Lieblinge, die auf diesem Kontinent ‚Nordamerika' vorkommen, allmählich disharmonieren, ist noch eine andere höchst sonderbare Ursache, die, obgleich sie ‚schreiend-offensichtlich' unter ihnen ist, trotzdem ihrem ‚Hühner-Veständnis' zufolge mit einem Impuls egoistischer Befriedigung gleichsam unter einer ‚Tarnkappe' blüht.

„Diese sonderbare Ursache entstand und begann auch langsam und sicher, diese Funktion unfehlbar in ihnen zu disharmonieren, und nur deshalb, weil in dem seltsamen Bestand der Wesen dieser neuen großen Gruppierung eine ‚Leidenschaft-vorherrscht', nämlich so oft als möglich nach dem Kontinent Europa zu fahren.

„Du mußt auch über diese sonderbare Ursache unterrichtet werden, hauptsächlich deshalb, weil du dadurch noch ein anderes für alle deine Lieblinge verderbliches Resultat der ‚üblen-Klügeleien' ihrer heutigen Wissenschaftler erfahren wirst.

„Damit du dir diese Ursache des allmählichen Disharmonierens dieser unvermeidlichen Seins-Funktion im allgemeinen Bestand der amerikanischen Wesen besser vorstellen und verstehen kannst, mußt du vor allem eine besondere Einzelheit eben jener Organe erfahren, die die besagte Funktion in ihrem Bestand bewirken.

„Unter den Organen, die es in ihnen für die vollständige Umwandlung der ersten Seins-Nahrung gibt, ist ein Organ, das fast überall unter dem Namen ‚Tuspuschok' existiert oder, wie sie es selbst nennen, ‚Blinddarm' oder ihrer wissenschaftlichen Terminologie nach ‚Wurmfortsatz'.

„Die Arbeit dieses Organs, so wie es von der Großen Natur vorgesehen ist, besteht darin, daß sich darin verschiedene verbundene chemische Stoffe, die durch die Umformung verschiedener aufplanetischer Kristallisationen, die die ‚erste-Seins-Nahrung' ausmachen, in der Form sogenannter Gase sammeln, damit, wenn später die verdauten Reste der besagten Nahrung aus dem Bestand der Wesen ausgeschieden werden, diese ‚Gase' durch Druck diesen Vorgang fördern.

„Die in diesem Organ angesammelten ‚Gase' bewirken durch ihr sogenanntes ‚Entweichen' die von der Natur vorgesehene mechanische Arbeit, unabhängig von dem allgemeinen in den Wesen vorsichgehenden Umwandlungs-Funktionieren und nur zu bestimmten Zeitperioden, die in jedem Wesen je nach subjektiver Gewohnheit verschieden sind.

„Also, mein Junge, ob der häufigen Reisen nach dem Kontinent Europa, wobei die ganze Reise von zwölf Tagen bis zu einem vollen Monat dauert, werden Verhältnisse für einen täglichen Wandel in der Zeit der Ausübung dieser bestehenden Funktion geschaffen, und daraus ergibt sich ein ernster Faktor, der langsam Disharmonie im Prozeß ihres allgemeinen Grund-Umwandlungs-Funktionierens erzeugt. Wenn sie nämlich während mehrerer Tage durch den Wechsel der festgesetzten Zeit diese unvermeidliche Funktion nicht vollziehen und somit die in diesem Organ angesammelten Gase nicht von ihnen für die automatische Leistung des angedeuteten Zwecks gebraucht werden und die Gase, die den von der Großen Natur vorgesehenen Zweck nicht erfüllen, allmählich unproduktiv aus ihrem Bestand in den Raum entweichen — wobei die Gesamtheit dieser Manifestation übrigens die Existenz auf diesen Passagierschiffen für ein Wesen mit einem normal entwickelten Organ zur Wahrnehmung von Gerüchen fast unerträglich macht — ergibt sich als Resultat von all dem oft, was eine ‚mechanische-Verstopfung' genannt wird, die ihrerseits wiederum die besagte allmähliche Disharmonie dieser ihrer Grund-Umwandlungsfunktion hervorbringt.

„Als ich dir, mein Junge, die Ursachen der Disharmonie der Umwandlungsfunktion der ‚ersten-Seins-Nahrung' im Bestand dieser amerikanischen Wesen zu erklären begann und die von ihnen erfundenen ‚bequemen-Sitze' erwähnte, sagte ich unter anderem, daß diese seltsamen dir lieben auf dem Planeten Erde vorkommenden dreihirnigen Wesen ‚wieder‘ danach zu streben begannen, sogar diese unerläßliche Seins-Funktion mit der größtmöglichen Empfindung von Selbstbefriedigung zu vollziehen. Ich sagte ‚wieder‘, weil früher, in verschiedenen Perioden des Zeitlaufs, diese seltsamen dir lieben dreihirnigen Wesen schon verschiedene Male etwas Ähnliches im Gebrauch ihrer gewöhnlichen Existenz eingeführt haben.

„Ich erinnere mich sehr deutlich einer Periode, in der die damaligen Wesen, die übrigens nach den Vorstellungen deiner modernen Lieblinge nichts als alte ‚Wilde‘ waren, alle möglichen Arten von Bequemlichkeiten erfanden, um eben dieses wenn auch prosaische, so doch unerläßliche Seins-Bedürfnis zu vollziehen, für das diese zeitgenössischen Amerikaner, die sich in ihrer Naivität schon für Non-plus-ultra zivilisiert halten, diese bequemen Sitze ihrer Wasserklosetts erfunden haben.

„Dies war übrigens damals, als das Hauptkulturzentrum des ganzen Planeten das Land Tikliamisch war und dieses Land auf der Höhe seiner Pracht stand.

„Die Wesen des Landes Tikliamisch erfanden etwas Ähnliches wie diese ‚amerikanischen-bequemen-Sitze‘ für diese Seins-Funktion, und auch ihre verderbliche Erfindung begann sich auch überall unter allen übrigen Wesen dieses unseligen Planeten weit zu verbreiten.

„Wenn man die besagte Erfindung der Wesen der tikliamischen Zivilisation mit der Erfindung dieser zeitgenössischen Amerikaner vergleicht, kann man diese letztere nach einem manchmal von ihnen zum Vergleich gebrauchten Ausdruck ‚ein-Kinderspielzeug‘ nennen.

„Die Wesen der tikliamischen Zivilisation erfanden damals eine Art von ‚bequemem-Ruhebett‘, das sowohl zum Schlafen als auch zum sogenannten ‚Faulenzen‘ benutzt werden konnte, damit sie, dieweil sie auf dieser ‚wundervollen-Einrichtung‘ lagen, ohne die geringste

Seins-Anstrengung zu manifestieren, eben dieses unvermeidliche Seins-Bedürfnis vollziehen konnten, für das die heutigen Wesen des Kontinents Amerika ihre ‚bequemen-Sitze' erfanden.

„Diese ‚Wunderbetten' waren zu diesem Zweck so eingerichtet, daß man einen Schalter auf der Seite des Bettes nur leicht berühren mußte, um es sofort im Bett selbst möglich zu machen, dieses unvermeidliche Bedürfnis leicht und natürlich sehr ‚gemütlich' und auch mit dem größten sozusagen ‚Schick' zu verrichten.

‚Es wird nicht überflüssig sein, mein Junge, daß du nebenbei auch erfährst, daß eben diese vielgepriesenen Betten damals schließlich die Ursache zu großen und ernsten Ereignissen in ihrem gewöhnlichen Existenz-Prozeß waren.

„Solange das frühere relativ normale System für die besagte Seins-Funktion noch unter den Wesen dort existierte, ging alles sehr friedlich und ruhig vor sich, als aber einige sogenannte ‚machthabende' und ‚Reichtumbesitzende' damalige Wesen die erwähnten ‚bequemen-Betten' zu diesem Zweck erfanden, die man schließlich ‚Wenn-du-es-dir-wohl-sein-lassen-willst,-laß-es-dir-mit-einem-Schlag-wohl-sein' nannte, von da an begann unter den damaligen gewöhnlichen Wesen das, was dann zu den besagten ernsten und beklagenswerten Folgen führte.

„Du mußt wissen, daß gerade in den Jahren, in denen die Wesen von Tikliamisch diese ‚Wunderbetten' erfanden, dieser Planet einen all-kosmischen Prozeß von ‚Chirnuanovo' durchmachte, nämlich daß, zusammen mit der Umlagerung der Schwerpunktsbewegung dieses Sonnensystems in der Bewegung der all-kosmischen Harmonie, der Schwerpunkt dieses Planeten selbst auch umgelagert wurde.

„In solchen Jahren nimmt, wie du schon weißt, durch diese kosmische Manifestation überall auf den Planeten in der Psyche der Wesen, die diesen ‚Chirnuanovo' durchmachenden Planeten bewohnen, eine ‚blagonurarinische-Empfindung' zu oder, wie man anders noch sagt, ein ‚Gewissenbiß' über seine eigenen vergangenen bösen Taten, die man entgegen seiner eigenen Überzeugung begangen hat.

„Dort aber auf deinem Planeten geht ob des allgemeinen Bestandes deiner Lieblinge, der durch alle möglichen sowohl außerhalb von ihnen vor sich gehenden als auch durch ihre eigene Schuld entstehenden Ursachen so sonderbar geworden ist, das Resultat der Wirkung dieser all-kosmischen Verwirklichung nicht so vor sich, wie es im Bestand der dreihirnigen Wesen, die auf andern Planeten existieren, während des ‚Chirnuanovo' vor sich geht, nämlich statt dieses ‚Gewissensbisses' entstehen und verbreiten sich dort gewöhnlich bestimmte spezifische Prozesse großen Maßstabes, die man ‚gegenseitige-Vernichtung-der-Mikrokosmen-in-den-Tetartokosmen' nennt, Prozesse, die sie selbst als ‚epidemische-Krankheiten' bezeichnen und die in alten Zeiten unter den Namen ‚Kalunom', ‚Morgrok', ‚Selnuano' und so weiter bekannt waren und heutzutage unter den Namen ‚Pest', ‚Cholera', ‚Spanische-Influenza' und so weiter.

„Also, der Tatsache zufolge, daß viele dieser Krankheiten — Krankheiten, die früher ‚Kolbana', ‚Tirdiank', ‚Mojasul' ‚Tschamparnak' und so weiter genannt wurden und die die heutigen Wesen ‚Tabes', ‚Sklerosis-disseminata', ‚Hämorrhoiden', ‚Ischias', ‚Paralyse' und so weiter nennen—sehr weit unter fast allen, die diese außerordentlich bequemen ‚Ruhebetten' benutzten, verbreitet waren, erfanden die unter den tikliamischen Wesen, in deren allgemeinem Bestand Gegebenheiten zu Hasnamussischen Eigenschaften sich schon zuvor durch das vollständige Fehlen jeder Verwirklichung von Seins-Partkdolgpflicht intensiver als gewöhnlich kristallisierten und unter denen es sogenannte ‚Revolutionäre' gab, die, als sie diese Besonderheit bemerkten, beschlossen, daraus für ihre eigenen Zwecke Nutzen zu ziehen; das heißt: Typen dieser Art erfanden und verbreiteten intensiv unter der Masse der Wesen jener Zeit, daß all die zuvor erwähnten epidemisch auftretenden ansteckenden Krankheiten dadurch verbreitet werden, daß durch die Betten ‚Wenn-du-es-dir-wohl-sein-lassen-willst,-laß-es-dir-mit-einem-Schlag-wohl-sein' die ‚parasitische-Bourgeoisie' sich verschiedene Krankheiten zuzieht und diese Krankheiten sich später durch Ansteckung unter den Massen verbreiten.

„Dank ihrer sonderbaren Inhärenz, genannt ‚Beeinflußbarkeit', die ich zuvor erwähnte und die sie in ihrem allgemeinen Bestand erworben hatten, glaubten natürlich alle Wesen um sie herum diese, was man nennt ‚Propaganda'; und da in solchen Fällen gewöhnlich viel über die Sache geredet wird, kristallisierte sich allmählich in jedem von ihnen der periodisch entstehende Faktor, der in ihrem allgemeinen Bestand jenen seltsamen und relativ lang anhaltenden ‚psychischen-Zustand' bewirkt, den ich ‚Verlust-der-Empfindung-seiner-selbst' nennen würde, weshalb sie, wie es auch gewöhnlich dort geschieht, nicht nur diese Wunderbetten überall vernichteten, sondern auch die Existenz der Wesen, die sie gebrauchten.

„Obgleich der Höhepunkt dieser, sagen wir, Dummheit im Bestand der meisten gewöhnlichen Wesen jener Epoche bald vorüber war, dauerte doch die leidenschaftliche Verfolgung sowohl dieser Betten selbst als auch der Wesen, die sie gebrauchten — der Trägheitskraft zufolge — mehrere irdische Jahre an, bis diese verderbliche Erfindung allmählich ganz aus dem Gebrauch kam und man sogar bald vergaß, daß es solche Betten jemals auf dem Planeten gegeben hatte.

„Auf jeden Fall kann man mit Gewißheit sagen, daß, wenn sich die ‚Zivilisation' der Wesen der jetzt auf dem Kontinent Amerika vorkommenden Gruppierung in ihrem jetzigen Geist und Tempo weiter entwickelt, sie sich zweifellos zu dem Grad ‚zivilisieren' werden, wo sie auch so erstaunliche ‚Ruhebetten' haben wie jene Betten ‚Wenn-du-es-dir-wohl-sein-lassen-willst,-so-lasse-es-dir-mit-einem-Schlag-wohl-sein'.

„Es wird, mein Junge, jetzt nicht umsonst sein, dir nebenbei auch anschaulich von der Erfindung der Konservenprodukte für die ‚erste-Seins-Nahrung' zu sprechen und ihrer Anwendung im Prozeß der Seins-Existenz durch die Wesen dieser heutigen Gruppierung, die in den letzten Jahren zufällig für die seltsame Vernunft der Wesen auf allen übrigen Kontinenten sozusagen ‚Nachahmungsobjekte' geworden sind, hauptsächlich deshalb, weil sie auf ihrem Planeten angeblich die ersten waren, die solche segensreiche und nützliche Seins-Gebräuche einführten wie im gegebenen Fall die Methode, sich mit konservierten Produkten zu ernähren, wodurch sie angeblich Zeit sparen.

„Die heutigen unseligen dreihirnigen Wesen, die auf deinem Planeten vorkommen, wissen natürlich überhaupt nicht und besitzen, aus Gründen, die ich dir schon erklärt habe, nicht die Möglichkeit zu überlegen, daß ihre längst verstorbenen Vorfahren verschiedener vergangener Epochen, die sich viel normaler zu verantwortlichen Wesen heranbildeten, ‚sich-ihr-Hirn-nicht-wenig-zerbrachen', um Mittel und Wege zu finden, so wenig Zeit wie möglich auf diese unvermeidliche Seins-Notwendigkeit — das Essen — zu verwenden; und jedesmal, wenn sie solche scheinbar zweckdienliche Methoden gefunden hatten, überzeugten sie sich nach kurzer Anwendung dieser Methoden, daß, was für Produkte sie auch nehmen und wie sie sie auch konservieren, sie immer mit der Zeit verderben und für ihre erste Nahrung wertlos werden, und deshalb hörten sie jedesmal wieder auf, diese Methoden im Prozeß ihrer gewöhnlichen Existenz anzuwenden.

„Als Parallele zu diesen heutigen Methoden, Produkte für die erste Seins-Nahrung in hermetisch verschlossenen Gefäßen zu konservieren, kann uns jene Methode der Konservierung dienen, die ich persönlich mit eigenen Augen im Lande Maralplässie sah.

„Dies war zu der Zeit, als die Wesen der Gegend Maralplässie in allem mit den Wesen des Landes Tikliamisch, wie man sagt, ‚rivalisierten‘ und einen erbitterten Konkurrenzkampf mit ihnen führten, damit die Wesen aller übrigen Länder ihr Land für das erste und wichtigste ‚Kulturzentrum‘ halten sollten.

„Gerade damals erfanden sie unter anderem etwas, was diesen amerikanischen Konserven ähnlich war.

„Nur konservierten die Wesen von Maralplässie ihre eßbaren Produkte nicht in ‚Gift-absondernden-Blechbüchsen‘, wie dies die heutigen Wesen des Kontinents Amerika tun, sondern in was damals ‚Sicharenische Gefäße‘ genannt wurde.

„Diese Sicharenischen Gefäße in Maralplässie waren aus sehr fein gemahlenen sogenannten ‚Perlmutt‘, dem ‚Gelb-von-Hühnereiern‘ und einem Kitt gemacht, den man aus dem Fisch ‚genannt ‚Tschuznastör‘, gewann.

„Diese Gefäße hatten das Aussehen und die Qualität von Mattglasbüchsen, die es jetzt auf deinem Planeten gibt.

„Als — ungeachtet aller augenscheinlichen Vorzüge, Produkte in solchen Gefäßen aufzubewahren — einige Wesen mit Vernunft in dem Lande Maralplässie feststellten, daß in den Wesen, die die in dieser Weise konservierten Produkte für lange Zeit gebrauchen, allmählich die sogenannte ‚organische-Scham‘ ausgelöscht wird und es ihnen gelang, diese Feststellung unter den gewöhnlichen Wesen weit zu verbreiten, hörten diese übrigen Wesen um sie herum allmählich auf, diese Methode anzuwenden; und sie verschwand dann allmählich so aus dem allgemeinen Gebrauch, daß die Kunde, daß eine solche Methode einmal existiert hatte, sogar nicht auf die fünfte oder sechste Generation nach ihnen kam.

„Auf dem Kontinent Asien gab es fast in allen Zeitaltern alle möglichen Arten von Methoden, eßbare Produkte für lange Zeit zu konservieren, und selbst jetzt gibt es noch verschiedene dieser Methoden, die auf die heutigen Wesen von ihren sehr fernen Vorfahren kamen.

„Aber von all diesen Methoden war keine einzige für die Wesen selbst so schädlich wie diese von den heutigen Wesen des Kontinents Amerika erfundene Methode, nämlich die Aufbewahrung eßbarer Produkte in ‚Giftabsondernden-Blechbüchsen‘.

„Selbst wenn das Prinzip, Produkte ‚hermetisch-zu-verschließen‘, damit sie, indem sie der Wirkung der Atmosphäre nicht ausgesetzt sind, gleichsam dem Zerfallprozeß entgehen, unter einigen heutigen asiatischen Gruppierungen existiert, so nehmen sie für diesen Zweck doch ihre Zuflucht keineswegs zu diesen ‚Giftabsondernden-amerikanischen-Blechbüchsen‘.

„Auf dem Kontinent Asien wird in der heutigen Zeit sogenanntes ‚Schafsschwanzfett‘ zu diesem Zweck verwendet.

„ ‚Schafsschwanzfett‘ ist ein Produkt, das sich in großen Mengen um den Schwanz einer gewissen Form zweihirniger, vierfüßiger Wesen herum bildet, das ‚Schaf‘ heißt und überall auf dem Kontinent Asien vorkommt.

„In diesem Schafsschwanzfett sind keine für den allgemeinen Bestand eines dreihirnigen Wesens schädlichen kosmischen Kristallisationen, und es ist selbst eines der Hauptprodukte der ersten-Nahrung der meisten Wesen der verschiedenen Gruppierungen auf dem Kontinent Asien. Was aber das Metall angeht, aus dem diese heutigen Wesen auf dem Kontinent Amerika die Büchsen zur Aufbewahrung ihrer Produkte herstellen, so sondert es, wie sehr diese Büchsen auch innen von dem Einfluß der Atmosphäre abgeschlossen sind, immer nach einer bestimmten Zeit, wie auch der Inhalt der Büchsen, verschiedene ihrer aktiven Elemente ab, von denen einige für den ganzen Bestand der Wesen, wie sie es ausdrücken, sehr ‚giftig‘ sind.

„Diese giftigen aktiven Elemente, die aus Zinn oder ähnlichen Metallen ausgeschieden werden, können in den hermetisch verschlossenen Büchsen nicht in den Raum entweichen, und wenn sie unter den Elementen der Produkte in diesen Büchsen gewisse Elemente treffen, die ihnen durch was ‚Klassen-Verwandtschaft-durch-die-Zahl-der-Vibrationen‘ genannt wird, entsprechen, verschmelzen sie mit ihnen nach dem kosmischen Gesetz, genannt ‚Verschmelzung‘, und bleiben darin, und gehen später natürlich zusammen mit diesen Produkten in den allgemeinen Organismus der sie verzehrenden Wesen über.

„Nicht genug, daß die Aufbewahrung ihrer eßbaren Produkte in diesen ‚Gift-absondernden-Blechbüchsen‘ sehr schädlich für sie ist, deine heutigen Lieblinge auf dem Kontinent Amerika bewahren sie noch dazu vorzugsweise in rohem Zustand auf.

„Die Wesen des Kontinents Asien bewahren immer alle ihre Nahrungsmittel gebraten oder gekocht auf, weil nach der Sitte, die von ihren entfernten Vorfahren auf sie gekommen ist, die auf diese Weise aufbewahrten Produkte nicht so rasch zerfallen wie die rohen.

„Die Erklärung dafür ist, daß, wenn ein Produkt gekocht oder gebraten ist, eine künstliche sogenannte ‚chemische-Verschmelzung‘ zwischen den verschiedenen aktiven Elementen, aus der die Grundmasse des gegebenen Produktes besteht, erreicht wird, wodurch viele aktive, den Wesen nützliche Elemente für eine verhältnismäßig viel längere Zeit in den Produkten bleiben.

„Ich rate dir noch einmal, dich gründlich und besonders gut mit allen möglichen im Megalokosmos vor sich gehenden Arten von Verschmelzen bekannt zu machen, sowohl den chemischen als auch den mechanischen.

„Die Kenntnis dieser kosmischen Gesetze wird dir übrigens sehr helfen, dir vorzustellen und gut verstehen zu können, warum und wie sich diese zahlreichen und verschiedenen Bildungen im allgemeinen in der Natur ergeben.

„Was das betrifft, wie eine sogenannte ‚dauernde-Verschmelzung-der-Elemente' in den Nahrungsmitteln durch Kochen oder Braten erhalten wird, so wirst du das sehr gut verstehen, wenn du durch Nachdenken nur den Prozeß begreifst, der im allgemeinen während der künstlichen Herstellung von ‚Prosphora' vor sich geht.

„ ‚Prosphora' oder ‚Brot' wird im allgemeinen überall von den Wesen im Gewahrsein seiner heiligen Bedeutung gemacht und nur deine heutigen Lieblinge betrachten seine Herstellung ohne alles Bewußtsein seiner Wirkung, sondern bloß als einen automatisch erblich auf sie gekommenen Brauch.

„In diesem Brot geschieht die Kristallisierung kosmischer Stoffe auch nach dem Triamasikamno-Gesetz, wobei die Stoffe aus den folgenden drei relativ selbständigen Quellen als die drei heiligen Kräfte dieses heiligen Gesetzes dienen: nämlich das heilige bejahende oder aktive Prinzip ist die Gesamtheit jener kosmischen Stoffe, die das, was deine Lieblinge ‚Wasser' nennen, ausmachen; das verneinende oder passive Prinzip ist die Gesamtheit jener kosmischen Stoffe, die aus dem bestehen, was deine Lieblinge ‚Mehl' nennen, das sie aus dem göttlichen Weizenkorn gewinnen, und das heilige versöhnende oder neutralisierende Prinzip sind die Stoffe, die durch den ‚Prozeß des ‚Backens' kommen oder erhalten werden oder, wie deine Lieblinge sagen, vom ‚Feuer'.

„Laß uns zur besseren Erläuterung des Gedankens, den ich über die Bedeutung einer dauernden Verschmelzung verschieden-quelliger kosmischer Stoffe ausdrückte, als Beispiel die besagte relativ selbständige Gesamtheit der Stoffe nehmen, die in der Bildung dieses Prosphora oder Brotes das aktive Prinzip ist, nämlich die relativ selbständige Gesamtheit, die deine Lieblinge ‚Wasser' nennen.

„Diese relativ selbständige auf der Erde Wasser genannte Gesamtheit kosmischer Stoffe stellt, man könnte sagen, eine ‚natürlich-mechanische-Mischung' dar, die sich nur erhalten kann, wenn dieses Wasser mit der allgemeinen Natur in Verbindung bleibt. Wenn diese Verbindung mit der allgemeinen Natur unterbrochen wird, das heißt, wenn ein wenig dieses Wassers aus einem Fluß genommen und abgesondert in einem Geschirr aufbewahrt wird, wird das Wasser in diesem Geschirr nach einer gewissen Zeit unbedingt nach und nach vernichtet, oder, wie man anders sagen könnte, zerfällt, und dieser Prozeß riecht gewöhnlich für die wahrnehmenden Organe der Wesen sehr ‚kakodorisch' oder, wie deine Lieblinge sagen würden, das Wasser fängt bald zu ‚stinken' an.

„Und das gleiche geht mit der Mischung des besagten Wassers und Mehls vor sich. Nur eine zeitweilige mechanische Mischung, ‚Teig' genannt, wird erzielt, worin dieses Wasser nach einer relativ kurzen Zeit auch unvermeidlich zerfällt.

„Wenn dann dieser Teig, das heißt Wasser mit Mehl vermischt, auf Feuer gebacken wird, ergibt sich dank der Stoffe, die aus dem Feuer stammen oder durch es gebildet werden und die im gegebenen Fall, wie ich schon gesagt habe, als die dritte heilige neutralisierende Kraft des heiligen Triamasikamno dienen, eine ‚chemische-Verschmelzung', das heißt eine ‚dauernde Verschmelzung-von-Stoffen' als deren Resultat, die neue aus Wasser und Mehl erhaltene Gesamtheit von Stoffen, nämlich Prosphora oder Brot, dem schonungslosen Heropas widerstehen kann, was besagen will, daß sie für eine viel längere Zeit nicht zerfällt.

„Das auf diese Weise hergestellte Brot kann ‚trocknen', in ‚Brosamen' zerfallen und allem Anschein nach sogar allmählich völlig vernichtet werden, aber die Elemente des Wassers können durch diesen Umwandlungsprozeß während der besagten recht langen Zeit nicht weiter vernichtet werden, sondern bleiben aktiv in der besagten Zeit unter den sogenannten ‚lang-haltbaren-prosphorischen-aktiven-Elementen'.

„Und ich wiederhole in diesem Fall noch einmal, mein Junge, daß, wenn die Wesen, die heutzutage auf dem Kontinent Asien vorkommen, ihre Produkte ausschließlich nur in gebratenem oder gekochtem Zustand aufbewahren und nicht roh, wie die amerikanischen Wesen dies heutzutage mit Vorliebe zu tun pflegen, so dies auch deshalb geschieht, weil dieser Brauch auf die Wesen Asiens von ihren Vorfahren gekommen ist, deren Gemeinschaften viele Jahrhunderte dauerten und die deshalb eine sehr lange praktische Erfahrung hatten; wogegen die Gemeinschaft dieser amerikanischen Wesen, wie unser weiser Lehrer sagen würde, ‚erst-anderthalb-Tage' dauert.

„Damit du die Bedeutung dieser Erfindung der auf dem Kontinent Amerika vorkommenden zeitgenössischen Wesen, die gleichsam die echte Frucht moderner Zivilisation ist, besser bewerten kannst, halte ich es nicht für überflüssig, dich auch über die Methoden zu unterrichten, wie man verschiedene andere Produkte lange Zeit aufbewahren kann und wie sie jetzt noch unter den Wesen des Kontinents Asien angewandt werden.

„So zum Beispiel die Methode, sogenannten ‚Haurma' herzustellen, ein besonderes Lieblingsprodukt der Wesen vieler Gruppierungen des Kontinents Asien.

„Dieses ‚Haurma' wird auf dem Kontinent Asien in einer sehr einfachen Weise zubereitet; es werden nämlich kleine Stücke gut gebratenen Fleisches fest in ‚irdene-Töpfe' oder ‚Burduks' aus Ziegenhäuten gestopft. (Ein ‚Burduk' ist die auf besondere Weise abgezogene Haut des Wesens, das ‚Ziege' heißt.)

„Darauf wird geschmolzenes Schafsschwanz-Fett über diese gebratenen Fleischstücke gegossen.

„Obgleich die so mit Fett zugedeckten Stücke gebratenen Fleisches auch mit der Zeit langsam verderben, so haben sie doch für eine relativ sehr lange Zeit kein Gift in sich.

„Die Wesen des Kontinents Asien verzehren diese ‚Haurma' sowohl kalt als gewärmt.

„Im letzteren Falle ist es, als ob das Fleisch von einem frisch geschlachteten Tiere komme.

„Ein anderes dort sehr beliebtes Produkt, das sich für lange Zeit hält, ist, was dort ‚Yagliyemisch' heißt, und aus nichts als verschiedenen Früchten besteht.

„Zu diesem Zweck werden Früchte, ganz frisch vom Baum gepflückt, auf eine Schnur aufgereiht, in der Art von dem, was man eine Halskette nennt, und dann kurz in Wasser gekocht; wenn diese eigentümlichen Halsbänder halb abgekühlt sind, werden sie mehrmals in geschmolzenes Schafsschwanzfett getaucht und darauf irgendwo aufgehängt, wo sie den Wirkungen des Luftzuges ausgesetzt sind.

„Wie lange auf diese Weise zubereitete Früchte auch hängen, sie verderben so gut wie nie, und wenn man diese eigentümlichen Halsbänder dann zur Nahrung gebrauchen will, legt man sie für kurze Zeit in heißes Wasser, wodurch alles auf ihnen erhärtete Fett vollends verschwindet; und die Früchte selbst sind so, als kämen sie frisch gepflückt vom Baum.

„Obgleich Obst, das auf diese Weise aufbewahrt ist, im Geschmack sich sehr wenig von frischem unterscheidet und sich sehr lange hält, so ziehen trotzdem alle wohlhabenden Wesen des Kontinents Asien frisches Obst vor.

„Und dies ist offenbar deshalb so, weil in den meisten von ihnen als direkten Nachkommen der Wesen lang existierender alter Gemeinschaften, dank der durch Vererbung auf sie gekommenen Möglichkeiten, die Kristallisierung der Gegebenheiten für ein instinktives Empfinden der Wirklichkeit in ihnen viel intensiver als in den meisten anderen deiner heutigen Lieblinge vor sich geht.

„Ich wiederhole, mein Junge, daß dort auf deinem Planeten die Wesen vergangener Epochen, besonders die, die auf dem Kontinent Asien vorkommen, schon oftmals verschiedene Methoden versucht haben, um Nahrungsmittel für lange Zeit aufzubewahren und daß dies immer so endete: zuerst entdeckten einige dreihirnige Wesen durch bewußte oder zufällige Beobachtungen die unwünschenswerten und schädlichen Folgen dieser Versuche an sich selbst und an denen um sie herum und teilten sie dann allen übrigen Wesen mit, die, da sie dann auch Beobachtungen mit der größtmöglichen Unparteilichkeit sich selbst gegenüber machten, sich von der Richtigkeit dieser Schlüsse überzeugten und diese Gebräuche nicht mehr länger im Prozeß ihrer Existenz anwandten.

„Erst noch ganz kürzlich versuchten wieder einige Wesen auf demselben Kontinent Asien nicht nur eine Methode zu finden, durch die es tatsächlich möglich wäre, Eßprodukte für lange Zeit aufzubewahren, ohne daß sie verderben, sondern versuchten sogar ein ganz neues Mittel zu finden, um so wenig Zeit als möglich auf dieses unvermeidliche Seins-Bedürfnis, sich mit erster Nahrung zu nähren, zu verwenden — und diesmal entdeckten sie beinahe eine diesem Zweck sehr entsprechende Methode.

„Ich kann dich eingehend über die interessanten Ergebnisse ihrer neuen Forschungen in diesem Bereich unterrichten, da ich nicht nur das irdische dreihirnige Wesen, das diese besagte Methode durch seine bewußten Bemühungen entdeckte, persönlich kannte, sondern sogar persönlich bei verschiedenen aufklärenden Experimenten zugegen war, die der Entdecker dieser sozusagen ‚neuen Forschungen' über die Möglichkeit der Anwendbarkeit dieser Methode anstellte.

„Er hieß Asiman und war ein Mitglied einer Gruppe zeitgenössischer asiatischer dreihirniger Wesen, die, nachdem sie ihre sklavische Abhängigkeit von einigen Ursachen in sich erkannt hatten, eine gemeinschaftliche Existenz organisierten, um an sich zu arbeiten und sich von dieser inneren Sklaverei zu befreien.

„Es ist interessant, zu bemerken, daß diese Gruppe heutiger irdischer dreihirniger Wesen, von denen einer dieser Bruder Asiman war, zuvor in dem Lande existiert hatten, das früher Perlandia hieß und jetzt Hindustan. Aber als später Wesen aus dem Kontinent Europa dort erschienen und sie zu stören und ihr friedliches Werk zu hindern begannen, wanderten sie alle über das, was jetzt die ‚Himalaja-Berge' genannt wird, aus und ließen sich teilweise in Tibet und teilweise in den sogenannten ‚Tälern des Hindukusch' nieder.

„Bruder Asiman gehörte zu denen, die sich in den Tälern des Hindukusch ansiedelten.

„Da den Mitgliedern dieser Bruderschaft, die an ihrer Selbstvervollkommnung arbeiteten, Zeit sehr kostbar war und der Prozeß des Essens ihnen sehr viel Zeit raubte, arbeitete dieser Bruder Asiman, der sich in der Wissenschaft, die man früher ‚Alchemie' nannte, sehr gut auskannte, sehr ernstlich daran, in der Hoffnung, ein was man nennt ‚chemisches Präparat' zu finden, das, in ein Wesen eingeführt, es diesem ermöglichte zu existieren, ohne soviel Zeit auf die Zubereitung und Verzehrung aller möglichen Produkte für seine erste Seins-Nahrung zu verwenden.

„Nach langer und intensiver Arbeit fand Bruder Asiman

für diesen Zweck eine Kombination chemischer Stoffe in der Form eines Pulvers, wovon ein ‚Fingerhut' voll, einmal alle vierundzwanzig Stunden in ein Wesen eingeführt, es diesem Wesen möglich machte zu existieren, ohne etwas weiteres außer Wasser zu sich zu nehmen und alle seine Seins-Verpflichtungen ohne Schaden zu erfüllen.

„Als ich zufällig in dieses Kloster kam, wo Bruder Asiman mit den anderen Brüdern der besagten kleinen Gruppierung deiner heutigen Lieblinge existierte, hatten alle Brüder dieses Präparat schon fünf Monate lang gebraucht, und Bruder Asiman war mit Hilfe der anderen Brüder, die sich auch in dieser Frage sehr gut auskannten, ganz mit aufklärenden Experimenten großen Maßstabes beschäftigt.

„Und diese Experimente zeigten ihnen, daß dieses Präparat doch letzten Endes für normale Seins-Existenz nicht ausreiche.

„Nachdem sie dies festgestellt hatten, hörten sie nicht nur vollends auf, dieses Präparat zu gebrauchen, sondern vernichteten sogar das Herstellungsrezept des Bruders Asiman.

„Einige Monate später kam ich wieder in jenes Kloster und machte mich mit dem Dokument jener Brüder bekannt, das sie an dem Tag verfaßt hatten, als sie endgültig aufgehört hatten, dieses tatsächlich erstaunliche Präparat zu gebrauchen.

„Dieses Dokument enthielt unter anderem sehr interessante Einzelheiten über die Wirkung des besagten Präparats von Asiman. Es hieß darin, daß, wenn dieses Präparat in den Bestand eines Wesens eingeführt wird, es außer einer ernährenden Qualität eine besondere Wirkung auf die sogenannten ‚wandernden-Magennerven' habe, wodurch nicht nur das Bedürfnis nach Nahrung sofort in den Wesen aufhöre, sondern auch jeder Wunsch, ein anderes eßbares Produkt in sich einzuführen, gänzlich verschwinde, und daß, wenn man etwas mit Gewalt einführe, es eine lange Zeit brauche, bevor die dadurch hervorgerufene unangenehme Empfindung und der dadurch verursachte unangenehme Zustand verschwinden.

„Es war auch gesagt, daß im Bestand der Wesen, die sich mit diesem Präparat ernährten, zu Anfang keine Veränderung zu bemerken war. Sogar ihr Gewicht nahm nicht ab. Erst nach fünf Monaten begann sich die schädliche Wirkung im allgemeinen Bestand eines Wesens durch das langsam nachlassende Funktionieren einiger aufnehmender Organe und der Manifestationen ihrer sogenannten ‚Befähigung‘ und ‚Feinfühligkeit‘ zu zeigen. Ihre Stimme zum Beispiel wurde schwächer und ihre Sehkraft, Gehör und so weiter schlechter. Ferner wurde an einigen mit Beginn der Umänderung dieser Seins-Funktionen ein Wandel in ihrem allgemeinen psychischen Zustand beobachtet.

„Das von diesen Brüdern verfaßte Dokument enthielt unter anderem eine lange Beschreibung der Veränderung in dem Charakter der Wesen während der fünf Monate, in denen sie dieses bemerkenswerte Präparat von Asiman gebraucht hatten, und zur Illustrierung waren sehr ausgezeichnete und passende Vergleiche gegeben.

„Obgleich die in diesem Dokument als Vergleich gegebenen Beispiele nicht mehr in meinem Gedächtnis sind, bin ich doch sozusagen, ob des ‚Geschmackes‘, der mir von ihnen verblieben ist, imstande, ihren Kern wiederzugeben, wenn ich die Sprache unseres geschätzten Mulla-Nassr-Eddin gebrauche.

„So wurde zum Beispiel ein sonst gewöhnlich guter Kerl mit dem Charakter eines, wie man sagt, ‚Engel-Gottes‘ plötzlich so reizbar wie einer, von dem unser teurer Mulla-Nassr-Eddin sagt:

„ ‚Er ist so reizbar wie einer, der gerade eine volle

Behandlung bei einem berühmten europäischen Nerven-Spezialisten durchgemacht hat.'

„Oder Wesen, die zuvor so friedlich wie die kleinen ‚Butter-Lämmer' waren, die fromme Leute an ihren wichtigsten religiösen Festen auf die Festtafel setzen, wurden am nächsten Tag so aufgebracht wie ein deutscher Professor, wenn ein französischer Professor etwas Neues in der modernen Wissenschaft erfindet.

„Oder wiederum, ein Wesen, das mit der Liebe liebte, wie ein heutiger irdischer Liebhaber eine reiche Witwe, — natürlich bevor er einen einzigen Pfennig von ihr erhalten hat — wurde so gehässig wie einer von den boshaften Leuten, die mit Schaum vorm Munde jenen armen Schriftsteller hassen, der jetzt über dich und mich hier in seinen Büchern schreibt, die da betitelt sind ‚Eine objektiv unparteiische-Kritik-des-Lebens-des-Menschen'.

„Dieser arme Gelbschnabel von Autor wird übrigens sowohl von den ‚vollblütigen-Materialisten' als auch den ‚sechsundneunzigkarätigen Deisten' gehaßt werden und sogar von jenen der dir lieben dreihirnigen Wesen, die, wenn ihr Magen voll ist und ihre ‚Mätressen' gerade ‚keine Szene machen', ‚unverbesserliche Optimisten' sind, die aber dagegen, wenn ihr Magen leer ist, ‚hoffnungslose-Pessimisten' sind.

„Da wir einmal, mein Junge, von diesem ‚sonderbaren Gelbschnabel von Schriftsteller' zu sprechen begannen, kann ich nicht umhin, dir hier mein Verwundern zu bekennen, das schon vor langem in mir über ihn entstand und ständig zunahm, nämlich über eine Naivität von ihm.

„Er wurde nämlich vom ersten Anfang seiner verantwortlichen Existenz an, ich weiß nicht, ob durch Zufall oder durch den Willen des Schicksals, auch ein Anhänger und sogar ein sehr überzeugter Anhänger unseres weisen und geschätzten Mulla-Nassr-Eddin und ließ auch niemals im gewöhnlichen Prozeß seiner Seins-Existenz die geringste Gelegenheit vorbeigehen, um vollends nach dessen unvergleichlich weisen und unnachahmlichen Sprüchen zu handeln. Und nun scheint er, der Nachricht nach, die ich per Ätherogramm erhielt, plötzlich einem der ernstesten und ausnehmend praktischen, sicherlich nicht jedem zugänglichen Ratschläge dieses Lehrers über allen Lehrern entgegenzuhandeln, der da in folgenden Worten Ausdruck findet:

„ ‚Ach Bruder, wenn du hier auf Erden die Wahrheit sagst, bist du ein großer Esel, und wenn du mit deiner Seele zappelst, bist du sogar ein Schuft, noch dazu ein großer. So ist es das beste, nichts zu tun, als auf dem Diwan zu liegen und wie ein Spatz, der sich noch nicht in einen amerikanischen Kanarienvogel verwandelt hat, zu singen.‘

„Doch nun, mein Junge, nimm im weiteren die Kunde über die Ursachen des allmählichen Disharmonierens der zweiten Haupt-Seins-Funktion im Bestand dieser heutigen Wesen des Kontinents Amerika aufmerksam in dich auf, nämlich die Kunde über das Disharmonieren der Geschlechtsfunktion.

„Die Disharmonie dieser Funktion in ihnen ist auch durch mehrere Ursachen verschiedenen Charakters bedingt, aber die Grundursache ist meiner Meinung nach ihre in ‚ihrem Wesen verwurzelte und mit ihrer Natur schon ganz verschmolzene‘ Vernachlässigung, ihre Geschlechtsorgane rein zu halten.

„Wie bei den Wesen des Kontinents Europa kommen nur die Sorgfalt, die sie auf ihr Gesicht verwenden, und der Gebrauch der sogenannten ‚kosmetischen-Mittel‘ der Vernachlässigung dieser besagten Organe gleich, wogegen mehr oder weniger bewußte dreihirnige Wesen gerade die größte Reinlichkeit hinsichtlich eben dieser Organe beobachten müssen.

„Man kann jedoch nicht nur sie allein dafür tadeln,

da in dieser Hinsicht die Wesen des Kontinents Europa mit ihren im Prozeß ihrer gewöhnlichen Seins-Existenz bestehenden Sitten noch mehr zu tadeln sind.

„Man muß in Betracht ziehen, daß sich diese erst kürzlich entstandene heutige große Gruppierung fast ausschließlich von Wesen aus verschiedenen großen und kleinen Gruppierungen, die den Kontinent Europa bevölkern, gebildet hat und weiter von dort noch Zustrom erhält.

„Und wenn auch die Mehrzahl aller dreihirnigen Wesen, die jetzt diese neu gebildete große Gruppierung dort ausmachen, nicht selbst Emigranten vom Kontinent Europa sind, so waren es doch ihre Väter und Großväter, die, als sie nach diesem Kontinent Amerika auswanderten, auch alle ihre europäischen Sitten mit sich brachten, worunter auch die waren, die zu Unreinlichkeit führten, was ihre Geschlechtsorgane angeht.

„Deshalb mußt du, mein Junge, wenn ich dir jetzt davon spreche, wie es mit der Geschlechtsfrage unter den Amerikanern steht, immer im Sinn behalten, daß alles, was ich sagen werde, sich auch auf die Wesen des Kontinents Europa bezieht.

„Die Ergebnisse dieser Unreinlichkeit der heutigen irdischen dich interessierenden dreihirnigen Wesen, die auf dem Kontinent Europa und Amerika vorkommen, treten in meiner Statistik sehr deutlich hervor.

„Nehmen wir zum Beispiel die sogenannten ‚Geschlechtskrankheiten'. Diese Krankheiten sind auf dem Kontinent Europa und auf dem Kontinent Amerika so weit verbreitet, daß man heutzutage wohl kaum ein einziges Wesen findet, das nicht die eine oder andere Form dieser Krankheiten hat.

„Es kann nicht schaden, wenn du unter anderem ein wenig mehr über diese interessanten und eigentümlichen Gegebenheiten erfährst, die in meinen Statistiken in

Zahlen nachweisen, wieviel mehr diese Krankheiten unter den Wesen des Kontinents Amerika und Europa verbreitet sind als unter den Wesen des Kontinents Asien.

„Viele dieser ‚Geschlechtskrankheiten' fehlen vollständig unter den Wesen der alten Gemeinschaften des Kontinents Asien; wogegen sie unter den Wesen der Kontinente Amerika und Europa fast epidemisch sind.

„Nehmen wir zum Beispiel das, was man ‚Tripper' nennt oder, wie die dortigen Gelehrten ihn nennen ‚Gonorrhöe'. Auf den Kontinenten Europa und Amerika haben fast alle Menschen sowohl männlichen als weiblichen Geschlechts diese Krankheit in einem ihrer verschiedenen Stadien, wogegen man sie auf dem Kontinent Asien nur an den Grenzen trifft, wo sich die dortigen Wesen häufig mit Wesen vom Kontinent Europa mischen.

„Ein gutes Beispiel für das soeben Gesagte sind die Wesen, die zu der Gruppe gehören, die dort unter dem Namen ‚Persien' existiert und einen verhältnismäßig großen Teil des Kontinents Asien einnimmt.

„Unter den Wesen, die in den mittleren, östlichen, südlichen und westlichen Teilen dieses verhältnismäßig großen Landes wohnen, kommt diese Krankheit überhaupt nicht vor.

„Aber im nördlichen Teil, besonders in der Gegend, die ‚Aserbaidschan' heißt, die in direkte Berührung mit der großen, halb europäischen, halb asiatischen Gemeinschaft namens Rußland kommt, wächst der Prozentsatz der mit dieser Krankheit angesteckten Wesen mehr und mehr, je näher man nach Rußland kommt.

„Und genau dasselbe geschieht in anderen östlichen Ländern des Kontinents Asien; der Prozentsatz dieser Krankheit nimmt proportional mit der Beziehung ihrer Wesen zu den Wesen des Kontinents Europa zu; so hat sich zum Beispiel in dem Lande namens Indien und teilweise in China diese Krankheit in der letzten Zeit weit unter den Wesen dort verbreitet, besonders an jenen Orten, wo sie mit europäischen Wesen der Gemeinschaft ‚England' in Berührung kamen.

„So kann man sagen, daß die Hauptverbreiter dieser Krankheit unter den Wesen des Kontinents Asien von der nordwestlichen Seite her die Wesen der großen Gruppierung Rußland und von der östlichen Seite die Wesen der Gemeinschaft England sind.

„Der Grund dafür, daß diese Krankheit sowohl als auch viele andere Übel in den besagten Teilen des Kontinents Asien fehlen, liegt meiner Ansicht nach darin, daß die Mehrzahl der Wesen des Kontinents Asien verschiedene sehr gute Sitten in ihrer alltäglichen Existenz beibehalten haben, die auf sie wiederum von ihren fernen Vorfahren gekommen sind.

„Und diese Sitten sind durch ihre Religion so tief in ihrer alltäglichen Existenz verwurzelt, daß diese Wesen heutzutage, wo sie diese Sitten mechanisch ohne alle Klügeleien befolgen, dadurch mehr oder weniger vor verschiedenen Übeln bewahrt sind, die durch die anomal festgesetzten Verhältnisse der Seins-Existenz sich allmählich gebildet haben und sich noch weiter in großer Anzahl auf diesem unseligen Planeten bilden.

„Die Wesen der meisten Gruppierungen auf dem Kontinent Asien sind sowohl vor vielen Geschlechtskrankheiten als auch vor vielen ‚sexuellen-Anomalitäten' geschützt, wenn auch nur zum Beispiel durch solche Sitten, die dort unter den Namen ‚Sunniat' und ‚Abdest' bekannt sind.

„Die erste dieser Sitten, nämlich ‚Sunniat' oder, wie sie auch heißt, ‚Beschneidung' bewahrt nicht nur die meisten asiatischen Wesen von verantwortlichem Alter vor vielen venerischen Krankheiten, sondern schützt auch die meisten Kinder und jungen Leute des Kontinents Asien vor jener Geißel, die unter dem Namen ‚Onanismus' bekannt ist.

„Dieser Sitte gemäß vollziehen die Wesen von verantwortlichem Alter in den meisten heutigen Gruppierungen des Kontinents Asien an ihren ‚Resultaten' — das heißt ihren Kindern — gewöhnlich in einem bestimmten Alter einen Ritus, der darin besteht, daß sie bei den Knaben das, was sie ‚Frenum' und ‚Präpus' der ‚Penis' nennen, beschneiden.

„Und so sind zur heutigen Zeit jene Kinder deiner Lieblinge, an denen diese Sitte — natürlich automatisch — vollzogen wird, fast vollends gegen die unausbleiblichen Resultate verschiedener im Prozeß der Existenz deiner Lieblinge schon vollends eingebürgerten Übel geschützt.

„So trifft man zum Beispiel meinen Statistiken zufolge die besagte Geißel, das heißt das ‚Onanieren der Kinder', kaum unter den Kindern jener dreihirnigen Wesen, die die Sitte der ‚Beschneidung' befolgen, wogegen die Kinder und Jünglinge der Wesen, die diese Sitte nicht beachten, ohne Ausnahme dieser sexuellen Anomalität ausgesetzt sind.

„Die zweite Sitte, die ich erwähnte, nämlich ‚Abdest', die übrigens von den Wesen verschiedener Gruppen des Kontinents Asien verschieden benannt wird, ist nichts anderes als die obligatorische Waschung der Geschlechtsorgane nach jedem Besuch der sogenannten ‚Toilette'.

„Dank hauptsächlich dieser zweiten Sitte sind die meisten deiner auf dem Kontinent Asien vorkommenden Lieblinge gegen viele Geschlechtskrankheiten und andere sexuelle Anomalitäten geschützt."

Nachdem Beelzebub dies gesagt hatte, dachte er lange nach und sagte dann folgendes:

„Das Thema unseres jetzigen Gesprächs hat mich an eine sehr interessante Unterhaltung erinnert, die ich während meines Aufenthalts in Frankreich mit einem jungen sympathischen dreihirnigen Wesen hatte. Für dein Verständnis all dessen, was ich soeben gesagt habe, halte ich es für das beste, wenn ich dir dieses ganze Gespräch wiedergebe, um so mehr als es nicht nur die Bedeutung der Sitte ‚Abdest' oder ‚Waschung' erklärt, sondern auch viele andere Fragen betreffs der sonderbaren Psyche dieser deiner Lieblinge beleuchtet.

„Das Wesen, mit dem ich die Unterhaltung führte, die ich dir wiedergeben will, war gerade der junge Perser, der, wie du dich erinnern wirst, auf die Bitte unserer gemeinsamen Bekannten hin mein ‚Führer' in der Stadt Paris war, wo ich mich, wie ich dir auch schon sagte, gerade vor meiner Abreise nach diesem Kontinent Amerika aufhielt.

„Eines Tages wartete ich auf diesen jungen Perser in einem Café in der Stadt Paris — wie immer in demselben Grand-Café.

„Als er ankam, sah ich an seinen Augen, daß er diesmal, wie man dort sagt, mehr als gewöhnlich ‚betrunken' war.

„Im allgemeinen trank er immer mehr als genug von den ‚alkoholischen' Flüssigkeiten, die es dort gibt, und wenn wir zufällig zusammen in Paris in den Restaurants auf dem Montmartre waren, wo man Champagner, den ich niemals mochte noch trank, bestellen mußte, trank er immer alles allein mit großem Vergnügen.

„Nicht nur, daß er immer trank; er war auch, wie man dort sagt, ein großer ‚Schürzenjäger'.

„Sobald er ein, wie man sagt, ‚hübsches Gesicht' eines Wesens weiblichen Geschlechts sah, veränderte sich sofort sein ganzer Körper und sogar sein Atmen.

„Als ich bemerkte, daß er diesmal mehr als gewöhnlich betrunken war, und nachdem er sich neben mich gesetzt und Kaffee mit was man dort einen ‚Aperitif' nennt, bestellt hatte, fragte ich ihn:

„‚Erklären Sie mir bitte, junger Freund, warum trinken Sie immer dieses ‚Gift'?'

„Auf diese Frage antwortete er:

„ ‚Ach, mein teurer Doktor, ich trinke dieses Gift, erstens weil ich mich so daran gewöhnt habe, daß ich jetzt nicht aufhören kann, ohne zu leiden, und zweitens trinke ich es, weil ich nur unter der Wirkung von Alkohol ruhig all die Schamlosigkeit ansehen kann, die hier vor sich geht‘, und dabei deutete er mit der Hand um sich herum.

„ ‚Ich begann dies, was Sie ‚Gift‘ nennen, zu trinken, weil zufällige und für mich unglückliche und unselige Lebensumstände es so ergaben, daß ich hierherkommen und eine lange Zeit in diesem üblen Europa leben mußte.

„ ‚Zuerst trank ich, weil jeder, den man hier trifft, auch trinkt und weil man, wenn man nicht trinkt, eine ‚Frau‘ genannt wird, ‚ein kleines Mädchen‘, ‚ein Püppchen‘, ‚ein Süßes‘, ‚ein Dummerchen‘ und ähnliche Spottnamen. Da ich nicht wünschte, daß meine Geschäftsfreunde mich mit diesen beleidigenden Namen nennen, begann auch ich zu trinken.

„ ‚Und da außerdem, als ich zuerst nach Europa kam, die Lebensverhältnisse hier, was Moralität und Patriarchalität angeht, den Verhältnissen, in denen ich geboren und erzogen worden war, ganz entgegengesetzt waren, erlebte ich, als ich das alles sah und wahrnahm, ein schmerzliches Gefühl von Scham und unerklärlicher Verlegenheit. Gleichzeitig bemerkte ich, daß durch die Wirkung des Alkohols, den ich zu mir nahm, nicht nur die Bedrückung, die ich fühlte, nachließ, sondern daß ich all das ganz ruhig ansehen konnte und sogar an diesem anomalen Leben, das meiner Natur und meinen feststehenden Ansichten ganz entgegengesetzt war, teilzunehmen wünschte.

„ ‚Und so kam es dahin, daß jedesmal, wenn ich die besagte unangenehme Empfindung zu spüren begann, ich diesen Alkohol sogar mit dem Gefühl einer gewissen

Selbstrechtfertigung trank und mich auf diese Weise langsam an, was Sie ganz zu Recht ‚Gift‘ genannt haben, gewöhnte.‘

„Nachdem er dies mit einem sichtlichen Impuls von innerem Kummer gesagt hatte, machte er eine kurze Pause, um eine Zigarette zu rauchen, die mit ‚Tambak‘ gemischt war, und ich benutzte die Gelegenheit, ihn folgendes zu fragen:

„ ‚Nun gut . . . nehmen wir an, daß ich die Erklärung Ihrer unentschuldbaren Betrunkenheit mehr oder weniger verstanden habe und mich in Ihre Lage versetzen kann; was aber sagen Sie zu Ihrem anderen, von meinem Standpunkt aus auch unentschuldbaren Laster, nämlich ihrer ‚Schürzenjägerei‘?‘

„ ‚Laufen Sie doch jedem Rock nach, sobald er an jemand hängt, der lange Haare hat!‘

„Auf diese Frage hin seufzte er tief und fuhr dann so zu sprechen fort:

„ ‚Es scheint mir, daß ich auch zu dieser Gewohnheit teilweise aus dem gleichen Grund kam, den ich schon anführte, aber ich glaube, daß diese meine Schwäche noch durch eine andere sehr interessante psychologische Ursache erklärt werden kann.‘

„ ‚ , Wenn es Ihnen recht ist, mein lieber Doktor, werde ich Ihnen ausführlich erzählen, wie ich es selber verstehe.

„Ich drückte ihm natürlich meinen Wunsch aus, ihn darüber zu hören, schlug aber zuerst vor, ins Innere dieses Grand-Café in die Restaurant-Halle zu gehen, da es draußen schon feucht wurde.

„Als wir uns in der Restaurant-Halle gesetzt und den ‚vielgerühmten Champagner‘ bestellt hatten, fuhr er so fort:

„ ‚Als Sie, mein teurer Doktor, unter uns in Persien lebten, haben Sie vielleicht die Haltung beobachtet, die zwischen Männern und Frauen besteht und die für uns Perser sehr typisch ist.

„ ‚Die Männer haben nämlich bei uns in Persien zwei

bestimmte, man könnte sagen ‚organische Haltungen' Frauen gegenüber, wonach sich die Frauen für uns Männer — sogar unbewußt unsererseits — scharf in zwei Kategorien teilen.

„‚Die erste Haltung ist zu der Frau als der jetzigen oder späteren Mutter, die zweite zu der Frau als Weib.

„ ‚Diese Eigenschaft unserer Männer in Persien, die in ihrer Natur Gegebenheiten für diese zwei getrennten Haltungen haben und für dieses instinktive Gefühl hat sich erst kürzlich, vor ungefähr zweieinhalb Jahrhunderten, gebildet.

„ ‚Erklärungen zufolge, die mir einmal mein ‚Mulla-Onkel' gab, den man hinter seinem Rücken ‚einen Mulla-der-alten-Schule' nannte, scheint es, daß vor zwei oder drei Jahrhunderten — Ursachen zufolge, die offensichtlich aus verschiedenen höheren Weltgesetzen kommen — die Menschen einander überall auf der Erde bekriegten und besonders unter uns in Asien intensiver als gewöhnlich, und daß zu gleicher Zeit irgendwie in den meisten Menschen das Gefühl von Religiosität deutlich abnahm und in einigen vollends verschwand.

„ ‚Und gerade in jener Periode verbreitete sich unter den Männern eine Form von psychischer Krankheit, von der viele, die von ihr angesteckt waren, schließlich ganz verrückt wurden oder Selbstmord begingen.

„ ‚Daraufhin begannen einige kluge Leute verschiedener selbständiger Gruppierungen auf dem Kontinent Asien mit Hilfe verschiedener Repräsentanten der damaligen Medizin — die übrigens unserer heutigen Medizin weit überlegen war — sehr ernst nach den Ursachen jenes menschlichen Unglücks zu forschen.

„ ‚Nach langen unparteiischen Bemühungen fanden sie erstens heraus, daß die Männer, die von dieser Krankheit befallen wurden, ausschließlich solche waren, in deren Unterbewußtsein aus irgendeinem Grund nie ein Impuls von Glaube an irgend jemand oder irgend etwas entstand, und zweitens, daß junge Männer, die periodisch den normalen Geschlechtsakt mit Frauen vollzogen, keineswegs von dieser Krankheit befallen wurden.

„ ‚Als die Nachricht dieser Schlußfolgerung sich über den Kontinent Asien verbreitete, beunruhigten sich alle Herrscher und Führer der verschiedenen damaligen asiatischen Gruppen, da fast alle mobilisierten Truppen, die ihnen zur Verfügung standen, aus jungen Männern bestanden, und ständige Kriege keinem von ihnen erlaubten, normal mit seiner Familie zu leben.

„ ‚Und da in jener Periode alle Regierungen der verschiedenen asiatischen Länder gesunde und starke Armeen nötig hatten und haben wollten, so waren sie gezwungen, einen zeitweiligen Frieden zu schließen und eine Versammlung einzuberufen; schließlich kamen sie oder ihre Vertreter in der Hauptstadt, von was damals ‚Kilmantuschinische-Kanate‘ hieß, zusammen und versuchten gemeinsam einen Weg aus der entstandenen Lage zu finden.

„ ‚Nach ernstem Nachdenken und vielen Überlegungen kamen diese Herrscher verschiedener selbständiger Gruppierungen asiatischer Völker oder ihre Vertreter — natürlich gemeinsam mit den Vertretern der damaligen Medizin — zu dem Schluß, daß es nur dann möglich wäre, einen Ausweg aus der entstandenen Lage zu finden, wenn, was man ‚Prostitution‘ nennt, überall auf dem Kontinent Asien eingerichtet würde, wie dies auf dem Kontinent Europa geschehen war, und nur wenn die machthabenden Leute die Entwicklung dieser ‚Prostitution‘ besonders ermutigen und zu ihrem Gedeihen beitragen würden.

„ ‚Fast alle Häupter der damaligen Regierungen stimmten diesem Schluß der Vertreter aller Völker des Kontinents Asien, die sich in der Hauptstadt der Kilmantuschinischen-Kanate versammelt hatten, voll zu und fingen von da an, ohne den geringsten Gewissensbiß zu verspüren, Frauen nicht nur im allgemeinen zu ermutigen und ihnen — ausgenommen natürlich ihren eigenen Töchtern — zu helfen an, sich mit dieser Beschäftigung zu befassen, die der Natur jedes normalen Menschen so ‚ekelhaft abstoßend' ist, sondern auch, sogar mit einem Gefühl von Wohlwollen, als ob dies die freundlichste menschliche Manifestation sei, jede mögliche Unterstützung den Frauen, ohne Anbetracht ihrer Kaste und Religion, zu geben, die sich diesem schmutzigen Zweck überlassen oder dafür irgendwohin gehen wollten.

„‚Da wir dieses Thema einmal berührt haben, so gestatten Sie mir, verehrter Doktor, ein wenig abzuschweifen und Ihnen hier die meiner Ansicht nach sehr interessanten und weisen Überlegungen dieses gleichen Mulla-Onkels von mir zu erzählen, die die Entstehung dieses Übels und dieser Geißel der heutigen Zivilisation im allgemeinen betreffen.

„‚Als wir uns einmal an einem der Tage des Ramadan wie gewöhnlich unterhielten, während wir auf den Ruf des Mulla unseres Distriktes warteten, der uns die Essenszeit anzeigte, und auf diese menschliche ‚Geißel' zu sprechen kamen, sagte er unter anderem:

„‚‚Es ist falsch und ungerecht von euch, alle Frauen dieser Art zu tadeln und zu verachten.

„‚‚‚Die meisten von ihnen sind nicht persönlich für ihr trauriges Los verantwortlich zu machen, man sollte dafür ihre Eltern, Gatten und den Vormund tadeln.

„‚‚‚Man sollte gerade ihre Eltern, Gatten und den Vormund tadeln und verachten, die während des vorbereitenden Alters dieser Mädchen zu mündigem Sein, dieweil sie noch nicht ihren eigenen gesunden Menschenverstand haben, die Entstehung jener Eigenschaft zuließen, die da Faulheit heißt.

„‚‚‚Obgleich Faulheit in diesem Alter zunächst nur automatisch in ihnen ist und junge Leute keine sehr großen

Anstrengungen machen müssen, um dagegen anzukämpfen und um später, wenn sie ihren eigenen gesunden Menschenverstand erwerben, fähig zu sein, ihr nicht zu erlauben, völlige Herrschaft über sie zu gewinnen, so muß doch trotzdem, was die Organisation der Frauenpsyche angeht, das aktive Prinzip — Resultaten zufolge, die nicht von unserem Willen abhängen, sondern aus kosmischen Gesetzen stammen — unbedingt an jeder Initiative und jeder guten Manifestierung von ihnen teilnehmen.

„‚‚Und es ist gerade in den ersten Jahren des mündigen Lebens dieser heutigen unglücklichen zukünftigen Frauenmütter, wenn dank verschiedener Ideen von Leuten der heutigen Zivilisation über ‚Gleiche-Rechte-für-Frauen‘, die es dort unter den Schlagwörtern ‚Gleiches-Wahl-Recht‘, ‚überhaupt Gleichberechtigung‘ und so weiter gibt — Ideen, die jetzt schon überall auf Erden weit verbreitet und naiv für das Verständnis eines Mannes sind, der sein Leben normal gelebt hat, und die unbewußt auch von den meisten heutigen Männern angenommen werden, daß in diesen heutigen noch nicht vollends geformten zukünftigen Frauenmüttern — da sie einerseits nicht die gesetzmäßigen erforderlichen Quellen des aktiven Prinzips um sich haben, als da sind ihre Eltern, Vormund und Gatten, auf die die Verantwortlichkeit für sie im Augenblick der Heirat übergeht, und anderseits durch den intensiven Prozeß von Phantasie und Begeisterung, der gewöhnlich in ihnen vorgeht und der in diesem Übergangsalter gesetzmäßig von der Natur zwecks einer besseren Verwirklichung der Gegebenheiten zur Entwicklung ihres gesunden Gefühls vorgesehen ist, — allmählich die besagte automatische Faulheit in ihre Natur übergeht und dort als eine andauernde unabänderliche Notwendigkeit bleibt.

„‚‚Eine Frau mit einer solchen Natur wünscht natürlich nicht die Verpflichtungen einer echten ‚Frau-Mutter‘ zu erfüllen, und da eine Prostituierte zu sein ihr die Möglichkeit gibt, nichts zu tun und gleichzeitig häufig großes Vergnügen zu erleben, bildet sich allmählich sowohl in ihrer Natur als in dem ihr eigenen ‚passiven Bewußtsein' ein Faktor für den unwiderstehlichen Drang ein ‚Frau-Weib' zu sein.

„‚‚‚Da aber im Instinkt dieser Frauen die allen Frauen eigenen Gegebenheiten für den Impuls von ‚Scham' nicht sofort atrophiert sind und keine von ihnen, auch wenn sie es im Geiste noch so sehr wünscht, ruhig zu einer solchen Frau in ihrem eigenen Heimatland werden kann, versucht jede von ihnen instinktiv und halbbewußt immer in ein anderes Land zu gehen. Und dort, weit weg von ihrem Heimatland, wo es kein inneres Unbehagen für sie gibt, kann sie sich, ohne etwas zu tun, ganz diesem für sie in fast jeder Hinsicht angenehmen Beruf überlassen.

„‚‚‚Und was die weite Verbreitung dieses menschlichen Unglücks überall auf Erden in der heutigen Zeit angeht, so liegt die Ursache dafür meiner Meinung nach ausschließlich nur in jenen heutigen Männern, in denen aus verschiedenen Gründen — wie in jenen jungen Frauen, den späteren Prostituierten — ein ähnliches was man nennt ‚organisch-wesentliches-Bedürfnis-nichts-zu-tun-als-zu-genießen' entsteht. Und eine Form, dieses kriminelle Bedürfnis dieser ‚Geschwüre' unter den heutigen Menschen zu befriedigen, besteht im gegebenen Fall darin, solche Frauen zu verführen und ihnen beizustehen, ihr Heimatland mit einem fremden Land zu vertauschen.

„‚‚‚Es ist bereits von vielen heutigen vernünftigen feinfühligen Menschen bemerkt worden, daß diese zwei mit derselben Krankheit Angesteckten verschiedenen Geschlechtes gewöhnlich einander bewußt oder instinktiv suchen und finden — und so das Sprichwort, das aus alten Zeiten stammt, bestätigen: ‚Ein Lump erkennt den andern von fern.'

„ ‚Also, verehrter Doktor, ob gerade der soeben erwähnten Ursache, die mein Onkel gut verstand, erschienen damals nach einigen Jahren viele weibliche Prostituierte aus verschiedenen anderen Ländern unter uns in Persien.

„ ‚Und ob der instinktiven Haltung, die, wie ich schon gesagt habe, die einheimischen Frauen Persiens, ohne Unterschied der Religion, gegenüber der Moralität und Patriarchalität in den Familien-Überlieferungen Jahrhunderte hindurch eingenommen hatten, konnten diese fremden Frauen sich nicht mit der allgemeinen Masse persischer Frauen mischen, und deshalb gab es von dieser Zeit an die zwei Kategorien von Frauen, von denen ich sprach.

„ ‚Und da die Mehrzahl dieser fremden Frauen, die frei unter uns in Persien lebten und überallhin gingen, auf den Markt und andere öffentliche Plätze, oft die Aufmerksamkeit unserer persischen Männer auf sich zog, bildete sich in den letzteren allmählich, natürlich unbewußt, neben der schon existierenden Haltung zu Frauen als Mütter noch eine andere Haltung zu Frauen einfach als Weib.

„ ‚Die Eigenschaft, diese bestimmte doppelte Haltung Frauen gegenüber zu haben, die erblich von Geschlecht zu Geschlecht weiterging, hat sich unter uns schließlich so eingewurzelt, daß unsere Männer in der heutigen Zeit diese zwei Kategorien von Frauen nicht nur nach ihrer Erscheinung unterscheiden, so wie es möglich ist, einen Menschen von einem Schaf, einem Hund, einem Esel und so weiter zu unterscheiden, sondern hat sogar in ihnen ein gewisses Etwas gebildet, das instinktiv nicht zuläßt, eine Frau der einen Kategorie für eine Frau einer anderen zu halten.

„ ‚Ich sogar konnte immer irrtumsfrei aus der Entfernung sagen, welche Art von Frau dort ging. Wie ich dies sagen konnte, ob an ihrem Gang oder einem anderen Zeichen, das kann ich beim besten Willen in der Welt nicht erklären; Tatsache ist nur, daß ich es sagen konnte und mich niemals irrte, auch wenn beide Kategorien von Frauen dieselben Schleier trugen.

„ ‚Und jeder normale Perser — normal in dem Sinn, daß er nicht unter dem Einfluß von ‚Tambak‘, ‚Alkohol‘ oder ‚Opium‘ ist, deren Gebrauch sich in den letzten Zeiten unglücklicherweise mehr und mehr unter uns verbreitet — kann immer ohne sich zu irren sagen, welche Frau eine ‚Frau-Mutter‘ und welche eine ‚Frau-Weib‘, das heißt eine ‚Prostituierte‘, ist.

„ ‚Jedem normalen Perser unter uns gilt eine ‚Frau-Mutter‘, zu welcher Religion sie auch gehören mag und ohne Anbetracht ihrer Familie und persönlichen Beziehungen, wie seine eigene Schwester und eine Frau der zweiten Kategorie nur wie ein Tier, das unvermeidlich in ihm ein Gefühl von Abstoßung hervorruft.

„ ‚Diese instinktive Unterscheidung von Frauen ist in unseren Männern sehr stark entwickelt und ist völlig unabhängig von unserem Bewußtsein.

„ ‚Nehmen wir zum Beispiel an, daß es irgendwie geschähe, daß die jüngste und schönste Frau einer bestimmten Gegend in das Bett eines Mannes derselben Gegend käme, so wäre dieser persische Mann sogar mit aller Entschiedenheit, — vorausgesetzt, ich wiederhole, daß er nicht unter dem Einfluß von Opium oder Alkohol ist — organisch nicht fähig, sie als Weib zu behandeln.

„ ‚Er würde sich dieser Frau gegenüber wie gegen seine eigene Schwester benehmen, und selbst wenn sie organische Handlungen gegen ihn manifestieren würde, würde er sie nur um so mehr bemitleiden und glauben, daß sie ‚von einer unsauberen Macht‘ besessen sei und sein Bestes tun, ihr zu helfen, sich von diesem Unglück zu befreien.

„ ‚Und der gleiche Perser würde sich in normalen Umständen auch gegenüber einer Frau der zweiten Kategorie, das heißt eine Prostituierte, nicht wie zu einem Weib verhalten, da er ihr gegenüber, wie jung und schön sie auch sein mag, unvermeidlich eine organische Abneigung verspürt — er wird sie nur dann als Weib betrachten können, wenn er in seinen Organismus die für den Menschen verderblichen berauschenden Produkte eingeführt hat, die ich aufgezählt habe.

„ ‚Also, verehrter Doktor, bis zu meinem zwanzigsten Jahre lebte ich in Persien unter dieser Moral und in diesen Traditionen wie jeder gewöhnliche normale Perser.

„ ‚Mit zwanzig wurde ich durch Rechte, die erblich auf mich gekommen waren, Teilhaber einer großen Firma, die persische getrocknete Früchte nach verschiedenen europäischen Ländern exportierte.

„ ‚Durch verschiedene nicht von mir abhängige Umstände gestaltete sich meine Stellung in dieser Firma so, daß ich ihr Haupt-Vertreter in den Ländern auf dem Kontinent Europa werden mußte, wohin diese Früchte ausgeführt wurden.

„ ‚Zuerst ging ich, wie ich Ihnen schon gesagt habe, nach Rußland, dann nach Deutschland, Italien und anderen europäischen Ländern, und jetzt habe ich schließlich schon sieben Jahre hier in Frankreich verbracht.

„ ‚Im Leben all dieser fremden Länder gibt es keinen solch deutlich gezogenen Unterschied zwischen diesen zwei Frauen-Typen, zwischen der Frau als Mutter und der Frau als Prostituierten, wie ich ihn meine ganze Jugend hindurch in meinem Heimatland gesehen und gefühlt habe.

„ ‚Überall unter ihnen ist die Haltung den Frauen gegenüber rein verstandesmäßig, das heißt nur ausgedacht, nicht organisch.

„ ‚Zum Beispiel wird ein Gatte hier, wie sehr ihn auch seine Frau betrügen mag, dies niemals wissen, außer wenn er es sieht oder davon hört.

„ ‚Aber bei uns in Persien kann ein Gatte, ohne etwas zu sehen und ohne Geschwätz, instinktiv fühlen, ob seine Frau ihn betrügt; und dasselbe trifft auch bei der Frau zu — eine Ehefrau unter uns kann jede Untreue seitens ihres Gatten fühlen.

„ ‚Was dieses besondere instinktive Gefühl im Menschen betrifft, so haben verschiedene Wissenschaftler des Kontinents Europa kürzlich darüber sogar einige sehr ernste besondere Untersuchungen unter uns angestellt.

„ ‚Wie ich zufällig erfuhr, kamen sie zu dem Schluß, daß im allgemeinen unter Leuten, unter denen ‚Polyandrie' und ‚Polygamie', das heißt ‚mehr als eine Frau' und ‚mehr als ein Mann' durch die bestehende örtliche Moral gestattet ist, sich eine besondere ‚psychisch organische' Eigentümlichkeit in den Beziehungen zwischen Mann und Frau einstellt.

„ ‚Diese psychisch organische Eigentümlichkeit gibt es auch in uns Persern, da wir, wie Sie wissen, Anhänger der mohammedanischen Religion sind und die Sitte der Polygamie befolgen, das heißt: jedem Mann ist gesetzlich erlaubt, bis zu sieben Frauen zu haben.

„ ‚Und diese psychisch organische Eigentümlichkeit in uns Persern besteht übrigens darin, daß das Gefühl von des Gatten Untreue in jeder dieser gesetzlichen Frauen nie den anderen gesetzlichen Frauen gegenüber entsteht.

„ ‚Solch ein Gefühl erscheint in einer Frau nur dann, wenn ihr Gatte sie mit einer ganz fremden Frau betrügt.

„ ‚Erst jetzt, verehrter Doktor, wo ich hier in Europa lebe und sehe, was zwischen Mann und Frau vor sich geht, schätzte ich vollens unsere Sitte der Polygamie, die so besonders vernünftig eingerichtet und für Mann und Frau so segensreich ist.

„ ‚Obgleich jedem Mann unter uns erlaubt ist, mehrere Frauen zu haben, nicht nur eine, wie es hier in Europa der Fall ist, wo die christliche Religion vorherrscht, die nur eine Frau erlaubt, so ist doch die Ehrlichkeit und Gewissenhaftigkeit unserer Männer ihren Frauen gegenüber über allem Vergleich mit der Ehrlichkeit und Gewissenhaftigkeit, die hier unter den Männern ihrer einen Frau und überhaupt ihrer Familie gegenüber existiert.

„ ‚Schauen Sie sich nur um, und sehen Sie, was hier überall vorgeht. Schauen Sie sich allein in diesen Räumen des Grand-Cafés um, wo außer gewöhnlichen professionellen Prostituierten und Gigolos, die immer hier sind, Hunderte von Männern und Frauen an kleinen Tischen sitzen und heiter miteinander reden.

„ ‚Betrachtet man diese Männer und Frauen, so scheint es, daß sie alle verheiratete Paare sind, die zusammen hierher kamen, entweder um Paris zu sehen oder wegen irgendeines Familiengeschäftes.

„ ‚Tatsache aber ist, daß es in all diesen Hallen des Grand-Cafés unter all diesen Paaren von Männern und Frauen, die da fröhlich plaudern und bald in ein Hotel zusammen gehen werden, nicht ein einziges Paar Mann und Frau ist, wenn auch gleichzeitig jeder von ihnen dem Papier nach Gatte oder Gattin ist.

„ ‚Die ‚gesetzliche-Hälfte‘ der hier herumsitzenden Männer und Frauen, die zu Hause in den Provinzen geblieben sind, denken jetzt ebenfalls und erzählen sicherlich ihren Bekannten, daß ihre ‚gesetzliche Frau‘ oder ihr ‚gesetzlicher Mann‘ in die Weltstadt Paris gingen, um irgendwelche sehr ‚wichtige‘ Einkäufe für die Familie zu machen oder etwas anderes dieser Art.

„ ‚In Wirklichkeit aber haben diese Zugvögel ein ganzes Jahr hindurch ihre ‚gesetzliche-Hälfte‘ angeschwindelt und alle möglichen Geschichten erfunden, um sie von der Notwendigkeit ihrer Reise zu überzeugen; und hier in der Gesellschaft von Betrügern und ihnen ähnlichen Hintergehern schmücken sie im Namen und zu Ehren der Bedeutung des ‚Treulich-Geführt‘ mit Hilfe jener feinen Kunst, die diese heutige hohe Zivilisation erzielt hat, ihre zu Hause gebliebenen ‚gesetzlichen-Hälften' mit den größtmöglichen ‚feinen Kunsthörnern'.

„ ‚In Europa ist es durch die bestehende Ordnung des Familienlebens jetzt schon dahin gekommen, daß, wenn man einen Mann und eine Frau zusammen sieht und helle Töne in ihrer Stimme hört und Lächeln auf ihren Gesichtern gewahrt, man ganz sicher sein kann, daß sie sehr bald, sehr wirksam und sicher — wenn sie es nicht schon sowieso getan haben — ihren ‚gesetzlichen Hälften' die größten und schönsten Hörner aufsetzen werden.

„ ‚Wenn einer nur ein wenig schlau und nach außen vorsichtig dabei ist, gilt er schon als ein sehr ehrenhafter Mann und patriarchalischer Familienvater.

„ ‚Für die um ihn herum macht es überhaupt nichts aus, daß dieser ‚ehrenhafte' und ‚patriarchalische' Vater einer Familie vielleicht gleichzeitig — vorausgesetzt, daß seine Mittel es ihm erlauben — so viele ‚Mätressen' hat, wie es ihm gefällt, im Gegenteil, die um ihn herum zeigen gewöhnlich sogar mehr Respekt für einen solchen Mann als für einen, der nicht fähig ist, überhaupt eine ‚Mätresse' zu haben.

„ ‚Diese ehrenhaften Gatten hier haben, wenn die Mittel dazu langen, außer ihrer einen ‚gesetzlichen-Frau' nicht nur sieben, sondern sogar sieben mal sieben ‚ungesetzliche-Frauen' daneben.

„ ‚Und jene europäischen Gatten, die nicht die Mittel haben, verschiedene ‚ungesetzliche-Frauen' außer ihrer einen ‚gesetzlichen-Frau' zu unterstützen, verbringen fast ihre ganze Zeit mit sogenanntem ‚großem-Gelüst', das heißt sie starren tagelang auf jede Frau, die sie treffen, und ‚schauen sich die Augen aus' nach jeder, die vorbeigeht.

„ ‚Mit anderen Worten, sie betrügen in Gedanken oder Gefühlen ihre eine gesetzliche-Frau unzählige Male.

„ ‚Aber obgleich ein Mann bei uns in Persien bis zu sieben gesetzliche Frauen haben kann, so ist doch nichtsdestoweniger all sein Denken und Fühlen Tag und Nacht damit beschäftigt, wie er sowohl das innere wie äußere Leben dieser verschiedenen gesetzlichen Frauen am besten einrichten kann, und diese letzteren ihrerseits sind mit ihrer ganzen Aufmerksamkeit auf ihn gerichtet und versuchen auch Tag und Nacht ihr Bestes, um ihm in seinen Lebenspflichten beizustehen.

„ ‚Hier ist die gegenseitige innere Beziehung dieselbe zwischen Mann und Frau; genau so wie fast das ganze innere Leben des Gatten damit beschäftigt ist, seine eine gesetzliche Frau zu betrügen, so schweift auch das innere Leben dieser einen Frau vom ersten Tag ihrer Verbindung an immer außerhalb der Familie.

„ ‚Für eine europäische Frau wird, sobald sie verheiratet ist, ihr Gatte in der Regel für ihr inneres Leben ihr, wie man sagt, ‚eigener Besitz‘.

„ ‚Wenn sie nach der ersten Nacht dieses Besitzes sicher ist, widmet sie ihr ganzes inneres Leben der Suche nach einem bestimmten ‚Etwas‘, das heißt der Suche nach jenem unbekannten ‚Ideal‘, das von früher Kindheit an sich in jedem europäischen Mädchen dank jener viel gepriesenen ‚Erziehung‘ bildet und immer noch mehr und mehr für sie von einigen heutigen gewissenlosen Schriftstellern erfunden wird.

„ ‚Während meines Aufenthaltes in diesen europäischen Ländern beobachtete ich oft, daß sich im Wesen einer Frau dort jenes ‚Etwas‘ überhaupt nicht bildet, was in ihr wie in unseren Frauen dauernd das unterstützen sollte, was ‚organische-Scham‘ genannt wird, oder wenigstens die Anlage dazu, worauf meiner Meinung nach die sogenannte weibliche Pflicht beruht, und eben das ıst, was ihr instinktiv hilft, sich jener Handlungen zu enthalten, die eine Frau unmoralisch machen.

„ ‚Daher kommt es, daß jede Frau dort sehr leicht bei jeder günstigen Gelegenheit, ohne zu leiden oder Gewissensbisse zu empfinden, ihren ‚gesetzlichen-Gatten‘ betrügen kann.

„ ‚Meiner Meinung nach kommt es durch das Fehlen dieser Scham in ihnen dahin, daß es in Europa die Grenze, die die Frau-Mutter von der Frau-Prostituierten trennt, schon allmählich nicht mehr länger gibt und daß diese zwei Kategorien von Frauen sich schon vor langem zu einer vermischt haben, weshalb es in der jetzigen Zeit weder im Verstand noch im Gefühl der Männer dort jene Einteilung der Frauen in zwei Kategorien gibt, die fast jeder Perser hat.

„ ‚Hier kann man die Frau-Mutter von der Frau-Weib nur dann unterscheiden, wenn man alle ihre Manifestationen mit eigenen Augen sieht.

„ ‚In den europäischen Verhältnissen des Familienlebens gibt es — da die segensreiche Einrichtung der Polygamie fehlt, die meiner Meinung nach längst schon dort hätte eingeführt werden müssen, schon allein aus dem Grund, daß es, wie meine Statistiken zeigen, viel mehr Frauen als Männer gibt — tausende anderer Unannehmlichkeiten und Unstimmigkeiten, die es keineswegs zu geben bräuchte.

„ ‚Also, verehrter Doktor, die Hauptursache meines zweiten Lasters ist, daß ich, der ich in moralischen Überlieferungen geboren wurde und aufwuchs, die denen hier vollends entgegengesetzt sind, in einem Alter hierherkam, wo die tierischen Leidenschaften in einem Menschen besonders stark sind. Die folgenden Übel für mich kamen daher, daß ich noch sehr jung und nach ihren Vorstellungen hübsch hierherkam; und ob meines echten südlichen Typs stellten sehr viele Frauen, für die ich einen neuen und originellen Typus von Mann darstellte, eine wahre Jagd auf mich an.

„ ‚Sie waren wie Jäger hinter ‚seltenem Wild' hinter mir her.

„ ‚Und ich war seltenes Wild für sie nicht nur durch meinen besonderen Typ eines echten Südländers, sondern auch durch meine gefällige und liebenswürdige Art Frauen gegenüber, eine Eigenschaft, die mir von meiner frühesten Kindheit an in meinen Beziehungen zu unseren Mutter-Frauen eingeflößt worden war.

„ ‚Als ich hierherkam und Frauen hier begegnete, war ich natürlich, sogar unbewußt, auch gefällig und liebenswürdig zu ihnen.

„ ‚Also, als ich Frauen hier traf und mich anfangs nur mit ihnen unterhielt — hauptsächlich über heutige Zivilisation und die angebliche Rückständigkeit unseres Persien im Vergleich dazu — fiel ich, natürlich unter dem Einfluß von Alkohol, den ich damals bereits in recht großen Mengen zu mir nahm, zum erstenmal, das heißt, ich, künftiger Vater einer Familie, benahm mich lasterhaft.

„ ‚Obgleich dies mir damals viel Schmerz und Gewissensbisse verursachte, brachten es doch Umstände, zusammen wieder mit der Wirkung des Alkohols, zu einem zweiten Fall, und danach ging alles sozusagen bergab und führte zu dem Punkt, wo ich jetzt tatsächlich in dieser Hinsicht ein höchst schmutziges Tier bin.

„ ‚Manchmal, besonders wenn ich zufällig ganz frei vom Einfluß des Alkohols bin, leide ich moralisch sehr und hasse mich mit meinem ganzen Sein, und in solchen Augenblicken gieße ich diesen Alkohol um so rascher in mich hinein, um mich zu vergessen und mein Leiden zu ersticken.

„ ‚Nachdem ich dieses häßliche Leben in den genannten Ländern Europas gelebt hatte, ließ ich mich schließlich hier in Paris nieder, gerade der europäischen Stadt, wohin Frauen aus allen Teilen Europas und anderen Kontinenten kommen, mit der deutlichen Absicht, ihren ‚gesetzlichen-Hälften' Hörner aufzusetzen. Und hier in Paris habe ich mich so vollends diesen zwei menschlichen Lastern ergeben, das heißt dem Alkohol und, wie Sie gesagt haben, der Schürzenjägerei, und so laufe ich nach rechts und nach links ohne irgendeinen vernünftigen Grund. Und die Befriedigung dieser Laster ist jetzt für mich notwendiger als die Befriedigung meines Hungers.

„ ‚So also ist es mir bis heute ergangen, und was kommen wird, weiß ich nicht und will es auch nicht wissen.

„ ‚Ich tue sogar mein bestes und kämpfe mit mir, um nicht daran zu denken.'

„Nach diesen letzten Worten seufzte er aufrichtig und ließ sorgenvoll seinen Kopf hängen. Darauf sagte ich zu ihm:

„ ‚Aber sagen Sie mir doch, bitte, haben Sie wirklich keine Angst, von den schrecklichen Krankheiten angesteckt zu werden, an denen die Frauen meistens leiden, hinter denen ein ‚Schürzenjäger' wie Sie her ist?'

„Auf diese Frage seufzte er wieder tief und erzählte dann nach kurzer Pause folgendes:

„ ‚Ach... mein geschätzter und verehrter Doktor! Über diese Frage habe ich in den letzten Jahren viel nachgedacht, und sie ist für mich sogar zum Gegenstand eines solchen Interesses geworden, daß sie in einem gewissen Sinn ein segensreiches Mittel geworden ist, wodurch mein inneres ‚abscheuliches Leben' trotz allem mehr oder weniger erträglich verlief.

„ ‚Es wird Sie als Arzt wohl sehr interessieren zu erfahren, warum und wie mich diese Frage so sehr vor einigen Jahren interessierte und zu welchem Schlusse ich kam, nachdem ich sie in verhältnismäßig normalem Zustand ernstlich beobachtet und studiert habe.

„ ‚Vor ungefähr fünf Jahren hatte ich einen solchen Anfall von Depression, daß sogar Alkohol keine Wirkung mehr auf meinen psychischen Zustand hatte.

„ ‚Es traf sich gerade so, daß ich damals oft mit einigen

Bekannten und Freunden zusammenkam, die sehr viel über schmutzige Krankheiten sprachen und wie leicht man davon angesteckt werden kann.

„ ‚Durch diese Gespräche angeregt, dachte ich oft über mich selbst nach und wurde nach und nach um meine Gesundheit besorgt, fast wie eine hysterische Frau.

„ ‚Ich dachte sehr oft, daß, da ich immer betrunken war und dauernd Affären mit angesteckten Frauen hatte, ich selbst, wenn ich bis dahin aus irgendeinem Grund noch nicht deutliche Symptome dieser Krankheiten an mir gewahrte, jedoch jedenfalls aller Wahrscheinlichkeit nach schon von einer von ihnen angesteckt war.

„ ‚Nach solchen Überlegungen konsultierte ich zunächst verschiedene Spezialisten, um die Anfangssymptome der Krankheit, die ich schon haben mochte, zu entdecken.

„ ‚Obgleich kein einziger der einheimischen Spezialisten irgend etwas an mir fand, hatte ich doch meine Zweifel noch weiter, da einerseits meine Besorgnis über meine Gesundheit und anderseits mein gesunder Menschenverstand weiter mich zu überzeugen suchten, daß ich sicherlich schon mit einer dieser schrecklichen Krankheiten angesteckt sein mußte.

„ ‚All das brachte mich dahin, daß ich beschloß, mich — ohne die Kosten zu scheuen — einer anderen Konsultation hier in Paris zu unterziehen, diesmal aber von führenden Spezialisten ganz Europas. Ich konnte mir dies leisten, weil durch den Weltkrieg, wo Verbindungen überall zusammengebrochen und alle Annehmlichkeiten im Preis gestiegen waren, unsere Firma, die einen großen Vorrat an getrockneten Früchten hatte, in jenem Jahr gut verdient hatte, wovon mir ein recht großer Teil zukam.

„ ‚Als ich diese europäischen Berühmtheiten zusammengerufen hatte, erklärten sie nach allen möglichen sehr ‚eingehenden‘ Untersuchungen und ihnen bekannten sogenannten ‚chemischen-Analysen‘ ‚einstimmig‘, daß in meinem Organismus nicht die geringsten Anzeichen von irgendeiner venerischen Krankheit seien.

„ ‚Obgleich diese Feststellung meine dauernde Besorgnis über meine Gesundheit beschwichtigte, war sie doch die Ursache, daß ein starkes Gefühl von Zweifelsucht und Neugierde, mir diese Frage klarzumachen, in mir wuchs, so daß sie von da an eine Manie für mich wurde, eine Art ‚fixer Idee‘.

„ ‚Und von da an gaben die ernste Beobachtung und das Studium von allem was diese Krankheiten betrifft, dem ‚was ich mein ‚abscheuliches-Leben‘ nannte, einen Sinn.

„ ‚In dieser Periode meines Lebens machte ich diese Beobachtungen und Studien zu allen Zeiten mit meinem ganzen inneren echten ‚Ich‘ sowohl in betrunkenem, halbbetrunkenem als auch nüchternem Zustand.

„ ‚Und darauf begann ich auch alle mögliche Literatur zu verschlingen, die es in Europa über diese Krankheiten gibt, wobei fast alle Bücher über diese Frage in Französisch und Deutsch zu haben waren.

„ ‚Dies konnte ich leicht tun, weil ich, wie Sie sehen, die französische Sprache so gut beherrsche, daß es sogar schwer ist zu erraten, daß ich nicht ein echter intellektueller Franzose bin; und auch mit der deutschen Sprache geht es schon recht gut, weil ich recht lange in Deutschland lebte und in meiner Freizeit aus Langeweile die deutsche Sprache und Literatur studierte.

„ ‚Deshalb konnte ich, als ich mich für diese Frage interessierte, mich mit allen Kenntnissen vertraut machen, die es in der heutigen Zivilisation über venerische Krankheiten gibt.

„ ‚In dieser Literatur gab es Hunderte von Theorien und Hunderte von Hypothesen über die Ursachen venerischer Ansteckung. Aber es gab nicht eine einzige kategorisch überzeugende Erklärung, wie und warum einige

Leute mit diesen Krankheiten angesteckt werden und andere nicht, und so kam ich bald zu der Überzeugung, daß ich diese Frage nicht mit dem heutzutage in Europa darüber bekannten Wissen beantworten konnte.

„ ‚Aus dieser ganzen Literatur — natürlich die Unzahl jener dicken wissenschaftlichen Bücher abgerechnet, deren Inhalt sofort jedem mehr oder weniger normalen Menschen zeigt, daß sie von Leuten geschrieben wurden, die sozusagen ‚vollständige Laien‘ in diesen Dingen waren, das heißt überhaupt nicht Spezialisten für menschlichen Krankheiten — gewann ich den allgemeinen Eindruck, daß Leute nur ob ihrer eigenen Unreinlichkeit von venerischen Krankheiten angesteckt und befallen werden.

„ ‚Nachdem ich zu diesem kategorischen Schluß gekommen war, blieb mir nichts anderes übrig, als meine Aufmerksamkeit darauf zu richten, herauszufinden worin meine persönliche Reinlichkeit im besonderen bestand, die mich soweit vor Ansteckung beschützt hatte.

„ ‚Ich überlegte mir dann folgendes:

„ ‚Ich kleide mich keineswegs reinlicher als jeder andere in Europa, ich wasche Hände und Gesicht jeden Morgen, auch wie jeder andere, einmal in der Woche gehe ich ins türkische Bad, auch wie mir scheint, wie jeder andere, und auf diese Weise dachte ich über viele Dinge nach und konnte doch nichts finden, worin ich in dieser Hinsicht eine Ausnahme zu den anderen darstellte, und doch blieb die Tatsache bestehen, daß ich natürlich durch mein liederliches Leben viele Gelegenheiten hatte, angesteckt zu werden.

„ ‚Von da an wurden meine Gedanken durch zwei bestimmte, schon ganz fest in mir bestehende Überzeugungen geleitet: erstens, daß jeder, der mit solchen Frauen Beziehungen hat, unbedingt früher oder später angesteckt werden muß, und zweitens, daß nur Reinlichkeit einen vor solchen Ansteckungen schützt.

„ ‚Auf diese Weise dachte ich eine ganze Woche lang nach, bis mir plötzlich eine bestimmte Gewohnheit von mir einfiel, die ich hier in Europa immer sorgfältig vor meinen Bekannten verbarg —, ich erinnerte mich nämlich der Sitte, die ich befolgte und die unter uns in Persien ‚Abdest‘ heißt.

„ ‚Die Sitte des ‚Abdest‘, die nach den hiesigen Vorstellungen ‚Waschung‘ genannt werden könnte, ist eine der Hauptsitten bei uns in Persien.

„ ‚Genau gesagt muß jeder Anhänger der mohammedanischen Religion diese Sitte befolgen, doch wird sie besonders genau nur bei den Mohammedanern der Schiiten-Sekte ausgeübt, und da fast ganz Persien aus Schiiten besteht, ist diese Sitte jetzt dort bei uns in Persien weit verbreitet.

„ ‚Diese Sitte besteht darin, daß jeder Anhänger der Schiiten-Sekte sowohl männlichen als auch weiblichen Geschlechtes nach jeder Toilette unbedingt seine Geschlechtsorgane waschen muß. Zu diesem Zweck hat jede Familie die nötigen Vorrichtungen, die unter uns sogar als die wichtigsten gelten und die in einem besonderen Geschirr bestehen, einer besonderen Art von Schale, die ‚Ibrch‘ genannt wird. Je reicher eine Familie ist, um so mehr solcher Schalen muß sie haben, da eine solche Schale unbedingt sogleich jedem neu ankommenden Gast zur Verfügung gestellt werden muß.

„ ‚Ich selbst war von frühester Kindheit an an diese Sitte gewöhnt, die allmählich so in mein tägliches Leben überging, daß ich sogar, als ich nach Europa kam, wo diese Sitte ganz fehlt, keinen einzigen Tag leben konnte, ohne diese ‚Waschung‘ vorzunehmen.

„ ‚Zum Beispiel ist es für mich viel leichter mit ungewaschenem Gesicht, selbst nach einem Katzenjammer, herumzulaufen, als gewisse Teile meines Körpers nicht mit kaltem Wasser nach der Toilette zu waschen.

„ ‚Da ich jetzt in Europa lebe, habe ich nicht nur sehr viele Unbequemlichkeiten wegen dieser Sitte in Kauf zu nehmen, sondern bin sogar manchem modernen Komforts beraubt, den ich mir leicht leisten könnte.

„ ‚Hier zum Beispiel in Paris könnte ich meinen Mitteln nach im allerbesten Hotel mit allem modernen Komfort leben, aber wegen dieser Sitte kann ich dies nicht tun, sondern bin gezwungen, in einem schmutzigen Hotel weit weg vom ‚Zentrum‘ und von all jenen Orten zu wohnen, wo ich fast täglich sein muß.

„ ‚In dem Hotel, in dem ich jetzt lebe, gibt es keinen Komfort außer diesem einzigen, der sehr wichtig für mich ist, und das kommt daher, daß dieses Hotel, da es von alter Konstruktion ist, ‚Wasserklosetts‘ nach dem alten Typ hat und nicht nach der neuen modernen amerikanischen Erfindung, und gerade dieses alte System ist für meine Sitte am bequemsten und passendsten.

„ ‚Es ist ganz gut möglich, daß ich sogar halb-bewußt Frankreich zu meinem Haupt-Wohnsitz wählte, weil es hier noch möglich ist, überall, besonders in den Provinzen, ‚Wasserklosetts‘ nach dem alten System wie bei uns in Persien zu finden.

„ ‚In den anderen Ländern Europas gibt es dieses, wie man es hier jetzt nennt, ‚asiatische-System‘ kaum mehr, es wurde fast überall in das amerikanische verwandelt mit angenehmen polierten ‚bequemen Sitzen‘, auf denen ich persönlich nur ausruhen und das Buch lesen könnte, betitelt ‚Dekamerone‘.

„ ‚Also, mein verehrter Doktor, als ich mich an diese Sitte erinnerte, verstand ich sofort ohne jeden weiteren Zweifel, daß, wenn ich bis dahin der Ansteckung mit einigen schmutzigen Krankheiten entgegangen war, dies nur deshalb war, weil ich häufig meine Geschlechtsorgane mit kaltem Wasser wasche.'

„Nach diesen letzten Worten streckte dieser sympathische junge Perser seine Arme nach oben und rief mit seinem ganzen Sein aus:

„ ‚Gesegnet sei für immer das Andenken derer, die diese wohltätige Sitte für uns schufen!'

„Er sagte längere Zeit nichts, sondern schaute nachdenklich auf eine Gesellschaft von Amerikanern, die in der Nähe saßen und darüber diskutierten, ob sich die Frauen in England oder in Amerika besser kleiden, und darauf wandte er sich plötzlich mit folgenden Worten wieder an mich:

„ ‚Mein sehr geschätzter und verehrter Doktor! Während meiner Bekanntschaft mit Ihnen überzeugte ich mich davon, daß Sie sehr gebildet, und wie man sagt, sehr belesen sind.

„ ‚Wollen Sie so freundlich sein, mir Ihre gewichtige Meinung zu geben, damit ich endlich ein Problem verstehen und lösen kann, das in den letzten Jahren meine Neugier erweckt hat und das, wenn ich verhältnismäßig nüchtern bin, oft in mir wach wird und meine Gedanken bewegt.

„ ‚Die Sache ist die, daß ich, während ich in Europa lebte, wo die Menschen sich zu der Religion bekennen, deren Anhänger fast die halbe Welt ausmachen, noch keine einzige gute Sitte in ihrem gewöhnlichen Leben entdeckte, wogegen es bei uns, die wir uns zu der mohammedanischen Religion bekennen, deren viele gibt.

„ ‚Woran liegt das? Was ist die Ursache davon? Hat der Gründer dieser großen Religion keine guten Richtlinien für das gewöhnliche Leben der Leute vorausgesehen?'

„Und, mein Junge, da dieser junge Perser mir im Laufe unserer Bekanntschaft so sympathisch geworden war, konnte ich ihm seine Bitte nicht abschlagen und beschloß, ihm diese Frage zu erklären, aber natürlich auch in einer

Form, daß er nicht vermuten konnte, wer ich war und was meine echte Natur war.

„Ich sagte ihm:

„ ‚Sie sagen, daß es in der Religion, zu der sich die halbe Welt bekennt, und Sie meinen wohl die christliche, keine guten Sitten wie in Ihrer mohammedanischen Religion gebe.

„ ‚Wieso denn nicht? Im Gegenteil, in dieser Religion gibt es mehr gute Sitten als in irgendeiner Religion von heute; in keiner alten Religionslehre gab es so viele Richtlinien für das gewöhnliche tägliche Leben wie gerade in jener Lehre, auf die sich die christliche Religion gründet.

„ ‚Daß die Anhänger dieser großen Religion selbst, besonders die, die ‚Kirchenlehrer‘ im Mittelalter hießen, diese Religion nach und nach so behandelten, wie der ‚Ritter Blaubart‘ seine Frauen, das heißt, sie verhöhnte, und so all ihre Schönheit und ihren Reiz verwandelte — so ist das schon eine ganz andere Frage.

„ ‚Im allgemeinen mußt du wissen, daß alle großen echten Religionen, die auf die heutige Zeit kamen und, wie die Geschichte selbst bezeugt, von Menschen mit gleichen Errungenschaften, was die Vervollkommnung ihrer reinen Vernunft betrifft, geschaffen worden sind, immer auf denselben Wahrheiten beruhen. Der Unterschied zwischen diesen Religionen liegt nur in den bestimmten Anweisungen, die in ihnen für die Beachtung bestimmter Einzelheiten zu finden sind und Riten genannt werden, und dieser Unterschied ist das Resultat beabsichtigter Anpassung dieser Anweisungen, seitens der großen Gründer, an den Grad der geistigen Vervollkommnung der Menschen der gegebenen Epoche.

„Zur Grundlage jeder neuen Religionslehre, auf der große Religionen beruhen, dienen immer Dogmen, die es schon in alten Religionen gab und die sich im Leben der Menschen schon fest eingewurzelt hatten.

„Insofern ist der Ausdruck ganz gerechtfertigt, der unter den Menschen seit alten Zeiten existiert, ‚es gibt nichts Neues unter der Sonne'.

„Das einzig Neue in diesen Religionslehren sind, wie ich schon gesagt habe, kleine Einzelheiten, die absichtlich von den großen Gründern dem Grad der geistigen Vervollkommnung der Leute der gegebenen Epoche angepaßt wurden.

„Und die Grundlage eben jener Lehre, auf der die christliche Religion beruht, war fast die ganze zuvor existierende große Lehre, die in der heutigen Zeit die ‚jüdische' genannt wird, deren Anhänger auch einmal sozusagen die Hälfte der ‚Welt' ausmachten.

„Die großen Gründer der ‚christlichen Religion' nahmen die jüdische Lehre zur Grundlage der ihren und veränderten nur ihre äußeren Einzelheiten, dem Grad der geistigen Entwicklung der Zeitgenossen Jesu Christi entsprechend, und darin war alles zum Wohl der Menschen Nötige vorgesehen.

„Gesorgt war darin, wie man sagt, für Seele und Körper, und es gab darin sogar alle notwendigen Anweisungen für eine friedliche und glückliche Existenz. Und all das war unvergleichlich weise vorgesehen, auf daß diese Religion auch Leuten viel späterer Epochen entspräche.

„Wenn die Lehre dieser Religion unverändert geblieben wäre, würde sie vielleicht sogar noch dem heutigen Menschen entsprechen, den unser Mulla-Nassr-Eddin übrigens mit dem Ausdruck definiert: ‚Er wird nur dann blinzeln, wenn man in seine Augen mit einem Sparren Holz sticht.'

„Zu Anfang kamen in diese christliche Religion außer den eigens festgelegten Anweisungen für die gewöhnliche Existenz, die den Bedürfnissen der Zeitgenossen Jesu Christi entsprachen, auch viele ausgezeichnete Sitten, die schon lange bestanden und die sich im Leben der Leute, die Anhänger der jüdischen Religion waren, schon gut eingebürgert hatten.

„ ‚Auch die guten Sitten, die jetzt unter euch in der mohammedanischen Religion existieren, sind auf euch ebenfalls durch die jüdische Religion gekommen. Nehmen Sie nur zum Beispiel die Sitte des ‚Sunniat‘ oder der ‚Beschneidung‘, die Sie erwähnt haben; diese Sitte gab es anfangs auch in der christlichen Religion, und sie wurde zu Beginn obligatorisch und genau von allen ihren Anhängern befolgt. Erst später verschwand sie sehr rasch und plötzlich vollends aus der christlichen Religion.

„ ‚Wenn Sie wollen, mein junger Freund, will ich Ihnen ausführlich über die Entstehung dieser Sitte erzählen, woraus Sie verstehen werden, warum es eine für die Gesundheit und das normale Leben der Menschen so gute Sitte in der jüdischen Religion gab und, da die jüdische Religion zur Grundlage der christlichen wurde, diese Sitte auch unweigerlich in den Prozeß des gewöhnlichen Lebens der Anhänger der christlichen Religion übernommen und eingeführt wurde.

„ ‚Diese Sitte, die ihr ‚Sunniat‘ nennt, wurde zuerst von dem großen Moses geschaffen und in die jüdische Religionslehre eingeführt.

„ ‚Aus einem sehr alten chaldäischen Manuskript erfuhr ich, warum der große Moses diese Sitte in die Religion des jüdischen Volkes einführte.

„ ‚In diesem Manuskript war gesagt, daß, als der große Moses der Führer des jüdischen Volkes war und dieses Volk aus dem Land Ägypten in das Land Kanaan führte, er während dieser Reise die Feststellung machte, daß unter den jungen Leuten und Kindern des ihm von Oben anvertrauten Volkes die Krankheit weit verbreitet war, die damals ‚Murdurten‘ hieß und die heutige Leute ‚Onanie‘ nennen.

„ ‚Weiter war in diesem Manuskript gesagt, daß, als der

große Moses diese Tatsache feststellte, er sehr beunruhigt war und von da an mit aufmerksamer Beobachtung nach den Ursachen dieses Übels forschte und nach einem Mittel, um es auszurotten.

„ ‚Als Resultat seiner Nachforschungen schrieb dieser unvergleichliche Weise später ein Buch unter dem Titel ‚Tucha-Tes-Nalul-Pan‘, was in der heutigen Sprache ‚Die Quintessenz meiner Überlegungen‘ bedeutet.

„ ‚Auch den Inhalt dieses bemerkenswerten Buches lernte ich einmal zufällig kennen.

„ ‚Zu Beginn der Erklärung der Krankheit ‚Murdurten‘ war unter anderem gesagt, daß der menschliche Organismus von der Großen Natur zu solcher Vervollkommnung gebracht worden war, daß jedes Organ mit einem Mittel versehen war, um jede von außen kommende Eventualität zu bekämpfen, und daß, wenn ein Organ im Menschen falsch funktioniert, immer die Menschen selbst daran schuld sind, durch ihre eigenen für das alltägliche Leben festgesetzten Verhältnisse.

„ ‚Und was die Ursachen für die Erscheinung von ‚Murdurten‘ unter Kindern betrifft, so war im sechsten Kapitel, Vers elf, dieses unvergleichlichen Buches gesagt, daß diese Krankheit bei Kindern aus folgenden Gründen auftritt:

„ ‚Unter den bestimmten Stoffen, die der menschliche Organismus herstellt und ständig als überflüssigen Rest ausscheidet, ist ein bestimmter Stoff, ‚Kulnabo‘ genannt.

„ ‚Dieser Stoff wird im allgemeinen im Organismus der Wesen zu dem Zweck hergestellt, um andere auch bestimmte Stoffe, die für das Funktionieren ihrer Geschlechts-organe nötig sind, zu neutralisieren, und er bildet sich und nimmt teil am Funktionieren der besagten Organe vom ersten Anfang der Entstehung der Wesen beiderlei Geschlechts, das heißt von ihrer Kindheit an.

„ ‚Die Große Natur hat es so eingerichtet, daß der Rest

dieses Stoffes, der für den Organismus nicht mehr länger nötig ist, aus dem Organismus der Knaben an der Stelle zwischen dem ‚Tulchtotino' und dem ‚Sarnuonino' ausgeschieden wird und bei den Mädchen an der Stelle zwischen den ‚Kartotachnischen-Hügeln'.

„ ‚Die Teile des Organismus der Knaben, die am Ende des sogenannten ‚Geschlechtsgliedes' liegen und die in diesem unvergleichlichen Buch ‚Tulchtotino' und ‚Sarnuonino' genannt werden, heißen in der heutigen Medizin dort ‚Glans-Penis' und ‚Präputium-Penis' und die ‚Kartotachnischen-Hügel', die die sogenannte ‚Klitoris' der Mädchen bedecken, heißen ‚Labia majora' und ‚Labia minora' oder, wie man gewöhnlich sagt, ‚die große und die kleine Schamlippe'.

„ ‚Für den Stoff ‚Kulnabo' hat die heutige Medizin überhaupt keinen Namen, da ihr dieser selbständige Stoff ganz unbekannt ist.

„ ‚Die heutige irdische Medizin hat nur für die allgemeine Masse jener Stoffe einen Namen, zu denen auch der Stoff Kulnabo gehört.

„ ‚Sie nennt diese gesamte Masse, die aus ganz heterogenen Stoffen besteht, die durch verschiedene sogenannte Drüsen ausgeschieden werden, die nichts miteinander gemein haben, ‚Smegma' und dazu gehören zum Beispiel die ‚Talgdrüse', die ‚Bartolindrüse', die ‚Cowperdrüse', die ‚Nolniolnische Drüse' und andere.

„ ‚Die an den besagten Stellen stattfindende Ausscheidung und Verflüchtigung dieser für den Organismus nicht mehr nötigen Stoffe sollte nach der Voraussicht der Großen Natur durch alle möglichen zufälligen Kontakte und verschiedene in der Atmosphäre vollzogenen Bewegungen bewirkt werden.

„ ‚Aber die Kleidung, die die Menschen für sich erfunden haben und die die Natur nicht vorausgesehen hat, hindert die besagten Faktoren, eine freie Ausscheidung und Verflüchtigung dieser Stoffe zu bewirken, was zum Resultat hat, daß dieses ‚Kulnabo', da es lange Zeit an diesen Stellen bleibt, die Entstehung von Ausdünstung fördert. Und da dieser Stoff ferner im allgemeinen das allerbeste Mittel ist, um sogenannte ‚Bakterien' zu vermehren, die es sowohl in der Atmosphäre als auch in den sogenannten ‚subjektiven-Sphären' aller möglichen Dinge gibt, mit denen Kinder in direkte Berührung kommen, entsteht durch dieses Vermehren an den betreffenden Stellen des Organismus der Kinder ein Prozeß, der ‚Jucken' genannt wird.

‚‚Wegen dieses Juckens beginnen die Kinder zuerst unbewußt diese Stellen zu reiben und zu kratzen. Später aber, da an diesen Stellen des Organismus die Enden aller Nerven sind, die von der Natur für die besondere Empfindung geschaffen sind, die zur Vollendung des heiligen Prozesses Elmuarno erforderlich sind, die gewöhnlich in erwachsenen Menschen am Ende der sogenannten ‚Begattung' entsteht und da, besonders in einer bestimmten Periode, wenn nach der Vorsehung der Großen Natur in diesen Organen der Kinder ein Vorbereitungsprozeß für das künftige Geschlechtsfunktionieren vor sich geht, sie durch dieses Reiben oder Kratzen eine besondere angenehme Empfindung erleben, beginnen sie deshalb absichtlich — da sie instinktiv erkannt haben, durch welche Handlungen diese angenehme Empfindung in ihnen hervorgerufen wird — diese Stellen zu reiben, selbst wenn sie nicht jucken, und somit vermehren sich die Reihen der kleinen ‚Murdurtisten' auf der Erde immer mehr und mehr.

‚‚Die Maßnahmen aber, die der große Moses ergriff, um dieses Übel auszurotten, erfuhr ich nicht durch das zuvor erwähnte Buch ‚Tucha-Tes-Nalul-Pan', sondern aus dem Inhalt einer anderen sehr alten Papyrusrolle.

‚‚Aus dem Inhalt dieser Papyrusrolle war deutlich zu ersehen, daß der große Moses die über diese Frage in dem Buch ‚Tucha-Tes-Nalul-Pan' aufgezeichneten Gedanken praktisch verwirklichte, indem er für sein Volk jene zwei religiösen Riten schuf, von denen der eine ‚Sikt-Ner-Tschorn' und der andere ‚Tzil-Puz-Kan' heißt.

„ ‚Das heilige ‚Sikt-Ner-Tschorn war eigens für die Knaben geschaffen und das heilige ‚Tzil-Puz-Kan' für die Mädchen, und sie mußten obligatorisch an allen Kindern beiderlei Geschlechts vollzogen werden.

„ ‚Der Ritus des ‚Sikt-Ner-Tschorn' zum Beispiel war dasselbe wie Ihr ‚Sunniat', der darin besteht, daß durch das Aufschneiden des sogenannten ‚Wogiano' oder des ‚Frenulum-Penis' der Knaben die Verbindung zwischen dem Kopf ihres Zeugungsorgans und der ihn bedeckenden Haut getrennt wird und dadurch die freie Bewegung dieser Haut oder, wie sie auch heißt, des ‚Präputium-Penis' erzielt wird.

„ ‚Nach einer Kunde, die von alten Zeiten auf uns kam, und auch nach unserem gesunden Menschenverstand ist es deutlich klar, daß der große Moses, der, wie Sie aus einer anderen Quelle erfahren, eine sehr große Autorität in der Medizin war, durch dieses Mittel erreichen wollte, daß die Gesamtheit der an den besagten Stellen angesammelten Stoffe durch alle möglichen zufälligen Kontakte sich von selbst mechanisch entferne und damit kein Faktor für die Entstehung des besagten verderblichen Juckens werde.

„ ‚Was die umfassende Gelehrsamkeit des großen Moses im Fach der Medizin betrifft, so stimmen verschiedene historische Quellen überein, daß er seine medizinischen Kenntnisse während seines Aufenthaltes in Ägypten als Schüler der ägyptischen Hohenpriester erhielt, auf die dieses Wissen von ihren Vorfahren des Kontinents Atlantis gekommen war, den ersten und letzten echten gelehrten Wesen der Erde, den Mitgliedern der damaligen Gesellschaft namens Achaldan.

„ ‚Die segensreichen Resultate der von dem großen Moses damals geschaffenen Sitten sind sogar jetzt noch weiter praktisch sichtbar.

„ ‚Besonders was die Sitte der ‚Beschneidung' betrifft, so kann ich, der ich ein sehr guter Diagnostiker bin und mit einem Blick auf eines Menschen Gesicht sagen kann, welche Disharmonie er in seinem Organismus hat, ruhig sagen, daß diese schreckliche Kinderkrankheit ‚Onanie' kaum je unter den Kindern zu finden ist, an denen dieser Ritus vollzogen wurde, wogegen die Kinder der Eltern, die diese Sitte nicht beobachten, fast alle diesem Übel verfallen.

„ ‚Ausnahmen in dieser Hinsicht bilden nur Kinder von Eltern, die tatsächlich im vollen Sinne des Wortes kultiviert sind und deutlich verstehen, daß das zukünftige normale Denken ihrer Kinder ausschließlich davon abhängt, ob sie an dieser Krankheit in ihrer Kindheit oder Jugend gelitten haben oder nicht.

„ ‚Solche kultivierte Eltern wissen recht gut, daß, wenn ihre Kinder die Empfindung des Höhepunktes des sogenannten ‚Uamonanossischen-Prozesses', wenn auch nur einmal in ihrem sogenannten ‚Nervensystem' vor ihrer Mündigkeit erfahren, sie nie mehr die volle Möglichkeit zu normalem Denken haben werden, wenn sie erwachsen sind; und deshalb erachten diese kultivierten Eltern es immer als ihre erste und Hauptpflicht ihren Kindern gegenüber, sie in dieser Hinsicht zu erziehen.

„ ‚Entgegen den meisten heutigen Eltern glauben sie nicht, daß die Erziehung der Kinder darin besteht, sie dauernd möglichst viel Poesie, die von ‚Murdurtisten-Psychopathen' verfaßt ist, auswendig lernen zu lassen, oder ihnen zu lehren, vor ihren Bekannten ‚ihre Hacken zusammenzuschlagen', worin unglücklicherweise nach den Vorstellungen der Leute der letzten Zeit die ganze Erziehung ihrer Kinder besteht.

„ ‚Also, mein teurer Freund und wenn auch sehr lasterhafter, so doch nicht weniger sympathischer junger Mann....

„ ‚Diese zwei Riten wurden vom großen Moses geschaffen und dann in das gewöhnliche Leben des jüdischen Volkes eingeführt, um jene verderbliche Erfindung, Kleider zu tragen, auszugleichen, jene verderbliche Erfindung, wodurch jene Faktoren vernichtet wurden, die von der Natur zum Schutz dieser Organe gegen die schädliche Wirkung der von ihnen ausgeschiedenen Stoffe vorgesehen sind, und diese zwei Riten gingen von Geschlecht zu Geschlecht unverändert auf die Anhänger dieser jüdischen Religion selbst und auch auf andere über, die diese nützlichen Riten annahmen. Und es war erst nach der Periode, die die heutigen Leute ‚Nach-dem-Tod-des-großen-Königs-Salomon' nennen, daß der Ritus ‚Tzil-Puz-Kan' sogar von den Anhängern dieser jüdischen Religion aus irgendeinem Grund nicht mehr länger vollzogen wurde und nur der Ritus ‚Sikt-Ner-Tschorn' automatisch weiter vollzogen wurde und sogar noch unter den heutigen Vertretern dieser Rasse besteht.

„ ‚Und diese Sitte kam zusammen mit vielen anderen alten jüdischen Sitten auch auf die Anhänger der christlichen Religion, die sie anfangs sehr genau in ihrem täglichen Leben beachteten; sehr bald aber verschwand diese Sitte selbst und auch die Kunde von ihrer Anwendung unter den Anhängern dieser damals noch ganz jungen Religion.

„ ‚Ja... mein teurer Freund... wenn nur die Lehre des göttlichen Jesus Christus, so wie sie verfaßt worden war, befolgt worden wäre, so würde diese Religion ob ihrer unvergleichlichen Weisheit die beste aller Religionen sein, sowohl aller heute existierenden als auch in Zukunft erscheinenden.

„ ‚Die Sitte der Polygamie ausgenommen, gibt es nichts

in der mohammedanischen Religion, was es nicht auch in der jüdischen und in der christlichen Lehre gäbe.

„ ‚Die Sitte der Polygamie, die auf Grund der wissenschaftlichen Folgerungen des damals berühmten arabischen Gelehrten Nasulan-El-Aoul eingeführt wurde, wurde in das tägliche Leben der Menschen im allgemeinen nach der Periode der Gründung der christlichen Religion eingeführt.

„ ‚ „Ihre Religion erschien viel später, und ihre Inhalte wurden absichtlich von ihren großen Schöpfern verkürzt, weil sie besonderen Nachdruck auf einige alltägliche Sitten legen wollten.

„ ‚Sie taten dies, weil sich in jener Zeit der Niedergang der christlichen Religion deutlich bemerkbar machte und weil im gewöhnlichen Menschen die Fähigkeit zur Kontemplation verschwand, jene Fähigkeit nämlich, durch die allein die Wahrheiten, wie sie in einer eingehend dargelegten echten Religionslehre angezeigt sind, verstanden werden können.

„ ‚Da die großen Schöpfer der mohammedanischen Religion all dies bemerkt hatten, beschlossen sie, einerseits die Lehre selbst zu vereinfachen und anderseits Nachdruck auf jene bestimmten Sitten zu legen, damit das tägliche Leben der Anhänger dieser neuen Religion, die die Fähigkeit zur Kontemplation und folglich die Möglichkeit, Wahrheiten bewußt verstehen zu können, verloren hatten, wenigstens mechanisch mehr oder weniger erträglich verlaufen sollte.

„ ‚Gerade in jener Zeit setzten sie unter anderen Sitten auch jene Sitten fest und legten besonderen Nachdruck auf sie, die ich schon erwähnt habe, ‚Sunniat‘, ‚Abdest‘ und ‚Polygamie‘, deren segensreiche Resultate wir sogar jetzt in der Praxis sehen können.

„ ‚Zum Beispiel trifft man, wie Sie selbst richtig beobachtet haben, ob der ‚Beschneidung‘ und ‚Waschung‘ selten unter den Anhängern dieser Religion ‚Onanie' und bestimmte venerische Krankheiten, und dank der Polygamie sehen wir unter den Anhängern dieser Religion eine wechselseitige sozusagen ‚psychisch-organische' Erhaltung der Grundlagen des Familienlebens, das fast ganz unter den Anhängern der christlichen Religion fehlt.

„ ‚Von den nützlichen Sitten, die es zuerst in der christlichen Religion gab und die von den Gründern dieser Religion in das Leben ihrer Anhänger zur Erhaltung der Gesundheit und der Fundamente der für ein glückliches Leben notwendigen Moral eingeführt worden waren, ist jetzt nichts mehr übrig, mit Ausnahme der Sitte des periodischen Fastens, das heißt, sich zu einer gewissen Zeit des Jahres des Verzehrs einiger bestimmter Nahrungsmittel zu enthalten.

„ ‚Und sogar diese eine übriggebliebene gute Sitte stirbt entweder schon vollends im gewöhnlichen Leben der Anhänger dieser Religion aus, oder ihre Beachtung ändert sich von Jahr zu Jahr so, daß sich für die, die fasten, überhaupt nicht der Nutzen ergibt, wozu dieses ‚Fasten' gerade eingerichtet worden war.

„ ‚Der Wandel, der sich im Prozeß dieser christlichen Sitte des Fastens vollzieht, ist sehr charakteristisch und kann als sehr gutes Beispiel dienen, um zu verstehen, wie überhaupt alle ‚guten-christlichen-Sitten' nach und nach eine Wandlung durchmachen, bis sie schließlich zu existieren aufhörten.

„ ‚Eine gute Illustrierung davon ist die Art, wie in der heutigen Zeit dieses Fasten von denen beachtet wird, die ‚russisch-orthodoxe-Christen' heißen.

„ ‚Diese russisch orthodoxen Christen übernahmen ihre Religion ganz von denen, die ‚orthodoxe Griechen' heißen, von denen außer vielen anderen christlichen Sitten auch diese Sitte des Fastens auf sie kam.

„‚Millionen dieser russisch-orthodoxen-Christen fasten

noch weiter, wie man sagt, ‚strengstens' in Übereinstimmung mit dem sogenannten ‚Orthodoxen-Kodex', der jetzt dort existiert.

„ ‚Was aber die Art und Weise ihres Fastens betrifft, so fällt einem unwillkürlich der Ausspruch unseres teuren Mulla-Nassr-Eddin ein, der in solchen Fällen sagt:

„ ‚ „Ist es nicht ganz gleich, wenn ich wie ein Esel singe, solange man mich eine Nachtigall nennt?"

„ ‚Das Fasten dieser russisch-orthodoxen-Christen ist gerade ein Fall dieser Art.

„ ‚Solange man sie nur ‚Christen' nennt und noch dazu ‚orthodoxe' — selbst wenn sie überhaupt keinen Nutzen von diesem Fasten haben — ist es ihnen ganz gleich.

„ ‚Wie ich schon gesagt habe, halten diese russisch-orthodoxen-Christen sogar in der jetzigen Zeit sehr genau die Jahreszeiten und Tage der in dem zuvor erwähnten ‚Kodex' angegebenen ‚Fastentage' ein.

„ ‚Was aber während der Fastentage als Nahrung verzehrt werden sollte und was nicht — so liegt gerade darin ‚die linke Pfote des gelockthaarigen Hundes des Exkaisers Wilhelm begraben'.

„ ‚Sie werden sehr gut verstehen, wie diese heutigen russisch-orthodoxen-Christen fasten, wenn ich Ihnen die genauen Worte eines dieser echten russisch-orthodoxen-Christen wiederhole, die ich vor nicht langem in Rußland hörte.

„ ‚Ich traf diesen Russen Geschäfte halber und wurde sogar irgendwie mit ihm befreundet und besuchte ihn in seinem Hause.

„ ‚Er galt denen um ihn herum als ein sehr guter Christ und patriarchalischer Familienvater, er stammte von den sogenannten ‚Altgläubigen' ab.'

„Du magst hier, mein Junge, ebensowohl wissen, daß bestimmte Wesen, die zu dieser großen Gemeinschaft Rußland gehören, von den andern ‚Altgläubige' genannt werden.

„ ‚Altgläubige' ist die Bezeichnung für jene orthodoxen Christen, deren Vorfahren vor einigen Jahrhunderten nicht einwilligten, sich neuen Regeln zu unterwerfen, die irgend jemand für russisch-orthodoxe Christen erfunden hatte, sondern treue Anhänger der zuvor existierenden Regeln blieben, die auch jemand nur ein oder zwei Jahrhunderte vor dem gegebenen ‚religiösen-Schisma' erfunden hatte, so wie es gewöhnlich unter ihnen von Zeit zu Zeit geschieht.

„ ‚Also der besagte geschätzte russische Altgläubige', fuhr ich dem jungen Perser zu erzählen fort, ‚wandte sich, als wir einmal zusammen in seinem Haus in der Gesellschaft einiger anderer Russen, auch orthodoxer Christen, waren, an mich und sagte:

„ ‚ „Ach, mein Bester"

„ ‚Ich muß Ihnen übrigens sagen, daß es im allgemeinen unter den Wesen dieser Gruppe dort üblich ist, nach dem zweiten Glas echten russischen Wodkas seine Bekannten mit verschiedenen Kosenamen zu nennen, als da sind ‚mein Bester', ‚mein Sapupuntschik', ‚mein schöner Bierbauch', ‚mein kleiner Steinhäger' und so fort und so weiter.

„ ‚Also dieser geschätzte echte orthodoxe-Christ, der mich ‚mein Bester' nannte, sagte:

„ ‚ „Sei nur nicht traurig, mein Bester, bald ist Fastenzeit, und dann werden wir uns zusammen an echten russischen Gerichten laben.

„ ‚ „Eigentlich essen wir hier in Rußland fast immer dasselbe während der ‚Fleisch-Periode'.

„ ‚ „Aber es ist eine ganz andere Sache während des Fastens, besonders in der vorösterlichen Fastenzeit.

„ ‚ „Da vergeht kein Tag, wo man nicht die schmackhaftesten Gerichte vorgesetzt bekommt.

„ ‚ „Wissen Sie was, mein Bester?

„ ‚ „Kürzlich machte ich sogar eine höchst interessante ‚Entdeckung' in dieser Hinsicht.

„‚‚‚Diese neue ‚Entdeckung' ist der Entdeckung jenes Sonderlings Kopernikus weit überlegen, der, als er einmal betrunken am Boden lag, deutlich empfand, daß sich die Erde dreht.

„‚‚‚Eine große Sache, so eine Entdeckung!

„‚‚‚In unserer eigenen Mutter Moskau werden wohl jeden Tag Hunderte und Tausende solcher Entdeckungen gemacht.

„‚‚‚Nein... meine Entdeckung ist eine wirkliche und äußerst belehrend und substantiell.

„‚‚‚Meine Entdeckung besteht darin, daß wir bis dahin alle lauter Dummköpfe und hoffnungslose Idioten waren, uns einzubilden und recht davon überzeugt zu sein, daß, wenn wir sehr viele, sehr gute, verschiedenartige und sehr schmackhafte Gerichte in der Fastenzeit haben, wir dies der berühmten Kunst unserer Köche und Köchinnen verdanken.

„‚‚‚An dem für die mir Nahen besonders gesegneten Tag, als ich würdig wurde, diese Wahrheit zu verstehen, das heißt: als es unserer unvergleichlichen Marie endlich gelang, in die Lagen der Pastete für die ‚Kaulbarsch-Fischsuppe mit Quappen-Leber' noch eine besondere Lage zu tun, verstand ich mit meinem ganzen Sein, daß dies ein großer Fehler unsererseits gewesen war.

„‚‚‚Zuerst verstand ich das selbst, und später bewies ich meinem ganzen Haushalt, daß, wenn wir so viele verschiedene und höchst schmackhafte Gerichte in der Fastenzeit haben, wir dies einzig und allein unseren gesegneten und guten Fischen verdanken.

„‚‚‚Während dem Fasten und besonders während der österlichen Fastenzeit wird unser Haushalt häufig beehrt mit dem Besuch des

    Sehr geehrten ‚Stör' und dem
    Geschätzten ‚Sterlet' und der
    Beachtenswerten ‚getrockneten-Seezunge' und dem

Unvergeßlichen ‚Steinbutt' und von
Seiner erlauchten Hoheit, dem ‚Salm' und dem
Musikalischen ‚Schleis' und der
Anmutig plastischen ‚Makrele' und dem
Ewig zornigen ‚Hecht' und dem
Immer biederen ‚Karpfen' und der
Zitterndlebendigen ‚Forelle' und der
‚Schönheit Teschka' und dem
Stolzen ‚Hering' und jener
Soliden Persönlichkeit den ‚Brachsen' und all
Unseren anderen Wohltätern und Beschützern.

„‚‚‚Schon allein die Namen dieser Spender des Guten und des Glücks sind für uns die größte Gabe Gottes.

„‚‚Wenn wir ihre Namen hören, hüpft unser Herz uns in der Brust.

„‚‚Diese Namen sind nicht nur Namen, sondern echte Musik. Kann man wirklich die Klänge der Musik, die verschiedene Beethoven und Chopins und andere moderne Müßiggänger erfanden, mit den Klängen der Namen dieser gesegneten Fische vergleichen?

„‚‚Jedesmal, wenn wir die Namen dieser wunderbaren Schöpfungen vernehmen, durchströmt uns ein Glücksgefühl und fließt uns durch Adern und Nerven.

„‚‚Ach, gesegnete Fische, die ihr als erste von unserem Schöpfer geschaffen wurdet. Habt Erbarmen mit uns und erhaltet uns auch an den ‚Fleischtagen'. Amen."

„‚Nach diesem Gebet leerte dieser würdige russischorthodoxe-Christ ein großes Glas von echtem ‚vollprozentigem' russischen Wodka und schaute mit Wohlbehagen auf eine kleine Statue von ‚Venus und Psyche', die in der Nähe stand.

„‚Und in der Tat, mein Freund, hat fast jeder russischorthodoxe-Christ eine solche Vorstellung vom Fasten und eine ähnliche Haltung dazu.

„ ‚Während dem ‚christlichen Fasten', das von den orthodoxen Griechen auf sie kamen, essen sie alle das Fleisch von Fischen.

„ ‚Das Fleisch von Fischen zu essen gilt nicht als ‚Sünde' unter ihnen, und sie essen es mit großem Vergnügen als ‚Fastengericht'.

„ ‚Mir persönlich ist nur eins unverständlich — von woher diese russischen ‚Jammer-Orthodoxen' die Idee haben, daß während der christlichen Fastentage, besonders in der Fastenzeit, das Fleisch von Fischen gegessen werden darf.

„ ‚Dies ist mir unverständlich, weil die orthodoxen Christen, von denen sie diese Religion übernahmen, nämlich die Griechen, weder in der Vergangenheit noch in der heutigen Zeit je das Fleisch von Fischen während dem Fasten essen.

„ ‚Sogar die heutigen Griechen essen in der Fastenzeit Fisch nur an einem Tag, und dies tun sie nach dem Kodex der orthodoxen Kirche zum Andenken an einen Tag, der mit dem göttlichen Jesus Christus verbunden ist.

„ ‚Fasten, wobei das Verzehren von Fischfleisch erlaubt ist, bringt nicht nur denen, die fasten, keinen Gewinn, sondern ist sogar direkt dem entgegengesetzt, was der göttliche Jesus Christus selbst wünschte und lehrte und wofür diese Sitte von den großen Schöpfern der christlichen Religion festgesetzt worden war.

„ ‚Damit das, was ich soeben gesagt habe, mehr Nachdruck erhält, mögen Sie, mein junger Freund, auch noch vernehmen, was ich einmal zufällig über das christliche Fasten in einem alten jüdisch-essenischen Manuskript las.

„ ‚In diesem alten jüdisch-essenischen Manuskript war gesagt, daß die für die Anhänger der Lehre Jesu Christi festgelegte Sitte, zu verschiedenen Zeiten des Jahres zu fasten, lange nach seinem Tod eingerichtet worden war, nämlich im Jahre 214 nach seiner Geburt.

„ ‚Die Sitte zu fasten wurde durch das große geheime Kelnuanische Konzil festgelegt und in die christliche Religion eingeführt.

„ ‚Dieses geheime Kelnuanische Konzil war von allen Anhängern der damals noch neuen Lehre Christi in die Gegend von Kelnuk einberufen worden, die an den Küsten des Toten Meeres liegt, weshalb es in der Geschichte der christlichen Religion als das Kelnuanische Konzil bekannt ist.

„ ‚Und es war geheim, weil die Anhänger der Lehre Jesu Christi damals überall von den machthabenden Wesen verfolgt wurden.

„ ‚Die ‚Machthaber' verfolgten sie, weil sie sehr befürchteten, daß, wenn die Menschen anfingen, nach dieser Lehre zu leben, sie dann, auch wenn sie selbst, die Machthaber, dabei recht gut leben könnten, doch keinen Vorwand mehr hätten, ihre Macht zu zeigen, und diese damit verschwände. Damit aber würden jene Schocks aufhören, deren Befriedigung dem Gekitzel ihres inneren Gottes diente, genannt ‚Selbstliebe'.

„ ‚So wurde gerade auf jenem Kelnuanischen Konzil zuerst bestimmt, daß die Anhänger der Lehre Jesu Christi sich an bestimmten Tagen der Aufnahme gewisser Nahrungsprodukte enthalten sollten.

„ ‚Und der Anlaß zur Einrichtung dieser Fastenzeit war der Streit zwischen zwei damals berühmten Gelehrten auf diesem Kelnuanischen Konzil, nämlich der Streit zwischen dem großen Hertunano und dem großen griechischen Philosophen Veggendiadi.

„ ‚Der große Hertunano war der Vertreter der Anhänger der Lehre Jesu Christi, die die Küsten des Roten Meeres bevölkerten, und der Philosoph Veggendiadi war der Vertreter aller Anhänger der Lehre im damaligen Griechenland.

„ ‚Der Philosoph Veggendiadi war nur in seinem eigenen Land ein berühmter Mann, aber Hertunano war über die ganze Erde hin berühmt und galt als der größte Kenner der Gesetze der inneren Organisation des Menschen und auch als Autorität in der Wissenschaft, die damals ‚Alchemie' hieß, natürlich nicht jene alchemistische Wissenschaft, von der die Leute heutzutage eine Vorstellung haben und die sie mit dem gleichen Wort bezeichnen.

„ ‚Der berühmte Streit zwischen dem großen Hertunano und Veggendiadi entstand bei folgender Gelegenheit:

„ ‚Es scheint, daß der Philosoph Veggendiadi behauptete und zwei Tage brauchte, um zu beweisen, daß es unbedingt nötig sei, unter allen Anhängern der Lehre Jesu Christi die Vorstellung zu verbreiten, daß es die größte Sünde sei, Tiere zu töten, um ihr Fleisch als Nahrung zu verzehren und daß überdies Tierfleisch für ihre Gesundheit sehr schädlich sei und so weiter.

„ ‚Nach dem Philosophen Veggendiadi bestiegen verschiedene andere Vertreter das Rednerpodium und sprachen für und gegen den Fall.

„ ‚Schließlich bestieg, wie das Manuskript sagt, der große Hertunano gemessenen Schrittes langsam das Rednerpult und begann in der ihm eigenen Weise klar und ruhig zu sprechen.

„ ‚Dem Text dieses Manuskripts zufolge sagte er damals folgendes:

„ ‚ „Ich stimme vollends allen Beweisen und Argumenten zu, die unser Bruder in Christo, der Philosoph Veggendiadi, hier dargelegt hat.

„ ‚ „Ich will sogar all dem, was er sagte, noch hinzufügen, daß andere Leben umzubringen, nur um seinen eigenen Bauch zu füllen, die größte Gemeinheit ist, die nur der Mensch begehen kann.

„ ‚ „Wenn ich mich nicht auch viele Jahre für diese Frage interessiert hätte und zu gewissen ganz bestimmten

Schlüssen gekommen wäre, so würde ich nach allem, was unser Bruder in Christo Veggendiadi hier gesagt hat, nicht einen Augenblick zögern, sondern euch alle bitten und beschwören, ohne jeden Aufschub und ohne zurückzuschauen, eilig in eure Städte zurückzukehren und dort auf den öffentlichen Plätzen auszurufen: ‚Haltet ein, ihr Leute, haltet ein! Verzehrt nicht länger Fleisch als Nahrung! Diese Sitte ist nicht nur allen Geboten Gottes entgegengesetzt, sondern ist auch die Ursache all eurer Krankheiten.'

„‚„Wie Sie sehen, tue ich dies jedoch nicht. Und ich tue es deshalb nicht, weil ich in den langen Jahren meiner beharrlichen Forschungen über diese Frage, wie ich Ihnen schon gesagt habe, zu einem ganz anderen bestimmten Schluß gekommen bin.

„‚„Was diesen bestimmten Schluß, zu dem ich kam, betrifft, so kann ich Ihnen jetzt nur dies sagen, daß es nie auf Erden dahin kommen wird, daß alle Leute sich zu ein und derselben Religion bekennen, und somit wird es außer unserer christlichen Religion immer andere Religionen geben, und es ist nicht wahrscheinlich, daß die Anhänger dieser anderen Religionen sich auch vom Fleischgenuß enthalten werden.

„‚„Da wir aber aller Wahrscheinlichkeit nach nicht damit rechnen können, daß einmal alle Leute auf Erden aufhören werden, Fleisch zu essen, so müssen wir jetzt, was den Fleischgenuß angeht, ganz andere praktischere Maßnahmen ergreifen, weil, wenn ein Teil der Menschheit Fleisch verzehrt und der andere nicht, dann nach den Resultaten meiner experimentellen Forschungen das größte Übel — wie es nicht schlimmer sein könnte — die Leute befallen würde, die kein Fleisch genießen.

„‚„Wie meine eingehenden Experimente gezeigt haben, hört nämlich bei Leuten, die kein Fleisch verzehren, die aber unter solchen leben, die es tun, die Bildung von dem, was man ‚Willenskraft' nennt, auf.

„ , „Meine Experimente bewiesen mir, daß, wenn sich auch die körperliche Gesundheit von Leuten, die kein Fleisch verzehren, bessert, so doch, wenn sie, die kein Fleisch essen, sich unter die anderen, die dies tun, mischen, ihr psychischer Zustand unvermeidlich schlimmer wird trotz der Tatsache, daß der Zustand ihres Organismus sich gleichzeitig manchmal bessert.

„ , „Demnach kann ein gutes Resultat für Leute, die kein Fleisch genießen, einzig und allein dann erzielt werden, wenn sie immer in vollständiger Abgeschiedenheit leben.

„ , „Obgleich die Leute, die dauernd Fleisch genießen oder jene Produkte, die das Element, genannt ‚Eknoch‘, enthalten, dem Aussehen nach sich nicht ändern, so ändert sich doch allmählich ihre Psyche, besonders ihr Hauptzug, der manchmal mit dem allgemeinen Wort ‚Charakter‘ eines Menschen bezeichnet wird, allmählich, was die Entschiedenheit und Moralität betrifft, zum schlechteren, sogar so, daß man sie nicht wiedererkennt.

„ , „Ich muß Ihnen sagen, daß ich zu all diesen Schlüssen durch meine Experimente kam, die ich viele Jahre hindurch ausführen konnte, dank zweier guter philantrophischer Menschen, nämlich durch das Geld des reichen Schäfers Alla-Ek-Linach und durch die bemerkenswerte Erfindung des von uns allen geschätzten Wissenschaftlers El-Kuna-Nassa, dem Apparat ‚Arostodesoch‘.

„ , „Durch diesen besagten bemerkenswerten Apparat ‚Arostodesoch‘ war es mir möglich, verschiedene Jahre hindurch täglich den allgemeinen Zustand des Organismus alle jener Tausender von Menschen festzustellen, die in geordneten Verhältnissen auf Kosten der Reichtümer des guten Schäfers Alla-Ek-Linakh lebten.

„ , „Möge unser Schöpfer seine Herden vermehren!

„ , „Also, als ich durch diese experimentellen Forschungen vollends begriff, daß, wenn die Leute weiterhin Fleisch als Nahrung gebrauchen, dies sehr schlecht für sie sein wird, daß aber anderseits auch nichts Gutes herauskommt, wenn einige von ihnen es nicht verzehren, widmete ich mich von da an lange Zeit hindurch ganz dem Erforschen von dem, was trotzdem für das zukünftige Wohl der Mehrzahl der Menschen getan werden könnte.

„ , „Vor allem stellte ich dann für mich selbst zwei kategorische Behauptungen auf, die erste — daß Leute, die für viele Jahrhunderte gewöhnt waren, Fleisch als Nahrung zu sich zu nehmen, niemals mit ihrem schwachen Willen fähig sein würden, sich zu zwingen, es nicht mehr zu sich zu nehmen, und dies lang genug, um den kriminellen Hang danach in sich zu überwinden, und die zweite — daß selbst, wenn die Menschen sich entschließen sollten, kein Fleisch mehr zu essen und tatsächlich diesen Entschluß eine zeitlang ausführen und sogar die Gewohnheit, Fleisch zu essen, verlieren sollten, sie trotzdem niemals imstande wären, sich des Fleisches für eine genügend lange Zeit zu enthalten, um eine vollständige Abneigung dagegen zu erwerben. Sie würden nicht imstande sein, dies zu tun, weil es nie auf Erden vorkommt, daß alle Menschen dieselbe Religion oder dieselbe Regierungsform haben und weil es ohne diese Bedingung niemals für alle einen gemeinsamen anregenden, verbietenden, strafenden oder irgendeinen anderen zwingenden Einfluß geben kann, durch den allein die Menschen, die im allgemeinen in sich die Eigenschaft haben, durch Beispiele angeregt, durch Neid angestachelt und magnetisch beeinflußt zu werden, befähigt würden, für immer einen Vorsatz, den sie gefaßt haben, halten zu können.

„ , „Ungeachtet dieser beiden Tatsachen, die mir vollkommen klar waren, fuhr ich doch ausdauernd fort, mit diesen Tatsachen als Basis meiner folgenden Nachforschungen, einen Ausweg aus dieser trostlosen Lage für die Menschen zu suchen.

„ , „Natürlich konnte ich alle meine weiteren Forschungen großen Maßstabes wieder dank des unerschöpflichen

Reichtums des Schäfers Alla-Ek-Linakh und des erstaunlichen Apparates des Weisen El-Kuna-Nassa machen.

„ , „Die Ergebnisse dieser letzten Forschungen machten es mir klar, daß, obgleich sich im allgemeinen die Psyche der Menschen tatsächlich durch die dauernde Einführung des Stoffes ‚Eknoch' in ihren Organismus verschlechtert, jedoch dieser Stoff eine besonders schädliche Wirkung nur zu bestimmten Zeiten des Jahres ausübt.

„ , „Also, meine Brüder in Christo . . . aus allem, was ich gesagt habe, und hauptsächlich nach den experimentellen Beobachtungen, die ich ein ganzes Jahr hindurch täglich an Menschen gemacht habe und die mir klar zeigten, daß die Intensität der schädlichen Wirkung des Stoffes ‚Eknoch' zu einigen Zeiten des Jahres abnimmt, kann ich nun vertrauensvoll meiner persönlichen Meinung Ausdruck verleihen, daß, wenn die Sitte unter den Anhängern der Lehre Jesu Christi verbreitet und betont würde, sich, wenigstens zu gewissen Zeiten des Jahres, des Gebrauchs der Produkte, an deren Bildung dieser Stoff ‚Eknoch' besonders teilnimmt, zu enthalten und diese Maßnahme verwirklicht werden könnte, dies den Menschen einen künftigen Segen bringen würde.

„ , „Wie meine zahlreichen alchemistischen Forschungen mir gezeigt haben, nimmt der Stoff ‚Eknoch' an der Bildung aller lebenden Organismen ohne Ausnahme teil, ganz gleich, ob sie auf der Oberfläche der Erde vorkommen oder in verschiedenen Sphären, wie zum Beispiel in der Erde, im Wasser, in der Atmosphäre und so weiter.

„ , „Dieser Stoff ist auch in allem vorhanden, was an der Bildung des besagten Organismus teilnimmt, wie zum Beispiel in der Flüssigkeit jedes schwangeren Weibchens aller Arten von Leben und in den Produkten wie Milch, Eier, Kaviar und so weiter."

„ ‚Die von dem großen Hertunano dargelegten Ideen erstaunten und erregten alle Mitglieder jenes Kelnuanischen

Konzils so, daß die Unruhe, die dadurch entstand, es dem großen Hertunano unmöglich machte, weiterzusprechen, und ihn zwang, seine Rede zu unterbrechen und vom Rednerpult herabzusteigen.

„ ‚Weiter war in jenem Manuskript gesagt, daß das Ergebnis dieses Tages ein einstimmiger Beschluß seitens aller Mitglieder des Kelnuanischen Konzils war, mit Hilfe des großen Hertunano jene Zeiten des Jahres festzusetzen, wann der Stoff ‚Eknoch' die schädlichste Wirkung auf die Menschen habe, und unter den Anhängern Jesu Christi die Sitte weit zu verbreiten, in diesen Zeiten des Jahres zu fasten, das heißt sich zu gewissen Zeiten des Jahres solcher Produkte zu enthalten, die den für sie schädlichen Stoff Eknoch enthalten.

„ ‚Damit endete dieses jüdisch-essenische Manuskript.

„ ‚Wie Sie daraus ersehen, bezweckten die Schöpfer dieser Sitte, daß sich die Anhänger jener Religion zu bestimmten Zeiten jener Produkte enthalten sollten, in denen der für ihre Gesundheit und besonders für ihre Psyche sehr schädliche Stoff enthalten ist.

„ ‚Diese russischen Jammer-Orthodoxen-Christen, die sich für treue Anhänger jener großen Religion halten, fasten zwar auch, doch essen sie bei ihrem Fasten das Fleisch von Fischen, das heißt sie essen gerade solche Organismen, die nach den Forschungen des großen Hertunano gerade jenen schädlichen Stoff Eknoch enthalten, vor dem sie zu bewahren jene weise und heilsame Sitte geschaffen worden war.'

„Und damit, mein Junge, beendigte ich damals mein Gespräch mit jenem sympathischen jungen Perser.

„Was die Vernichtung und Veränderung jener guten Sitten betrifft, die aus alten Zeiten von ihren weisen Ahnen auf die heutigen Wesen gekommen sind, so hat unser unvergleichlicher Mulla-Nassr-Eddin auch dafür einen sehr treffenden und weisen Spruch:

„ ‚Ach ihr Menschen! Menschen! Warum seid ihr Menschen? Wenn ihr nur nicht Menschen wäret, so wäret ihr vielleicht klüger!'

„Die gleiche Idee kommt auch sehr gut in einem Lieblingsausspruch des amerikanischen Onkel Sam zum Ausdruck.

„Wenn jener amerikanische Onkel Sam ein wenig mehr Gin als gewöhnlich zu sich genommen hat, so sagt er immer nach einer Pause:

„ ‚When-nothing's-right,-only-then-all-is-right.'

„Ich aber sage in diesem Fall nur ‚böser Mond'.

„Auf jeden Fall, mein teurer Junge, muß ich zugeben, daß einige dort herrschende Sitten, die vom fernsten Altertum auf deine heutigen Lieblinge kamen, außerordentlich gut für die gewöhnliche Existenz der Wesen gewisser Gemeinschaften dort sind.

„Diese Sitten sind gut, weil sie von solchen dreihirnigen Wesen dort erfunden und in den Existenzprozeß der Wesen eingeführt worden sind, die die Vervollkommnung ihrer Vernunft bis zu einem solch hohen Grad gebracht hatten, wie er unglücklicherweise nicht mehr länger von den heutigen Wesen dort erreicht wird.

„Die heutigen Menschenwesen können allein solche Sitten schaffen, die die Qualität ihrer Psyche noch verschlechtern.

„So haben sie zum Beispiel kürzlich den Brauch dort eingeführt, hier, dort und überall immer einen Tanz zu tanzen, genannt ‚Foxtrott'.

„Diesem ‚Foxtrott' geben sich überall zu allen Tages- und Nachtzeiten nicht nur junge, noch ungeformte Wesen hin, die sich nicht einmal annähernd des Sinnes und Zweckes ihrer Entstehung und ihrer Existenz bewußt sind, sondern auch die, deren Gesichter deutlich zeigen, wie von jedem normalen mehr oder weniger vernünftigen dreihirnigen Wesen festgestellt werden kann, daß, was ihre

Existenzdauer betrifft, sie, wie unser Lehrer sagen würde, nicht nur mit einem Fuß im Grabe stehen, sondern sogar mit beiden'. Der Erlebnisprozeß in einem Wesen während des besagten ‚Foxtrott' ist nämlich genau der gleiche wie bei der Kinderkrankheit, die der große Moses ‚Murdurten' nannte.

„Der große Moses gab die halbe Zeit seiner Existenz daran, diese Krankheit unter den Kindern auszurotten; und viele deiner heutigen Lieblinge von verantwortlichem Alter haben sie fast absichtlich wieder auferstehen lassen und sie nicht nur unter Kindern und der allgemeinen Masse der Erwachsenen verbreitet, sondern sogar ebenso unter den Alten.

„Von jenen guten Sitten für die gewöhnliche Existenz, die auf deine heutigen Lieblinge von den dreihirnigen Wesen der ältesten Zeiten deines Planeten gekommen sind, existieren sehr viele auch jetzt noch unter den Wesen verschiedener Gemeinschaften des Kontinents Asien.

„Einige dieser dort noch existierenden Sitten scheinen auf den ersten Blick höchst seltsam und barbarisch, aber bei einer näheren und unparteiischen Untersuchung des inneren Sinnes dieser verschiedenen Sitten kann man sehen, wie geschickt in sie der eine oder andere moralische oder allgemeine hygienische Nutzen für die Leute, die sie befolgen, hineingelegt ist.

„Betrachten wir zum Beispiel eine dem Anschein nach höchst sinnlose Sitte — nämlich jene, die unter einem bestimmten Stamm asiatischer Wesen existiert, die ‚Kolenische-Luren' oder ‚Kolenische-Zigeuner' heißen und die zwischen Persien und Afghanistan wohnen und deren Sitte unter den dortigen Wesen ‚Zigeuner-Selbstberäucherung' heißt.

„Durch diese dem Anschein nach dumme Sitte wird genau das gleiche Ergebnis erzielt wie durch die persische Sitte ‚Waschung' oder ‚Abdest'.

„Dieser Zigeunerstamm gilt als der schmutzigste und unsauberste aller auf der Erde existierenden Stämme, und sie sind tatsächlich so schmutzig, daß ihre Kleider immer voll sind von den Insekten, ‚Läuse' genannt.

„Unter anderem dient die Sitte der ‚Selbstberäucherung', der sie huldigen, auch der Vernichtung dieser Insekten.

„Obgleich die Menschenwesen jenes Stammes tatsächlich höchst schmutzig sind, so kommen doch venerische Krankheiten nicht nur nicht unter ihnen vor, sondern sie kennen sie nicht einmal und haben sogar niemals gehört, daß Menschen solche Krankheiten haben können.

„Und dies kommt meiner Meinung nach nur von der Sitte her, die von einem klugen Wesen früherer Zeiten dort zum Wohl der Menschen seiner Epoche erfunden worden war, dann von Geschlecht zu Geschlecht weiterging und zufällig bis auf die heutigen schmutzigen Wesen des Stammes der ‚Kolenischen-Zigeuner' kam.

„Zum Ritus der ‚Selbstberäucherung' hat jede Zigeunerfamilie auch was man einen ‚Ateschkaini' nennt, das heißt einen Hocker besonderer Form, der ihnen als heilig gilt und mittels dessen sie diesen ganzen Ritus vollziehen.

„Jede Familie dieser Zigeuner hat auch einen sogenannten ‚Tandur', das heißt eine besondere Form von Lehmgrube, wie man sie fast überall in den Häusern auf dem Kontinent Asien findet, und die gewöhnlich als Herd dient, auf dem Brot gebacken und Nahrung zubereitet wird.

„In diesen ‚Tandurs' brennt man hauptsächlich das, was man ‚Kisiak' nennt, eine Art Brennstoff, der aus dem Dünger vierfüßiger Tiere gemacht ist.

„Der Ritus selbst besteht darin, daß, wenn die ganze Familie des Abends nach Hause kommt, sie vor allem all ihre Kleider abnehmen und in diesen Tandur schütteln.

„Es ist fast immer heiß in diesen ‚Tandurs', weil der Dung sehr langsam brennt und die sich um den ‚Kisiak' herum bildende Asche das Feuer eine sehr lange Zeit brennen läßt.

„Es ist übrigens interessant zu bemerken, daß, wenn diese Zigeuner ihre Kleider in den Tandur ausschütteln, sich dadurch eine höchst interessante Erscheinung ergibt: die Läuse in ihren Kleidern hüpfen nämlich heraus und fallen ins Feuer, wobei sie platzen, bevor sie verbrennen, und die verschiedenen Töne des Platzens dieser großen und kleinen Läuse ergibt insgesamt eine erstaunlich ‚musikalische-Symphonie'.

„Durch das besagte Platzen der Läuse steht ein Zuhörer manchmal unter dem Eindruck, daß irgendwo, nicht weit weg, ein Knattern von einigen Dutzenden ihrer sogenannten Maschinengewehre vor sich geht.

„Nun denn, nachdem diese ‚ehrenwerten Zigeuner' ihre nicht weniger ehrenwerten Kleider ausgeschüttelt haben, begeben sie sich an den heiligen Ritus selbst.

„Dafür stellen sie feierlich und mit einer bestimmten Zeremonie ihren geheiligten Familienhocker in den Tandur, und darauf treten sie der Reihe nach je nach Alter in den Tandur und stellen sich auf den Hocker.

„Der geheiligte Hocker besteht einfach aus einem kleinen Brett, an dem vier Eisenfüße angebracht sind, und dadurch kann man in dem Tandur stehen, ohne seine Füße in der heißen Asche zu verbrennen.

„Wenn ein Mitglied der Familie auf jenem geheiligten Hocker steht, singen alle anderen Mitglieder der Familie ihren heiligen Gesang und der, der auf dem Hocker steht, beugt wiederholt, langsam und feierlich seine Knie und spricht gleichzeitig seine Gebete. Der Sitte gemäß muß er dies tun, bis jeder Teil seiner Geschlechtsorgane vom Tandur erwärmt ist.

„Eine zweite, sehr ähnliche Sitte, die dem Anschein nach genau so dumm ist, sah ich unter den Leuten eines anderen kleinen Stammes, die im Hinteren-Kaukasus wohnen, nicht weit weg vom Berg Ararat, und die ‚Tusuli-Kurden' genannt werden.

„Dieser Stamm ist nicht so schmutzig wie der Stamm der Kolenischen-Zigeuner; im Gegenteil, da diese Leute täglich im Fluß Arax baden und meistens an der frischen Luft sind, weil die meisten von ihnen Schäfer sind, sind sie nicht nur sehr sauber, sondern strömen nicht einmal den spezifischen Geruch aus, der den Menschen fast aller kleinen Stämme, die dieses große Asien bevölkern, eigentümlich ist.

„Jede Familie dieses Stammes hat ihre eigene sogenannte ‚Hütte', die als Wohnort und zum Empfang der Gäste dient, da die Sitte, einander zu besuchen, unter den verschiedenen Familien dieses Stammes hochentwickelt ist.

„Und in jeder Hütte dort ist es üblich, in einer Ecke der ersten Abteilung einen sogenannten heiligen-Mungul zu haben, das heißt einen Herd, auf dem ein Feuer von schwelenden Holzkohlen oder dem sogenannten ‚Kisiak' dauernd unterhalten wird, und in der Nähe jedes dieser heiligen ‚Mungul' hängt eine kleine hölzerne Büchse, ‚Ktulnotz' genannt, die immer mit den Wurzeln einer bestimmten Pflanze versehen sein muß.

„Der ‚Ritus-der-Selbstberäucherung' besteht darin, daß jedes Familienmitglied und jeder Gast, ganz gleich welchen Geschlechts, ehe er in die Hauptabteilung der Hütte geht, unbedingt zu diesem ‚heiligen-Mungul' gehen muß, um, wie sie sagen, sich von dem Einfluß jener bösen Geister zu reinigen, von denen ein Mensch umgeben ist, wenn er mit ehrlicher Arbeit beschäftigt ist.

„Und diese Reinigung wird in der folgenden Weise ausgeführt:

„Ein jeder, der in die Hütte eintritt, muß zuerst zu der dort hängenden Büchse gehen und ein paar Wurzeln herausnehmen, diese dann in das Feuer streuen und darauf in dem Rauch, der sich durch das Verbrennen dieser

Wurzeln ergibt, seine Geschlechtsorgane beräuchern. Wenn es eine Frau ist, breitet sie einfach ihren Rock auseinander und stellt sich über den ‚Mungul', wenn es ein Mann ist, nimmt er seine Beinkleider ab oder läßt sie herunter und stellt sich auch über den besagten Rauch.

„Erst nach einer solchen Reinigung können sie den Hauptraum betreten, andernfalls werden nicht nur, wie sie behaupten, böse Einflüsse ins Haus gebracht, sondern durch diese angesammelten bösen Einflüsse könnte sich ein Mensch sogar sehr böse Krankheiten zuziehen.

„Diese heiligen Munguls sind gewöhnlich mit den allerbesten ‚Dschedschims' umhängt, das heißt von einem besonderen Stoff, der nur von Kurden gewoben wird.

„Ich wiederhole, mein Junge, daß es in der heutigen Zeit auf dem Kontinent Asien sehr viele ähnliche Gebräuche gibt.

„Ich selbst sah deren Hunderte, und sie schienen zuerst nicht wenig sonderbar und unkultiviert, aber bei einem ernsten und unparteiischen Studium ihrer verborgenen Bedeutung enthüllten sie immer ein und dasselbe Ziel, nämlich sie dienten entweder der Vernichtung der schädlichen Überträger verschiedener Krankheiten oder der Stärkung der moralischen Scham.

„Auf dem Kontinent Europa dagegen fand ich kaum eine einzige Sitte, die eigens entweder zu hygienischen Zwecken, oder um den Massen Moralität einzuflößen, geschaffen wurde.

„Es kann nicht geleugnet werden, daß es auch auf dem Kontinent Europa verschiedene Sitten gibt, sogar deren Tausende, aber sie sind alle nur dazu da, um den Wesen die Möglichkeit zu geben, einander zu gefallen, oder um den wirklichen Zustand der Dinge zu verbergen, das heißt: die unwünschenswerten Formen ihres Äußeren — unwünschenswert natürlich nur ihrem subjektiven Verständnis nach — zu verkleiden und das Nichts ihrer eigenen inneren Bedeutung zu verbergen.

"Diese dort existierenden Sitten vermehren sogar noch Jahr für Jahr die ‚Gespaltenheit' der Persönlichkeit und des Verstandes der Wesen.

"Aber das Hauptübel liegt darin, daß in der heutigen Zeit das gesamte ‚Oskianoznel' der heranwachsenden Generation oder die ganze Erziehung der Kinder nur darin besteht und darauf reduziert ist, diese unzähligen Sitten anzunehmen, die unter ihnen existieren und nur Unmoral hervorrufen. Und deshalb werden von Jahr zu Jahr die in ihnen seit Jahrhunderten kristallisierten Gegebenheiten zur Entwicklung eines Wesens als ein ‚Ebenbild Gottes' und nicht einfach, wie sie selbst sagen würden, als ein ‚Tier' einerseits dekristallisiert, und anderseits wird ihre Psyche schon fast so, wie es unser teurer Lehrer mit den Worten ausdrückt:

" ‚In ihm ist alles außer ihm selbst.'

"Und so ist es in der Tat, mein Junge. Durch das volle Fehlen guter patriarchalischer Sitten und ob ihrer vielgepriesenen ‚Erziehung' haben sich die heutigen Wesen jenes Kontinents tatsächlich schon vollends in sogenannte ‚Automaten' oder lebende mechanische Puppen umgewandelt.

"Heutzutage kann jeder von ihnen sich begeistern und dies nach außen manifestieren, sobald nur die zufällig entsprechenden sogenannten ‚Schalter' schon in ihm vorhandener Eindrücke berührt werden, die er mechanisch während seines ganzen vorbereitenden Alters wahrgenommen hat.

"Sonst aber, wenn die ‚Schalter' nicht berührt werden, sind die dortigen Wesen in sich selbst, wie wieder unser hochgeschätzter Mulla-Nassr-Eddin sagt: ‚Ein Klumpen Fleisch.'

"Es muß hier unbedingt bemerkt werden, daß eine der Hauptursachen dieses Zustandes der Wesen der heutigen Zivilisation auch wieder diese Onanie ist, die

Krankheit, die in der letzten Zeit dort fast epidemisch geworden ist und die auch wiederum eine Folge ihrer Kindererziehung ist, auf Grund einer bestimmten verderblichen Idee, die unter ihnen herrscht und die schon gleichsam ein unzertrennlicher Teil des Bewußtseins eines jeden ist, nämlich ihre verderbliche Idee, daß es sich absolut nicht ziemt, mit Kindern über die Geschlechtsfrage zu sprechen.

„Und ferner betone ich wieder, daß gerade diese für ihre naive Vernunft nebensächliche Idee, deren Bedeutung keiner von ihnen in Betracht zieht, da sie sie einfach für eine Frage von ‚Schicklichkeit‘ oder ‚Unschicklichkeit‘ halten, die Hauptursache jener phänomenalen, sozusagen ‚psychischen-Mechanität‘ ist.

„In der Gesamtheit bestimmter Auffassungen, die sie ‚Erziehung‘ nennen, gibt es sogar eine besondere Abteilung, die festlegt und genau angibt, was sich, wie sie es ausdrükken, für die Kinder zu sagen ‚schickt‘ oder ‚nicht schickt‘.

„Du mußt wissen, daß ich am Ende meines letzten Aufenthaltes auf der Oberfläche deines Planeten diese verderbliche irdische Frage zum Gegenstand meiner besonderen Beobachtungen machte und sie sogar eingehend studierte.

„Damit du ungefähr die Ergebnisse kennst, zu denen die irdische Kindererziehung führt, will ich dir hier einen Zwischenfall erzählen, der die erste Ursache meines weiteren speziellen Interesses für dieses irdische Mißverständnis war.

„Obgleich sich dieser Zwischenfall in der großen Gemeinschaft Rußland ereignete, so ist doch die ‚Geschichte‘, die ich dir erzählen will, nichtsdestoweniger sehr charakteristisch und gibt im allgemeinen ein sehr gutes Bild der Erziehung der Kinder, so wie sie in der heutigen Zivilisation ausgeübt wird.

„Sie ist charakteristisch, weil auch in dieser großen Gemeinschaft Rußland die heutigen verantwortlichen Wesen, besonders die Wesen der sogenannten oberen ‚herrschenden Klasse' ihre Kinder genau so wie die zeitgenössischen verantwortlichen Wesen anderer Gemeinschaften auf den Kontinenten Europa und Amerika sie erziehen.

„Ich werde meine Erzählung über dieses Ereignis, das in mir den Impuls der Anteilnahme hervorrief, mich eigens mit der Frage der irdischen Kindererziehung vertraut zu machen, mit einer Geschichte beginnen, die sich kurz zuvor ereignet hatte und die bewundernswert die Bedeutung ihrer Erziehung illustriert und die auch sozusagen ein ‚Glied' in meinem langsam wachsenden Interesse an dieser Frage war.

„Ich war einmal für mehrere Monate ohne Unterbrechung in der Hauptstadt dieser Gemeinschaft — in der Stadt St. Petersburg.

„Während dieses Aufenthaltes wurde ich mit einem älteren Ehepaar sehr gut bekannt.

„Der Mann war, was man einen ‚Senator' nennt, und seine Frau war eine ‚Dame der Gesellschaft' und Patronin verschiedener ‚Wohlfahrtseinrichtungen'.

„Ich besuchte sie oft in ihrem Heim und spielte gern Schach mit dem Senator, wie es dort unter sogenannten ‚ehrenwerten Leuten' üblich war.

„Dieses Ehepaar hatte mehrere Töchter.

„Alle älteren Töchter waren schon versorgt, das heißt verheiratet, nur ihre jüngste Tochter im Alter von zwölf Jahren war noch zu Hause.

„Da dieses Paar keine weiteren Sorgen betreffs ihrer anderen Töchter hatte, beschlossen sie, ihrer jüngsten Tochter die allerbeste Erziehung — nach damaligen Begriffen — zu geben, und taten sie zu diesem Zweck in ein bestimmtes ‚Pensionat', eine höhere Erziehungsanstalt, die man ‚Institut' nennt.

„Diese jüngste Tochter kam nur an Sonntagen und großen Feiertagen nach Hause, und einmal in der Woche an einem bestimmten Tag fuhren ihr Vater und ihre Mutter zu ihr, um sie im Pensionat zu besuchen.

„Ich war meistens an Festtagen bei ihnen und traf so dieses reizende, noch unverdorbene Mädchen und machte sogar manchmal mit ihr einen Spaziergang im benachbarten sogenannten ‚Park'.

„Auf diesen Spaziergängen scherzten wir entweder, oder sie erzählte mir über ihre Unterrichtsstunden und neuen Eindrücke.

„Durch dieses häufige Zusammenkommen und die Gespräche bildete sich nach und nach ein Band zwischen uns, etwas wie Freundschaft.

„Sie war sehr flink in ihren Wahrnehmungen und Manifestationen oder — wie deine Lieblinge solche Leute aus ihrer Mitte bezeichnen — ‚ein aufgewecktes und kluges Mädchen'.

„Einst wurde mein Bekannter, dieser Senator, für eine bestimmte, wie man dort sagt, ‚Inspektion' irgendwohin weit weg nach Sibirien berufen.

„Seine Frau wollte ihn begleiten, da der Senator an einem sogenannten ‚Leberleiden' litt und dauernd guter Pflege bedurfte; sie konnten jedoch diese gemeinsame Reise wegen ihrer jüngsten Tochter nicht machen, da niemand da war, um sie im Institut zu besuchen und sie an Feiertagen nach Hause zu nehmen.

„Und deshalb kamen eines Morgens die Eltern — diese älteren Bekannten von mir — zu mir in meine Wohnung und fragten mich, ob ich nicht während ihrer Abwesenheit sie bei ihrer jüngsten Tochter vertreten wolle, indem ich sie jede Woche im Institut besuchen und sie an Feiertagen zu mir nehmen würde.

„Ich ging natürlich sofort auf ihren Vorschlag ein und erfüllte, als der Senator und seine Frau bald danach nach

Sibirien reisten, genau die auf mich genommene Verpflichtung gegenüber ihrer Tochter, die damals mein Liebling geworden war.

„Bei meinem ersten Besuch dieses Erziehungsinstituts, das eigens der Erziehung von Mädchen diente, beobachtete ich etwas sehr sehr Seltsames, was mich zu meinen weiteren Beobachtungen und Studien über die Folgen jenes von ihnen selbst erfundenen ‚Verderbnisses' für deine heutigen Lieblinge führte.

„Als ich an jenem Tag diese, wie man sagt, ‚vornehme Anstalt' besuchte, waren viele Besucher in dem Empfangsraum, wo die Zusammenkunft der Eltern oder des Vormundes mit den Kindern oder Schützlingen stattfand.

„Einige Eltern oder Pflegeeltern waren gerade hereingekommen, andere redeten schon mit ihren Kindern oder Pfleglingen, andere saßen und warteten auf die Ankunft ihrer Kinder, und ihre ganze Aufmerksamkeit war auf die Tür gerichtet, durch die die Zöglinge der Anstalt gewöhnlich hereinkamen. Ich setzte mich auch, nachdem ich in den Empfangsraum gekommen war und der diensthabenden Aufseherin erklärt hatte, wen ich zu sprechen wünschte, und wartete auf mein zufälliges Pflegekind. Dieweil ich wartete, schaute ich mich um. Alle Schülerinnen dieser ‚erlesenen Anstalt' waren gleich gekleidet und alle hatten ihr Haar gleichmäßig zu zwei Zöpfen geflochten, deren Enden, mit Bändern zusammengebunden, auf ihrem Rücken herunterhingen.

„Was mir auffiel, war eine bestimmte Sonderbarkeit in diesen Bändern und Zöpfen. Bei einigen Schülerinnen hingen diese Bänder einfach am Rücken herunter, aber bei anderen, bei denen sie zwar auch am Rücken herunterhingen, waren die Enden dieser Schleifen in einer bestimmten Weise zusammengebunden.

„Als ich am nächsten Feiertag meinen Schützling mit nach Hause nahm und mit ihr bei einem, was man ‚Samowar' nennt, plauderte, fragte ich sie:

„ ‚Sage mir bitte, Sonia, warum die Schülerinnen deines nstituts, die alle gleich gekleidet sind, jene Sonderbarkeit an den Enden ihrer Zöpfe aufweisen?'

„Sie errötete sofort und starrte, ohne meine Frage zu beantworten, nachdenklich auf ihren Tee und erwiderte nach einer Weile nervös:

„ ‚Dies ist tatsächlich keine Kleinigkeit bei uns. Obgleich dies unser großes Instituts-Geheimnis ist, so kann ich doch nicht umhin, es Ihnen als meinem Freund mitzuteilen, von dem ich sicher bin, daß er dieses große Instituts-Geheimnis niemandem verraten wird.'

„Sie erzählte mir dann ganz offen folgendes:

„ ‚Die Art, unsere Haarschleifen zu binden, wurde absichtlich von den Schülerinnen so erdacht, damit wir einander erkennen, das heißt um zu wissen, zu welchem Klub eine Schülerin gehört, und damit gleichzeitig die Klassenlehrerinnen und Aufseherinnen und überhaupt jeder Nichtschüler des Instituts dieses Geheimnis nicht kennen und erfahren sollte.

„ ‚Alle Schülerinnen unseres Instituts teilen sich in zwei Kategorien, die einen gehören zu dem, was der ‚Männerklub' genannt wird, und die anderen zum ‚Frauenklub', und wir unterscheiden uns voneinander gerade durch die Art, wie wir unsere Schleifen binden.

„ ‚Darauf erklärte sie mir eingehend, worin gerade der Unterschied zwischen diesen zwei Klubs liege.

„ ‚Sie sagte, daß in der Regel alle Neuankömmlinge in dem Institut zuerst Mitglieder des Frauenklubs werden, und erst später, wenn sich eine Schülerin den Lehrerinnen gegenüber wagemutig gezeigt oder sich im allgemeinen in irgendeiner Weise als sehr aktiv erwiesen hat, wird sie auf allgemeinen Beschluß aller Schülerinnen als Mitglied des Männerklubs eingetragen, und von dem Augenblick an bindet sie die Enden der Schleifen ihrer Zöpfe zusammen.

„ ‚Unser Klub trifft sich gewöhnlich in einem freien Klassenraum oder einem Schlafsaal, doch am häufigsten in den Toiletten.

„ ‚Die Mitglieder des Männerklubs haben im allgemeinen die folgenden Privilegien: sie haben das Recht, so viele Schülerinnen unter den Mitgliedern des Frauenklubs und wen sie wollen zu wählen und über sie zu herrschen, und diese letzteren sind immer verpflichtet, jeden Wunsch des gegebenen Mitglieds des Männerklubs zu befriedigen und ihr Bestes zu tun, um ihren Aufenthalt in unserem Pensionat zu erleichtern, wie zum Beispiel: ihr das Bett am Morgen zu machen, ihre Aufgaben abzuschreiben, ihr einen Teil der Geschenke zu geben, die sie von zu Hause geschickt bekommt, und so fort und so weiter.

„ ‚Die Hauptbeschäftigung in den Klubs besteht im gemeinsamen Lesen verbotener Bücher, die eine der Schülerinnen herbeischafft. Man liest gewöhnlich ein sehr seltenes Manuskript, das mit dem Geld gekauft wurde, das durch eine allgemeine Instituts-Sammlung zusammenkam und in dem in Einzelheiten die ganze Lehre der berühmten Dichterin Sappho dargelegt ist.'

„Du mußt wissen, mein Junge, daß Sappho der Name einer griechischen Dichterin war, die auf deinem Planeten als erste für viele Frauen sowohl der griechisch-römischen als auch der heutigen Zivilisation den ‚Weg zum wahren Glück' entdeckte.

„Diese große Schöpferin von ‚Frauen-Glück' hatte ihren Wohnsitz auf der Insel ‚Lesbos', von welchem Wort die Bezeichnung für jene Frauen herstammt, die schon würdig wurden, im Prozeß ihrer Existenz die Lehre dieser bemerkenswerten Frau zu verstehen und zu verwirklichen und die heutzutage ‚Lesbierinnen' genannt werden.

„Diese meine Pflegetochter, die mich zufällig über die Feinheiten der Psyche der Wesen des weiblichen Geschlechtes auf deinem Planeten erleuchtete, erklärte mir weiter, daß jede Schülerin des Instituts, die zu dem Männerklub gehörte, für sich so viele Partner, als sie wünsche, zum allgemeinen Zeitvertreib wählen könnte, was natürlich in voller Übereinstimmung mit den Lehren der Dichterin Sappho war.

„Ich denke, daß schon dank dieser einen Tatsache, die ich dir aus den Tausenden meiner Beobachtungen erzählte, du dir schon deutlich vorstellen kannst, daß es eine so phänomenale Abscheulichkeit nicht unter der heranwachsenden Generation geben könnte, wenn nicht der Begriff dort vorherrschend wäre, daß es höchst ‚ungeziemend‘ ist, mit seinen Kindern über die ‚Geschlechtsfrage‘ zu sprechen.

„Dieser Begriff von ‚was sich geziemt‘ kam auf die heutige Zivilisation erblich von den Wesen der Epoche, die ‚Mittelalter‘ genannt wird.

„Diese Hasnamuss-Kandidaten des Mittelalters, die zu den Hauptvernichtern des wirklichen Sinnes der Lehre des Göttlichen Lehrers Jesu Christi zählen, ersannen die verderbliche Erfindung, die sie ‚Bon-Ton‘ nannten und führten sie als Regulierung in die alltägliche Existenz ein. Und diese verderbliche Erfindung setzte sich damals in der Psyche der meisten so fest, daß sie erblich von Geschlecht zu Geschlecht weiterging, so daß jetzt deine heutigen Lieblinge, die schon einen ganz schwachen Willen haben, sogar — wie sehr sie sich auch bemühen — nicht fähig sind, eine solche anomale psychische Fixierung zu überwinden, wie in diesem Falle den Begriff, daß es ungehörig ist, mit Kindern über die Geschlechtsfrage zu reden.

„ ‚Was? Mit seinen Kindern über ‚Sexuelles‘ reden? Ist das nicht ungehörig?‘

„Die Leute der modernen Zivilisation reden mit ihren Kindern und geben ihnen für ihre Belehrung nur was in den Handbüchern verschiedener Kandidaten für ‚Hasnamuss-

Individuen' unter der zuvor erwähnten Überschrift von ‚Bon-Ton' erfunden worden ist und noch erfunden wird.

„Und da es in all diesen Handbüchern so scheint, als ob es allgemein sehr ungehörig und mit Kindern sogar unmoralisch wäre über ‚Sexuelles' zu reden, so können die modernen Menschen, selbst wenn sie ihren Lieblings-Sohn oder ihre Lieblings-Tochter auf dem Wege zum Verderben sehen, und bringen, wie ich dir schon gesagt habe, trotz all ihres geistigen Wunsches es einfach nicht fertig, ihren Kindern offen den Schaden und die Sünde dieser verbrecherischen Gewohnheiten zu erklären.

„Also, mein Junge, als meine guten Bekannten, der Senator und seine Frau, aus Sibirien zurückgekommen waren und ich wieder der auf mich genommenen Verpflichtung betreffs meines Lieblings, ihrer jüngsten Tochter, ledig war, ereignete sich der zuvor erwähnte Zwischenfall, der als Anfang für meine besonderen Beobachtungen und Studien eben dieser irdischen, für sie selbst verderblichen heutigen Frage diente.

„Dieses bedauernswerte Vorkommnis ereignete sich in St. Petersburg selbst, in gerade einer solchen Erziehungsanstalt und bestand in folgendem: Die Vorsteherin dieser Anstalt hatte herausgefunden, daß eine ihrer Zöglinge sich entgegen ihren viel gepriesenen Regeln von ‚Schicklichkeit' verhalten hatte und gab ihr einen sehr scharfen Verweis und tat dies so ungeschickt, daß das Ergebnis war, daß die Beschuldigte und ihre Freundin, zwei heranwachsende Mädchen mit den Keimen von Gegebenheiten für künftige normale Mütter, sich beide erhängten.

„Meine Forschungen brachten in diesem Falle folgendes ans Licht:

„Unter den Schülerinnen der besagten Erziehungsanstalt war ein junges Mädchen namens Elisabeth, das von ihren

Eltern von einem fernen Gut nach der Hauptstadt gebracht worden war, um in einer besonderen höheren Erziehungsanstalt eben diese moderne ‚Erziehung' zu erhalten.

„Dort in St. Petersburg in dem besagten Pensionat befreundete sich diese dreizehnjährige Elisabeth sehr mit einem anderen jungen Mädchen Maria an, die gleich ihr noch nicht entwickelt war.

„Im gleichen Jahre, am ‚Frühlings-Feiertag' oder, wie er anders genannt wird, ‚Mai-Tag', wurden alle Schülerinnen dieser höheren Erziehungs-Anstalt, der Sitte gemäß, zu einem Ausflug aufs Land geführt, und diese beiden ‚Busen-Freundinnen' waren zufällig in verschiedenen Gruppen, die in ziemlicher Entfernung voneinander gingen.

„In den Feldern sah Elisabeth ein bestimmtes ‚vierfüßiges Tier', dort Bulle genannt, der in nicht weiter Entfernung vorbeiging, und da sie aus irgendeinem Grunde sehr wünschte, daß ihre Busen-Freundin Maria nicht versäume, dieses liebe vierfüßige Tier zu sehen, schrie sie laut: ‚Maria, Maria, sieh doch, dort geht ein Bulle!'

„Kaum hatte sie das Wort ‚Bulle' ausgesprochen, als alle sogenannten ‚Aufseherinnen' sofort zu Elisabeth rannten und mit allen möglichen grausamen Vorhaltungen auf sie einstürmten.

„Wie konnte sie das Wort ‚Bulle' aussprechen?! Gibt sich dieses vierfüßige Tier nicht mit dem ab, worüber ein gut erzogener Mensch auf keinen Fall spricht und noch weniger ein Zögling einer solch ‚erlesenen-Anstalt'?!

„Während die Aufseherinnen diese arme Elisabeth quälten, versammelten sich alle Schülerinnen des Instituts um sie herum, und die Hauptvorsteherin kam dazu, und nachdem sie erfahren hatte, um was es sich handelte, begann sie ihrerseits Elisabeth Vorwürfe zu machen.

„‚Schämst du dich nicht', sagte sie, ‚ein solches Wort

auszusprechen, das als sehr, sehr ‚ungeziemend' gilt?'

„Elisabeth konnte sich schließlich nicht mehr länger zurückhalten und fragte unter Tränen:

„ ‚Und wie sollte ich dann jenes vierfüßige Wesen nennen, wenn es wirklich ein Bulle ist?'

„ ‚Mit dem Wort', sagte die Vorsteherin, ‚das du diesem Tier gabst, nennt ihn der Pöbel. Du aber, da du im Institut bist, gehörst nicht zum Pöbel und solltest deshalb immer herausfinden, wie man unanständige Dinge mit Namen nennt, die dem Ohr nicht unanständig klingen.

„ ‚Zum Beispiel — als du jenes unanständige Tier sahst und wolltest, daß deine Freundin es sähe, hättest du rufen können: ‚Maria, schau, dort geht ein Beefsteak, oder: Maria, schau, dort spaziert etwas, was sehr gut zu essen ist, wenn man hungrig ist, und so fort.'

„Durch all das wurde die arme Elisabeth so nervös, besonders da diese ‚Vorhaltungen' in Gegenwart all ihrer Freundinnen stattfanden, daß sie sich nicht zurückhalten konnte und mit ihrer ganzen Kraft ausrief:

„ ‚Oh, ihr schrecklichen alten Jungfern! Gestreifte Vogelscheuchen! Ausgeburten der untersten Hölle! Weil ich etwas bei seinem Namen nenne, saugt ihr mir gleich das Blut aus. Seid dreifach verflucht!!!'

„Nachdem sie diese letzten Worte gesagt, fiel sie, wie man dort sagt, in eine ‚Ohnmacht' und die Vorsteherin selbst und verschiedene ‚Klassenlehrerinnen' und ‚Aufseherinnen' taten das gleiche.

„Und die anderen ‚Klassenlehrerinnen' und ‚Aufseherinnen' dieser erlesenen Anstalt, die nicht ohnmächtig wurden, machten einen solchen ‚Lärm', wie er sonst nur noch auf dem Markt vorkommt, wo ausschließlich ‚Jüdinnen' aus der Stadt Berditschev feilschen.

„Das Ergebnis von all dem war, daß, als die ‚Klassenlehrerinnen' und ‚Aufseherinnen', die ohnmächtig geworden waren, wieder zu sich kamen, sie dann gleich dort in dem Feld unter dem Vorsitz dieser gleichen Vorsteherin des Instituts einen sogenannten ‚Lehrerrat' abhielten, in dem beschlossen wurde, daß sofort nach der Rückkehr in die Stadt ein Telegramm an Elisabeths Vater geschickt werden sollte, daß er kommen solle, um seine Tochter zu holen, da sie für immer aus dem Institut ausgewiesen sei, womit sie zugleich das Recht verlor, in ein anderes ähnliches Institut im Russischen Reich einzutreten.

„Am selben Tage, eine Stunde nachdem die Zöglinge nach Hause gekommen waren, entdeckte einer der ‚Wächter' des Instituts in dem ‚Holz-Schuppen', daß zwei noch unentwickelte heranwachsende ‚zukünftige-Mütter' an Stricken baumelten, die an den Balken des Daches befestigt waren.

„In Marias Tasche fand man ein Schreiben folgenden Inhalts:

„ ‚Zusammen mit meiner teuren Elisabeth will ich nicht mehr länger mit solchen Nichtigkeiten, wie ihr seid, leben und gehe mit ihr in eine bessere Welt.'

„Dieser Fall interessierte mich so sehr, daß ich anfing, natürlich privat, psycho-analytisch alle Aspekte der Psyche aller Teilnehmer an dieser traurigen Geschichte zu erforschen. Unter anderem fand ich heraus, daß in dem Augenblick der Manifestation ihres heftigen Ausbruchs in der Psyche der armen Elisabeth, was man ein ‚Chaos' nennt, war.

„Und es wäre tatsächlich sehr erstaunlich gewesen, wenn solch ein ‚Chaos' nicht in der Psyche dieses seiner selbst noch unbewußten dreizehnjährigen Mädchens gewesen wäre, das vor diesem unseligen Vorkommnis immer auf ihres Vaters großem Gut gelebt, wo sie immer denselben Reichtum der Natur gesehen und gefühlt hatte wie an jenem Tag auf dem Feld unweit der Stadt St. Petersburg.

„Sie war in jene lähmende, lärmende Stadt St. Petersburg gebracht worden und für lange Zeit wie in einer Schachtel aufbewahrt worden und fand sich dann plötzlich in einer Umgebung, wo jeder frische Eindruck alle möglichen Erinnerungen an frühere angenehme Empfindungen in ihr wachrief.

„Auf jenem Planeten gibt es tatsächlich in dem sogenannten ‚Vorfrühling' manchmal Bilder, nach deren Reiz sich nicht zu sehnen einem schwerfällt.

„Stelle dir folgendes vor: In der Ferne sieht man Kühe auf der Weide, zu unseren Füßen dringen schüchtern Schneeglöckchen aus der Erde, nah unserem Ohr fliegt ein Vögelchen, zur Rechten hört man das Zwitschern eines ganz unbekannten Vogels, und zur Linken wird unser Geruchssinn erquickt durch den Duft einer auch unbekannten Blume.

„Kurzum, in Momenten wie diesem entstehen in den Wesen, besonders in solch jungen wie Elisabeth — die sich nach einer langen Periode eines unterdrückten Daseins in einer bedrückenden Stadt inmitten einer solchen Überfülle von allen möglichen ungewöhnlichen Eindrücken befinden — die durch eine natürliche Seins-Freude hervorgerufenen geistigen Assoziationen ganz von selbst aus allen wahrgenommenen äußeren Dingen.

„Elisabeth mußte dies besonders stark gefühlt haben, da sie, wie ich schon gesagt habe, ehe sie ins Institut kam, auf ihres Vaters großem Gut gelebt hatte, das weit entfernt von den schon höchst anomalen Verhältnissen der Stadt-Eitelkeiten lag.

„Demzufolge rief jeder neu empfangene Eindruck natürlich frühere Kindheits-Erinnerungen in ihr wach, von denen jede wiederum mit verschiedenen anderen angenehmen Vorfällen verknüpft war.

„So ist es nicht schwer sich vorzustellen, daß die plötzliche Erscheinung jenes vierfüßigen Tieres, genannt Bulle, wie sie deren zu Hause auf dem Gut gesehen hatte und die sich dort der Liebe aller Kinder erfreuten, die sogar heimlich Brot vom Tisch für sie nahmen, diesem noch nicht geformten ‚eindrucksfähigen' jungen Mädchen einen Anstoß zu den entsprechenden Assoziationen gab, unter deren Einfluß sie, da sie noch voll eines Gefühls echten Glückes war, das noch nicht von den anomal eingerichteten Verhältnissen der Seins-Existenz verdorben war, sofort wünschte, ihr Glück mit ihrer Busen-Freundin zu teilen, die in einiger Entfernung ging, und ihr deshalb zurief, nach diesem teuren Bullen zu schauen.

„Und nun frage ich dich, wie hätte sie dieses vierfüßige Wesen nennen sollen, da es wirklich ein Bulle war?

„Wirklich ‚Beefsteak'? — wie die geschätzte Vorsteherin dieser ‚erlesenen-höheren-Erziehungs-Anstalt' ihr riet, die da eigens für die ‚Erziehung der Kinder' existiert, nach dem barbarischen System, das es zu ihrem Unglück auch in der heutigen Zeit noch gibt.

„Wie du siehst, mein Junge, habe ich dir, da ich dir ein wenig mehr über die dich interessierenden dreihirnigen Wesen erzählen wollte, die auf dem Kontinent von Nord-Amerika vorkommen, gleichzeitig auch sehr viel im allgemeinen über die auf allen Kontinenten dieses seltsamen Planeten entstehenden und existierenden dreihirnigen Wesen gesagt.

„Ich glaube nicht, daß du einen Grund hast, dich deshalb über mich zu beschweren, hast du doch gleichzeitig viele neue Tatsachen erfahren, die die Einzelheiten ihrer seltsamen Psyche erhellen.

„Was besonders den sogenannten ‚Grad-der-Degeneration' des allgemeinen Bestandes derer betrifft, die diese heutige große Gruppierung auf dem Kontinent Amerika ausmachen, was den Verlust von Möglichkeiten zur Erwerbung eines Seins, das dem normalen Sein dreihirniger Wesen im allgemeinen näher kommt, betrifft, so kann ich dir etwas in gewissem Sinn für sie Tröstliches sagen, nämlich, daß meiner Meinung nach unter ihnen der größte Prozentsatz von Wesen ist, in deren Bestand die besagte Möglichkeit noch nicht ganz verloren ist.

„Obgleich diese neue Gruppierung aus dreihirnigen Wesen von dem Kontinent Europa besteht und noch weiter von ihnen vermehrt wird, wo man nach Wesen mit den zuvor erwähnten Möglichkeiten in den letzten Zeiten schon, wie unser weiser Lehrer Mulla-Nassr-Eddin bei solchen Gelegenheiten sagt, ‚mit den stärksten elektrischen Bogenlampen eigens suchen muß‘, so wiederhole ich trotzdem, daß es in dieser Gruppierung dort einen größeren Prozentsatz solcher Wesen gibt als auf dem Kontinent Europa.

„Es scheint mir, daß dies deshalb so ist, weil vom Kontinent Europa hauptsächlich sogenannte ‚einfache Wesen‘ dorthin auswanderten und jetzt noch auswandern, die sozusagen nicht die ‚erblichen Nachkömmlinge‘ der europäischen Wesen der ‚herrschenden Kaste‘ sind, in denen dank der erblichen Weitergabe der Anlagen zu Hasnamussischen-Eigenschaften von Geschlecht zu Geschlecht viele Jahrhunderte hindurch es jetzt so viel des sogenannten ‚inneren-Großtuns‘ gibt, daß dies ihnen nie erlaubt, mit der allgemeinen Masse zu verschmelzen, um gemeinsam mit vereinten Anstrengungen danach zu streben, dreihirnige Wesen zu werden, wie sie sein sollten.

„Nur dank der Tatsache, daß unter den auf jenem Kontinent vorkommenden dreihirnigen Wesen nur sehr wenig ‚Sprößlinge‘ der ‚herrschenden Kaste‘ waren und die allgemeine Masse von Wesen selbst ein Medium darstellte, in dem ‚unser Bruder‘ noch existieren kann, ohne unter den Einfluß jener lokalen Ausstrahlungen zu gelangen, die durch die Wesen unserer Umgebung gebildet werden und schädlich auf die sogenannten ‚subjektiv-natürlichen-inneren-Kräfte‘ jedes Wesens wirken, konnte ich während meines Aufenthalts unter ihnen ausruhen, wie ich wünschte.

„Da ich nun, mein Junge, so viel meiner Zeit daran gewandt habe, um alle möglichen Neuheiten und Neuerungen früherer schon oft auf deinem Planeten existierenden verderblichen Sitten der Wesen dieser neuen großen heutigen Gemeinschaft zu erklären, nämlich Neuheiten, die jetzt im objektiven Sinne nicht nur für sie selbst verderblich sind, sondern auch für alle übrigen dich interessierenden dreihirnigen Wesen, auch wenn sie auf ganz anderen Kontinenten vorkommen, so ist es meiner Meinung nach jetzt für einen sozusagen ‚Schluß-Akkord' unvermeidlich nötig, daß ich dich auch in jene Gedanken von mir einweihe, die in meinem Denken am letzten Tag meines Aufenthaltes unter ihnen in der Stadt New York begannen und ihren Schluß auf dem Schiff fanden, als es sich von jenem Kontinent aus ostwärts bewegte.

„An diesem Tag saß ich in einem der dortigen eigentümlichen Cafés namens ‚Childs', am sogenannten ‚Columbus Circle', und wartete auf die Wesen vom Kontinent Europa, die mich nach diesem Kontinent begleitet hatten, um mit ihnen zum Dock des abgehenden Schiffes zu gehen. Derweil blickte ich durch das Fenster auf die verschiedenen vorübergehenden Wesen jener Stadt, und obgleich ich sie an jenem Tag, wenn auch nur automatisierter Wahrnehmung nach, ihrer äußeren Erscheinung nach — hauptsächlich durch den in der letzten Zeit mehr unter ihnen als unter den Wesen der anderen Kontinente festgesetzten Brauch, ‚Sklave' immer derselben Erfindung zu sein, die sie ‚Mode' nennen — unterscheiden konnte — schienen sie mir doch ihrem inneren Gehalt nach außerordentlich gleich.

„Während ich sie beobachtete, dachte ich gerade über die endgültige Folgerung nach, zu der ich am Tag zuvor gekommen war, daß in der jetzigen Periode des Heropas-Laufes im all-planetischen Prozeß der gewöhnlichen Existenz dieser im allgemeinen seltsamen dreihirnigen Wesen gerade die Wesen dieser neuen Gruppierung die Quelle der intensiven Manifestation jener schon längst festgesetzten Besonderheit der allgemeinen Gesamtheit ihrer seltsamen Psyche darstellen, die eines der höchsten heiligen Individuen einmal mit den Worten charakterisierte: ‚die-periodische-Hauptquelle-aus-der-neue-Ursachen-für-Anomalitäten-entspringen'.

„Der Anstoß für den Beginn dieser Assoziationen und mein weiteres aktives Nachdenken war diesmal die Feststellung, die ich über die Tatsache machte, daß all das, was die sogenannte ‚Gesamtheit-der-subjektiven-Erscheinung' eines jeden von ihnen ausmacht — wie Kleider, Bewegungen, Manieren und im allgemeinen alle festgesetzten Bräuche, die alle dreihirnigen Wesen im Prozeß ihrer gemeinsamen Existenz erwerben — eine ganz genaue Imitation von all dem ist, was es unter den Wesen verschiedener anderer selbständiger Gruppierungen auf anderen Kontinenten gibt, eine Imitation von gerade dem, was von den freien Wesen dieser anderen Gruppierungen, das heißt den Wesen unter ihnen, die schon alles erlebt haben und folglich von all dem, was der Prozeß der gewöhnlichen Existenz geben kann, enttäuscht sind, als unwürdig erachtet wird, von Wesen ihresgleichen manifestiert zu werden.

„Diese zufällige Feststellung verwunderte mich sofort sehr, hauptsächlich weil ich bereits schon allseitig unterrichtet und vollends überzeugt war, daß in der heutigen Zeit überall auf diesem Planeten die Wesen fast aller übrigen Gruppierungen, sowohl der kürzlich geformten als auch derer, die in sehr vorgerücktem Alter ihres Bestehens sind, alle Neuheiten der Wesen dieser erst ganz kürzlich geformten Gruppierung nachahmen und diese Neuheiten begeistert im Prozeß ihrer gewöhnlichen Existenz anwenden und daß gleichzeitig die ganze äußere Manifestierung dieser neuen Gruppierung und folglich die ‚innere-subjektive-Bedeutung', die diese äußeren Manifestierungen erzeugt, nur aus dem besteht, was, wie ich schon gesagt habe, zum großen Kummer der freien Wesen dieser anderen selbständigen Gruppierungen sich im ganzen Bestand der gewöhnlichen Wesen dieser Gruppierungen festgesetzt hat und ihnen inhärent geworden ist.

„Als Folge dieser unerwarteten Feststellung entstand in mir dann ein höchst intensiver Impuls von Wißbegier, mir die logischen Ursachen aufzuklären, die diese irdische Ungereimtheit erzeugen.

„Den ganzen Tag, während ich in diesem ‚Childs' saß und auf die Ankunft der Wesen vom Kontinent Europa, die mich begleiteten, wartete, und während ich in dem ‚Taxi' zum Schiff fuhr und auch auf dem Schiff selbst, dachte ich weiter sehr aktiv über die Lösung dieser Frage nach, wobei ich natürlich Fremden als ein automatischer Beobachter von allem, was um mich herum vor sich ging, erschien. In der Geschicklichkeit, nach außen so erscheinen zu können, um ihnen auch in dieser Hinsicht zu gleichen und um sozusagen nicht verdächtig zu sein oder, wie sie sagen, um ihnen nicht ‚aufzufallen', darin wurde ich auf der Erde ein idealer und, wie sie sagen, ‚kunstvoller Meister'.

„Als ich auf Deck saß und auf das langsam schwächer werdende Flimmern der Lichter an der Küste dieses Festlandes schaute, dieweil das Schiff sich ostwärts bewegte, und über all die Tatsachen, von denen die eine aus der andern folgte, nachdachte und sie logisch verglich, machte ich es mir fast vollends klar, warum und wie die besagte Ungereimtheit auf diesem unseligen Planeten hatte entstehen können.

„Am Anfang meines Nachdenkens fielen mir viele Tatsachen ein, die sie hatten entstehen lassen, später aber, als ich anfing, folgerichtig die auszuschließen, die, wie es in solchen Fällen geschieht, unvermeidlich entstehen, wurde mir schließlich eine Tatsache besonders klar, die, wenn sie auch dem ersten Anschein nach unbedeutend schien, sogar mich verwunderte, und die, wie es sich erwies, die ganze Zeit hindurch die Ur-Ursache dieser Anomalität dort war und noch ist.

„Und zwar erwies es sich, daß durch die Folgen immer derselben vielgepriesenen ‚Erziehung‘, von der ich so oft sprach, im allgemeinen Bestand eines jeden von ihnen im allgemeinen während seines vorbereitenden Alters zu verantwortlicher Existenz, ganz gleich zu welcher selbständigen Gruppierung der Betreffende auch gehören mag, unbedingt Gegebenheiten für die bestimmte Überzeugung entstehen, daß in früheren Epochen die Wesen ihresgleichen auf ihrem Planeten sich noch nie bis zu der Vernunft vervollkommnet hatten, zu der ihre Zeitgenossen vorgedrungen sind und in der sie sich noch weiter vervollkommnen.

„Als sich meine Gedanken darauf konzentrierten und ich mich dann an frühere Eindrücke über diese Frage erinnerte, sowohl an die, die ich bewußt als auch an die, die ich zufällig und automatisch während meiner langen Beobachtungen von ihnen im allgemeinen aufgenommen hatte, stellte ich langsam fest, daß alle deine Lieblinge, besonders in den letzten dreißig Jahrhunderten, während ihrer verantwortlichen Existenz tatsächlich zu der Überzeugung gekommen waren, daß ihre heutige, wie sie sagen, ‚Zivilisation‘ einfach das Resultat der direkten Fortsetzung der Entwicklung der Vernunft ist, die ganz am Anfang der Entstehung der dreihirnigen Wesen auf ihrem Planeten begonnen hatte.

„Und wenn Wesen, in denen sich noch in ihrem vorbereitenden Alter Gegebenheiten für diese falsche Überzeugung bilden, zufällig in den Besitz von etwas kommen, was in der gegebenen Periode als wünschenswert gilt, und dadurch Autorität erwerben und gleichzeitig, natürlich auch zufällig, irgendeine vielleicht schon oft aufgekommene Idee der Wesen vergangener Epochen erfahren und sie als von ihnen erdacht ausgeben und verbreiten, glauben die Wesen der anderen Gruppierungen — weil in ihrem Bestand ob der falschen Erziehung die Gegebenheiten fehlen, die alle dreihirnigen Wesen von verantwortlichem Alter in ihrem Bestand haben sollten und die das erzeugen, was man ein ‚instinktives-Empfinden-der-Wirklichkeit‘ und ‚einen-weiten-Gesichtskreis‘ nennt — glauben sie erstens, daß diese Idee zum erstenmal auf ihrem Planeten entstanden sei, und zweitens, daß, da nun einmal die praktische Durchführung dieser Ideen von denen, die das besagte ‚Wünschenswerte‘ besitzen, verwirklicht worden sei, alles tatsächlich sehr gut sein müsse, und deshalb ahmen sie alles wirklich Gute wie auch Schlechte nach, ungeachtet des vollen Gegensatzes zu allem, was es gibt und was in ihrer gewöhnlichen Existenz festgelegt ist, nur um das zu besitzen, was ‚für heute wünschenswert‘ erscheint.

„Ich erinnerte mich dann sogar, daß ich darüber schon vor langem, nämlich in der Periode meines fünften persönlichen Aufenthaltes auf der Oberfläche deines Planeten, sehr ernst nachgedacht hatte, damals, als Babylon das Kulturzentrum dieser seltsamen dreihirnigen Wesen war und als ich wegen einiger ähnlicher Fragen ‚eine logische-Analyse‘ gerade dieses seltsamen Zuges der Psyche dieser sonderbaren dreihirnigen Wesen machte.

„Damals folgerte ich unter anderem auch in der Weise: Daß sie so denken, kann man vielleicht rechtfertigen, wenn man in Betracht zieht, daß durch die in früheren Epochen festgesetzten anomalen Verhältnisse der gewöhnlichen Existenz keine genauen Kunden über die Ereignisse auf sie kamen, die sich in der Vergangenheit im Existenzprozeß der dreihirnigen Wesen, die vor ihnen auf ihrem Planeten existierten, ereignet haben; wie aber kann man zugeben, daß bis jetzt im Denken nicht eines einzigen von ihnen — wobei es schon feststeht, daß sogar bis vor ganz kurzem manchmal ‚etwas' vor sich ging, was dem Prozeß ‚vergleichender Logik' ähnlich ist, nicht wenigstens die folgende einfache und fast, wie sie selbst sagen würden, ‚kindliche-Idee' entstand?

„Wenn nämlich, wie sie selbst sagen und dessen sogar sicher sind, ihr Planet und ihr Geschlecht, also Wesen ihresgleichen, das heißt Wesen, die auch denken konnten, schon viele viele Jahrhunderte auf ihm existierten und viele viele Millionen von ihnen vor ihnen auch entstanden sind und existierten, sollte es dann wirklich unter diesen vielen, vielen Millionen nicht wenigstens ein paar Menschen gegeben haben, die auch für das Wohl ihrer Zeitgenossen alle möglichen Arten von Bequemlichkeiten erfanden, so wie im gegebenen Falle die heutigen amerikanischen Wesen sie erfinden und die alle anderen kritiklos und sogar entzückt nachahmen, wie zum Beispiel die bequemen Sitze in den Wasser-Klosetts, Konserven und so fort und so weiter?

„Diese unverzeihliche Gedankenlosigkeit ist um so erstaunlicher, als sie selbst zugeben, daß es viele, wie sie sie jetzt nennen, ‚alte Weise' gab, und sie auch nicht die große Menge ganz verschiedener Kunden leugnen, die über viele von diesen Weisen erhellten objektiven Wahrheiten auf sie kamen, Kunden übrigens, die von einigen deiner Lieblinge in der heutigen Zeit ohne jeden Gewissensbiß als von ihnen selbst ausgedacht ausgegeben und für ihre verschiedenen egoistischen Ziele ausgeschlachtet werden, ohne daß sie überhaupt vermuten, daß die Gesamtheit der Resultate dieser ihrer Klügeleien ihre Nachkommen früher oder später unvermeidlich zu voller Vernichtung führen muß.

„Diese Eigentümlichkeit ihres Denkens — die für jede ‚logische Analyse' sehr kompliziert zu verstehen ist — und die in ihnen diese falsche Überzeugung hervorruft, war während all meiner Beobachtungen von ihnen, angefangen mit dem Ende der Existenz des Kontinents Atlantis, immer sozusagen ‚die Schwerpunkts-Ursache' fast aller mehr oder weniger großen, für sie im Prozeß ihrer gemeinschaftlichen Existenz ungünstigen Ereignisse.

„Durch diese falsche Überzeugung, das Resultat ihres seltsamen Denkens, und ferner durch die Wirkung, die die Folgen der Eigenschaften des Organs Kundabuffer, die unvermeidlich in ihrem Bestand in ihrem verantwortlichen Alter entstehen und ‚Neid', ‚Geiz' und ‚Eifersucht' genannt werden, auf die Gesamtheit des Funktionierens ihres Fühlens haben, kommt es dort immer dahin, daß, wenn die Wesen einer Gruppierung in den Besitz von etwas gelangen, was in der gegebenen Periode als wünschenswert erscheint, in den meisten Fällen durch die verderbliche Gewohnheit, die sich in ihrer alltäglichen Existenz festgesetzt hat und die sie mit den Worten ausdrücken ‚nicht hinter dem Fortschritt zurückbleiben wollen', sofort im ganzen Bestand aller Wesen der anderen Gruppierungen, auf welchen Kontinenten sie auch vorkommen mögen, sobald nur das Gerücht davon zu ihnen dringt, der Wunsch entsteht, dasselbe zu haben. Und von diesem Augenblick an entsteht in jedem von ihnen erstens das Bedürfnis, diese anderen nachzuahmen, und zweitens die ‚unzweifelhafte Überzeugung', daß die Wesen dieser anderen Gruppierung sehr richtig existieren müssen, da sie fähig waren, gerade das zu erwerben, was in der gegebenen Periode als wünschenswert gilt.

„Der sozusagen ‚pikante Kern' der Seltsamkeit des Denkens deiner Lieblinge besteht in dieser Hinsicht darin, daß in ihrem Denken nie der Prozeß des sogenannten ‚Nachdenkens' vor sich geht, durch den sie, wenn auch nur annähernd, die wahren Ursachen des Besitzes der anderen von dem, wodurch in ihnen ‚Neid', ‚Geiz' und ‚Eifersucht' und so weiter entstehen, begreifen würden.

„Also, mein Junge, obgleich die Wesen dieser neuen Gruppierung, was das Erwerben und damit den Besitz der Resultate anbelangt, die von den bewußten Bemühungen und absichtlichen Leiden der dreihirnigen Wesen früherer Epochen auf deinem Planeten erzielt wurde, überhaupt nichts haben, sondern sowohl in ihrem inneren Gehalt als auch in ihren äußeren Manifestierungen nur aus allem Schlechten bestehen, was es unter den heutigen Wesen anderer selbständiger Gruppierungen gibt, ahmen doch die Wesen aller anderen Gruppierungen — nur weil die Wesen Amerikas in der letzten Zeit in den Besitz von gerade dem kamen, was in objektivem Sinne höchst verachtenswert ist, was aber durch die anormal eingerichteten Verhältnisse der gewöhnlichen Existenz dieser Unseligen als wünschenswert gilt — alles genau nach, was die Wesen der Gruppierung Amerika erfinden.

„Von allen verderblichen Erfindungen der Wesen dieser heutigen Gruppierung, die zufällig Autorität erwarb, muß — was die Möglichkeit angeht, in der Zukunft die sozusagen schon verwirklichten Verderbtheiten auszubessern anbelangt — der von ihnen eingeführte Brauch, den größten Teil ihrer Zeit in hohen Häusern zu verbringen, für ihren ganzen Bestand als der schädlichste betrachtet werden.

„Damit du die Bedeutung des ganzen Schadens, den gerade diese Erfindung von ihnen anrichtet, dir klar vorstellen kannst, muß ich dir vor allem folgendes erklären:

„Erinnerst du dich, daß, als ich dir über jenes heute dort existierende ‚verderbliche Mittel‘ sprach, genannt ‚Sport‘, ich sagte, daß die Existenzdauer auch dieser deiner Lieblinge anfangs ‚Fulasnitamnisch‘ war, das heißt, daß sie existieren mußten, bis ihr Kesdschan-Körper sich vollends in ihnen bekleidet und bis zum erforderlichen Grad von Vernunft vervollkommnet hatte, daß aber später, als sich allmählich sehr anomale Verhältnisse der gewöhnlichen Seins-Existenz unter ihnen festsetzten, die Große Natur gezwungen war, ihren Bestand und ihren weiteren Existenzprozeß nach dem Prinzip Itoklanoz zu verwirklichen, das heißt, nach den Resultaten einiger sie umgebender Ursachen.

„Von da an war eine dieser Ursachen auch der ‚Grad-der-Dichtigkeit-der-Vibrationen‘ ihrer ‚zweiten-Seins-Nahrung, das heißt, wie sie selbst sagen würden, ‚der Grad der Dichte der von ihnen eingeatmeten Luft‘.

„Es ist nämlich auch diese kosmische Bildung, die als zweite Nahrung für die Wesen dient, nach dem zweiten all-kosmischen Grundgesetz, dem heiligen Triamasikamno, zusammengesetzt und wird auch mittels seiner drei heterogenen kosmischen Stoffe verwirklicht.

„Und zwar ist die erste Art die Emanation der Sonne jenes Systems, in dem diese bestimmte kosmische Entstehung als ‚zweite Nahrung‘ für die Wesen dient.

„Die zweite Art sind die Stoffe, die sich auf jenem Planeten umformen, auf dem die von dieser Nahrung sich nährenden Menschen existieren.

„Und die dritte Art sind jene Stoffe, die durch die anderen Planeten dieses Systems umgewandelt werden und auf den gegebenen Planeten durch ihre Ausstrahlungen gelangen.

„Also, der Prozeß des Verschmelzens all jener Stoffe, die für die normale Bildung und Existenz der Wesen nötig sind und die durch den Planeten selbst umgewandelt werden und die zweite heilige Kraft des heiligen Triamasikamno verwirklichen, kann in Übereinstimmung mit der erforderten bestimmten Proportion nur innerhalb bestimmter Grenzen der Atmosphäre des Planeten vor sich gehen, weil auf Grund des zweitrangigen kosmischen Gesetzes, das ‚Tenikdoa‘ heißt — oder, wie deine Lieblinge es nennen würden, ‚Gesetz der Schwerkraft‘ —

diese Stoffe keine Möglichkeit haben, über eine bestimmte Höhe in der Atmosphäre hinauszudringen.

„Meiner Meinung nach kannst du alle weiteren daraus stammenden Folgen dieser soeben von mir beleuchteten Frage selbst ermessen und in dir Gegebenheiten für deine eigene Meinung betreffs der Bedeutung dieser ihrer Erfindung bilden.

„Ich glaube, mein Junge, daß ich jetzt deine Wißbegier betreffs dieser ‚dollar-foxtrottenden' Anhänger der sogenannten ‚Christian Science' schon völlig befriedigt habe.

„Im Namen objektiver Gerechtigkeit bleibt mir nur noch zu bemerken, daß, was auch immer diese deine amerikanischen Lieblinge jetzt sind und was auch immer sie in der Zukunft werden mögen, ich doch während meiner Existenz unter ihnen mich innerlich ausruhen konnte, wofür ich ihnen nun meinen aufrichtigen Dank sage.

„Dir aber, gerade dir, meinem Erben, auf den schon erblich alles, was ich während meiner langen Existenz erwarb, übergegangen ist und weiter übergehen wird — natürlich nur insoweit du es selbst durch deine eigene gewissenhafte Seins-Existenz und im ehrenhaften Dienst des ALLEN-GEMEINSAMEN, ALLES-ERHALTENDEN VATERS, UNSERES UNENDLICHEN, verdienen wirst — befehle ich, wenn du aus irgendeinem Grund auf den Planeten Erde gelangen solltest, unbedingt die Stadt New York zu besuchen oder, wenn diese Stadt dann nicht mehr existieren sollte, wenigstens an der Stelle, wo sie stand, haltzumachen und laut auszusprechen:

„‚An dieser Stelle verbrachte mein geliebter Großvater, mein gerechter Lehrer Beelzebub, ein paar angenehme Momente seiner Existenz.'

„Ich beauftrage dich sogar — natürlich wieder als Erbe, dem, wie es im allgemeinen geschieht, die Erfüllung der Verpflichtungen zukommt, die sein Vorgänger auf sich genommen hat und aus dem einen oder andern Grund unerfüllt ließ — deine Aufmerksamkeit besonders auf eine Frage zu lenken, die mich sehr interessierte und die ich persönlich nicht aufklären konnte, da es dafür noch zu früh war, das heißt ich beauftrage dich, dir selbst klarzumachen, was für eine ‚verderbliche Form' für ihre Nachkommen — vorausgesetzt, daß zu jener Zeit ihre Nachkommen noch weiter entstehen — die Resultate der jetzt dort weit verbreiteten ‚Krankheit' angenommen haben, die einer ihrer Mister mit Namen Onansohn ‚Schreibkrankheit' nannte.

„Und tatsächlich, mein Junge, da ich damals während meines Aufenthaltes dort zu vielen von ihnen eine mehr oder weniger nahe Beziehung hatte, fand ich sehr bald heraus, daß fast jeder von ihnen entweder schon ein Buch geschrieben hatte oder gerade daran war, eines zu schreiben, oder die Absicht hatte, eines zu schreiben.

„Obgleich diese eigentümliche Krankheit, wie ich schon gesagt habe, damals unter fast allen Wesen dieses Kontinents weit verbreitet war und noch dazu unter den Wesen beiderlei Geschlechts und ohne Unterschied des Alters, so war sie doch unter den Wesen am Anfang des verantwortlichen Alters, das heißt, wie sie selbst sagen würden, unter der ‚Jugend' und besonders unter denen, die viele Pickel auf ihren Gesichtern hatten, irgendwie, wie man sagt, ‚epidemisch'. Ich muß ferner noch bemerken, daß auch in dieser Hinsicht jene spezifische Besonderheit der Seltsamkeit der allgemeinen Psyche dieser dir lieben sonderbaren Wesen, die schon lange in ihrer gemeinsamen Existenz vorkam, blühte, die in folgenden Worten formuliert worden ist: ‚die Konzentrierung-von-Interessen-auf-eine-Idee,-die-zufällig-zur-Tagesfrage-geworden-ist'.

„Auch hier organisierten viele von ihnen, die sich als, wie man sagt, ein ‚wenig-schlauer' erwiesen — und in denen die Gegebenheiten für den Seins-Impuls, der da heißt, ‚sich-instinktiv-aller-Manifestationen-zu-enthalten,-

die-Wesen-ihresgleichen-um-sie-herum-in-Irrtum-führen-können' ‚schon mehr atrophiert waren — verschiedene sogenannte Schulen und verfaßten alle möglichen Handbücher, in denen besondere Aufmerksamkeit darauf gelegt war, eingehend zu zeigen, in welcher Reihenfolge die Worte sein sollten, damit der Leser alles Dargelegte besser aufnehmen und sich aneignen könne.

„Und so begannen alle, die solche ‚Schulen' besuchten und diese ‚Handbücher' lasen und die selbst, was Sein angeht und die Kunden betreffs der Wirklichkeit, genau solche Typen sind, die unser Lehrer Mulla-Nassr-Eddin mit den Worten definiert: ‚Nullen-mit-einer-Atmosphäre-von-unerträglichen-Vibrationen', nach diesen Anweisungen zu ‚klügeln', und da erstens durch verschiedene andere Anomalitäten, die sich in den Verhältnissen der gewöhnlichen Existenz der Wesen dieser neuen Gruppierung festgesetzt hatten, der Prozeß des Lesens im allgemeinen ein organisches Bedürfnis für sie geworden war und da es zweitens möglich war, den Inhalt einer Darlegung ausschließlich nur durch das Lesen allein zu bewerten, tun alle übrigen Wesen dieses Kontinents, verführt von allen möglichen, wie sie sagen, ‚lauten Titeln', nichts als lesen und lesen, und parallel damit wurde es sehr offensichtlich, daß ihr ohnedies ‚verdünntes Denken' sich weiterhin noch ‚verdünnte' und noch weiter und weiter ‚verdünnt'.

„Ich sagte nicht leichthin, wenn zu jener Zeit ihre Nachkommen noch weiter entstehen, weil ich damals unter anderem jene gleiche außerordentliche Seltsamkeit bemerkte, was die Folgen der Umbildung des planetischen Körpers der Wesen des weiblichen Geschlechtes angeht, die ich schon vor langem einmal im Prozeß der gewöhnlichen Existenz dieser seltsamen dreihirnigen Wesen bemerkt hatte, und parallel dazu außer anderen bestimmten Beobachtungen genau die Folgen festgestellt hatte, die aus dieser Eigentümlichkeit kommen.

„Diese außerordentliche Tatsache ereignete sich dort vor dem Untergang des Kontinents Atlantis im Existenz-Prozeß einer kleinen Gruppe dreihirniger Wesen, die sich aus verschiedenen großen Gruppen jener Zeit konzentriert hatten und in Isolierung auf der damals berühmten Insel, genannt ‚Balakanira', existierten, die westlich von Atlantis lag und zu gleicher Zeit wie Atlantis selber in den Planeten einsank.

„Die Fortsetzung der Rasse dieser kleinen Gruppe hatte dank dieser selben seltsamen Eigentümlichkeit der Umbildung des planetischen Körpers der Wesen des weiblichen Geschlechtes aufgehört, und dieses Aufhören der Rasse wurde damals von den gelehrten Wesen der Achaldan-Gesellschaft ‚Dessupsentosiroso' genannt.

„Diese außerordentliche Eigentümlichkeit war, daß einige Jahrhunderte vor dem völligen Aufhören ihrer Rasse in den Wesen des weiblichen Geschlechtes sich das, was man das Becken nennt, zu verengen begann.

„Das fortschreitende Engerwerden war so, daß zwei Jahrhunderte vor dem endgültigen Aufhören ihrer Rasse sie schon alle ihre zufälligen Empfängnisse und sozusagen die zufällige Heranbildung dieser Empfängnisse für ihre Erscheinung, wie man dort sagt, ‚in Gottes-Welt' durch das, was damals ‚Sitrit' genannt wurde, vollzogen, nämlich durch das Mittel, das sie jetzt ‚Kaiserschnitt' nennen."

An dieser Stelle von Beelzebubs Erzählung begann im Äther, der das ganze Schiff Karnak durchdrang, eine sogenannte Querströmung oder Aufregung. Das bedeutete, daß die Passagiere des Schiffes Karnak nach dem „Dschamdschampal" gerufen wurden, das heißt zum Refektorium des Schiffes, wo alle Passagiere periodisch gemeinsam die „zweite und erste-Seins-Nahrung" zu sich nahmen.

Und so endigten Beelzebub, Hassin und Ahun ihr Gespräch und gingen eilig zum „Dschamdschampal".

XLIII. Kapitel

BEELZEBUBS ANSICHT ÜBER DEN
PERIODISCHEN GEGENSEITIGEN VER-
NICHTUNGSPROZESS DER MENSCHEN

Als Beelzebub, Hassin und Ahun aus dem „Dschamdschampal" zurückgekehrt waren und ihre gewohnten Plätze wieder eingenommen hatten, wandte sich Hassin wieder an Beelzebub und sagte:

„Teurer Großvater! Obgleich ich durch deine erschöpfenden Erklärungen verschiedener Episoden, die auf dem Planeten Erde im Existenzprozeß der dreihirnigen Wesen vorkamen, eine klare Vorstellung und ein überzeugendes Verständnis der erstaunlichen Seltsamkeit ihrer Psyche gewonnen habe, ist trotzdem in mir die Frage über eine Sonderbarkeit ihrer Psyche bis jetzt noch keineswegs gelöst. Meine Gedanken kehren beständig zu dieser verwirrenden Frage zurück und waren selbst während des heiligen Sakramentes im Dschamdschampal auf sie konzentriert.

„Aus all deinen Erklärungen betreffs des Existenzprozesses dieser dreihirnigen Wesen verstand ich sehr deutlich, daß, obgleich sie während ihrer ganzen verantwortlichen Existenz, besonders nach der dritten ‚transapalnischen Umwälzung', hauptsächlich nur automatische Vernunft haben, sie doch selbst mit dieser automatischen Vernunft recht wohl imstande sind, nachzudenken, und etwas so gut überlegen können, daß sie sogar alle möglichen mehr oder weniger genauen Naturgesetze auf ihrem Planeten festzustellen vermögen.

„Parallel dazu läuft die Erwähnung einer ihrer Eigentümlichkeiten, nämlich das nur ihnen eigene Bedürfnis, sich periodisch mit der Vernichtung ihrer Mitmenschen zu befassen, wie ein roter Faden durch alle deine Erzählungen hindurch.

„Ich kann überhaupt nicht verstehen, mein lieber Großvater, wie es möglich ist, daß sie, trotzdem sie schon so lange existieren, noch nicht die Entsetzlichkeit dieser ihrer Eigenschaft erkannt haben.

„Sehen sie denn niemals ein, daß diese von ihnen ausgeübten Prozesse die allerschrecklichsten Greuel sind, die es überhaupt im ganzen Weltall gibt, und denken sie denn niemals darüber nach, so daß sie diese Greuel erkennen und ein Mittel finden könnten, um sie auszurotten?

„Bitte, Großväterchen, sage mir, warum es so ist und welche speziellen Aspekte aus der Gesamtheit der Seltsamkeit ihrer Psyche die Ursachen für diese Sonderbarkeit sind?"

Nachdem Hassin dies gesagt hatte, schaute er wieder abwartend, mit dem intensiven Wunsch, dies zu erfahren, seinen teuren Großvater an.

Auf diese Frage seines Enkels hin blickte Beelzebub seinerseits mit einem, wie man sagt, ‚schmerzlichen Lächeln‘ auf ihn und sagte dann mit tiefem Seufzen:

„Ach! mein teurer Junge! . . .

„Diese Seltsamkeit und alle daraus folgenden Resultate sind hauptsächlich die Ursache all ihrer Anomalitäten und ihrer sozusagen ‚verwirrten Logik‘."

Und nach einer kleinen Pause fuhr er fort:

„Nun gut, ich will dir helfen, über diese Frage klar zu werden, um so mehr, als ich dir schon einmal versprach, sie dir eingehend zu erklären.

„Natürlich will ich dir in diesem Falle, um der Entwicklung deines aktiven Denkens willen, nicht meine persönliche Meinung geben, sondern will dir auch darüber in einer solchen Weise erzählen, daß du das nötige Material zu einer logischen Gegenüberstellung gewinnen kannst und folglich zur Kristallisation der Gegebenheiten in dir für die Bildung deiner eigenen individuellen Ansicht darüber.

„Du hast gefragt, ob sie wirklich niemals über diese ihre Veranlagung nachdenken, die so phänomenal entsetzlich und ihnen allein inhärent ist.

„Natürlich denken sie nach, natürlich sehen sie . . .

„Eine Anzahl von ihnen denkt sogar sehr oft nach und versteht trotz des Automatismus ihrer Vernunft voll und ganz, daß diese ihre Sonderbarkeit, nämlich ihre Veranlagung zum ‚periodischen gegenseitigen Vernichten‘, ein solch unvorstellbarer Greuel und eine solche Abscheulichkeit ist, daß überhaupt kein Name dafür gefunden werden kann.

„Unglücklicherweise aber wird durch dieses Nachdenken dieser dreihirnigen Wesen dort gar nichts Vernünftiges erreicht.

„Und es wird deshalb nichts Vernünftiges erreicht, einerseits weil nur einzelne Wesen darüber nachdenken, und anderseits weil es dort keine all-planetische Organisation für die Orientierung der Arbeit in einer einzigen Richtung, wie es sonstwo üblich ist, gibt. Deshalb kann, selbst wenn die besagten einzelnen Wesen über diese Frage nachdenken und etwas Vernünftiges betreffs dieses Greuels feststellen, doch das, was sie feststellen, sich nie weit verbreiten und nicht in das Bewußtsein der übrigen Wesen eindringen. Und außerdem sieht es überhaupt recht traurig aus mit diesem ‚ernsten Nachdenken‘ der Wesen dort über diese und ähnliche Fragen. Ich muß dir sagen, daß wegen der anomal eingerichteten Verhältnisse der Seins-Existenz dort die, wie man dort sagt, ‚wache-Psyche‘ eines jeden von ihnen vom ersten Anfang seiner verantwortlichen Existenz an langsam so wird, daß er nur dann ‚ernsthaft nachdenken‘ und die Dinge einzig dann im wahren Licht sehen kann, wenn sein Magen so voll von erster Seins-Nahrung ist, daß sich die sogenannten Vagus-Nerven nicht darin bewegen können, oder, wie sie selbst sagen, wenn er ‚ganz vollgestopft' ist und wenn außerdem alle ihm schon inhärent gewordenen Bedürfnisse, die sich nicht für dreihirnige Wesen ziemen, und die die herrschenden Faktoren in ihrem ganzen Bestand geworden sind, vollends, natürlich nur für den gegebenen Augenblick, befriedigt sind.

„Und da wegen dieser selben falsch eingerichteten Verhältnisse dort nicht alle Wesen die Möglichkeit haben, auf diese Weise befriedigt zu werden, können aus diesen und vielen anderen Gründen die meisten von ihnen selbst mit bestem Willen überhaupt nicht ernsthaft nachdenken und die Wirklichkeit sehen und empfinden; und dies ist deshalb seit langem ein sehr seltener Luxus auf deinem Planeten und unerreichbar für die meisten von ihnen geworden.

„Nur gewisse Wesen dort, die ‚bedeutend' und ‚machthabend' genannt werden, haben die Möglichkeit, bis zur Sättigung befriedigt zu sein, und in Wahrheit sind es genau diese schrecklichen Wesen, die ihrer Stellung nach, wie es scheint, etwas für die Ausrottung dieses Übels tun oder die es wenigstens bis zu einem gewissen Grad vermindern könnten.

„Aber gerade diese ‚bedeutenden' und ‚machthabenden' Wesen, die sich bis zur Sättigung füllen können und die vielleicht etwas in dieser Richtung zu tun vermöchten, tun in Wirklichkeit überhaupt nichts aus noch ganz anderen Gründen.

„Und die Grundursachen davon liegen in immer derselben verderblichen Einrichtung, die sich im Prozeß ihrer gewöhnlichen Seins-Existenz festgesetzt hat und die sie ‚Erziehung' nennen.

„Diese verderbliche ‚Erziehung' wird dort überall an alle jungen Leute in ihrem vorbereitenden Alter angewandt, ganz besonders aber an jene, die später in der Regel ‚machthabend' werden.

„Und wenn diese selben jungen Wesen, die später in der Regel ‚machthabend' werden, verantwortliche Wesen werden und verantwortungsvolle Verpflichtungen auf sich nehmen, haben sie natürlich gar keine Gegebenheiten zu sogenanntem ‚logischem Überlegen', da sie die Zeit, die von der Großen Natur ausschließlich dazu bestimmt ist, um in ihnen Seinsgegebenheiten für eine würdige verantwortliche Existenz vorzubereiten, nicht benützen, sondern sie nur daran verschwenden, um in sich die Eigenschaften zu entwickeln, die aus der Gesamtheit der Resultate ihrer vielgerühmten Erziehung stammen, die in der Regel ihnen lehrt, wie man sich besser sogenannter ‚Selbstberuhigung' überläßt.

„Durch ihre anomale Erziehung kristallisiert sich nicht nur nichts in ihnen, was sie befähigen könnte, nachzudenken und etwas Wirksames in die Tat umzusetzen, sondern durch diese anomale Erziehung bilden sich im Gegenteil langsam jene vielen Folgen der Eigenschaften des für sie verfluchten Organs Kundabuffer, das der große Engel, jetzt schon Erzengel, Luisos ersann, und werden zu organischen Funktionen, die erblich von Geschlecht zu Geschlecht übergehen und sich ganz und gar in der Psyche dieser armen Unglücklichen kristallisieren.

„Es bilden sich nämlich jene Folgen des besagten Organs in ihnen, die es dort heutzutage unter den Namen von ‚Egoismus', ‚Parteilichkeit', ‚Eitelkeit', ‚Selbstliebe' und so weiter gibt.

„Für diese machthabenden' oder ‚wichtigen' Wesen dort hat unser weiser Mulla-Nassr-Eddin auch eine sehr interessante Definition, und zwar sagt er:

„ ‚Der-Grad-der-Bedeutung-dieser-Leute-hängt-allein-von-der-Anzahl-ihrer-Hühneraugen-ab.'

„Also, mein Junge . . .

„Wenn diese dreihirnigen Wesen deines Planeten, besonders die der heutigen Zeit, die sich bis zur Sättigung vollfressen und auch alle ihre anderen Bedürfnisse vollends befriedigen können und die vielleicht etwas zur Bekämpfung dieses auf ihrem Planeten herrschenden phänomenalen Übels tun könnten, gesättigt und ihre erwähnten Bedürfnisse gestillt sind und dann auf ihren sogenannten ‚weichen-englischen-Diwans' sitzen, um, wie man dort sagt, dies alles zu verdauen, machen sie sogar von dieser für ernsthaftes Nachdenken sehr passenden Zeit keinen Gewinn aus diesen günstigen Umständen, sondern geben sich statt dessen ihren verderblichen Selbstberuhigungen hin.

„Und da es für alle dreihirnigen Wesen des Weltalls und deshalb auch für die Wesen deines Planeten unmöglich ist, ohne den Prozeß des Denkens zu existieren und da deine Lieblinge gleichzeitig wünschen, die Möglichkeit zu haben, sich frei ihrem inneren ‚bösen Gott Selbstberuhigung' hinzugeben, gewöhnen sie sich allmählich und sehr gründlich eine Art von Denken an, die in ihnen rein automatisch vor sich geht, ganz ohne Teilnahme irgendeiner Seinsanstrengung ihrerseits.

„Lassen wir ihnen Gerechtigkeit widerfahren, darin haben sie es zur Vollkommenheit gebracht, und ihre Gedanken gehen heutzutage in alle Richtungen ohne jede beabsichtigte Anstrengung von irgendeinem Teil ihres allgemeinen Bestandes.

„Wenn zum Beispiel diese wichtigen und machthabenden Wesen der Erde, nachdem sie sich vollgefressen und befriedigt haben, auf ihren besagten Diwans sitzen, erhalten ihre Gedanken-Assoziationen, die unvermeidlich in ihnen fließen, Schocks von den Reflexen ihres Magens und ihrer Geschlechtsorgane und wandern frei in allen Richtungen, wie man dort sagt, ‚nach Herzenslust' und so angenehm frei und leicht, als ob sie, das heißt ihre Gedanken, ‚an-einem-Abend-in-Paris-den-Boulevard-des-Capucines' entlangschlenderten.

„Wenn diese machthabenden Wesen ihres Planeten auf ihren weichen Sofas sitzen, denken sich die folgenden Dinge in ihnen:

„Bei dem einen zum Beispiel, wie er sich an seinem Bekannten, Herrn Müller, rächen kann, der vor ein paar Tagen auf eine Frau, die ihm ‚gefällt', nicht mit seinem rechten Auge, sondern mit seinem linken schaute.

„Oder ein anderes ‚verdauendes' irdisches machthabendes oder bedeutendes Wesen denkt: Warum kam gestern nicht mein Pferd zuerst in dem Rennen an, wie ich erwartet hatte, sondern ein anderes?

„Oder: Warum gehen diese Aktien, die in Wirklichkeit ganz wertlos sind, jeden Tag auf der Börse in die Höhe?

„Oder er denkt schließlich etwa derart: Wenn ich in Herrn Müllers Schuhen steckte, der eine Methode erfunden hat, um Fliegen zu züchten, um aus ihren Skeletten Elfenbein zu machen, würde ich aus dem Gewinn davon dies oder das oder ein anderes machen und nicht, wie jener Schafskopf, der wie ein Geizhals weder selbst essen will noch die andern essen lassen will — und so weiter in diesem Geleise.

„Es kommt jedoch gelegentlich auch vor, daß ein paar machthabende oder bedeutende Wesen der Erde plötzlich nicht mehr länger unter dem Einfluß der Reflexe ihres Magens und ihrer Geschlechtsorgane denken, sondern aufrichtig und ganz ernst über diese oder jene Frage mit besonderer Berücksichtigung dieser schreckenerregenden irdischen Frage.

„Aber selbst diese aufrichtigen Überlegungen der Machthaber kommen meistenteils auch ganz automatisch aus gelegentlich äußeren Ursachen der folgenden Art: Entweder kam die Existenz irgendeines ihm nahen Wesens während des letzten dieser Prozesse zu einem plötzlichen Ende, oder jemand beleidigte sie tief und empfindlich oder jemand bewegte ihre Gefühle, indem er ihnen eine große Gunst erwies oder indem er ihnen etwas gab, was sie keineswegs erwarteten, oder wenn sie schließlich das Ende ihrer eigenen Existenz herannahen fühlen.

„Und in den Fällen, wenn die machthabenden Wesen dort aufrichtig über dieses entsetzliche Greuel auf ihrem Planeten nachdenken, regen sie sich dabei immer sehr ernstlich auf und schwören sich in diesem Zustand, alles Nötige, koste es was es wolle, zu unternehmen, um diesem wachsenden Übel ein Ende zu machen.

„Doch hier liegt die Schwierigkeit; sobald der Magen dieser ernstlich aufgeregten Wesen wieder leer wird oder sobald sie sich ein wenig von diesen von außen empfangenen Eindrücken, die sie niedergedrückt hatten, erholen, vergessen sie nicht nur sofort ihren Schwur, sondern tun sogar bewußt oder unbewußt genau all das wieder, was im allgemeinen die Ursache für den Ausbruch dieser Prozesse zwischen Gemeinschaften ist.

„Da diese machthabenden oder bedeutenden Wesen dort die Zeit, die von der Großen Natur dazu bestimmt ist, damit sie sich vorbereiten, würdige und verantwortliche Wesen zu werden, nicht zu diesem Ziel benutzen, laufen in der Regel während ihrer verantwortlichen Existenz, sogar in ihrem Wachzustand, alle möglichen Assoziationen in ihrem Bestand fast immer automatisch ab, und deshalb machen sie ohne jede individuelle Absicht und zu Zeiten sogar halb-absichtlich alles in einer solchen Weise, damit der nächste Prozeß der ‚gegenseitigen Vernichtung' sich rascher einstelle, und hoffen dann sogar, daß dieser nächste Prozeß sich in möglichst großem Maßstabe vollziehen werde.

„Solch ein scheußliches Bedürfnis entsteht in ihrer anormalen Psyche, weil sie einen gewissen egoistischen Nutzen aus diesen Prozessen erwarten, entweder für sich persönlich oder für ihre Nächsten, und weil sie mit ihrem entarteten Denken sogar hoffen, daß, je größer der Maßstab des nächsten Prozesses, um so größer auch das Maß des besagten Gewinns sein werde, den sie entweder für sich persönlich oder für ihre Nächsten erwarten.

„Es kommt jedoch manchmal dort auch vor, mein Junge, daß sich einige der ‚machthabenden‘ und ‚bedeutenden‘ Wesen unter deinen Lieblingen zusammentun und eine besondere Gesellschaft bilden, um gemeinsam ein Mittel für die Abschaffung dieser ihrer erzverbrecherischen Eigenschaft zu finden und in die Wirklichkeit umzusetzen.

„Gerade als ich jenes Sonnensystem für immer verließ, gab es dort auf deinem Planeten wieder viel Gerede über die Bildung einer solchen Gesellschaft, und es scheint, daß sie diese neue Gesellschaft ‚Völkerbund‘ nennen wollen.

„Ich sagte ‚wieder‘, weil sie schon viele Male ähnliche Gesellschaften gebildet hatten, die immer schließlich in derselben seltsamen Weise starben, nämlich sie starben immer ‚einen leichten Tod‘.

„Ich erinnere mich sehr gut, daß eine solche Gesellschaft zum ersten Male dort in der Stadt ‚Samonik‘ im Lande Tikliamisch gegründet wurde, gerade damals, als dieses Land als das Hauptkulturzentrum aller dreihirnigen Wesen deines sonderbaren Planeten betrachtet wurde.

„Damals kamen zum erstenmal gerade solche bedeutende Wesen unter den gewöhnlichen Wesen der meisten Gemeinschaften des Kontinents Asien an dem erwähnten Ort zusammen, um gemeinsam ein gegenseitiges Abkommen zu treffen, damit nie wieder unter den verschiedenen asiatischen Gemeinschaften irgendeine Ursache für solche ‚Prozesse-gegenseitigen-Vernichtens‘ entstehe.

„Diese damalige Gesellschaft hatte als Motto den folgenden Satz: ‚Gott-ist-da-wo-kein-Menschenblut-vergossen-wird‘.

„Aber wegen ihrer verschiedenen persönlichen, egoistischen und ruhmsüchtigen Ziele, stritten sich die gewöhnlichen, irdischen, bedeutenden und machthabenden Wesen, die sich damals versammelt hatten, sehr bald und gingen nach Hause zurück, ohne etwas ausgerichtet zu haben.

„Einige Jahrhunderte nach der Existenz von Tikliamisch entstand wieder eine ähnliche Gesellschaft von Wesen dort auf dem gleichen Kontinent Asien, diesmal jedoch in jenem Land, das damals ‚Mongolplanzura' hieß.

„Diese Gesellschaft hatte folgendes Motto: ‚Liebet einander, und Gott wird euch lieben'.

„Auch diese Gesellschaft erzielte aus denselben Gründen keine positiven Resultate und endete in der gleichen Weise. Später bildete sich wieder eine solche Gesellschaft, diesmal aber in dem Land, das heute Ägypten heißt, und diese Gesellschaft hatte zum Motto: ‚Nur wenn du eine Fliege machen kannst, darfst du es wagen, einen anderen zu töten'.

„Noch später entstand eine andere ähnliche Gesellschaft in dem Lande Persien, wo der folgende Satz als Motto diente: ‚Alle Menschen sind göttlich, wenn jedoch einer mit Gewalt von einem anderen getötet wird, dann sind alle wie nichts'.

„Zum letztenmal wurde eine solche Gesellschaft ganz kürzlich vor nur vier oder fünf ihrer Jahrhunderte gegründet, auch auf dem Kontinent Asien, in der Stadt, die, wie es scheint, ‚Mosulopolis' hieß, und bei ihrem Entstehen hieß diese Gesellschaft ‚Die Erde ist für alle da'.

„Als aber bald danach ein Streit unter den Mitgliedern entstand, gaben sie dieser Gesellschaft einen anderen Namen, und sie fand schließlich unter dem neuen Namen ihr Ende: ‚die Erde dem Menschen allein'.

„Die Mitglieder dieser letzteren Gesellschaft, nämlich ‚Die Erde ist für alle da', hätten vielleicht etwas Wirksames erreichen können, erstens weil sie zur Verwirklichung ihrer Ziele einen durchführbaren Plan hatten, und zweitens weil alle ohne Ausnahme alte und ehrenwerte Wesen waren, die schon viel Erfahrung in ihrer planetischen Existenz gesammelt hatten und deshalb von alldem enttäuscht worden waren, was ihre gewöhnliche planetische Existenz ihnen im allgemeinen geben konnte.

„Und deshalb hatten sie weniger persönliche, egoistische, eitle und andere Eigenschaften, ob derer ähnliche Gesellschaften dort gewöhnlich zusammenbrechen.

„Vor allem hätte aus dieser Gesellschaft deshalb etwas Wirksames kommen können, weil nicht ein einziges machthabendes Wesen zu ihr gehörte, und gerade diese Wesen ob ihrer egoistischen und ruhmsüchtigen Ziele früher oder später alle Errungenschaften jeder Gesellschaft von all-planetischem Charakter, deren Mitglieder sie zufällig sind, dem berühmten Schwein unseres Mulla-Nassr-Eddin, noch dazu mit ‚musikalischer Begleitung‘, spendieren, das immer alles verschlingt ohne irgendwelche ‚Salon-Manieren‘.

„Diese irdischen ‚machthabenden‘ und bedeutenden‘ Wesen, besonders die heutigen, verhindern sogar manchmal nicht einmal solche nationale Angelegenheiten, weil sie von ihnen beträchtlichen Gewinn für sich persönlich oder für die Wesen ihrer eigenen Kaste erwarten.

„Aus den Aufgaben einer solchen Gesellschaft könnten sich gute Resultate für alle Wesen ihres Planeten ohne Ansehen der Kaste ergeben, aber sobald die Angelegenheiten dieser Gesellschaft irgendwie schwierig werden oder, wie man sagt, eine Krise entsteht, langweilen diese Aufgaben sofort die irdischen ‚machthabenden‘ Wesen, und wenn sie nur erwähnt werden oder sie sich selbst assoziativ daran erinnern, erscheint sofort ein Ausdruck von Folterqualen auf ihren Gesichtern.

„Und der Grund, warum sich auch nichts aus den Bemühungen jener Wesen ergab, die ihre Gesellschaft ‚Die Erde ist für alle da' nannten, obgleich fast alles von ihnen getan wurde, was unter den Verhältnissen dort, die fast immer diesen unvergleichlichen Planeten beherrschen, möglich war, werde ich dir etwas später und sogar ziemlich eingehend erklären, weil die Kunde betreffs der Ursachen des Versagens gerade dieser Gesellschaft, die von deinen Lieblingen — in ihrem Versuch, diese erzverbrecherischen Eigenschaften, die sich in ihnen festgesetzt hatten, auszurotten, oder wenigstens zu vermindern — gegründet worden war, wieder einmal sehr charakteristisch ist, um dir die Seltsamkeit ihrer Psyche im allgemeinen klarzumachen, wobei diese Kunde gleichzeitig als Material zum Verständnis der hauptsächlichen objektiven Ursachen dienen kann, warum diese entsetzlichen Prozesse ‚gegenseitigen Vernichtens' unter ihnen vor sich gehen.

„Und was nun diese heutige Gesellschaft betrifft, von der ich dir sagte, daß sie von den dreihirnigen Wesen dieses Planeten zum gleichen Ziel gegründet worden sei, nämlich um gemeinsam wirksame Maßnahmen herauszufinden und in die Tat umzusetzen, um diesem schrecklichen Prozeß auf deinem Planeten ein endgültiges Ende zu setzen, jene Gesellschaft, die ‚Völkerbund' genannt wird, so bin ich, wenn du meine aufrichtige Meinung wissen willst, sicher, daß auch diesmal nichts Wirksames aus ihr kommen wird und dies aus zwei Gründen.

„Der erste Grund wird dir am Ende meiner Erzählung klar werden und der zweite Grund ist der, daß diese Eigenschaft den dreihirnigen Wesen des Planeten Erde, schon wie man sagt, in ‚Fleisch-und-Blut' übergegangen ist. Und wenn schon von den Wesen ihres Planeten früherer Epochen nichts erreicht worden ist, die, wenn sie verantwortliche Wesen wurden, hinsichtlich ihres Seins wenigstens was man ‚seiner-selbst-eingedenk-sein' nennt, erreicht hatten, um so weniger wird irgend etwas Wirksames von Wesen mit jener Vernunft getan, ersonnen und verwirklicht werden können, die die Wesen dieser heutigen Gesellschaft besitzen und die, was ihr Sein angeht, nur bis zu dem Grad vervollkommnet sind, den unser teurer Mulla-Nassr-Eddin mit dem Begriff definiert, der in den folgenden Worten ausgedrückt ist:

„ ‚Sieh-da-er-fängt-schon-an-Mama-von-Papa-zu-unterscheiden.'

„Ich muß jedoch bemerken, daß diese heutigen ‚bedeutenden' und ‚machthabenden' Wesen, die Mitglieder dieser heutigen Gesellschaft sind oder sein werden, für sich selbst durch diese neue Erfindung ein ‚höchst-bedeutsames' und ‚höchst-nützliches' Resultat erzielen werden, nämlich, dank dieser ‚offiziellen Gesellschaft' werden sie noch eine andere, wie man sagt, sehr glaubwürdige Entschuldigung haben, um ihren sogenannten ‚Besitzerinnen' Sand in die Augen zu streuen, die für diese irdischen heutigen ‚machthabenden' Wesen entweder ihre ‚Ehefrau' ist oder ihre ‚Maitresse', ‚Schwiegermutter' oder schließlich die ‚Assistentin' in irgendeinem großen Laden und so weiter.

„Auch werden sie dank dieser neuen ‚offiziellen-Gesellschaft' die Gelegenheit haben, ruhig ihre Zeit unter ihren Freunden, ‚bedeutenden' und ‚machthabenden' Wesen ihresgleichen, zu verbringen und auf diesen offiziellen ‚Five-o'clocks', die ohne Zweifel sehr oft angeblich um Angelegenheiten willen arrangiert werden, die mit den Zielen dieser ‚bedeutenden-offiziellen-Gesellschaft' verbunden sind, die Möglichkeit haben, die Zeit ohne die ‚schweigenden', aber doch schrecklichen und wachsamen Blicke ihrer Besitzerinnen zu verbringen.

„Solche Gesellschaften ‚machthabender' Wesen entstehen dort gewöhnlich am Anfang des Endes eines großen Prozesses-gegenseitiger-Vernichtung. Und fast jedesmal entstehen sie in der folgenden Weise:

„Eine Anzahl von ihnen, nämlich von diesen Machthabern, erlitten in ihrem letzten Prozeß-gegenseitiger-Vernichtung persönlich solch ‚schwere-Verluste', daß deren ‚Wirkung' auf ihren ganzen Bestand noch weiter andauert und für das allgemeine Funktionieren ihrer Psyche eine bestimmte Zusammenstellung schufen, so daß die Gegebenheiten in ihrem Unterbewußtsein für die Entstehung des Seins-Impulses, genannt ‚Gewissen' von selbst am Funktionieren ihres ‚automatischen-Bewußtseins', das ihnen schon längst zur Gewohnheit geworden war, teilzunehmen begonnen hatten, was besagen will, daß sich in ihrer allgemeinen Psyche von selbst jene Zusammenstellung ergeben hatte, die der Sehr Heilige Aschiata Schiämasch für alle dreihirnigen Wesen jenes unseligen Planeten gewünscht hatte.

„Also, mein Junge, deshalb beginnen die besagten ‚machthabenden' Wesen, wenn sie einander treffen und diese schreckliche Eigenschaft immer wieder besprechen, diese schließlich fast in ihrem wahren Licht zu sehen, und dann stellt sich ein echter, aufrichtiger Wunsch in ihnen ein, alles Mögliche zu tun, um die Ausrottung dieses entsetzlichen, auf ihrem Planeten vor sich gehenden Greuels zu erreichen.

„Also, wenn es vorkommt, daß verschiedene solcher irdischer ‚machthabender' Wesen mit einem sozusagen ‚auferstandenen' Gewissen zufällig zusammenkommen und, dank eines langen gegenseitigen Einflusses, die Wirklichkeit fast in ihrem wahren Licht sehen und empfinden, dann schließen sie sich enger zusammen, um gemeinsam eine Möglichkeit zu finden, ihre aufrichtigen Wünsche zu verwirklichen.

„Auf diese Weise beginnen gewöhnlich fast alle Gesellschaften, die sich dort bilden.

„Diese Wesen könnten vielleicht irgendwie gute Resultate erzielen, aber das Übel liegt darin, daß in der Regel andere irdische ‚wichtige' und ‚machthabende' Wesen dort sehr bald diesen Gesellschaften beitreten und an ihnen teilnehmen.

„Diese letzteren treten bei und nehmen an den Aufgaben dieser Gesellschaften teil, jedoch nicht, weil ihr Gewissen auch zu sprechen begonnen hat — weit davon entfernt. Sie treten nur deshalb bei, weil, durch all die gleichen anomal eingerichteten Verhältnisse ihrer gewöhnlichen Seins-Existenz, sie als ‚wichtige‘ und ‚machthabende‘ Wesen selbstverständlich Mitglieder jeder ‚wichtigen‘ Gesellschaft sein und an ihr teilnehmen müssen.

„Wenn diese anderen irdischen ‚wichtigen‘ und ‚machthabenden‘ Wesen solchen Gesellschaften beitreten und auch an ihren Angelegenheiten teilzunehmen beginnen, schicken sie durch ihre persönlichen, egoistischen und ruhmsüchtigen Ziele meistens nicht nur sehr bald alle Aufgaben der Gesellschaft und alles, was von den Wesen mit ‚auferstandenem-Gewissen‘ getan worden ist, wie man sagt, ‚zum-Schornstein-hinaus‘, sondern werfen gewöhnlich auch sehr bald den ersten Gründern der Gesellschaft, wie man ebenfalls dort sagt, ‚Knüppel zwischen die Beine‘.

„Und deshalb sterben diese Gesellschaften der Wesen, die für all-planetische Wohlfahrt gegründet werden, immer recht schnell und sterben, wie ich dir schon gesagt habe, sogar ‚einen leichten Tod‘.

„Was die wirksamen Resultate angeht, die aus all diesen guten Anfängen der ‚wichtigen‘ Wesen erzielt werden, so hat unser ehrwürdiger Mulla-Nassr-Eddin auch dafür einen sehr weisen Spruch; er sagt nämlich:

„ ‚Vergangene-Jahrhunderte-haben-uns-gezeigt-daß-karabachnische-Esel-nie-wie-Nachtigallen-singen,-noch-daß-sie-ihren-edlen-Geschmack-für-echte-Schuschunische-Disteln-bezähmen-können.‘

„Hier ist es übrigens für dich gut zu erfahren, daß ich in den langen Jahrhunderten meiner aufmerksamen Beobachtungen der dreihirnigen Wesen des Planeten Erde nicht ein einziges Mal bemerkte, daß auch nur in einer einzigen von diesen Gesellschaften, die sie dort hin und wieder zu dem Zwecke gründen, um gemeinsam Mittel für die glückliche Existenz der großen Massen zu finden, jemals Wesen teilnahmen, die mehr oder weniger objektive Vernunft hatten, zu der, wie ich dir auch schon gesagt habe, immerhin viele dort durch ausdauernde Bemühungen zwecks ihrer Selbst-Vervollkommnung gelangen.

„Im Laufe meiner Beobachtungen während meines letzten Aufenthaltes dort machte ich mir unter anderem klar, daß Wesen mit objektiver Vernunft aus folgenden Gründen nicht in diesen Gesellschaften sind.

„Die Wesen, die an solchen Gesellschaften teilnehmen, müssen nämlich notwendigerweise immer ‚wichtig‘ sein, und ‚wichtig‘ sind wieder einmal ob der anomal eingerichteten Verhältnisse der Seins-Existenz nur die, die entweder sehr viel Geld haben oder, was man nennt, ‚berühmt‘ unter den übrigen Wesen dort sind.

„Besonders in der letzten Zeit werden nur solche Wesen berühmt und somit wichtig, in denen die erwähnte heilige Funktion, nämlich das ‚Seins-Gewissen‘, vollends fehlt; da aber diese heilige Funktion im Bestand der Wesen im allgemeinen immer mit allem zusammenhängt, was objektive Vernunft darstellt und ist, so haben natürlich die dreihirnigen Wesen mit objektiver Vernunft auch Gewissen, und folglich wird solch ein Wesen mit Gewissen niemals ‚bedeutend‘ unter den anderen Wesen sein.

„Aus diesem Grund haben Wesen mit reiner Vernunft niemals dort die Möglichkeit gehabt und werden sie auch niemals haben, an diesen Gesellschaften von Wesen teilzunehmen, die aus ‚wichtigen‘ und ‚machthabenden‘ Wesen bestehen.

„Was diese Frage angeht, so geschieht es dort genau so, wie unser teurer Mulla-Nassr-Eddin schon einmal gesagt hat, nämlich: Dies ist die größte Strafe: zieh am Schwanz, so fängt sich die Mähne; zieh an der Mähne, so fängt sich der Schwanz.'

„Wie es auch immer früher gegangen sein mag, so wollen doch, wie ich dir schon gesagt habe, auch deine Lieblinge der Jetztzeit wieder Mittel und Wege finden, um diese schreckliche Eigenschaft abzuschaffen, die ihnen schon inhärent ist, und die sich in ihrer Psyche so eingewurzelt hat wie die Folgen der Eigenschaften des Organs Kundabuffer.

„Und natürlich bemühen sich diese Mitglieder der heutigen Gesellschaft des Völkerbundes, diese Abschaffung durch alle möglichen Verordnungen und verschiedenen Abkommen, die sie untereinander treffen, zu erreichen, dieselben Mittel, durch die die Wesen in früheren Zeiten dies auch zu erreichen versuchten, das heißt, durch Mittel und Wege, durch die es — meiner Meinung nach — jetzt schon ganz unmöglich ist, etwas Wirksames zu erreichen.

„Diese Einrichtung deiner heutigen Lieblinge kann allerdings einen Gewinn bringen, sogar einen sehr großen, jedoch nur für ihre unvermeidlichen Zeitungen, für Salonkonversationen und natürlich für verschiedene hasnamussische Manipulationen der irdischen sogenannten ‚Börsenspekulanten'.

„Heutzutage steht es mit diesem schrecklichen Übel schon so schlimm, daß es jetzt nicht nur eine müßige Aufgabe für ihre elende Vernunft ist, die sofortige Vernichtung dieser, wie ich schon sagte, schrecklichen Eigenschaft auf der Oberfläche ihres Planeten erzielen zu wollen, die ihnen schon in Fleisch und Blut übergegangen ist, sondern daß dies sogar im großen Ganzen schon unmöglich geworden ist.

„Trotzdem, mein Junge, können sogar diese heutigen Wesen dieser jetzigen all-planetischen Gesellschaft des ‚Völkerbundes' — auch wenn ihnen unparteiische Vernunft, die im Bestand aller dreihirnigen Wesen, die verantwortliches Alters erreicht haben, sein sollte, fehlt — doch positive Resultate für das Hauptziel, das sie sich gesteckt haben, erreichen, wenn sie sich mit der Lösung und Verwirklichung nur jener Fragen beschäftigen würden, die in der Sphäre ihrer Zulänglichkeit und Macht stehen.

„Da ich ihre sogenannten ‚Wege' kenne, weiß ich ganz sicher, daß sie sich nicht mit jenen Fragen abgeben werden, die innerhalb ihres Verständnisses liegen.

„Würden sie nicht gar zu gern alles tun, damit diese Prozesse ‚gegenseitigen-Vernichtens' sofort und für immer aufhören!

„Wenn sie sich tatsächlich mit ihrem ganzen Sein des ganzen objektiven Schreckens dieser Prozesse bewußt wären und aufrichtig wünschten, gemeinsam dieses Übel von der Oberfläche ihres Planeten auszurotten, würden sie ohne weiteres in das Wesen dieser Frage eindringen und verstehen, daß diese Inhärenz, die sich in ihrer Psyche in Hunderten von Jahrhunderten festgesetzt hat, niemals im Laufe einiger Jahrzehnte dekristallisiert werden kann.

„Wenn sie dies verstünden, würden sie nicht versuchen, sich zu entscheiden, etwas in dieser Hinsicht zum Wohl ihrer Zeitgenossen zu tun, sondern würden all ihre Aufmerksamkeit, all ihre Macht darauf richten und ihre Möglichkeiten dazu gebrauchen, um den Wesen der kommenden Generation etwas zu diesem Ziele Taugliches zu lehren.

„Wenn sie zum Beispiel, statt zu klügeln und, wie man dort auch sagt, zu ‚Don-Quichoten' im Wahn, daß sie das sofortige Aufhören dieser Prozesse erreichen könnten, sich mit der Ausrottung zweier Übel, die sie besitzen und die sich in ihrem gewöhnlichen Existenzprozeß festgesetzt haben, beschäftigen würden, wenn sie nämlich versuchen würden, die Abschaffung jenes Brauches zu erreichen, daß gewisse Teilnehmer an diesen Prozessen zu sogenannten ‚Helden' erhoben und mit Ehren und sogenannten ‚Orden' belohnt werden, und wenn sie versuchen würden, die Abschaffung einer ihrer vielgepriesenen ‚Wissenschaften' unter den vielen von gewissen bepickelten Wesen erfundenen ‚hasnamussischen Wissenschaften' zu erreichen, die da leichtfertig darlegt, daß das periodische gegenseitige Vernichten auf der Erde sehr, sehr nötig sei, und daß, wenn es dies nicht gäbe, sich daraus eine unerträgliche Übervölkerung auf der Erde ergäbe und solch ökonomische Greuel dadurch entstünden, daß die Menschenwesen einander auffressen würden.

„Wenn sie die Ausrottung dieser zwei Übel, die sich schon im Prozeß ihrer anomalen gewöhnlichen Seins-Existenz tief eingewurzelt haben, erreichen würden, würden sie, durch die Abschaffung der ersteren für immer den größten Teil jener ‚automatischen-Faktoren' beseitigen, durch die die Psyche der heranwachsenden Generation jener besonderen Eigenschaft unterworfen wird, durch die sie in jenen Zustand fällt, in den sie schon unbedingt gewohnheitsgemäß während dieser Prozesse geraten; und durch die Abschaffung des zweiten würden sie dazu beitragen, daß auf die Wesen der kommenden Zeiten wenigstens eine idiotische Idee weniger aus jener schon ohnedies genügend großen Anzahl ähnlicher Ideen kommt, die unter ihnen dauernd entstehen und von Generation zu Generation als ‚etwas-Gesetzmäßiges' und ‚Unbezweifelbares' weitergehen und die alle zusammen zum Teil die Ursache sind, daß sich in ihrem Bestand jene Eigenschaften bilden, die sich für dreizentrische Wesen unseres großen Megalokosmos nicht ziemen und zu denen auch jene ihnen allein inhärente Eigenschaft gehört, die in ihnen sogar ‚Zweifel an der Existenz von etwas Göttlichem' hervorruft. Ist doch hauptsächlich ob dieses Zweifels die Möglichkeit aus ihrem ganzen Bestand schon fast ganz verschwunden, jene Gegebenheiten zu beschleunigen, die unbedingt im Bestand aller dreihirnigen Wesen beschleunigt werden sollten und die insgesamt in ihnen den

Impuls, genannt ‚instinktives Empfinden' jener bestimmten kosmischen Wahrheiten hervorrufen, die immer sogar von allen einzentrischen und zweizentrischen Wesen im ganzen Weltall empfunden werden.

„Aber zum Unglück für alle deine übrigen gewöhnlichen Lieblinge beschäftigen sich diese ‚machthabenden' und ‚wichtigen' aus allen Teilen des Planeten zusammenkommenden Wesen nicht mit diesen Fragen, da sie sie für unter ihrer Würde stehend erachten.

„Das wäre noch schöner: Solch ‚bedeutende' Mitglieder solcher ‚bedeutender' Gesellschaften sollten sich plötzlich mit solch nichtigen Dingen abgeben!!

„Da sich im allgemeinen Gegebenheiten aller Art für individuelle Manifestationen schon nicht mehr länger in den meisten dieser dir lieben dreihirnigen Wesen kristallisieren, besonders nicht in den heutigen, und sie sich nur so manifestieren, wie die Folgen der Eigenschaften des Organs Kundabuffer es ihnen diktieren, geben sie sich nicht gern mit Angelegenheiten ab, die innerhalb ihrer Vernunft und in ihrer Macht liegen, sondern beschäftigen sich immer mit der Entscheidung solcher Fragen, die weit, weit über ihrer Vernunft liegen.

„Durch diesen ‚Zug' ihrer seltsamen Psyche hat sich in ihnen noch ein anderes sonderbares und im höchsten Grade seltsames ‚psychisch-organisches Bedürfnis' während der letzten zwanzig Jahrhunderte gebildet.

„Dieses ‚psychisch-organische Bedürfnis' äußert sich hauptsächlich darin, daß jeder von ihnen immer notgedrungen, wie sie sagen, ‚den-anderen-Vernunft-beibringen' oder ‚sie-auf-den-rechten-Weg-führen' will.

„Weißt du, mein Junge, meine Erwähnung dieses ungewöhnlichen Zuges ihres Charakters, der ihnen allen ohne Ausnahme inhärent ist, bringt mich auf den Gedanken, daß es sehr gut wäre, dir hier etwas über ihre seltsame Psyche zu erklären und dir einen Rat zu geben, so wie der gute alte Kerl, unser Ahun, dir einmal einen gab, als ich meine Erklärungen über die heutige irdische vielgepriesene ‚Kunst' beendete.

„Er sagte damals unter anderem, daß, wenn du aus irgendeinem Grund einmal auf dem Planeten Erde existieren solltest und dich mit diesen seltsamen dreihirnigen Wesen mischst, daß du dann immer sehr vorsichtig sein mußt, mit jenen heutigen Typen, die ‚Vertreter-der-Kunst' genannt werden, und sie nie beleidigen darfst, um sie dir nicht zu ‚heftigen' Feinden zu machen.

„Damals gab dir unser teurer Ahun, im Hinblick auf ihre zahlreichen Schwächen, als da sind ‚Selbstliebe', ‚Stolz', ‚Eitelkeit' und noch viele andere, den Rat, in gewissen Fällen gerade diese spezifischen Eigenschaften, wie er es ausdrückte, zu ‚kitzeln'.

„Er erklärte dir damals sogar eingehend, worüber und wie du mit ihnen sprechen mußt, damit sie immer in guter Beziehung zu dir bleiben und dich immer und überall loben und nur gut von dir sprechen.

„Gegen seinen Rat ist natürlich nichts einzuwenden; paßt er doch ideal für die von ihm erwähnten Typen!

„Diese heutigen ‚Vertreter-der-Kunst' haben tatsächlich die spezifischen von unserem Ahun aufgezählten Eigenschaften in großem Überfluß, und wenn man diese ihre besonderen Eigenschaften bei jeder Gelegenheit ‚kitzelt', ‚beten' sie einen tatsächlich an und benehmen sich einem gegenüber in allem nicht schlechter als die, die dort ‚asklaianische Sklaven' genannt wurden.

„Aber, obschon dieser Rat ausgezeichnet ist und seine Befolgung sogar unerläßlich, wenn man unter ihnen existieren will, so halte ich persönlich ihn doch nicht für praktisch ausführbar für dich, erstens, weil er nicht auf alle Wesen der Erde im allgemeinen angewandt werden kann, da nicht alle ‚Vertreter-der-Kunst' sind, und zweitens, weil es für dich unbequem sein wird, dich an all diese unzähligen Sonderbarkeiten zu erinnern und jedesmal innezuhalten und zu überlegen, bei welcher Gelegenheit welche dieser zahlreichen Schwächen von ihnen ‚gekitzelt' werden muß.

„Dafür möchte ich dich gern auf ein großes ‚Geheimnis' in ihrer Psyche hinweisen, nämlich auf eine besondere Eigentümlichkeit, die — wenn du verstehst, aus ihr Nutzen zu ziehen — in jedem von ihnen dieselbe Wirkung in ihren Manifestationen hervorbringen kann wie die, von der Ahun sprach.

„Wenn du auf eben diese ihre Sonderbarkeit wirken kannst, wirst du nicht nur auf sehr gutem Fuß mit ihnen allen stehen, sondern kannst du sogar, wenn du dieses ‚Geheimnis' ihrer Psyche kennst, einer ruhigen und glücklichen Existenz vollends sicher sein, sowohl was das dort unbedingt erforderliche ‚Geld' angeht als auch andere Annehmlichkeiten, deren Geschmack und glückliche Bedeutung unser teurer Lehrer durch die Worte ausdrückt: ‚Ein Bett von Rosen'.

„Du hast sicherlich, mein Junge, bereits erraten, daß dieses Geheimnis ihrer Psyche, von dem ich gerade spreche, eben ihr, wie ich es nannte, ‚psychisch-organisches-Bedürfnis' betrifft, ‚den-anderen-Vernunft-beizubringen' und ‚sie-auf-den-richtigen-Weg-zu-führen'.

„Diese besondere Eigenschaft, die sich in ihrer Psyche bildet, wird — natürlich auch wieder wegen derselben anomal eingerichteten Verhältnisse ihrer gewöhnlichen Seins-Existenz — wenn sie verantwortliches Alter erreichen, gleichsam zu einem zwangsläufigen Teil ihres Bestandes.

„Ein jeder ohne Ausnahme dort hat dieses ‚psychisch-organische-Bedürfnis', alt und jung, Männer und Frauen, und sogar die ‚Frühgeburten'.

„Dieses besagte ‚besondere Bedürfnis' entsteht in ihnen wiederum durch eine andere ihrer besonderen Eigenschaften, die darin besteht, daß jeder vom ersten Augenblick an, wo er die Fähigkeit erwirbt, ‚naß' und ‚trocken' zu unterscheiden, so hingerissen von dieser Errungenschaft ist, daß er für immer aufhört, seine eigenen Anomalitäten und Mängel zu sehen, sondern diese gleichen Anomalitäten und Mängel nur in den anderen sieht und beobachtet.

„Es ist in der jetzigen Zeit dort schon gang und gäbe geworden, daß deine Lieblinge immer den anderen Dinge lehren, von denen sie selbst sogar nicht einmal geträumt haben, und der Witz der Sache ist, daß, wenn diese anderen nicht von ihnen lernen oder nicht wenigstens vorgeben, daß sie von ihnen lernen wollen, sie nicht nur beleidigt, sondern sogar immer sehr ernstlich innerlich empört sind; und wenn umgekehrt einer von ihnen durch sie ‚Vernunft‘ annehmen will, oder wenigstens vorgibt, daß er sehr gerne von ihnen lernen möchte, werden diese Wesen ihn nicht nur ‚lieben‘ und ‚achten‘, sondern sind vollends befriedigt und sehr erfreut.

„Ich muß hier hinzufügen, daß nur unter solchen Umständen deine Lieblinge ohne Bosheit und ohne Kritik über andere reden können.

„Also, mein Junge ...

„Ich rate dir sehr, falls du aus irgendeinem Grund unter ihnen existieren mußt, immer vorzugeben, daß du etwas von ihnen lernen willst. Handle in derselben Weise ihren Kindern gegenüber, und du wirst nicht nur mit ihnen allen auf sehr gutem Fuß stehen, sondern die ganze Familie wird dich sogar für den Freund des Hauses halten.

„Vergiß nie, daß jeder von ihnen, wie unbedeutend er auch in seinem Wesen sein mag, durch seinen Eigendünkel, der aus dieser besonderen Eigenschaft stammt, immer mit Verachtung auf das Betragen und die Handlungen der anderen sieht, besonders wenn ihr Betragen und ihre Handlungen seinem eigenen subjektiv-eingenommenen Standpunkt sehr widersprechen, weshalb er in diesen Fällen, wie ich dir schon gesagt habe, meistens innerlich ernstlich beleidigt und empört wird.

„Ich kann hier auch noch sagen, daß durch diese Eigenschaft deiner Lieblinge, immer über die Mängel der anderen um sie herum empört zu sein, sie ihre ohnedies schon elende und anomale Existenz objektiv unerträglich gestalten.

„Durch diese dauernde Empörung verläuft die gewöhnliche Seins-Existenz dieser Unglücklichen fast immer in unproduktiven sogenannten ‚moralischen-Leiden‘, und diese ihre vergeblichen ‚moralischen-Leiden‘ dauern in der Regel — der Trägheitskraft zufolge — an und wirken für eine sehr lange Zeit auf ihre Psyche sozusagen ‚semzekionisch‘ oder, wie sie dort auf deinem Planeten sagen würden, ‚bedrückend‘, das heißt, sie werden dadurch schließlich, natürlich ohne Teilnahme ihres Bewußtseins, ‚instruarisch‘ oder, wie sie sagen würden, ‚nervös‘.

„Und dann lassen sie sich im Prozeß ihrer gewöhnlichen Seins-Existenz auch in solchen Seins-Äußerungen völlig ‚gehen‘, die im allgemeinen nichts mit den Hauptursachen zu tun haben, die diese ‚Anstruarheit‘ oder ‚Nervosität‘ hervorrufen.

„Nur durch diese Eigenschaft allein, nämlich ‚über-die-Fehler-der-anderen-empört-zu-sein‘, ist ihre Existenz allmählich erztragikkomisch geworden.

„So begegnet man zum Beispiel auf Schritt und Tritt einem Bild dieser Art:

„Diese Sonderlinge verlieren sozusagen jene äußere Maske, die durch dasselbe dort existierende verderbliche Mittel, das da ‚Erziehung‘ heißt, die meisten von ihnen nach und nach von ihrer Kindheit an zu tragen gelernt haben und durch das sie sehr wohl ihre eigentliche innere und äußere Bedeutungslosigkeit vor anderen verbergen können, und infolgedessen werden sie automatisch zu Sklaven der anderen bis zur Erniedrigung oder, wie sie selbst dort sagen, sie geraten, was alle ihre inneren Erlebnisse angeht, unter den ‚Pantoffel‘ von irgend jemand, zum Beispiel unter den Pantoffel ihrer Ehefrau oder ihrer Maitresse oder von sonst jemand, der auf irgendeine Weise die innere Bedeutungslosigkeit des betreffenden irdischen Wesens herausgeschnüffelt hat, wodurch die künstliche Maske des letzteren für sie nicht mehr länger gilt.

„Und tatsächlich ist gewöhnlich ein solches sich unter dem ‚Pantoffel' von irgend jemand befindendes irdisches Wesen in der Regel mehr als irgendein anderer über die anderen Wesen ihres Planeten empört, wie zum Beispiel über einen König, der aus irgendeinem Grund nicht fähig ist, Zehn- oder Hunderttausende seiner Gemeinschaft in Unterwürfigkeit zu halten. Und es sind gerade solche ‚Pantoffelhelden', die gewöhnlich verschiedene Handbücher verfassen, in denen sie eingehend zeigen, wie und was zu einer guten ‚Regierung' der anderen getan werden muß.

„Und wiederum, wenn eins der heutigen Wesen dieses sonderbaren Planeten, dessen Herz, auch wenn nur eine Maus an ihm vorbeiläuft, wie sie sagen, ‚ihm-immer-aus-Furcht-in-die-Hosen-fällt', erfährt, daß So-und-So, als er einem Tiger begegnete, ein wenig eingeschüchtert war, ist dieser ‚Held' innerlich höchst ungehalten über ihn und wird unbedingt im Gespräch mit seinen Freunden ‚mit-Schaum-am-Munde' ihn einen gemeinen verbrecherischen ‚Feigling' schelten und ihn herabsetzen, weil er ‚bloß' vor einem Tiger schon Furcht hatte.

„Und die verschiedenen Bücher und Handbücher auch darüber, was und wie es getan werden muß und was nicht getan werden muß, wenn man einen Tiger und andere ähnliche Wesen trifft, sind wiederum von diesen ‚Helden-die-vor-einer-Maus-nicht-mit-einer-Wimperzucken' verfaßt.

„Und ferner ist immer der von ihnen, der eine Menge verschiedener, wie man dort sagt, ‚chronischer-Krankheiten' hat, durch die sein Magen oft ganze Wochen lang nicht arbeitet und sein ganzer Körper mit allen möglichen bösartigen Pickeln bedeckt ist, Krankheiten, an denen er natürlich Tag und Nacht leidet, kurzum ein Wesen dort, das viele Jahre lang tatsächlich ein ‚herumschleichendes-Bazillen-Museum' für alle auf diesem Planeten existierenden Krankheiten ist, immer mehr empört als irgendein anderer, wenn jemand unvorsichtigerweise sich, sagen wir, eine Erkältung zugezogen hat.

„Und diese ‚herumschleichenden-Bazillen-Museen' belehren stets andere mit größter Autorität, wie sie diese Erkältung loswerden können, und nur sie allein schreiben verschiedene Bücher und Handbücher über alle möglichen anderen Krankheiten dort und legen ganz eingehend dar, wie man sich vor ihnen schützen und sie loswerden kann.

„Auf Schritt und Tritt kann man dort auch folgende Unsinnigkeit beobachten: zum Beispiel schreibt einer von ihnen, der sogar nicht im geringsten weiß, wie das gewöhnliche Wesen aussieht, das ihn oft beißt und ‚Floh' genannt wird, einen dicken Wälzer und gibt eine besondere sogenannte ‚öffentliche-Vorlesung' darüber, daß der Floh, dessen Biß den Hals eines gewissen historischen Königs Nochan anschwellen ließ, auf seiner linken Tatze ein ‚anomales-orangerotes-Geschwür-von-einer-besonderen-seltsamen-Form' hatte.

„Nun, und wenn dieser ‚Fachmann in Flöhen' sein umfangreiches Werk geschrieben und einen ganzen Abend lang seine ‚öffentliche Vorlesung' über das ‚orangerote-Geschwür' an den besagten Flöhen hält und einer ihm nicht glauben will und ihm seine Zweifel ins Gesicht sagt, ist er nicht nur sehr beleidigt, sondern sogar sehr empört, und er ist hauptsächlich deshalb empört, weil dieser Zweifler ein solcher, wie man sagt, ‚Ignoramus' ist, daß er noch nicht einmal etwas von den ‚Wahrheiten' gehört hat, die dieser ‚Fachmann' ihm mitteilt.

„Solche Bilder trifft man auf Schritt und Tritt in der

Existenz dieser seltsamen dreihirnigen Wesen auf deinem Planeten, so daß jedes dort existierende normale Wesen, wenn es tatsächlich Beobachtungen anstellt und sie studiert, schon allein durch dieses Beobachten und Studieren vollends in allen Zweigen allgemeiner objektiver Wissenschaft unterrichtet werden kann.

„Um das von mir erwähnte, erstaunlich seltsame Bedürfnis deiner Lieblinge zu befriedigen — nämlich um, wie ich sagte, nicht selbst zu leiden —, müssen sie immer wenigstens ein ‚Opfer‘ für ihre Lehren haben; denen aber, die aus irgendeinem Grund durch ihre Äußerungen eine gewisse Autorität für andere geworden sind und die folglich mit zunehmendem Erfolg unverschämter werden, wächst der Appetit, immer eine größere Anzahl dieser ‚Opfer‘ zu erwerben.

„Ja, mein Junge, wenn du unter ihnen existieren und ein Zeuge dieser unsinnigen Seins-Äußerungen sein wirst, wirst du, trotzdem du die Ursache dieser Unsinnigkeiten kennst, nicht umhin können, wie sie es ausdrücken, innerlich zu ‚lachen‘; gleichzeitig aber wirst du mit deinem ganzen Sein diese Unglücklichen bemitleiden, und es wird sich in dein ‚inneres Lachen‘ allmählich von selbst, was man nennt, ‚ein-Wesens-palnasurischer-Kummer‘ mischen. Diese Seltsamkeit der Psyche der dortigen dreizentrischen Wesen ist besonders stark unter den Wesen entwickelt, die zu der Kaste gehören, die ‚Intelligenzia‘ genannt wird.

„Das Wort ‚Intelligenzia‘ bedeutet dort ungefähr das, was wir mit den Worten ‚Kraft-in-sich-selbst‘ definieren.

„Aber obgleich das Wort ‚Intelligenzia‘ seinem Wesen nach eben diese Bedeutung hat, bezeichnen nichtsdestoweniger die Wesen dort, besonders die heutigen, aus irgendeinem Grund mit diesem Wort gerade jene Wesen, die das gerade Gegenteil von dem sind, was mit diesem Wort gemeint ist.

„Das Wort ‚Intelligenzia' ist auch aus der altgriechischen Sprache übernommen.

„Es ist interessant zu bemerken, daß dieses gleiche Wort auch von den Römern gebraucht wurde, und da sie es von den Griechen nicht seinem Sinn, sondern seinem Klang nach übernommen hatten, glaubten sie später, daß die Wurzel dieses Wortes zu ihrer eigenen Sprache gehöre.

„Unter den alten Griechen aber wurde mit diesem Wort ein so vervollkommnetes Wesen bezeichnet, das immer seine Funktionen lenken konnte, wie es wollte, und nicht, wie es zum Beispiel mit jeder sogenannten unbelebten kosmischen Bildung geschieht, wo jedes Geschehen nur eine Reaktion auf äußere Ursachen ist.

„Zweifellos gibt es noch Wesen dort auf deinem Planeten, die dem Sinn dieses Wortes ungefähr entsprechen, jedoch nur unter solchen heutigen Wesen des Planeten Erde, die in der Auffassung der meisten Wesen dort als ‚unintelligent' gelten.

„Wenn diese Wesen, besonders die der letzten Zeit, die dort ‚Intelligenzia' genannt werden, einfach ‚Mechanogenzia' hießen, wäre dies meiner Ansicht nach jedenfalls richtiger.

„Es wäre richtiger, weil die Wesen, die die heutige ‚Intelligenzia' dort ausmachen, ihren Seins-Funktionen überhaupt keine Richtung geben können, da in ihnen sogar die Gegebenheiten für die Impulse von Wesens-Initiative für ihre tägliche Seins-Existenz schon vollends atrophiert sind, die im allgemeinen immer von der Großen Natur selbst in alle dreizentrischen Wesen gelegt sind.

„Während ihrer verantwortlichen Existenz handeln und manifestieren sich diese ‚intelligenzischen' Wesen nur, wenn sie entsprechende Schocks von außen erhalten, und es sind eben diese von außen kommenden Schocks, durch die sie allein entsprechend animiert werden können, um das Abrollen von Serien früherer schon erlebter Wahrnehmungen zu erfahren, was keineswegs von ihrem eigenen Wunsch oder Willen abhängt, und diese äußeren Schocks für die besagte Art von Erleben gehen gewöhnlich erstens von belebten Dingen aus, die zufällig in die Sphäre ihrer Organe zur Wahrnehmung der Sichtbarkeit gelangen, zweitens von den verschiedenen Wesen, denen sie begegnen, drittens von Klängen oder Worten, die sie irgendwo auffangen, viertens von Gerüchen, die sie zufällig mit ihrem Geruchssinn wahrnehmen, und schließlich von ungewohnten Empfindungen, die von Zeit zu Zeit im Funktionieren ihres planetischen Körpers oder, wie sie sagen, in ihrem ‚Organismus‘ vor sich gehen und so weiter.

„Niemals jedoch gehen weder ihre äußeren Manifestationen im allgemeinen noch jene inneren Seinsimpulse, die unter der Leitung ihres ‚Seins‘-Ich sein sollten, nach ihrem eigenen Wunsch vor sich, dem ihr ganzer Bestand sich unterordnen sollte.

„Ich muß dir hier weiter sagen, daß einige dieser irdischen ‚Intelligenzischen‘, in denen sich während ihrer verantwortlichen Existenz einige schon festgesetzte Formen ihres inneren Funktionierens aus verschiedenen Gründen vollends geändert haben, von den anderen irdischen Wesen nicht länger ‚Intelligenzische‘ genannt werden, sondern andere Namen erhielten, die aus verschiedenen Worten oder genauer aus verschiedenen Wurzeln von Worten aus dem Altgriechischen gebildet sind.

„Sie heißen nämlich:

>   ‚Bürokraten‘,
>   ‚Plutokraten‘,
>   ‚Theokraten‘,
>   ‚Demokraten‘,
>   ‚Zevrokraten‘,
>   ‚Aristokraten‘

und so weiter ...

„Den ersten der aufgezählten Namen, nämlich ‚Bürokraten‘, gibt man jenen ‚Intelligenzischen‘, in denen die

Serien der in ihnen vorhandenen gewöhnlichen automatischen Assoziationen, die Erlebnisse hervorrufen, begrenzt sind; das heißt, wie verschieden auch die von außen kommenden Schocks sein mögen, so werden doch in diesen ‚Bürokraten' immer die gleichen Erlebnisse hervorgerufen, die durch die häufige Wiederholung ihren eigenen spezifischen Charakter erwerben und sich ganz selbständig ohne Teilnahme irgendeines vergeistigten Seins-Teiles ihres allgemeinen Bestandes manifestieren.

„Und was die Wesen des an zweiter Stelle genannten Namens betrifft, das heißt jene, die — auch nach einer gewissen Umwandlung ihrer Psyche — von anderen Wesen ‚Plutokraten' genannt werden, so werden zu diesen Wesen diejenigen unter den ‚Intelligenzischen' befördert, die zuvor während ihrer verantwortlichen Existenz fähig waren, all ihre ehrlichen, das heißt ‚naiven' Landsleute, mit denen sie in Berührung kommen, mit sehr viel Kunst unter ihr Joch zu bringen, wodurch sie in den Besitz einer großen Menge von dem, was man dort ‚Geld' und ‚Sklaven' nennt, kamen.

„Du mußt wissen, daß gerade aus diesen irdischen Typen die meisten ‚Hasnamuss'-Individuen entstehen.

„Bei meinen Untersuchungen über die Fragen, die mich interessierten, lernte ich zufällig das Geheimnis des Ursprungs dieses Wortes ‚Plutokrat' kennen.

„Wie ich dir schon gesagt habe, ist in den letzten fünfundzwanzig Jahrhunderten dort jeder verdächtige Begriff und jedes verdächtige Ding aus irgendeinem Grund mit altgriechischen Worten benannt worden, und so sind auch die Namen ‚Plutokraten', ‚Aristokraten', ‚Demokraten' und so weiter, die recht verdächtige Begriffe bezeichnen, aus zwei altgriechischen Worten zusammengesetzt worden.

„So besteht zum Beispiel das Wort ‚Bürokrat' aus zwei Worten: ‚Büro', was ‚Kanzlei' bedeutet, und ‚Krat', was soviel wie ‚halten' und ‚beherrschen' bedeutet.

„Und diese beiden Worte zusammen bedeuten: die ...,
die die ganze ‚Kanzlei' halten und behalten.

„Was aber das Wort ‚Plutokrat' angeht, so scheint es,
daß etwas anderes sein Ursprung ist und nicht sehr weit
zurückreicht.

„Dieses Wort wurde erst vor sieben oder acht ihrer
Jahrhunderte gebildet.

„Diese Typen gab es zwar auch schon im alten
Griechenland, damals jedoch wurden sie dort ‚Plusiokraten' genannt.

„Als sich jedoch dann vor einigen Jahrhunderten viele
dieser Typen entwickelten und es klar wurde, daß die
anderen Wesen der Erde sie irgendwie mit einem Titel zu
würdigen hatten, erfanden jene Wesen dort, die damals
für solche Fragen zuständig waren, für sie den Namen
‚Plutokraten'.

„Es scheint, daß sie damals sehr lange Zeit überlegten
und nachdachten, welchen Namen sie eigentlich für sie
erfinden sollten.

„Und sie überlegten und dachten eine lange Zeit nach,
weil sie schon sehr gut verstanden, daß diese Typen auf
ihrem Planeten Schurken erster Güte sind und sozusagen
schon mit jeder erdenklichen Hasnamussigkeit bis ins
Mark und Bein voll sind.

„Zuerst wollten sie, um sie zu würdigen, irgendein sehr
‚starkes' Wort erfinden, das ihrer inneren Bedeutung entsprechen sollte, später aber bekamen sie Angst, dies zu
tun, weil diese irdischen Typen durch ihren zu Unrecht
erworbenen Gewinn dann bereits ‚Kraft-und-Macht' erworben hatten, die wohl schon viel größer waren als die
ihrer Könige. Und da sie fürchteten, daß, wenn sie sie
gerade mit einem solchen Wort würdigen würden, das
ihre wirkliche Bedeutung definiere, sie vielleicht sehr beleidigt sein und den anderen Wesen noch mehr Schaden
zufügen könnten, beschlossen sie schließlich, schlau zu

sein und ein Wort zu erfinden, durch das sie sie bei ihrem echten Namen nennen konnten und das sie gleichzeitig zu würdigen schien.

„Die besagten Wesen jener Zeit erreichten dies auf folgende Weise:

„Da der Titel dieser irdischen Typen natürlich auch aus zwei altgriechischen Worten bestehen mußte, und da all diese Namen die altgriechische Silbe ‚Krat' als Endung haben, so ließen sie eben diesen altgriechischen Klang, damit das neue Wort keinem auffalle.

„Die erste Hälfte des Wortes nahmen sie jedoch nicht aus dem Altgriechischen, wie es sonst üblich ist, sondern aus der sogenannten ‚russischen Sprache', sie nahmen nämlich das russische Wort ‚Plut' — das ‚Schurke' bedeutet — und auf diese Weise erhielt man ‚Plutokrat'.

„Diese irdischen Wesen erreichten damals tatsächlich ihr Ziel so vollkommen, daß heutzutage sowohl diese irdischen Parasiten selbst als auch alle übrigen Wesen auf deinem Planeten mit diesem Titel ganz zufrieden sind.

„Diese irdischen Ungeheuer sind mit ihrem Titel so zufrieden, daß sie aus Prahlerei sogar an Wochentagen den Zylinder tragen.

„Und die übrigen irdischen Wesen sind auch befriedigt, da sie diese Scheusale bei ihrem echten Namen nennen und sie dabei nicht nur nicht zornig machen, sondern sogar verursachen, daß sie wie ‚Truthähne' daherstolzieren.

„Und was den dritten der aufgezählten Namen angeht, nämlich die ‚Theokraten', so werden mit diesem Titel jene ‚Intelligenzischen' gewürdigt, in deren allgemeinem Bestand im psycho-organischen Sinn fast dieselbe Verwirrung vor sich geht wie bei den ‚Plutokraten'.

„Der Unterschied zwischen den ‚Plutokraten' und den ‚Theokraten' besteht nur darin, daß die ersteren zur Befriedigung ihrer hasnamussischen Bedürfnisse auf ihre

Umgebung durch jene Funktion wirken, die unter ihnen ‚Vertrauen' heißt, während die zweiten durch jene Funktion wirken, die in deinen Lieblingen allmählich die heilige Funktion ersetzt hat, die allen dreihirnigen Wesen als einer der drei heiligen Pfade zur Selbstvervollkommnung dienen könnte, jene Funktion, die sie mit dem Namen ‚Glauben' bezeichnen.

„Damit du eine bessere Vorstellung von diesen ‚Theokraten' gewinnst, wird es genügen, wenn ich dir noch einmal einen der Aussprüche unseres hochgeschätzten Mulla-Nassr-Eddin anführe. Betreffs dieser ‚Theokraten' äußerte er einmal etwas sehr Seltsames.

„Er sagte nämlich: ‚Ist-es-nicht-ganz-gleich-für-die-armen-Fliegen,-wie- man-sie-tötet,-durch-einen-Fußtritt-der-gehörnten-Teufel-oder-durch-einen-Schlag-der-schönen-Flügel-der-göttlichen-Engel?'

„Und was jene Typen dort betrifft, die alle übrigen ‚Demokraten' nennen, so muß ich dir vor allem sagen, daß diese dortigen Typen nicht immer von den sozusagen ‚erblich-Intelligenzischen' abstammen; zum größten Teil sind sie zuerst ganz gewöhnliche irdische Wesen, und erst später, wenn sie zufällig ‚Intelligenzische' werden und mit den in ihnen vorhandenen Funktionen, die allmählich die heilige Funktion ‚Gewissen' ersetzen, dasselbe in ihnen vor sich geht wie unter den künftigen ‚Plutokraten' und ‚Theokraten', wandeln sie sich eben in diese ‚Demokraten' um.

„Hier mag auch noch bemerkt werden, daß, wenn einige dieser ‚Demokraten' irgendwie gelegentlich die Plätze ‚machthabender' Wesen einnehmen, dann manchmal eine sehr, sehr seltene kosmische Erscheinung aus ihren Handlungen sich ergibt, nämlich, wie Mulla-Nassr-Eddin sagt, ‚die Hühneraugen werden zu Hühneraugendoktoren'.

„Und diese seltsame Erscheinung ereignet sich meiner

Meinung nach deshalb, weil, wenn die ‚Demokraten' dort zufällig die Stellung von ‚machthabenden' Wesen einnehmen, sie in sich überhaupt keine ererbte Fähigkeit haben, um andere instinktiv leiten zu können, weshalb sie ganz unfähig sind, die Existenz von Wesen, die zufällig unter ihrer Macht stehen, zu leiten.

„Unser unschätzbarer Lehrer Mulla-Nassr-Eddin hat auch für diese irdischen Typen einen entsprechenden Satz; jedesmal wenn er ihn hersagt, hebt er zuerst seine Arme zum Himmel empor und spricht ihn dann mit großer Ehrfurcht aus:

„ ‚Dank-sei-dir,-großer-und-gerechter-Schöpfer,-daß-durch-deine-überfließende-und-gerechte-Gnade-es-so-eingerichtet-ist,-daß-Kühe-nicht-wie-nette-Vögelchen-fliegen.'

„Nun muß ich dir, mein Junge, nur noch von jenen irdischen Typen unter den verschiedenen von mir aufgezählten ‚Intelligenzischen' erzählen, die die anderen Wesen ‚Zevrokraten' und ‚Aristokraten' nennen und die man durch Beinamen, die man ihnen gibt, noch weiterhin unterscheidet als: ‚Emir', ‚Graf', ‚Khan', ‚Prinz', ‚Melik', ‚Baron' und so weiter, Namen, deren Klang aus irgendeinem Grund sehr angenehm auf jene Funktion deiner Lieblinge wirkt, die immer sehr stark in ihnen zum Ausdruck kommt und bis zu ihrem Tod in ihnen bleibt und die da heißt ‚Eitelkeit'.

„Und ich muß dir offen bekennen, daß es sehr schwer ist, diese dortigen Typen zu erklären, nicht nur in der gewöhnlichen Sprache, sondern auch in der Sprache unseres weisesten Mulla-Nassr-Eddin.

„Am besten sagt man von ihnen, daß sie ganz einfach eine ‚Entartung-der-Natur' sind.

„Ich muß noch sagen, daß, obgleich diese beiden dortigen Typen unter deinen Lieblingen verschieden benannt werden, so doch in Wirklichkeit diese ‚Aristokraten' und ‚Zevrokraten' in jeder Hinsicht gleich sind und ganz gleiche innere Eigenschaften haben.

„Vergiß nicht, daß ich dir schon gesagt habe, daß es dort auf deinem Planeten in verschiedenen Gemeinschaften zwei Arten von, wie man dort sagt, ‚Staatsorganisation‘ gibt.

„Die eine wird eine ‚monarchische‘ Staatsordnung genannt und die andere eine ‚republikanische‘.

„In den Gemeinschaften, die eine ‚republikanische‘ Staatsordnung haben, heißen diese Typen ‚Zevrokraten‘, wogegen sie in einer ‚monarchischen‘ Staatsordnung ‚Aristokraten‘ genannt werden.

„Ich will versuchen, dir wenigstens einen Begriff von diesen zwei irdischen Typen zu geben und halte es deshalb für das Beste, dir über eine meiner Verlegenheiten zu erzählen, die sich jedesmal einstellte, sooft ich, während ich auf deinem Planeten war, diesen ‚Mißverständnissen‘ begegnete. Wenn ich sie zufällig traf, verwunderte mich hauptsächlich etwas — wieso konnte nämlich diese Art von irdischen dreihirnigen Typen auf deinem sonderbaren Planeten fast so lange existieren wie die übrigen dreihirnigen Wesen dort?

„Diese Frage entstand in mir auch betreffs der Wesen, die zu der Kaste der ‚Bürokraten‘ gehörten, aber nichtsdestoweniger kann man bei ihnen sich dies noch wenigstens ‚einigermaßen‘ erklären. Obgleich die Serien von Erlebnissen in ihnen auch sehr begrenzt sind, so haben sie sie doch auf jeden Fall wenigstens für jede Stunde des Tages und der Nacht.

„Alle Erlebnisse dieser ‚Aristokraten‘ und ‚Zevrokraten‘ dort kann man jedoch nach meinen Beobachtungen nur auf drei Serien zurückführen.

„Die erste betrifft die Nahrungsfrage. Die zweite besteht in den Erinnerungen, die mit dem früheren Funktionieren ihrer Geschlechtsorgane verbunden sind, und die dritte bezieht sich auf die Erinnerungen an ihre erste Pflegerin.

„Und wie Wesen, die im ganzen nur drei Serien von Erlebnissen haben, die gleiche Existenzdauer haben können wie andere Wesen auf der Oberfläche deines Planeten, wird immer für mich ein unlösbares Rätsel sein.

„Über diese gleiche rätselhafte Frage, das heißt, wie diese irdischen Typen es anstellen, um noch auf der Oberfläche des Planeten zu existieren, soll sogar der erzlistige Luzifer einmal sehr nachdenklich geworden sein und so intensiv nachdenklich, daß alle Haare am Ende seines Schwanzes ganz grau davon wurden.

„Es bleibt mir betreffs dieser besagten sozusagen ‚Witze-der-Natur‘ nur noch zu versuchen, dir zu erklären, warum es einen solch scharfen Unterschied zwischen den Namen für ein und dieselbe Art von Menschen gibt.

„Ich sagte ‚versuchen‘, weil ich selbst nicht genau die Ursache davon kenne, aber da ich die Wurzeln beider Worte kenne, aus denen diese Namen gebildet sind, denke ich, daß ich mit großer Sicherheit annehmen kann, daß sich dieser Unterschied durch eine bestimmte dort vorhandene Sitte ergab.

„Ich muß dir sagen, daß deine Lieblinge dort aus irgendeinem Grund manchmal mit großem Vergnügen sogenannte ‚Puppenspiele‘ arrangieren.

„Aus irgendeinem Grund wünschen sie, daß eben diese ‚Zevrokraten‘ oder ‚Aristokraten‘ auch an ihren ‚Puppenspielen‘ teilnehmen und schleppen sie deshalb auch in diese ‚Puppenspiele‘.

„Da diese Wesen dort in sich schon ganz leer und hohl und folglich schwach sind, müssen die anderen Wesen der gegebenen Gemeinschaft sie während dieser ‚Puppenspiele‘ stützen.

„Und nur die Art, wie sie sie stützen, das heißt, bei welchem Arm sie sie stützen, macht den Unterschied im Namen aus; in den Gemeinschaften nämlich, die eine ‚monarchische‘ Staatsorganisation haben, ist es schon längst zuvor Sitte geworden, sie mit dem rechten Arm zu stützen, und deshalb heißen solche Typen in solchen Gemeinschaften ‚Aristokraten'. Und in den Gemeinschaften, in denen es eine ‚republikanische' Staatsorganisation gibt, stützt man sie mit dem linken Arm und deshalb heißen sie ‚Zevrokraten'.

„In bezug auf eine ähnliche Unterscheidung der irdischen Wesen durch Namen fällt mir noch ein anderer bemerkenswerter Ausspruch unseres weisen Mulla-Nassr-Eddin ein, den er mir einmal selbst persönlich sagte.

„Wir sprachen einmal über den Unterschied in Gerichtsverfahren und Urteilssprüchen zwischen den türkischen und persischen Kadis, das heißt Richtern, und er sagte damals betreffs der Gleichheit ihrer Gerechtigkeit:

„ ‚Ach, mein teurer Freund! Gibt es irgendwo auf der Erde so etwas wie eine weise gesetzliche Untersuchung von Menschenschuld?

„ ‚Die Kadis sind überall gleich, nur ihre Namen sind verschieden. In Persien heißen sie persisch, in der Türkei türkisch.

„ ‚Und es ist wie überall auf der Erde, die Esel sind gleich und nur verschieden benannt.

„ ‚So heißen zum Beispiel die Arten von Eseln, die im Kaukasus vorkommen, ‚karabachnisch', und ganz dieselbe Art von Eseln, wenn sie in Turkestan vorkommen, heißen ‚khorassanisch'.'

„Dieser weise Ausspruch prägte sich danach für immer meinem Gehirn ein, und während meiner Existenz auf deinem Planeten erinnerte ich mich immer wieder daran, sooft ich einen Vergleich zu machen hatte.

„Daß sein Name für immer auf jenem Planeten gepriesen werde, wo er entstand und sich bildete!

„Also, mein Junge, ich wiederhole noch einmal: wenn du aus irgendeinem Grund auf ihrem Planeten sein mußt, so vergiß niemals, daß die Schwäche, von der ich sprach, am stärksten in den gewöhnlichen ‚Intelligenzischen' dort entwickelt ist und in denen, die gewöhnlich von ihnen abstammen und zu der einen oder anderen der aufgezählten Kasten gehören, deren Namen in ‚Krat' enden.

„Doch nun, mein Junge, laß uns nach dieser Abschweifung, die ich zu deinem praktischen Nutzen gemacht habe, wieder zu der schon berührten ernsten Frage zurückkehren; ich werde mit der Geschichte beginnen, die ich dir darüber zu erzählen versprach und die berichtet, wie die Gesellschaft irdischer Wesen, die als Motto ‚Die Erde ist für alle da' hatte, entstand und verging. Die Kunde davon wird dir nämlich die Möglichkeit geben, gerade jene erste und Hauptursache gut zu verstehen, warum dort auf deinem Planeten dieser schreckliche Prozeß des periodischen gegenseitigen Vernichtens durch diese unglücklichen dreihirnigen Wesen unseres großen Megalokosmos schon fast unvermeidlich vor sich gehen muß.

„Und ferner wirst du erfahren, wie sozusagen die lokale Natur — wenn etwas Unvorhergesehenes ihr richtiges Funktionieren für die Zwecke des all-kosmischen Trogoautoegokraten hindert — sich so anpaßt, daß ihre Resultate der Harmonie dieses allergrößten kosmischen Gesetzes entsprechen.

„Die besagte Gesellschaft irdischer Menschenwesen entstand, wie ich dir schon gesagt habe, vor sechs oder sieben Jahrhunderten auf dem Kontinent Asien in einer Stadt, die damals unter dem Namen ‚Mosulopolis' existierte.

„Und sie entstand aus folgendem Grund:

„Gerade in jener Periode gingen jene Prozesse, die ich erwähnte, besonders häufig gerade auf jenem Kontinent vor sich.

„Diese Prozesse fanden teilweise zwischen verschiedenen Gemeinschaften statt und teilweise innerhalb dieser Gemeinschaften selbst, und diese letzteren Prozesse nannte man später ‚Bürgerkriege'.

„Eine der Hauptursachen dieser schrecklichen Prozesse, die sich zwischen und innerhalb der Gemeinschaften auf dem Kontinent Asien häuften, war zu jener Zeit eine erst vor kurzem gebildete Religion, die irgendwie phantastisch auf den Lehren eines echten Gesandten unseres UNENDLICHEN — des heiligen Mohammed — aufgebaut worden war.

„Die besagte Gesellschaft wurde damals zuerst von den Brüdern der Bruderschaft gegründet, die damals in Zentralasien unter dem Namen ,Vereinigung-der-Erleuchteten' existierte.

„Es muß hier gesagt werden, daß die Brüder dieser Bruderschaft in jener Zeit Wesen waren, die von den anderen dreihirnigen Wesen fast ihres ganzen Planeten sehr verehrt wurden, weshalb diese Bruderschaft manchmal auch ,die-Vereinigung-aller-auf-Erden-lebenden-Heiligen' genannt wurde.

„Diese Bruderschaft dreihirniger irdischer Wesen hatte sich schon lange zuvor aus solchen Wesen gebildet, die auch in sich die Folgen der Eigenschaften des Organs Kundabuffer gehabt hatten und sich zusammengeschlossenhatten, um gemeinsam an ihrer Befreiung von diesen Eigenschaften zu arbeiten.

„Und als auf ihrem Kontinent Asien diese schrecklichen ,Prozesse-gegenseitigen-Vernichtens' schon zu häufig wurden, entschlossen sich einige Brüder eben der besagten Bruderschaft, mit dem höchst ehrwürdigen Bruder Olmantabur an der Spitze, zum erstenmal zu versuchen, ob es nicht möglich sei, auf irgendeine Weise, wenn auch nicht die vollständige Abschaffung dieses schrecklichen auf ihrem Planeten vor sich gehenden Phänomens zu erreichen, so doch wenigstens dieses himmelschreiende Übel zu verringern.

„Zur Ausführung dieses Entschlusses besuchten sie dann verschiedene Länder auf dem Kontinent Asien und predigten überall sehr ,eindrucksvoll' das überaus Verbrecherische und die Sünde dieser Handlungen der Menschen, und auf diese Weise fanden sie viele Leute, die ernsthaft mit ihnen übereinstimmten.

„Und als Folge all ihrer unparteiischen und wahrhaft philantropischen Bemühungen bildete sich in der Stadt Mosulopolis die besagte große und ernste Gesellschaft von Menschenwesen unter dem Titel: ‚Die Erde ist für alle da'.

„Schon gleich von Anfang an verwirklichten die Mitglieder dieser Gesellschaft von Menschenwesen zu diesem Zweck viele Dinge, die keine anderen Wesen der Erde weder zuvor noch danach zu verwirklichen fähig waren.

„Und sie waren nur deshalb fähig, dies zu tun, weil das Programm selbst gleich von Anfang an — was seine Verwirklichung in den dort bestehenden Verhältnissen betrifft — sehr gut angelegt war.

„Unter anderem war in diesem grundlegenden Programm dieser Gesellschaft geplant, allmählich in einer solchen Richtung zu handeln, die sie befähigen würde, die folgenden Resultate zu erzielen: erstens die Verwirklichung einer allgemeinen Religion für alle Wesen des Kontinents Asien, die sie auf die Lehre der Sekte der sogenannten ‚Parsis' aufbauen wollten, mit nur einer geringen Veränderung; zweitens eine allgemeine Sprache, und zu dieser allgemeinen Sprache wollten sie die sogenannte ‚turkomanische' Sprache machen, die älteste auf dem Kontinent Asien, deren Wurzeln schon in sehr viele asiatische Sprachen eingedrungen waren.

„Und drittens war in diesem grundlegenden Programm dieser Gesellschaft vorgesehen, schließlich die Organisation einer Haupt- und grundlegenden Regierung für alle Länder Asiens unter dem Namen der ‚Rat-der-Ältesten' im Innern Asiens, nämlich in der Stadt ‚Margalan', der Hauptstadt der sogenannten ‚ferganischen Khanate', zustande zu bringen, wobei die Mitglieder dieses Rates ehrenwerte Wesen aus allen asiatischen Gemeinschaften sein sollten.

„Sie mußte so genannt werden, weil nur die ältesten und wirklich verdienstvollen Wesen daran teilnehmen konnten.

„Nach ihrer Auffassung können nur solche Wesen ihres Planeten unparteiisch und gerecht zu den übrigen Wesen der Erde sein, ohne Anbetracht der Religion und Nationalität, der sie angehören.

„Unter den Wesen dieser damaligen Gesellschaft in der Stadt Mosulopolis befanden sich Wesen aus fast allen asiatischen Gemeinschaften.

„Unter ihnen waren, was man nennt, ‚Mongolen‘, ‚Araber‘, ‚Kirgisen‘ und ‚Georgier‘, ‚Kleinrussen‘ und ‚Tamilen‘ und sogar der persönliche Vertreter des damals berühmten Eroberers Tamerlan.

„Durch ihre intensive und tatsächlich unparteiische Tätigkeit verringerten sich die bis dahin wachsenden Kriege und Bürgerkriege auf dem Kontinent Asien allmählich, und man erwartete, daß noch viel anderes Gute zu diesem gleichen Ziel getan werde.

„Aber gerade dann ereignete sich etwas, was den Zusammenbruch auch dieser Gesellschaft wirksamer Menschenwesen jenes unvergleichlichen Planeten verursachte.

„Alles Weitere ereignete sich durch den Einfluß eines damals sehr berühmten Philosophen Attarnach und seiner Theorie, die er in einer Abhandlung darlegte unter dem Titel: ‚Warum-Kriege-auf-Erden-vorkommen‘

„Als dieser Philosoph unter den Mitgliedern dieser Gesellschaft erschien, verwirrten sich alle ihre Begriffe.

„Ich kenne die Geschichte eben dieses Philosophen Attarnach, weil bei meinem Studium von immer denselben Folgen der Schöpfungen des Sehr Heiligen Aschiata Schiämasch es für mich nötig wurde, Eingehendes auch über seine Tätigkeit zu erfahren sowie natürlich über ihn selbst.

„Dieser Philosoph Attarnach wurde in jener gleichen Stadt Mosulopolis geboren, in einer Familie der sogenannten ‚Kurden‘.

„Als er verantwortliches Alter erreichte, wurde er — für den Planeten Erde — ein sehr großer Gelehrter.

„Gleich am Anfang studierte eben dieser Kurde Attarnach viele Erdenjahre lang mit großer Ausdauer alle möglichen Fragen, die ihm eine Antwort auf die Frage zu geben schienen, was überhaupt der Sinn der Existenz der Menschen sei, und beim Studium dieser Fragen scheint es, daß ihm irgendwie ein sehr altes, aber wohlerhaltenes sogenanntes ‚sumerisches' Manuskript in die Hände fiel.

„Dieses Manuskript war wohlerhalten, weil es mit dem Blut des Wesens ‚Schirman' auf den Häuten von Schlangenwesen, die man ‚Kalianjesch' nennt, aufgezeichnet worden war.

„Wie meine Nachforschungen mir klarmachten, war der von irgendeinem früheren Wesen aufgezeichnete Inhalt dieses Manuskriptes höchst interessant für den Philosophen Attarnach, dem besonders jene Stelle des Manuskripts in die Augen stach, wo, wie dieses gelehrte Wesen des Altertums es annahm, gesagt war:

„‚Aller Wahrscheinlichkeit nach existieren in der Welt Gesetze der gegenseitigen Erhaltung von allem, was existiert.

„‚Offenbar dient auch unser Leben zur Erhaltung von etwas Großem oder Kleinem in der Welt.'

„Diese Idee, die in dem alten Manuskript ausgedrückt war, fesselte den Philosophen Attarnach so, daß er sich danach ganz und ungeteilt dem Studium nur dieses Aspektes jener Frage widmete, die ihn interessiert hatte.

„Diese Idee diente als Grundlage für seine ganze weitere glaubwürdige Theorie, die er nach eingehenden jahrelangen Nachforschungen und mühsamen experimentellen Bestätigungen seiner eigenen Schlüsse in seinem Hauptwerk unter dem Titel darlegte: ‚Warum-Kriege-auf-Erden-vorkommen'.

„Ich lernte auch diese Theorie von ihm kennen.

„Sie kam der Wirklichkeit tatsächlich sehr nahe.

„Alle Annahmen dieses Kurden Attarnach kamen dem großen kosmischen Grundgesetz Trogoautoegokrat sehr nahe, das im Weltall existiert und das ich dir mehr oder weniger eingehend erklärte, als ich dir über den heiligen Planeten Fegefeuer sprach.

„In dieser Theorie des Philosophen Attarnach war sehr deutlich bewiesen, daß es in der Welt ohne jeden Zweifel ein Gesetz der ‚gegenseitigen-Erhaltung-alles-Existierenden' gibt und daß dieser gegenseitigen Erhaltung auch bestimmte chemische Stoffe dienen, mit deren Hilfe der Prozeß der Vergeistigung von Wesen, das heißt ‚Leben', vor sich geht, und daß diese chemischen Stoffe der Erhaltung von allem, was existiert, erst dienen, nachdem das gegebene Leben aufgehört hat, das heißt nach dem Tod eines Wesens.

„Durch sehr viele aufklärende logische Gegenüberstellungen war auch in der Theorie Attarnachs vollends bewiesen, daß sich zu bestimmten Perioden unvermeidlich auf der Erde eine bestimmte Anzahl von Toden ereignen muß, die insgesamt Vibrationen ‚eines bestimmten Stärkegrades' freimachen.

„Als einmal auf einer allgemeinen Versammlung der Mitgliederwesen dieser Gesellschaft ‚Die Erde ist für alle da' dieses keineswegs gewöhnliche irdische dreihirnige Wesen, das zugleich der durch Wahl bestimmte Vertreter der ganzen Bevölkerung des Landes namens ‚Kurdistan' war, seine Theorie sehr beredt und eingehend auf die Bitte der anderen Mitglieder hin darlegte, entstand große Verwirrung und Aufregung unter den Mitgliedern dieser Gesellschaft.

„Sie waren so von seiner Idee gepackt, daß zuerst für geraume Zeit eine, wie man dort sagt, ‚Grabesstille' unter ihnen herrschte und sich keiner, starr vor Erstaunen, auch nur rühren konnte. Und erst nach einiger Zeit ging ein großer Lärm und Spektakel unter ihnen los, als ob ihre Lebensrettung von dem Grad ihrer Aufregung und ihrer äußeren Manifestation abhinge.

„Das Resultat von allem war, daß sie spät am Abend des gleichen Tages einstimmig beschlossen, aus ihrer Mitte verschiedene gelehrte Wesen auszuwählen, die gemeinsam die Einzelheiten von Attarnachs Theorie, die sie so gepackt hatte, gründlich erforschen und darauf einen eingehenden Bericht darüber an die allgemeine Versammlung abgeben sollten.

„Gleich vom nächsten Tag an machten sich diese durch Wahl bestimmten gelehrten Mitglieder der Gesellschaft ‚Die Erde ist für alle da' sehr ernstlich an die Arbeit, um sich mit der Theorie dieses Attarnach vertraut zu machen.

„Aber zum Unglück aller dreihirnigen Wesen zukünftiger Zeiten, die auf diesem unseligen Planeten entstehen, stellte es sich heraus, daß, obgleich all diese durch Wahl bestimmten gelehrten Wesen auch schon in vorgerücktem Alter waren und jene boshaften Funktionen, die in den Wesen der Erde ihr Sein sozusagen ‚eifersüchtig' und ‚neidisch' machen, schon fast in ihnen atrophiert waren, doch einige von ihnen aus verschiedenen Gründen, hauptsächlich durch ihre anomale Erziehung, wie es scheint, noch nicht genug Gründe erworben hatten, um von der Nichtrealisierbarkeit ihrer Träume — die sie ihrer berüchtigten anomalen Erziehung verdankten — überzeugt zu sein, was zum Resultat hatte, daß sie noch nicht genügend enttäuscht waren, um völlig unparteiisch und gerecht sein zu können.

„Folglich gerieten sie von jenem Tag an, als sie mit den Einzelheiten dieser erstaunlichen Theorie bekannt wurden, langsam in den Zustand, der typisch für die Wesen der Erde ist, das heißt sie vergaßen nach und nach die außerordentliche Hypothese, die in jener Theorie erwähnt war und die sie so betroffen hatte, und kehrten langsam, wie es dreihirnigen Wesen dort eigen geworden ist, zu ihren früheren typisch subjektiven und deshalb immer wandlungsfähigen Überzeugungen zurück und spalteten sich sofort in zwei entgegengesetzte Parteien.

„Einige von ihnen begannen ohne jede logische Kritik die in dieser Theorie aufgestellten Hypothesen auf guten Glauben hin anzunehmen, andere jedoch versäumten nicht, wie es den meisten gelehrten Wesen der Erde im allgemeinen eigen ist, genau das Gegenteil von diesen Hypothesen zu behaupten und zu beweisen, und als Resultat von all dem arbeiteten sie sich in einen Zustand von Feindseligkeit hinein, nicht nur gegen die Theorie Attarnachs, sondern auch gegen ihn persönlich.

„Kurzum, mein Junge, statt daß diese gelehrten Mitglieder, die gewählt worden waren, um die Theorie Attarnachs eingehend zu studieren, den anderen Mitgliedern ihrer Gesellschaft halfen, aus ihrer Verwirrung und Aufregung herauszukommen, und sich untereinander einigten, brachten sie noch mehr Verwirrung in ihre Begriffe, und allmählich entstanden im allgemeinen Bestand jedes einzelnen Mitgliedes dieser ernsten Gesellschaft automatisch Gegebenheiten für zwei völlig entgegengesetzte Überzeugungen.

„Die erste dieser Überzeugungen war, daß alles genau nach der Theorie des Philosophen Attarnach vor sich geht, was besagen will, daß es periodisch unbedingt ‚Kriege‘ und ‚Bürgerkriege‘ auf der Erde geben muß, ganz unabhängig vom persönlichen Bewußtsein der Menschen, und die zweite Überzeugung war die, die alle Mitglieder jener Gesellschaft schon zuvor gehabt hatten, nämlich daß, wenn es ihnen gelänge, das Programm, das ihre Gesellschaft sich vorgenommen hatte, durchzuführen, dieses Unglück, das auf ihrem Planeten geschieht, mit Haut und Haar ausgerottet werden und dann alles in einer wünschenswerten Weise vor sich gehen könne.

„Gerade von dieser Zeit an entstanden Diskussionen, Streitigkeiten und Unruhen unter den Mitgliedern jener Gesellschaft, und auch in diesem Falle geschah allmählich, was ich schon oft erwähnte und was schon längst zuvor im allgemeinen dort üblich geworden ist, nämlich jene Streitigkeiten und Unruhen verbreiteten sich langsam auch unter den gewöhnlichen dortigen Wesen, in diesem Fall unter den Bürgern der Stadt ‚Mosulopolis‘, und waren ein Anlaß zur Aufreizung ihrer anomalen Psyche.

„Und ich weiß nicht, wie all das geendet hätte, wenn nicht die Brüder der Gesellschaft ‚Vereinigung-der-Erleuchteten‘ gerade dann dort angekommen wären und sich nicht in diese Angelegenheit gemischt hätten.

„Dank ihres Einflusses beruhigten sich allmählich alle Mitglieder dieser ernsten Gesellschaft und begannen von neuem, friedlich und ernst nachzudenken und zu überlegen, was in der Zukunft zu tun sei.

„Das Ergebnis all ihrer ernsten Überlegungen und ihres Nachdenkens war, daß sie einstimmig Attarnach zu ihrem Hauptleiter erwählten und ihn baten, ihnen zu helfen, einen Ausweg aus dieser Lage zu finden ...

„Nach verschiedenen Zusammenkünften, die schon von dem Kurden-Philosophen Attarnach selbst geleitet wurden, kam man einstimmig zu folgendem kategorischen Schluß:

„ ‚Nach den Gesetzen der Natur müssen periodisch immer auf der Erde, unabhängig vom Willen der Menschen, ‚Kriege‘ und Bürgerkriege‘ vor sich gehen und dies, weil in bestimmten Perioden eine größere Anzahl von Toden für die Natur nötig ist. In Hinsicht darauf sind wir alle mit viel Kummer, aber mit unausbleiblicher innerer Ergebung gezwungen zuzugeben, daß es durch keine geistigen Entscheidungen der Menschen möglich ist, das Blutvergießen zwischen Staaten und innerhalb von Staaten abzuschaffen, und deshalb kamen wir einstimmig überein, alle laufenden Angelegenheiten und alles, was die Gesellschaft tat, aufzuheben und uns dann unbedingt nach Hause zu begeben und dort unsere unentrinnbare Lebensbürde weiterzuschleppen'.

„Es war erst, nachdem diese kategorische Resolution gefaßt worden war und alle Mitglieder ohne Ausnahme jener wirklich ernsten Gesellschaft sich schon entschlossen hatten, noch am gleichen Tage die volle Liquidation all ihrer Angelegenheiten zu vollziehen, daß jener, der dortigen Meinung nach wahrhaft gelehrte, wenn auch sehr stolze und sich selbst liebende Kurde Attarnach das Rednerpult bestieg und folgendes sagte:

„‚Meine ehrenwerten Kollegen!

„‚Ich bin sehr aufrichtig betrübt, daß ich unbeabsichtigt die Ursache der Auflösung dieses großen philantropischen Unternehmens gewesen bin, an das ihr, die Ehrenwertesten und Weisesten aus allen Ländern der Erde, mehrere Jahre lang mehr unparteiische und selbstlose Bemühungen gewendet habt, als jemals Menschen der Erde fähig waren für andere aufzubringen und jemals wieder aufbringen werden, das heißt für Menschen, die ihnen ganz unbekannt und gleichgültig sind.

„‚Ihr habt euch mehrere Jahre lang unaufhörlich bemüht, das größtmögliche Wohl für die Massen zu erreichen, und obgleich auch ich viele Jahre lang an meiner Theorie gearbeitet habe und auch für mir ganz unbekannte Leute, so ist sie doch nichtsdestoweniger zur Ursache der Vereitelung eurer unermüdlichen Bemühungen und wohlwollenden Bestrebungen geworden.

„‚Das Bewußtsein, daß ich, wie es scheint, an all den Mißverständnissen, die unter euch entstanden sind, schuld bin, hat mir in den letzten Tagen keine Ruhe gelassen, und ich habe die ganze Zeit darüber nachgedacht und überlegt, ob es nicht möglich sei, irgendwie meinen unfreiwilligen Fehler gutzumachen.

„‚Und somit, weise, von der ganzen Welt erwählte

Kollegen, will ich euch den endgültigen Schluß mitteilen, zu dem ich durch meine Überlegungen gekommen bin.

„ ‚Wenn die universellen Gesetze, die ich entdeckt habe, den Mitteln und Wegen entgegengesetzt sind, von denen ihr erwartet, daß sie der Menschheit ein gewisses Glück bringen könnten, so, wie seltsam dies euch auf den ersten Blick auch scheinen mag, könnten diese selben Gesetze, wenn sie nur anders angewandt würden, zur Erreichung dieses Zieles, das wir uns gesetzt haben, dienen.

„ ‚Hört nun, was wir tun müssen, um dieses Ziel zu erreichen. Die Resultate all meiner Nachforschungen beweisen klar, daß die Natur in gewissen Perioden eine bestimmte Anzahl von Toden von der Erde fordert und gleichzeitig ist es mir gelungen klarzumachen, daß es für die Bedürfnisse der Natur ganz gleich ist, was für Tode dies sind, ob der Tod von Menschen oder der Tod von Leben anderer Formen von Wesen.

„ ‚Daraus folgt direkt, daß, wenn die Anzahl der von der Natur geforderten Toden aus den Toden anderer Formen von Leben der Erde bestehen kann, dann offensichtlich das Bedürfnis für die Anzahl der Tode der Menschen damit von selbst entsprechend verringert werden kann.

„ ‚Und es ist durchaus möglich, dies dadurch zu erreichen, daß alle Mitglieder unserer Gesellschaft mit der gleichen Intensität weiterarbeiten, jedoch nicht, um unser früheres Programm zu verwirklichen, sondern um auf der Erde in größerem Maßstab als zuvor die alte Sitte der Menschen neu zu beleben, ihren Göttern und Heiligen Opfer darzubringen, indem sie das Leben von Wesen anderer Formen vernichten.‘

„Als dieser stolze Kurde mit seiner Rede zu Ende war, entstand unter den Mitgliedern der Gesellschaft ‚Die Erde ist für alle da‘ Erstaunen und Erregung, nicht geringer als damals, als er seine berühmte Theorie zum erstenmal dargelegt hatte.

„Für fast drei Tage und drei Nächte nach diesem denkwürdigen Tag gingen sie kaum auseinander, sondern es war in den Hallen, die dieser all-planetischen Gesellschaft von Menschenwesen von den Bürgern von Mosulopolis zur Verfügung gestellt worden waren, ein dauerndes Hin und Her von Diskussionen und Beratungen; am vierten Tag schließlich wurde eine offizielle allgemeine Versammlung einberufen, in der mit allgemeiner Übereinstimmung die Resolution gefaßt wurde, in Zukunft alles genau so zu tun, wie es von dem großen Kurden, dem Philosophen Attarnach, angegeben würde.

„An diesem gleichen Tag wurde der Name jener Gesellschaft geändert.

„Einige Tage später zerstreuten sich die Mitglieder jener Gesellschaft, die jetzt unter dem neuen Motto existierte ‚Die-Erde-dem-Menschen-allein‘, von der Stadt Mosulopolis in ihre Heimatländer, wo sie unter den allgemeinen Richtlinien, die der Philosoph Attarnach angab, so handelten, daß unter der Bevölkerung des Kontinents Asien sich die Idee verstärkte und wieder Wurzel faßte, daß sie sich bei ihren Göttern und Götzen ‚angenehm‘ machen, wenn sie Wesen anderer Formen töteten.

„Und als sie später begannen, dieses neue Programm in die Tat umzusetzen, bürgerte sich tatsächlich unter den Wesen überall auf dem Kontinent Asien die Sitte wieder ein, ihren eingebildeten Heiligen durch die Vernichtung der Existenz verschiedener schwacher und dummer einhirniger und zweihirniger Wesen Opfer darzubringen.

„Gleich von Anfang an verwirklichten die Mitglieder dieser neuen Gesellschaft ‚Die-Erde-dem-Menschen-allein‘ ihre Aufgabe zum größten Teil durch die sogenannte ‚Geistlichkeit‘ jener Religion, die auf den Lehren des heiligen Mohammed beruhte und die in jener Periode sehr weit auf dem ganzen Kontinent Asien verbreitet war.

„Und diese Sitte wurde diesmal in einem größeren

Maßstab angenommen als damals, als ich auf Befehl des Engels Luisos nach dort hinabgekommen war, um mein Bestes zu tun, um jene Sitte unter den dreihirnigen Wesen dort zu vernichten, die damals Seiner Gemäßheit sehr unwünschenswert für kosmische Erscheinungen größeren Maßstabs schien, weil während all dieser Zeit die Zahl deiner Lieblinge sehr zugenommen hatte und folglich auch die Zahl derer, die darauf aus waren, ihren phantastischen Götzen Vergnügen zu machen.

„Die Vernichtung der Existenz anderer Formen von Wesen wurde dort nicht nur privatim in ihren Häusern und Familien wieder aufgenommen, sondern auch öffentlich auf besonderen Plätzen.

„Diesmal aber hingen diese besonderen Plätze in gewisser Hinsicht hauptsächlich mit der Erinnerung an den heiligen Mohammed und denen um ihn herum zusammen.

„Die Zahl der Schlachtungen nahm dort von Jahr zu Jahr in einem solchen Maße zu, daß schon nach ein paar Jahrhunderten nach der Entstehung der Gesellschaft ‚Die-Erde-dem-Menschen-allein' sie im Laufe eines ihrer Jahre auf einem einzigen Platz allein hunderttausend solcher Wesen betrug, die sie auch in früheren Zeiten geopfert hatten, nämlich ‚Ochsen', ‚Schafe', ‚Kamele' und so weiter.

„In den letzten zwei Jahrhunderten waren die Städte ‚Mekka' und ‚Medina' in Arabien solch besonders gewürdigte und bevorzugte Lieblingsplätze, ferner die Stadt ‚Meschhed' in der Gegend namens Bagdad, in der Umgebung von ‚Jeninischlak' in Turkestan und in verschiedenen anderen . . . Mit einem Wort, auf dem Kontinent Asien floß wieder ‚Blut in Strömen'.

„Diese Opferdarbringungen waren am häufigsten während der mohammedanischen Feste, die ‚Bairam' und ‚Gurban' hießen und ebenfalls bei den christlichen Festen, die dort unter den Namen ‚Fastnacht', ‚St.-Georgs-Tag' und so weiter gefeiert werden.

„Später, mein Junge, als in dieser Weise durch die großen Anstrengungen der Mitglieder der Gesellschaft ‚Die-Erde-dem-Menschen-allein' den dreihirnigen Wesen dort wieder eine solche Anomalität eingepflanzt worden war, fanden ihre schrecklichen Prozesse gegeneinander dort tatsächlich seltener statt und in kleinerem Umfang, und dadurch verminderte sich die sporadisch relativ große sogenannte ‚Sterblichkeit', aber die allgemeine ‚Sterblichkeit' der dreihirnigen Wesen wurde dadurch nicht nur nicht vermindert, sondern sogar vermehrt, da durch die andauernd anwachsende Verschlechterung ihrer Seins-Existenz und folglich die Verschlechterung der Qualität der ausstrahlenden Vibrationen ihres Bestandes in dem von ihnen von der Natur geforderten Existenzprozeß ihre Existenzdauer noch weiter verringert wurde und auf der anderen Seite ihre sogenannte ‚Geburtenziffer' noch zunahm.

„Und so ging es weiter bis zu der Zeit, als ein berühmter Assadullah Ibrahim Ogly, ein persischer Derwisch, der auf diesem gleichen Planeten entstanden war und sich in ein verantwortliches Wesen dort gebildet hatte, diesem allem eine neue Richtung gab.

„Der Derwisch Assadullah Ibrahim Ogly begann seine Tätigkeit dort erst vor einigen dreißig oder vierzig irdischen Jahren.

„Da er ein Fanatiker der mohammedanischen Religion war, ohne jenes ernste und tiefgründige Wissen, das der Kurde Attarnach besaß, sah er in der Sitte der Opferdarbringungen nur schreckliche Ungerechtigkeit seitens der Menschen den Wesen anderer Formen gegenüber und setzte sich zum Ziel seiner Existenz, die Vernichtung dieser seiner Meinung nach antireligiösen Sitte um jeden Preis zu erreichen.

„Er wanderte von jener Zeit an auf dem Kontinent Asien hauptsächlich durch solche Länder, wo die Mehrzahl der dreihirnigen Wesen Anhänger der mohammedanischen Religion war, und arbeitete hauptsächlich durch Derwische, wie er selbst einer war, die es in fast allen Gemeinschaften dort auf dem Kontinent Asien gibt.

„Dieser erfinderische und energische persische Derwisch Assadullah Ibrahim Ogly überzeugte allerorts sehr geschickt diese anderen Derwische von der ‚Wahrheit‘ seiner Idee und diese wiederum überzeugten überall die gewöhnlichen Wesen des Kontinents Asien davon, daß die Vernichtung der Existenz von Wesen anderer Formen nicht nur Gott nicht gefällt, sondern daß die Vernichter sogar dafür ‚in-einer-anderen-Welt‘ in der Hölle eine doppelte Strafe abzahlen müssen, eine für ihre eigenen sogenannten ‚Sünden‘ und eine für die ‚Sünden‘ der Wesen, die sie vernichten, und so weiter.

„Und durch Predigten dieser Art über die ‚andere-Welt‘ durch Derwische, die als große Autoritäten in diesen Fragen galten, verringerten die Wesen Asiens tatsächlich von Jahr zu Jahr ihre Opferdarbringungen.

„Kurzum, das Resultat der ganzen Tätigkeit dieses ‚guten‘ persischen Derwischs war eben der letzte große Prozeß gegenseitigen Vernichtens oder, wie deine Lieblinge ihn nennen, der große ‚Weltkrieg‘.

„Also, mein Junge, obgleich die Hypothesen, die in der Theorie jenes ungewöhnlich gelehrten Kurden Attarnach dargelegt waren, der Wirklichkeit sehr nahe kamen, so verstand er trotzdem keineswegs, was das Allerwichtigste dabei war, nämlich, daß die Vibrationen, die die Natur nötig hat und die aus den Ausstrahlungen der Wesen sowohl während ihrer Existenz als von dem Prozeß ihres Raskuarno gebildet werden müssen, keine Bedeutung quantitativ haben, sondern nur qualitativ

„Es ist möglich, daß der Kurde Attarnach, da er ein ungewöhnliches irdisches Wesen war, auch dies noch verstanden hätte, wenn er die Einzelheiten der Resultate gekannt hätte, die erzielt wurden, als sich jene Verhältnisse der Seins-Existenz schon mehr oder weniger auf diesem Planeten einbürgerten, die eigens für die dort entstehenden dreihirnigen Wesen durch die sehr heilige Arbeit des ‚das-Wesen-Liebenden' Sehr Heiligen Aschiata Schiämasch geschaffen worden waren.

„In jener besagten Periode begann nicht nur die Ziffer ihrer ‚Sterblichkeit' zu fallen, sondern ebenfalls das, was sie ihre ‚Geburtenziffer' nennen.

„Ihre ‚Geburtenziffer' fiel, weil — als die dreihirnigen Wesen dort schon mehr oder weniger so existierten, wie es dreizentrischen Wesen zukommt und die von ihnen kommenden Ausstrahlungen Vibrationen ergaben, die besser den Vibrationen entsprachen, die von der Natur von ihnen gefordert werden, sowohl für den allergrößten all-kosmischen Trogoautoegokraten im allgemeinen als auch zur Erhaltung des ‚Mondes' und ‚Anulios' im besonderen — sich dann die Große Natur der Verringerung ihrer Geburtenziffer anpaßte, um so mehr als in der letzten Zeit das Bedürfnis für die besagten Vibrationen zur Erhaltung der Existenz des Trabanten ‚Mond' verringert war.

„Dieser Aspekt der grundlegenden Frage betreffs der Bedeutung des Sinnes und Zieles der Existenz deiner Lieblinge ist so wichtig zum Verständnis von sehr vielem, das dort auf der Erde vor sich geht, und übrigens auch der Frage, die an die Ursache von Kriegen rührt, daß ich es für nötig halte, noch einmal darauf zurückzukommen.

„Ich erfuhr zuerst, daß die Bestimmung der Wesen, die auf deinem Planeten entstehen, hauptsächlich darin besteht, durch den Prozeß ihrer Existenz die Vibrationen auszuarbeiten, die von der Natur zur Erhaltung jener früheren Teile des Planeten, die jetzt ‚Mond' und ‚Anulios' heißen, nötig waren, als, erinnerst du dich, ich würdig wurde, mich zum zweitenmal persönlich mit Seiner Gemäßheit, dem damaligen Engel und jetzt schon Erzengel Luisos zu unterhalten.

„Seine Gemäßheit sagte mir damals, daß, obgleich die Bewegungen der beiden früheren Teile des Planeten Erde jetzt schon endgültig mit der allgemeinen Harmonie der Bewegung in Übereinstimmung gebracht worden war und jede Art von Besorgnis ob einer möglichen Überraschung in der nächsten Zukunft vollends unnötig sei, so doch zur Vermeidung irgendwelcher Komplikationen in der fernen Zukunft von den allerhöchsten, allerheiligsten Individuen beschlossen worden war, auf dem Planeten das ‚Entsprechende‘ zur Bildung des sogenannten heiligen ‚Askokin‘ zu verwirklichen, damit dieser heilige kosmische Stoff, der zur Erhaltung der früheren Teile jenes Planeten nötig ist, fortwährend von jenem Planeten ausgehen solle.

„Und ferner erklärte Seine Hoheit, daß dieser kosmische Stoff, das heilige ‚Askokin‘ im allgemeinen im Weltall hauptsächlich verschmolzen mit den heiligen Substanzen ‚Abrustdonis‘ und ‚Helkdonis‘ vorkommt und ferner, daß dieser heilige Stoff ‚Askokin‘ — um im Sinne einer solchen Erhaltung verlebendigend zu werden — zuerst von den besagten heiligen Stoffen ‚Abrustdonis‘ und ‚Helkdonis‘ befreit werden muß.

„Um die Wahrheit zu gestehen, mein Junge, verstand ich nicht sofort deutlich alles, was er damals sagte, sondern verstand es erst später allmählich, als ich durch mein Studium der kosmischen Grundgesetze erfuhr, daß diese heiligen Stoffe ‚Abrustdonis‘ und ‚Helkdonis‘ eben jene Stoffe sind, durch die sich die höheren Seins-Körper dreihirniger Wesen, nämlich der ‚Kesdschan-Körper‘ und der ‚Seelen-Körper‘, im allgemeinen bilden und vervollkommnen, und als ich erfuhr, daß die Trennung des heiligen ‚Askokin‘ von den besagten heiligen Substanzen im allgemeinen dann vor sich geht, wenn die Wesen, ganz gleich auf welchem Planeten, die heiligen Substanzen ‚Abrustdonis' und ‚Helkdonis' in sich zur Bildung und Vervollkommnung ihrer höheren Körper durch bewußte Bemühungen und absichtliche Leiden umwandeln.

„Und erst, als ich mich für deine Lieblinge interessierte und angefangen hatte, ihre seltsame Psyche zu beobachten und zu studieren, verstand ich schließlich, weshalb sowohl die Große Natur selbst als auch die Allerhöchsten und Allerheiligsten Individuen sich immer geduldig allem anpassen, und so formte sich in mir darüber folgende persönliche Meinung.

„Wenn deine Lieblinge wenigstens darüber geziemend nachdenken und der Natur in dieser Hinsicht ehrlich dienen würden, so würde als Folge davon ihr Seins-Selbstvervollkommnen vielleicht automatisch vor sich gehen, sogar ohne Teilnahme ihres Bewußtseins; und auf jeden Fall würde die arme Natur ihres unseligen Planeten nicht so zu ‚pusten' haben, um der all-kosmischen Harmonie angepaßt zu bleiben.

„Aber zum Unglück für alles, was im Megalokosmos existiert, gibt es in deinen Lieblingen keine Ehrlichkeit, sogar nicht einmal hinsichtlich der Erfüllung ihrer Pflichten gegenüber der Natur, selbst nicht jener Natur, der sie eigentlich ihre Existenz verdanken.

„Was das Fehlen der Ehrlichkeit in deinen Lieblingen hinsichtlich der Erfüllung ihrer Pflicht der Natur gegenüber angeht, so erinnere ich mich gerade an einen sehr weisen Ausspruch unseres unvergleichlichen Lehrers Mulla-Nassr-Eddin, der im gegebenen Falle seinen verborgenen Sinn offenbart.

„Er sagte einmal:

„ ‚Pest und Cholera sind auf jeden Fall weniger gemein als menschliche Ehrlichkeit, da Leute mit einem Gewissen mit ihnen wenigstens in Frieden leben können.'

„Also, mein teurer Hassin, als das instinktive Bedürfnis nach bewußten Bemühungen und absichtlichem Leiden

— das sie brauchen, um in sich die heiligen Stoffe ‚Abrustdonis‘ und ‚Helkdonis‘ aufnehmen und umwandeln zu können, um dadurch das heilige ‚Askokin‘ zur Erhaltung von Mond und Anulios zu befreien — schließlich aus der Psyche deiner Lieblinge verschwunden war, war die Große Natur gezwungen sich einzurichten, um diesen heiligen Stoff durch andere Mittel zu erlangen, und eines dieser Mittel ist eben jener periodische schreckliche Prozeß der ‚gegenseitigen-Vernichtung‘ dort.

„Es ist hier übrigens der Moment, dich zur genauen Bewertung deiner heutigen Lieblinge daran zu erinnern, daß, nachdem die Wirkung des Organs Kundabuffer in den dreihirnigen Wesen deines Planeten vernichtet worden war, die ersten darauffolgenden Generationen sehr bald erfuhren, daß ein bestimmter kosmischer Stoff durch sie umgewandelt werden mußte und daß ihr Mitwirken an dieser Umwandlung eine ihrer Haupt-Seins-Pflichten war.

„Erinnerst du dich, daß ich dir sagte, daß die Wesen des Kontinents Atlantis sogar diese Seins-Pflicht als heilig betrachteten und sie ‚Amarlus‘ nannten, was in ihrer Sprache bedeutete ‚Hilfe-für-den-Mond‘.

„Die dreihirnigen Wesen des Kontinents Atlantis jener Periode, der Periode nämlich, die damals ‚Samliosische-Zivilisation‘ hieß, erdachten sogar einige Sitten, die zur Erfüllung jener Seins-Pflichten soviel als möglich beitrugen und befolgten sie sehr streng.

„Die Wesen des Kontinents Atlantis erdachten die Erfüllung dieser zwei Seins-Pflichten sehr weise und dem Zweck entsprechend, nämlich die Pflicht, ihre höheren Körper zu vervollkommnen, und die Pflicht, dem allergrößten kosmischen Trogoautoegokraten zu dienen — indem sie sie in eine vereinten und sie gleichzeitig erfüllten.

„Und diese Vereinigung bewerkstelligten sie in der folgenden Weise:

„In jeder bevölkerten Gegend, und sogar in den einzelnen Distrikten dieser Gegend, errichteten sie je drei sehr umfangreiche, massive, besondere Gebäude.

„Das eine, für die Wesen männlichen Geschlechts, wurde ‚Agurokrostini' genannt.

„Das zweite Gebäude, eigens für die Wesen weiblichen Geschlechts, hieß ‚Gynekochrostini'.

„Und das dritte für solche Wesen, die zum sogenannten ‚Zwischengeschlecht' gehörten, und dieses heilige Gebäude hieß ‚Anoroparionikima'.

„Die zwei ersten dieser umfangreichen Gebäude galten den Wesen des Kontinents Atlantis damals als heilig, und diese Gebäude waren für sie das, was ‚Tempel', ‚Kirchen', ‚Kapellen' und andere heilige Plätze für die heutigen Wesen der Erde sind.

„Als ich zum erstenmal auf jenen Planeten hinabkam und auf dem Kontinent Atlantis war, besuchte ich persönlich einige dieser Gebäude und lernte damals ihren Zweck sehr gut kennen.

„In den Tempeln für die Männerwesen, nämlich in den ‚Agurokrostinis', vollzogen Wesen des männlichen Geschlechts der betreffenden Gegend oder des betreffenden Distrikts der Reihe nach entsprechende ‚Mysterien', dieweil sie in dem besonderen Zustand waren, der genannt wird ‚Seiner-selbst-bewußt-sein'.

„Die Wesen des Kontinents Atlantis hatten die bestimmte Vorstellung, daß Wesen männlichen Geschlechts Quellen aktiver Manifestationen seien, und deshalb gaben sie sich in ihren ‚Agurokrostinis' die ganze Zeit aktiver und bewußter Kontemplation hin und führten in diesem Zustand die entsprechenden heiligen ‚Mysterien' aus, so daß sich in ihnen die heiligen Stoffe ‚Abrustdonis' und ‚Helkdonis' umwandeln sollten.

„Und sie taten dies absichtlich und mit vollem Bewußtsein, damit dieser bestimmte heilige Stoff, der in ihnen frei wird und durch ihre Ausstrahlungen ausgeht zu seiner weiteren Verlebendigung, der aktive Teil jenes heiligen Gesetzes werde, das sie ‚Heilige-Dreifaltigkeit' nannten.

„In den heiligen ‚Gynekochrostinis', die für die Wesen des weiblichen Geschlechts gebaut waren, mußte jedes dieser Wesen während bestimmter Perioden, nämlich jener Perioden, die die heutigen Wesen ‚Menstruation' nennen, die ganze Zeit hindurch bleiben. Und ferner hatten die Frauen, die zugaben, daß sie passive Wesen sind, die ganze Zeit ihres Aufenthaltes hindurch dort nur passiv zu sein, damit die Vibrationen, die von ihren Ausstrahlungen ausgingen, als passiver Teil jenes gleichen heiligen Gesetzes zu ihrer weiteren Verlebendigung dienen sollten.

„Und so verbrachten sie ihre ganze Zeit in diesen ‚Gynekochrostinis' in einem Zustand vollständiger Passivität und versuchten bewußt, an nichts zu denken.

„Im Hinblick auf dieses Ziel bemühten sie sich, keine aktiven Erlebnisse in ihrem monatlichen Zustand zu haben und alles so einzurichten, damit die Assoziationen, die in ihnen flossen, sie nicht daran hinderten, ihre Gedanken die ganze Zeit hindurch darauf zu richten, ihren jetzigen und künftigen Kindern Gutes zu wünschen.

„Und was die dritte Art von Gebäuden der Wesen jener Zeit betrifft, die ‚Anoroparionikima' hießen, so waren sie, wie ich dir schon sagte, für die Wesen des ‚dritten Geschlechts' errichtet, die unser Mulla-Nassr-Eddin ‚Mißverständnisse' nennt; nämlich Wesen, die weder das eine noch das andere sind.

„Unter diesen ‚zwischengeschlechtlichen Wesen' waren Wesen sowohl des männlichen als auch des weiblichen Geschlechts.

„Dies waren Wesen, denen aus verschiedenen Gründen schon die Möglichkeit fehlte, entweder sich selbst zu vervollkommnen oder der Natur zu dienen, sie waren, wie in einem Ausspruch unseres Mulla-Nassr-Eddin gesagt ist,

‚weder eine Kerze für einen Engel noch ein Schüreisen für den Teufel'.

„Jene Wesen des männlichen Geschlechts, die aus irgendeinem Grunde schon vollends der Möglichkeit, je bewußt nachzudenken, beraubt waren, wurden für eine gewisse Zeit in diese Häuser gebracht, und von den Wesen weiblichen Geschlechts tat man die dorthin, die gewöhnlich entweder überhaupt nicht ‚menstruierten' oder in denen diese ‚Menstruation' anomal vor sich ging, und ebenso die, die hinsichtlich ihrer geschlechtlichen Wünsche sich zu bestimmten Zeiten in, wie man dort sagt, ‚Kianeomenis' verwandelten oder, wie unser teurer Mulla sagen würde, in echte ‚Stuten im Frühling'.

„Unter den damaligen Wesen auf dem Kontinent Atlantis war das Erfassen von verschiedenen sehr sonderbaren Symptomen allgemein üblich und an diesen wurden die betreffenden Wesen erkannt und in die ‚Anoroparionikimas' eingesperrt.

„Und diese Symptome waren die folgenden.
1. Wenn ein Wesen allen möglichen ‚Quatsch' glaubte.
2. Wenn ein Wesen anderen etwas beweisen wollte, worüber es selbst nichts wußte oder dessen es nicht sicher war.
3. Wenn ein Wesen sein Ehrenwort nicht hielt oder seinen Schwur mißbrauchte.
4. Und schließlich, wenn sich in einem Wesen Neigungen zeigten, andere auszuspionieren und sich mit ‚Tuksukev' zu beschäftigen.

„Aber das entscheidende Symptom war, wenn sich jene Eigenschaft in ihnen zeigte, die damals ‚Moyusul' hieß und die die heutigen Wesen schon für eine Krankheit halten und Hämorrhoiden nennen.

„In diesen ‚Anoroparionikimas' mußten Wesen dieser Art bleiben und durften sich während der Zeit, die die Wesen um sie herum ihnen anzeigten, nicht von dort rühren; aber sie wurden nicht gezwungen, irgend etwas zu tun, sondern verhielten sich, wie sie wollten. In bezug auf sie gab es nur das eine Bestreben, daß sie mit normalen Wesen der betreffenden Gegend weder zusammenkommen noch mit ihnen sprechen sollten.

„Solche Wesen wurden damals in diesen Gebäuden eingesperrt, weil sie nach den damaligen Vorstellungen während bestimmter Perioden des Monats — ob ihrer verschiedenen Makel — durch ihre Ausstrahlungen störend auf die ruhige und regelmäßige Existenz der Wesen um sie herum wirkten.

„Ja tatsächlich . . . mein teurer Junge . . .

„Die Wesen, die in späteren Perioden auf dem Kontinent Atlantis existierten, hatten schon sehr viele gute Sitten für normale Seins-Existenz; was aber die heutigen Wesen deines Planeten angeht, so kann man sie nur bemitleiden, weil durch das zweite große Unglück, das ihrem unseligen Planeten widerfuhr, der besagte Kontinent mit allem auf ihm in den Planeten einsank, und weil damit auch all jene guten Sitten für die gewöhnliche Existenz verschwanden, die allmählich in langen Jahrhunderten im Prozeß ihrer gewöhnlichen Existenz sich eingebürgert hatten.

„Nach dem Untergang jenes Kontinents Atlantis war diese Sitte im Begriff, noch einmal unter den späteren dreihirnigen Wesen dort neu eingeführt zu werden, nämlich die Sitte, besondere Gebäude für den Prozeß der gewöhnlichen Existenz zu haben, die denen glichen, von denen ich dir soeben sprach.

„Man fühlte aufs neue das Bedürfnis nach solchen besonderen Gebäuden, und sie wurden durch einen sehr verständigen hebräischen König gebaut, der Salomo hieß.

„Und jenes besondere Gebäude, das dieser verständige hebräische König zuallererst baute und das später noch lange unter seinen Untertanen weiterdauerte, hieß ‚Taktschan-nan'.

„Es glich irgendwie dem ‚Gynekochrosti', so wie es in Atlantis existiert hatte; es wurden auch die Wesen weiblichen Geschlechts dort hineingetan, und sie mußten während der ganzen Zeit ihrer ‚Menstruation' darin bleiben.

„König Salomo beeilte sich damals, diese Sitte einzuführen, weil er während seiner weisen Regierung oft feststellte, daß, wenn die Wesen weiblichen Geschlechts den Zustand der ‚Menstruation' durchmachen, ihr Charakter für die Wesen um sie herum, besonders für ihre Ehegatten, nicht nur unerträglich, sondern hinsichtlich der daraus folgenden unbeständigen Beziehungen und ‚Handlungen' mit anderen Wesen ihresgleichen sogar psycho-organisch schädlich wurde, und er beschloß deshalb, ohne Aufschub ein strenges Gesetz für seine Untertanen zu erlassen, demgemäß besondere abgesonderte Gebäude in der Nähe jeder bevölkerten Gegend zwangsweise errichtet werden mußten, in denen die Wesen weiblichen Geschlechts während der ganzen Dauer dieses besagten Zustandes eingesperrt wurden.

„Ich hatte sogar die Gelegenheit, das Gesetz zu lesen, das er erließ. In diesem Gesetz war unter anderem gesagt, daß Frauen während ihrer ‚Menstruation' in geheiligtem Sinne unrein sind und daß es in diesen Perioden für andere und besonders für ihre Ehegatten der höchste Frevel und ein Verbrechen ist, nicht nur sie zu berühren, sondern sogar mit ihnen zu sprechen.

„Eine unreine Kraft oder ein böser Geist fährt in diese Ehegatten und Männer im allgemeinen, die sie in dieser Periode berühren oder auch nur mit ihnen sprechen, und demzufolge gibt es dann unter den Menschen in ihren täglichen Beziehungen und Geschäften nur Mißverständnisse, Streitigkeiten und Feindseligkeit.

„Diese letztere Feststellung des großen ‚Weisen-der-Erde', des Königs Salomo, ist auch heute noch eine unabänderliche Wahrheit.

„Und tatsächlich ist dies auch einer der unzähligen Gründe, weshalb heute in der allgemeinen Verwirrung die gewöhnliche Existenz schon bis zum höchsten Grad sinnlos für die Wesen deines Planeten geworden ist.

„In den heutigen ‚Erdenwesen' des weiblichen Geschlechts nimmt jene spezifische Eigenschaft noch weiter zu, die sie in den letzten Jahrhunderten erwarben und die man ‚Hysterie' nennt, und in diesem Zustand bringen sie die Wesen um sie herum, besonders ihre Ehegatten, dahin, daß die letzteren zu solchen Wesen dort werden, von denen unser großer Mulla-Nassr-Eddin sagt:

„‚Der-Zweck-ihrer-Existenz-ist-Opfer-für-Blutegel-zu-sein'.

„Und es ist tatsächlich nur, weil die heutigen Wesen weiblichen Geschlechts während der Menstruation frei herumlaufen, daß viele heutige Wesen männlichen Geschlechts nicht nur niemals gute und freundliche Beziehungen zu anderen haben können, sondern dadurch sehr häufig echte sogenannte ‚später-es-bereuende-Gotteslästerer' werden. Diese gute Sitte, die der weise König Salomo schuf, dauerte unter dem hebräischen Volk eine beträchtliche Zeit hindurch an und würde sich wohl auch über die ganze Erde verbreitet haben, wenn nicht jene spezifische Eigenschaft der Wesen dort gewesen wäre, von der ich dir auch schon einmal erzählte.

„Als nämlich dieses hebräische Volk, wie es gewöhnlich dort geschieht, seine Größe verloren hatte und von den Wesen anderer Gemeinschaften verachtet und verfolgt wurde, die es durch die Impulse von Eifersucht und Neid all denen gegenüber, die mehr waren als sie, in den Tagen seiner Größe und Macht gehaßt hatten — Impulse, die den dreihirnigen Wesen deines Planeten schon inhärent sind — verachteten die Wesen der anderen Gemeinschaften natürlich auch alle wahrhaft guten Sitten, die dieses Volk gehabt hatte.

„Und deshalb verbreitete sich diese gute Sitte nicht nur nicht weiter, sondern wurde allmählich — auch dank ihrer anderen charakteristischen Eigenschaften, die ich dir schon genügend erklärt habe, nämlich dank der Tatsache, daß dieses hebräische Volk selbst unter den Einfluß anderer Gemeinschaften geraten war, die groß geworden und ihrem Beispiel gefolgt waren — auch diese gute Sitte verachtet und wurde schließlich von ihren eigenen Gründern selbst vollends aufgegeben und vergessen.

„Heutzutage gibt es diese Sitte nur noch in einer sehr kleinen Gemeinschaft in den Bergen des Kaukasus, und sie trägt den Namen ‚Kevsuri‘ und ist eben jenes ‚Kevsuri‘, das viele Wissenschaftler dort nicht schlafen läßt, wegen des Problems des Ursprungs dieser kleinen Gemeinschaft.

„Was das betrifft, daß deine Lieblinge auch die guten Sitten für gewöhnliche Existenz, die es lange auf ihrem Planeten gab und die ihre Ahnen geschaffen hatten, vernichten, so müssen wir, ob wir wollen oder nicht, unser Mitleid mit der armen Natur aussprechen, die sich immer wieder aufs neue anpassen muß.

„Betreffs eines Unglücks dieser Art für ihre Natur hat unser sehr teurer Lehrer, der unvergleichliche Mulla-Nassr-Eddin, auch einige sehr weise Sprüche.

„In solchen Fällen sagte er nämlich manchmal: ‚Ach . . . wenn du Unglück im Leben hast, kannst du sogar von deiner Patin mit Geschlechtskrankheit angesteckt werden . . .‘ oder manchmal sagte er auch:

„ ‚O du unglückliches Geschöpf! Deine Mutter muß, als sie dich gebar, eine armenische Ballade gesungen haben.‘

„Sogar der Vermittler russischer Weisheit, Kusma Prutkoff, hat einen guten Spruch für diesen Fall:

„ ‚Der Unglücklichste unter uns ist der Tannenzapfen, weil jeder Makkar über ihn stolpert.‘

„Ich wiederhole, diese unglückliche Natur des Planeten

Erde muß sich andauernd und ohne sich Ruhe zu gönnen anpassen, um sich immer anders und anders zu manifestieren, um in der all-kosmischen Harmonie zu bleiben.

„Damit du dir vorstellen und gut verstehen kannst, in welcher Weise die unglückliche Natur sich dort so anpaßt, daß dadurch das sogenannte ‚Gleichgewicht der Vibrationen' erzielt werden kann, das dieser Planet für die all-kosmische Harmonie nötig hat, werde ich dir nun noch eine Tatsache erklären, die gerade jetzt, das heißt nach jenem Prozeß, den sie ‚Weltkrieg' nennen, dort verwirklicht wird.

„Nur weil in dem besagten Prozeß sogenannte ‚Giftgase' von den Wesen namens ‚Deutsche' erfunden wurden und sogenannte besonders ‚rasch-feuernde Maschinengewehre' von den Wesen, die ‚Engländer' heißen, war die Zahl der Raskuarnos oder Toden bei dieser Gelegenheit viel, viel höher, als sie von der Natur benötigt wurde oder, wie die Hasnamuss-Kandidaten, nämlich die Krämer, dort sagen würden, es war eine ‚Überproduktion' an Tod dreihirniger Wesen.

„Folglich mußte die Natur dort von jenem Augenblick an wieder ‚schuften und schaffen', oder, wie man dort sagt, ‚aus ihrer Haut fahren', um dies Unvorhergesehene zu bemeistern und sich wieder einmal in einer entsprechenden Weise anzupassen.

„Von dem, was ich während meines letzten Aufenthaltes dort mit Sicherheit erfuhr und von den Andeutungen, die ich per Ätherogramm erhielt, ist die Große Natur offenbar im Begriff, in der Zukunft die Geburtsziffer anderer Formen von Wesen dort zu vermehren.

„Ich beobachtete in den Städten Petrograd und Tiflis in der großen Gemeinschaft Rußland, der Gemeinschaft, von der mehr Wesen als von irgendeiner anderen während des Weltkrieges umkamen, daß jene Art vierfüßiger Wesen, die in der Regel niemals dort vorkamen, nämlich die vierfüßigen Wesen, die die Menschen hassen und die ‚Wölfe' genannt werden, sogar in den Straßen herumliefen.

„In der Nachricht, die ich per Ätherogramm erhielt, war unter anderem gesagt, daß in der gleichen großen Gemeinschaft Rußland die Geburtsziffer von Wesen der Gattung der Nagetiere, die ‚Mäuse' und ‚Ratten' genannt werden, in einem nie zuvor dagewesenen Grade sich vermehrt hatten, so daß sie in der jetzigen Zeit den größten Teil der aufgespeicherten Vorräte der Wesen der besagten Gemeinschaft auffressen.

„Ferner wurde in demselben Ätherogramm mitgeteilt, daß die ‚machthabenden' Wesen der Gemeinschaft Rußland die Wesen einer anderen europäischen Gemeinschaft gebeten hatten, damit diese die Vernichtung der Existenz jener kleinen Mäuse und Ratten, Wesen die sich so sehr unter ihnen vermehrt hatten, unternehmen sollten, wofür sie ihnen jede beliebige Summe zu zahlen versprachen.

„Obgleich eine zeitweilige Verminderung der Zahl dieser armen Ratten und Mäuse durch die verschiedenen Mittel, die diesen Spezialisten in der Vernichtung der Existenz anderer zur Verfügung stehen, erreicht werden mag — so werden doch die Wesen der anderen Gemeinschaften jedenfalls nicht willens sein, dies umsonst zu tun. Die Wesen dieses Rußland aber werden natürlich nicht imstande sein, dies mit Geld zu bezahlen, um so weniger, als dies ihnen viel mehr als ihr letzter Krieg kosten würde.

„Und, um Geld aus den gleichen Quellen zu bekommen, aus denen sie es während des großen Prozesses nahmen ... dazu sagt unser teurer Mulla-Nassr-Eddin, ‚Was das angeht, so ist da nichts zu machen ... sogar ein Esel kann verstehen, daß Bauernfleisch in Friedenszeit nichts kostet'."

Nachdem Beelzebub dies gesagt hatte, schwieg er und sah abwartend auf seinen Enkel, der, als ob er zu sich selbst redete, in einem sehr verzweifelten Ton sagte:

„Wie wird all das weitergehen? Gibt es wirklich aus all dem keinen Ausweg?

„Müssen diese unglücklichen Seelen, die sich auf jenem Planeten bilden, wirklich ewig unvervollkommnet bleiben und sich endlos in verschiedene planetische Formen kleiden und sich in Ewigkeit ob der Folgen der Eigenschaften jenes verfluchten Organs Kundabuffer plagen, das durch Gründe, die gar nicht von ihnen abhingen, dem planetischen Körper der ersten dreihirnigen Wesen jenes unseligen Planeten eingeimpft worden war?

„Was ist aus jenem Pfeiler geworden, auf dem angeblich unser ganzer Megalokosmos ruht und der da ‚Gerechtigkeit' heißt?!!!!

„Nein, dies kann nicht sein; etwas stimmt hier nicht, weil während der ganzen Zeit meiner Existenz sich auch nicht einmal ein einziger Zweifel an der Existenz ‚objektiver Wahrheit' in mich schlich.

„Alles, was ich tun muß, ist nur, mir darüber klar zu werden und zu verstehen ... warum... warum?

„Auf jeden Fall wird von diesem Augenblick an das Ziel meiner Existenz darin bestehen, deutlich zu verstehen, warum die Seelen, die in diesen irdischen dreizentrischen Wesen entstehen, in einer solch nie zuvor dagewesenen schrecklichen Lage sind..."

Nachdem der arme Hassin dies gesagt hatte, ließ er seinen Kopf schwermütig hängen und verfiel in traurige Gedanken.

Beelzebub sah mit einem sehr seltsamen Blick auf ihn, seltsam, weil in diesem Blick seine Liebe für Hassin sehr deutlich zu sehen war und weil es gleichzeitig fühlbar war, daß er trotzdem sehr froh darüber war, daß sein Enkel eine solche Schwermut erlebte.

Das Schweigen dauerte eine ziemlich lange Zeit. Endlich seufzte Beelzebub gleichsam mit seinem ganzen Wesen tief auf und sprach zu seinem Enkel mit folgenden Worten:

„Ja, mein teurer Hassin . . .

„Sicherlich stimmt da etwas nicht ganz.

„Wenn aber nichts für die Wesen jenes Planeten von jenem Wesen getan werden konnte, das jetzt schon die Vernunft des heiligen ‚Podkulad' hat und einer der ersten Gehilfen unseres Unendlichen in der Regierung der Welt ist, nämlich von dem Sehr Heiligen Aschiata Schiämasch, wenn er nichts tun konnte, was können wir dann erwarten, wir Wesen mit der Vernunft fast gewöhnlicher Wesen?

„Erinnerst du dich, daß der Sehr Heilige Aschiata Schiämasch damals in seinen Überlegungen unter dem Titel ‚Der-Schrecken-der-Situation' sagte:

„Wenn es noch möglich ist, die Wesen der Erde zu retten, so kann es nur mit der Zeit geschehen.

„Wir können jetzt nur das gleiche wiederholen, was diese schreckliche Eigenschaft angeht, von der ich soeben gesprochen habe, nämlich die periodischen Prozesse ihrer gegenseitigen Vernichtung.

„Wir können jetzt nur sagen, daß, wenn diese Eigenschaft der irdischen Wesen von jenem unseligen Planeten verschwinden soll, es nur mit der Zeit geschehen kann, dank entweder der Führung durch ein Wesen mit sehr hoher Vernunft oder durch einige außerordentliche kosmische Ereignisse."

Nachdem Beelzebub dies gesagt hatte, sah er wieder mit jenem gleichen seltsamen Blick auf Hassin.

XLIV. Kapitel

BEELZEBUBS MEINUNG NACH IST DES MENSCHEN AUFFASSUNG VON GERECHTIGKEIT IM OBJEKTIVEN SINN FÜR IHN EINE VERFLUCHTE FALSCHE VORSPIEGELUNG

Indem Beelzebub weiter lächelnd und liebevoll seinen Enkel Hassin ansah, sagte er:

„Erst jetzt, mein teurer zukünftiger Stellvertreter, nach all dem, was ich dir erzählt habe, und nach all dem, was du im allgemeinen während dieser Zeit betreffs der dreihirnigen Wesen auf dem Planeten Erde aufgenommen hast, finde ich es am Platz, mit dir über jene irdische ‚Frage‘ zu sprechen, der, wie ich dir versprach, ich mich ganz am Ende meiner Erzählungen widmen wollte.

„Nämlich über jene verderbliche Idee, die unter ihnen weit verbreitet ist und von der — wie du dich erinnern wirst — ich, als ich über den ‚Haupt-Knacks‘ in ihrer Psyche, das heißt über ihre verschiedenen und sonderbaren ‚Hawatwernoni‘ oder, wie sie sie selbst nennen, ‚Religionen‘ sprach, sagte, daß sie von ihnen zur Grundlage all ihrer Religionen gemacht worden war, jene verderbliche Idee, die ‚gut-und-böse‘ heißt.

„Ich sagte dir damals auch, daß durch diese verderbliche Idee unter den irdischen dreihirnigen Wesen sich große Ereignisse oder, wie ich in den Worten deiner Lieblinge sagen würde, ein ‚Aufruhr‘ sich kürzlich auf dem heiligen Planeten Fegefeuer zutrug und daß die unfreiwillige Ursache ihres Entstehens verschiedene Mitglieder unserer ‚Hernasdschensa' waren oder, nach dem Ausdruck deiner Lieblinge, Zweige unseres ‚Stammbaumes'.

„Damit du dir besser alles, was ich dir erklären will, vorstellen kannst und es leichter in dich aufnimmst, ist es meiner Meinung nach nötig, vor allem etwas über einige längst vergangene Ereignisse zu sagen, die auf den ersten Blick nichts mit dieser Idee zu tun haben.

„Also . . . ich sagte dir schon einmal, daß, als ich zum fünftenmal auf die Oberfläche deines Planeten herabkam, ich nur für kurz dort blieb und bald auf unseren Planeten Mars zurückkehrte.

„Und dies geschah, weil meine Freunde aus dem Zentrum mich benachrichtigten, daß in der nächsten Zukunft einer der Cherubim, der UNSEREM ALLUMFASSENDEN UNENDLICHEN nahestand, auf dem Planeten Mars erscheinen würde, mit einem Befehl, der mich betraf.

„Tatsächlich erschien auch der besagte Cherub bald nach meiner Ankunft auf dem Planeten Mars, und der Befehl, der ihm von Oben hinsichtlich meiner gegeben worden war, war der, daß ob meiner bewußten Anstrengungen für die Erlangung von Resultaten zu allgemein kosmischem Wohl, das heißt ob der Tatsache, daß ich auf deinem Planeten die Abschaffung des ‚Opfer-Brauches' unter den dir lieben dreihirnigen Wesen zustandegebracht hatte, und auch dank dem persönlichen Gesuch Seiner Gemäßheit, des Engels Luisos, an UNSEREN GEMEINSAMEN VATER DEN UNENDLICHEN, die Strafe für mein persönliches Vergehen vermindert wurde, insofern sie nicht weiter meine Nachkommenschaft beeinträchtigen sollte.

„Und eben von da an konnten meine Kinder, das heißt dein Vater und dein Onkel Tuilan, schon auf eigenen Wunsch, wann immer sie wollten, zum Zentrum zurückkehren und dort die ihnen gemäßen Verpflichtungen den unzähligen Verwirklichungen UNSERES ALLER VATERS gegenüber erfüllen.

„Nach diesem großen Ereignis für unsere Familie verließen meine Kinder tatsächlich bald den Planeten Mars und kehrten zum Zentrum zurück, wo ihnen bald nach ihrer Ankunft, da sie schon große Weise in verschiedenen Sphären objektiven Wissens und gute Verwirklicher seiner Gesetze in praktischer Anwendung waren, entsprechende verantwortliche Pflichten übertragen wurden.

„Deinem Vater wurde, wie ich auch schon gesagt habe, sofort der Posten des ‚Zerlikner' auf einem der Teile der Oberfläche unserer teuren Karatas anvertraut, und allmählich wurde er würdig befunden, die Verantwortlichkeit des Haupt-‚Zerlikner' für alle dreihirnigen Wesen auf unserem Planeten zu übernehmen, und diesen Posten hat er jetzt noch inne.

„Und dein Onkel Tuilan wurde damals, wie ich dir auch schon gesagt habe, als einer der Assistenten des Direktors der Ätherogramm-Station auf dem heiligen Planeten Fegefeuer angestellt, die damals wie auch jetzt eine Ätherogramm-Verbindung mit fast allen Planeten unseres großen Weltalls hatte.

„Später verdiente auch er den Posten des Hauptdirektors und diesen Posten hat er heute noch inne.

„Ich muß dir auch noch erklären, mein Junge, warum bei ihrer Ankunft dort im Zentrum meine Resultate oder, nach dem Ausdruck deiner Lieblinge, meine Söhne, würdig befunden wurden, sofort diese verantwortlichen Posten zu erhalten. Damit dir dies verständlich wird, mußt du wissen, daß unter denen, die mit mir gleich am Anfang unserer Verbannung verbannt wurden, der Haupt-‚Zerlikner' unseres Planeten Karatas war, der damals noch junge, aber schon sehr gelehrte ‚Puludschistius', der nach der allergnädigsten Verzeihung würdig wurde, ein Gehilfe des großen Beobachters der Bewegungen aller Verdichtungen des Megalokosmos zu sein und noch ist — Seine Selbsterhalterschaft der Erzseraph Kscheltarna.

„Und als ich auf dem Planeten Mars mein Observatorium einzurichten begann, schlug mir eben dieser gelehrte Puludschistius vor, daß ich ihn als Inspektor und Verwalter dieser meiner neuen Einrichtung annehmen sollte.

„Natürlich ging ich sofort auf seinen Vorschlag ein, da er sowohl eine sehr große Autorität in der Festlegung aller großen und kleinen Verdichtungen war als auch eine Autorität in der Kenntnis der Gesetze ihrer gegenseitigen Erhaltung, und von da an existierte dieser große Gelehrte Puludschistius in meinem Haus auf dem Planeten Mars.

„Als später die Resultate meines aktiven Prinzips entstanden und sich zu verantwortlichem Alter heranbildeten, bat ich einmal diesen Gelehrten Puludschistius, die Pflicht des ‚Oskianer‘ oder, wie deine Lieblinge sagen würden, des ‚Erziehers‘ meiner Kinder zu übernehmen; er ging sehr bereitwillig auf diesen Vorschlag ein, weil er, da er dort unter ungewöhnlichen Umständen existierte, keine Möglichkeit hatte, sein vielfältiges Wissen zu seiner Befriedigung anzuwenden und sich für ihn durch meinen Vorschlag ein, was man ‚weites Wirkungsfeld‘ nennt, eröffnete.

„Von da an begann er sich neben der strengen Ausübung seiner Pflichten, deren es anfangs nicht viele für ihn gab, ganz der Schaffung solcher äußerer und innerer Bedingungen zu widmen, die meinen Söhnen solche Eindrücke verleihen sollten, daß sich in ihnen die erforderlichen Seins-Gegebenheiten für eine dreihirnigen Wesen würdige verantwortliche Existenz kristallisieren könnten.

„Meine Söhne schlossen sich ihm bald so an, daß sie nicht von seiner Seite wichen, sogar nicht einmal während der Ausübung seiner strengen Pflichten in meinem Observatorium, und selbst unter diesen Umständen erleuchtete der gute Puludschistius andauernd ihre Vernunft und gab ihnen praktische Erklärungen über alle Beobachtungen der

Verdichtungen, über die Methoden, wie man ihren gegenseitigen Einfluß studieren kann und über die Bedeutung dieser Einflüsse selbst.

„Er erklärte ihnen immer, warum und zu welchem Zweck eine bestimmte kosmische Verdichtung gerade ihren bestimmten Platz einnimmt und unterrichtete sie in den Eigentümlichkeiten des gegenseitigen Einflusses dieser Verdichtungen im all-kosmischen Trogoautoegokratischen Prozeß.

„Auf diese Weise kristallisierten sich unter der Leitung dieses bemerkenswerten Wesens im Bestand meiner Resultate nicht nur Gegebenheiten, die für jede Art von verantwortlichen dreihirnigen Wesen nötig sind, sondern auch unzählige andere Gegebenheiten für ein gründliches Erkennen und Empfinden echter Kenntnisse über kosmische Verdichtungen und deren Funktionen.

„Übrigens war es gerade in dieser Periode, daß sich in jedem meiner Söhne die Neigungen für ihr Lieblingsstudium und ihre Hauptbeobachtungen allmählich bildeten.

„Und zwar beobachtete und studierte dein Vater gern den gegenseitigen Einfluß und die Erhaltung kosmischer Verdichtungen, die in den der Urquelle, der Aller-Aller-Heiligsten-Sonne-Absolut, nächsten Sphären lagen, und dein Onkel Tuilan zeigte ein Interesse für die Beobachtungen auf dem Planeten Erde und für den Prozeß, der auf ihm in der Seins-Existenz der dir lieben dreihirnigen Wesen vor sich ging. Ich war zum Teil die Ursache dieses letzteren, weil ich, wenn ich in der Periode meiner Beobachtungen der Existenz deiner Lieblinge zufällig mit etwas anderem beschäftigt war, ihn oft beauftragte, alle Veränderungen zu vermerken, die dort vor sich gingen.

„Als meine Söhne zum Zentrum zurückkehrten und somit den Planeten Mars für immer verließen, beschwor mich dein Onkel Tuilan, als er meinen Segen empfing, ihn periodisch von den Ergebnissen meiner Beobachtungen und Studien betreffs der seltsamen Psyche dieser dir lieben zweifüßigen dreihirnigen Wesen auf dem Planeten Erde zu unterrichten.

„Als sie im Zentrum ankamen und es sich zeigte, daß sie über die Lage kosmischer Verdichtungen und deren Eigenschaften und Sonderbarkeiten gut unterrichtet waren, und auch, daß sie in den Berechnungen der Gesamtheit der gegenseitigen Einflüsse praktisch geübt waren, wurden ihnen sofort die besagten verantwortungsvollen Pflichten übertragen.

„Und als ich von dem dauernden Platz ihrer Existenz erfuhr und für welche Posten sie würdig befunden worden waren, sandte ich von da an gemäß meines Versprechens jedes Viertel unserer Jahre an Tuilan eine genaue Kopie aller geschriebenen Zusammenfassungen der Beobachtungen, die ich weiterhin machte.

„Ziemlich viele Jahre vergingen, in denen ich Tuilan diese Ätherogramme schickte und nicht wußte, was aus ihnen wurde, bis ich schließlich Kunde von diesen skandalösen Ereignissen auf dem Planeten Fegefeuer erhielt.

„Es stellte sich heraus, daß der große Gouverneur des heiligen Planeten Fegefeuer, Sein All-Viertel-Erhalter, der Erzcherub Helkgematius, der zufällig erfahren hatte, daß einer der Assistenten des Direktors der Ätherogramm-Station, Tuilan, von Zeit zu Zeit von dem Sonnensystem Ors sehr lange Ätherogramme von seinem Vater erhielt, einmal den Wunsch äußerte, mit deren Inhalt bekanntzuwerden. Und nachdem er mit ihm bekannt geworden war, interessierte er sich nicht nur selbst dafür, sondern befahl sogar deinem Onkel Tuilan, immer eine Abschrift des Inhalts dieser Ätherogramme in dem all-planetischen ‚Tulukchterzinek'*) zu machen, damit einige der ‚höheren-

---

*) „Tulukchterzinek" gleicht — natürlich nur in gewissem Sinn — dem, was auf der Erde ein Radiogramm heißt.

Seins-Körper' auf dem heiligen Planeten, falls sie zu ihrer Erholung es wünschten, von der Psyche dieser sonderbaren dreihirnigen Wesen, die auf einem der sehr entfernten Planeten des Megalokosmos vorkommen, unterrichtet werden könnten.

„Dein Onkel Tuilan tat dies dann später immer so: So oft er ein Ätherogramm von mir erhielt, gab er in dem allplanetischen ‚Tulukchterzinek' seinen Inhalt wieder, und auf diese Weise wurden all jene rechtschaffenen Seelen, die auf dem heiligen Planeten wohnen, von all meinen Beobachtungen und Forschungen über die seltsame Psyche der dreihirnigen Wesen unterrichtet.

„Von da an begannen einige der rechtschaffenen ‚höheren Seins-Körper' dort auf dem heiligen Planeten nicht nur sehr aufmerksam allen meinen Beobachtungen zu folgen sondern auch über die Seltsamkeit ihrer Psyche nachzudenken.

„Das Resultat des Nachdenkens dieser glückseligen ‚höheren-Seins-Körper' war, daß sie zu verstehen begannen, daß etwas mit der Psyche der dreihirnigen Wesen auf jenem Planeten Erde nicht stimmte, und sie sahen sogar etwas Verdächtiges in der Ursache dessen, ‚was nicht stimmte', und schließlich empörten sich viele von ihnen ernstlich über das, was ihnen zuerst als eine gleichsam von Oben kommende Ungerechtigkeit erschienen war.

„Je mehr diese empörten rechtschaffenen ‚Seelen' ihren Eindruck mit anderen teilten, um so mehr vermehrte sich nach und nach deren Anzahl, so daß sie überall in den ‚Zaruarien'*) auf dem heiligen Planeten unter sich nur darüber nachdachten und überlegten.

„Das Resultat von alldem war, daß alle Einwohner des heiligen Planeten fünfzig rechtschaffene Seelen aus ihrer

---

*) „Zaruarien" auf dem heiligen Planeten entsprechen ungefähr dem, was man auf dem Planeten Erde Städte und Dörfer nennt.

Mitte wählten, um gemeinsam den wahren Grund zu erforschen und herauszufinden, warum eine solche Absurdität in der Psyche der dreihirnigen Wesen jenes Planeten Erde existiert, die die Selbstvervollkommnung für den ‚höheren-Seins-Teil‘, der aus verschiedenen Gründen manchmal auch in einigen von ihnen entsteht, unmöglich macht.

„Diese auserwählten fünfzig rechtschaffenen ‚Seelen‘ waren eben die, die schon würdig waren, Kandidaten für die Aller-Aller-Heiligste Urquelle von allem Existierenden zu sein.

„Daraufhin gab sogar Sein-All-Viertel-Erhalter, der Erzcherub Helkgematius, der Gouverneur des heiligen Planeten, nicht nur seinen Segen zu der Wahl dieser fünfzig seligen ‚Seelen‘, sondern drückte auch auf eigenen allergnädigsten Entschluß hin den Wunsch aus, ihnen in jeder Weise in der Erfüllung ihres Unternehmens zu helfen.

„Also, mein Junge, als diese fünfzig Kandidaten für die Sonne-Absolut ihre Nachforschungen begannen, wurde es ihnen nach langen und komplizierten Untersuchungen klar, daß die Grundursache der ganzen Anomalität der auf diesem Planeten entstehenden, dreihirnigen Wesen darin bestand, daß eine sehr bestimmte Vorstellung dort entstanden war und noch existierte, nämlich, daß es außerhalb des Wesenskernes der Wesen gleichsam zwei diametral entgegengesetzte Faktoren gäbe — die Quellen von ‚Gut‘ und die Quellen von ‚Böse‘ — die gerade die Anstifter all ihrer guten und bösen Manifestationen seien.

„Es wurde dann von ihnen klar erkannt, daß diese überall verbreitete verderbliche Idee, Gegebenheiten zu der allmählich sich in jedem von ihnen während seiner Bildung im vorbereitenden Alter kristallisieren, ihre allgemeine Psyche in ihrer verantwortlichen Existenz immer beherrscht und einerseits ein Beruhiger und Rechtfertiger all ihrer Manifestationen wird, und anderseits der haupthindernde-Faktor für die Möglichkeit, die in einigen von ihnen zur Selbstvervollkommnung ihrer höheren Seins-Teile entsteht.

„Als die rechtschaffenen Bewohner des heiligen Planeten sich all dies klargemacht hatten, begannen sie zu bedenken und unter sich zu überlegen, wie ein Ausweg aus dieser Lage zu finden sei und was sie ihrerseits tun könnten.

„Wie man mir erzählte, hielten sie überall in den ‚Zaruarien' Zusammenkünfte und Konferenzen ab, um durch gemeinsame Anstrengungen zu versuchen, zu einem Beschluß zu kommen. Und nach langem Nachdenken und kompliziertem sogenanntem ‚Abstimmen' faßten die rechtschaffenen Seelen sowohl innerhalb der einzelnen ‚Zaruarien' als auch der ‚Zaruarien' untereinander einstimmig folgenden Entschluß:

„‚Vor allem UNSEREM ERSCHAFFER UND SCHÖPFER eine Bittschrift zu Füßen zu legen, damit er in seiner Vorsehung den dreihirnigen Wesen des Planeten Erde einen Gesandten von Oben schicke mit Gegebenheiten, die einer solchen Vernunft, die an Ort und Stelle eine Möglichkeit finden könnte, diese verderbliche Idee auszurotten, entsprächen, und zweitens in Anbetracht dessen, daß die Verwirklichung dieser verderblichen Idee auf der Oberfläche dieses Planeten die Grundursache aller schrecklichen Unglücke für die dort entstehenden heiligen höheren Seins-Teile war und bis jetzt noch ist, mit Zerknirschung zu wagen, UNSEREN ALLER VATER zu bitten nicht zu gestatten, daß der höhere Seins-Körper jenes irdischen dreihirnigen Wesens, das die Ursache zur Entstehung dieser verderblichen Idee war, auf dem heiligen Planeten angenommen werde, selbst wenn sein höherer Seins-Körper zum erforderlichen Grad heiliger Vernunft vervollkommnet sei, sondern ihn zu verdammen, ewig auf dem Planeten ‚Gewissensbiß' zu existieren.'

„Und gerade dann, mein Junge, nachdem die Bewohner des heiligen Planeten diese Resolution sanktioniert hatten, brach, wie ich schon gesagt habe, jener ‚Aufruhr' dort aus, an den sich sogar bis jetzt nicht ein einziges der heiligen Individuen, die diese epische Geschichte kennen, ohne sozusagen ‚Schauder' erinnern kann.

„Dieser Aufruhr wurde in der folgenden Weise hervorgerufen: Nachdem die besagte Resolution angenommen worden war, wurde bald auf die Initiative all jener fünfzig erwählten Kandidaten hin für die Sonne-Absolut alles unternommen, um herauszufinden, welches irdische dreihirnige Wesen — mit vielleicht schon in ihm geformten höheren Seins-Teilen — die Ursache zur Entstehung dieser verderblichen Idee auf deinem Planeten war.

„Und dieser Nachforschung zufolge stellte es sich heraus, daß jenes dreihirnige Wesen, das als erstes den Anstoß zum Kristallisieren jener verderblichen Idee gegeben hatte, ein gewisser Makary Kronbernkzion war, dessen zum erforderlichen Grad von Vernunft vervollkommneter ‚höherer Seins-Teil', nicht nur würdig geworden war, auf den heiligen Planeten zu gehen, sondern sogar schon als einer der ersten Kandidaten für die Aller-Aller-Heiligste Sonne-Absolut galt.

„Wie man mir später erzählte, ging, als dies bekannt wurde, etwas wie ein ‚Stöhnen' über den ganzen heiligen Planeten, und es gab keine einzige rechtschaffene Seele dort, die ohne Reue an diese schreckliche Tatsache denken konnte.

„Für fast ein Vierteljahr erwogen sie die Gründe dieses nie zuvor dagewesenen Aufruhrs hin und her, und in jedem ‚Zaruarie' machten sich alle möglichen Kommissionen und Unterkommissionen an die Arbeit, um einen Ausweg aus dieser entstandenen ungewöhnlichen Lage zu finden.

„Das Ergebnis von allem war, daß diesmal folgende Resolution wieder auf der gleichen Basis gefaßt wurde:

„Den ersten all-planetischen Urteilsspruch, der betreffs des höheren Teils von Makary Kronbernkzion gefällt worden war, einstweilen in Kraft zu lassen, aber SEINER-ALLERGNÄDIGSTEN-UNENDLICHKEIT die Bitte aller Bewohner des heiligen Planeten zu Füßen zu legen, diesen schrecklichen Urteilsspruch zu mildern.

„Und diese Bitte wurde UNSEREM-ALLERGNÄDIGSTEN-SCHÖPFER-DEM-UNENDLICHEN bei seinem nächsten Erscheinen auf dem heiligen Planeten zu Füßen gelegt.

„UNSER ALLERGNÄDIGSTER SCHÖPFER soll darauf nur kurz nachgedacht und dann zugestimmt und den Befehl gegeben haben, daß diese verdienstvolle Seele weiter auf dem heiligen Planeten existieren dürfe, bis die künftigen Ergebnisse ihrer üblen Taten aufgedeckt seien.

„Trotzdem dieser vollends geformte ‚höhere-Seins-Teil' die Grundursache war, warum es für alle ‚höheren-Seins-Körper', die im Bestand verschiedener dreihirniger Wesen dieses Planeten entstehen, unmöglich war, sich vollends zu vervollkommnen, gab UNSER ALLER VATER diesen gnädigen Befehl offensichtlich, weil Er hoffte, daß diese dreihirnigen Wesen vielleicht schließlich selbst ihren Irrtum erkennen und anfangen möchten so zu existieren, wie es sich für dreizentrische Wesen zu existieren geziemt. In diesem Falle wäre es nicht nötig, den ‚höheren Teil' jenes Wesens so schrecklich zu strafen, das ohne daß es den widrigen Verhältnissen nachgab, die nicht von ihm abhingen und viel stärker als seine Möglichkeiten waren, schonungslos mit seinem eigenen unvermeidlichen verneinenden Prinzip kämpfte und sich zu einem solchen Grad vervollkommnete, daß es die Möglichkeit erwarb, an die Schwelle der Grundlage von allem, was im Weltall existiert, zu gelangen.

„Durch den besagten Befehl UNSERES ALLERGNÄDIGSTEN SCHÖPFERS existiert der höhere Teil dieses armen Makary Kronbernkzions noch jetzt auf dem heiligen Planeten und seine Zukunft hängt jetzt ausschließlich und allein von den dir lieben dreihirnigen Wesen ab."

Nach einer ziemlich langen Pause fuhr Beelzebub so fort: „Die Kunde betreffs dieser Ereignisse auf dem heiligen Planeten erreichten mich zum erstenmal gerade während meines sechsten persönlichen Aufenthaltes auf der Oberfläche deines Planeten, und da mich all dies sehr interessierte, begann ich natürlich auch meinerseits die betrübliche Geschichte, die mit den dir lieben dreihirnigen Wesen zusammenhängt, dort an Ort und Stelle eingehend zu erforschen.

„Vor allem muß ich dir, mein Junge, aufrichtig sagen, gerade dir, meinem direkten Stellvertreter, daß, obgleich alle rechtschaffenen Bewohner auf dem heiligen Planeten sich durch verschiedene und gleichzeitig sehr komplizierte Mittel klargemacht hatten, daß die Grundursache aller Anomalitäten der Psyche dieser dir lieben dreihirnigen Wesen nur diese verderbliche Idee war und bis jetzt noch ist, ich selbst jedoch dies trotzdem nicht kategorisch bestätigen kann.

„Es kann natürlich nicht geleugnet werden, daß diese phantastische Idee eine große Rolle in der allmählichen sozusagen ‚Verflachung' der Psyche dieser Unglücklichen spielte.

„Ich nahm viele Eindrücke auf und es kristallisierten sich in mir Gegebenheiten zu einer subjektiven Meinung, als ich, nachdem ich an dieser Geschichte interessiert war, unter anderem begann, Nachforschungen anzustellen und mir auch die Geschichte der Entstehung und Bildung der Individualität eben dieses Makary Kronbernkzions klarmachte.

„Gerade diese gleichen besonderen Untersuchungen zeigten mir deutlich, daß, obgleich er tatsächlich als erster die Worte ‚Gut' und ‚Böse' gebraucht hatte, er doch nicht schuld war, daß diese Worte später im Existenzprozeß der Wesen aller folgenden Generationen einen so verderblichen Sinn für deine Lieblinge erwarben.

„Wenn ich dich, mein Junge, jetzt in die Kunde einweihe, die ich betreffs der Geschichte des Entstehens und des Existenzprozesses dieses Makary Kronbernkzions erfuhr, werden sich vielleicht entsprechende Gegebenheiten zu einer ungefähren Vorstellung betreffs dieser schrecklichen Tatsache in dir kristallisieren.

„Ich beginne, indem ich sage, daß, seit ich beschlossen habe, mich damit zu beschäftigen, ich, so oft ich ein entsprechendes Individuum traf, Fragen stellte, die insgesamt ein Licht auf den einen oder andern Aspekt der Individualität dieses Makary Kronbernkzions werfen dürften.

„Es wird dich vielleicht interessieren zu erfahren, daß unter den ersten Individuen, die mir eine Auskunft darüber geben konnten, ein sehr betagtes Wesen unseres Stammes sich als sehr nützlich erwies. Er erklärte mir im Gespräch viele Dinge und deutete mir verschiedene sehr gute Quellen an, von denen ich später sehr nützliche und eingehende Auskunft erhalten konnte.

„Dieses ältere Wesen, von dem ich soeben spreche, war niemand anders als der Onkel jenes jungen Wesens unseres Stammes, um dessentwillen ich zum erstenmal auf deinen Planeten hinabgekommen war und der später das Oberhaupt aller Wesen unseres Stammes wurde, die nach jenem Ors'schen System verbannt worden waren.

„Dieses besagte ältere Wesen deines Planeten existierte auf dem Kontinent Atlantis und gerade zu der Zeit, als jener Makary Kronbernkzion auch dort existierte.

„All jenen Kunden nach, die ich erfuhr und auch jeder anderen besonderen Methode meiner Untersuchungen nach, stellte es sich heraus, daß dieses irdische dreihirnige Wesen namens Makary Kronbernkzion auf jenem Kontinent

Atlantis, durch den heiligen Prozeß ‚Elmuarno' entstanden war und zu existieren begonnen hatte, der zwischen zwei damaligen irdischen Wesen verschiedenen Geschlechtes, die gerade das verantwortliche Alter erreicht hatten, stattfand.

„Da dieses Paar ein gesundes Erbe mitbrachte, und die äußeren Verhältnisse der gewöhnlichen Seins-Existenz überhaupt damals noch relativ normal und für dieses Paar zufällig besonders günstig waren, hatte das Resultat dieses heiligen Prozesses, das heißt eben dieser, nach ihrer Terminologie ‚Sohn', der später Makary Kronbernkzion hieß, in seinem Bestand schon vom Anfang seiner Entstehung an und während seiner jungen Existenz fast dieselben Gegebenheiten zum Sein eines künftig verantwortlichen Wesens, wie es jedes kestschapmartnische dreihirnige Wesen bei seinem Entstehen ganz gleich auf welchem Planeten unseres großen Megalokosmos haben sollte, und da in seinen Erzeugern oder, wie man dort sagt, seinen ‚Eltern' der Wunsch entstand, ihr ‚Resultat' darauf vorzubereiten, ein verantwortliches Wesen mit einer ‚wissenschaftlichen-Laufbahn' zu werden und da sie auch erfolgreiche Führer für ihn fanden, so wurde dieses ihr Resultat, als es ein verantwortliches Wesen wurde, ein sehr guter ‚Gelehrter', — sehr gut natürlich für den Planeten Erde.

„Er wurde bald ob seiner wissenschaftlichen Verdienste sogar würdig, ein volles Mitglied der gelehrten Gesellschaft ‚Achaldan' zu werden.

„Im Prozeß seiner verantwortlichen Existenz auf wissenschaftlichem Gebiet sah er einmal den wirklichen Wert seiner eigenen Bedeutung und erkannte aufrichtig seine ‚Nichtigkeit'.

„Von da an fing er an mit empfindlichem Kummer ernst über diese Erkenntnis nachzudenken, und das Resultat seines Nachdenkens war eben, daß allmählich in jedem Teil seines ganzen Bestandes die Hoffnung entstand und sich schließlich sogar die Überzeugung definitiv festsetzte, daß bewußte Bemühungen und absichtliche Leiden ihn aus einem Nichts in ein ‚Etwas' umwandeln könnten.

„Und darauf arbeitete er bewußt mit völliger Schonungslosigkeit an seinem verneinenden Teil und schuf absichtlich störende Verhältnisse für diesen seinen verneinenden Teil. Ferner verwirklichte er diese bewußten Bemühungen und absichtlich geschaffenen Verhältnisse ausschließlich nur in den Manifestationen und Wahrnehmungen in der Sphäre jener Pflichten eines verantwortlichen Wesens, die er auf sich genommen hatte, das heißt in wissenschaftlichen Untersuchungen.

„Gerade in jener Periode seiner Existenz verstand er einige kosmische Wahrheiten.

„Und da Gegebenheiten, die den Seins-Impuls, genannt ‚Liebe-zu-seinesgleichen', erzeugen, noch in ihm, wie in den meisten dreihirnigen Wesen jener Periode kristallisiert waren, so schuf er, damit andere Wesen seines Planeten um ihn herum auch diese von ihm gefundenen Wahrheiten erfahren sollten, aus Marmor ein ‚Bulmarschano' unter dem Titel ‚Die-bejahenden-und-verneinenden-Einflüsse-auf-den-Menschen'.

„Ein ‚Bulmarschano' auf dem Kontinent Atlantis war, was die heutigen Wesen dort durch das, was sie ‚Bücher' nennen, ersetzt haben.

„Eine genaue Kopie des erwähnten ‚Bulmarschano', die aus den Stoßzähnen von sogenannten ‚Chirniano' gemacht war, sah ich persönlich zufällig später, nämlich während meines sechsten Aufenthaltes dort, und entzifferte sie ziemlich eingehend.

„Da die Kunde, die ich über diese Frage erfuhr — nämlich auf welche Weise die von Makary Kronbernkzion mit eigener Hand geschnitzte Kopie des ‚Bulmarschano', die ich während meines letzten Aufenthaltes auf deinem Planeten entzifferte, ‚bis' heute erhalten blieb — sehr lehrreich und interessant sein wird, will ich sie dir kurz erzählen.

„Als das Original jenes ‚Bulmarschano' geschaffen und aufrichtig von den andern gelehrten Mitgliedern der Achaldan-Gesellschaft bewundert worden war und deren Zustimmung gefunden hatte, wurde es in der Mitte der sogenannten ‚Zentralkathedrale' der Wesen jener Gesellschaft aufgestellt. Da der Inhalt des besagten ‚Bulmarschano' dann eine immer größere Anzahl von Wesen jener Epoche zu interessieren begann, beschlossen die Führer der besagten Gesellschaft, verschiedene Kopien davon zu machen, um sie in derselben Weise in allen Zweigkirchen der übrigen Städte jenes gleichen Kontinents Atlantis sowie auch in anderen Kontinenten aufzustellen.

„Zu diesem Zweck wurden aus den besagten ‚Chirniano'-Stoßzähnen sieben sehr genaue Kopien davon gemacht.

„Eine dieser besagten Kopien wurde, wie meine sogenannten ‚Spiopsychoonalnischen' Untersuchungen mir klar machten, jenem Zweig der Kirche zugewiesen, der auf dem kleinen Kontinent lag, der damals existierte und ‚Sinndraga' hieß und nicht weit von dem noch bestehenden Kontinent Afrika lag.

„Während der zweiten ‚transapalnischen' Umwälzung, die jenem unseligen Planeten widerfuhr, sank auch dieser kleine Kontinent ‚Sinndraga' ebenso wie der Kontinent Atlantis mit allem auf ihm in den Planeten ein.

„Und was den Kontinent ‚Grabonzy' oder, wie er jetzt heißt, Afrika, angeht, so mußt du wissen, daß, obgleich dieser Kontinent nicht ganz in den Planeten einsank, mit ihm doch das gleiche geschah, was sich mit anderen auch jetzt noch bestehenden Kontinenten zutrug, wie zum Beispiel dem Kontinent Asien; es sanken nämlich einige Teile ein und an ihrer Stelle erhoben sich andere aus dem Wasser, die nachdem sie sich den übrigen Teilen angegliedert hatten, die Form annahmen, die sie jetzt noch haben.

„Als die besagte Kopie, wie es scheint, auf den Kontinent ‚Grabonzy' gebracht wurde, um von dort aus weitergeschickt zu werden, ereignete sich jene zweite große Katastrophe mit deinem unseligen Planeten, und da jener Teil der Oberfläche des Kontinents Grabonzy, auf dem diese Kopie war, erhalten blieb, sank diese Kopie nicht in den Planeten ein.

„Nach diesem schrecklichen Ereignis lag dieses Erzeugnis des einstweiligen Heiligen Makary Kronbernkzion für lange Zeit unter Ruinen und wurde schließlich mit ‚Kaschiman' bedeckt, und erst nach ungefähr dreißig Jahrhunderten, als die dir lieben dreihirnigen Wesen sich wieder vermehrten und der Prozeß der gegenseitigen Vernichtung in der Nähe dieses Platzes zwischen den damaligen Gemeinschaften, genannt ‚Filnuanzi' und ‚Plita-Zurali', vor sich ging, fanden die Wesen der Gemeinschaft ‚Filnuanzi', als sie Löcher bohrten, um Trinkwasser für sich und ihre Kamele zu finden, diese Kopie und gruben sie aus.

„Und als bald danach die Wesen dieser beiden besagten Gemeinschaften, wie es dort schon üblich geworden ist, einen, was man nennt, ‚freundschaftlichen' Frieden unter sich schlossen und alles, was sie in diesem Prozeß durch verschiedene Mittel erworben hatten, die auch dort schon ganz üblich geworden sind und die sie ‚erobern', ‚plündern', ‚requirieren', ‚entschädigen' und so weiter nennen, zu teilen begannen, wurde auch diese Entdeckung, die nach der Auffassung der Wesen der Erde der damaligen Zeit nur als seltenes Material bewertet wurde, in zwei Hälften geteilt, und die Wesen jeder einzelnen Gemeinschaft nahmen eine Hälfte der besagten, tatsächlich großen Schöpfung an sich.

„Eine Hälfte dieser Kopie ging aus verschiedenen Gründen von einer Gruppierung von Wesen zu einer andern über und fiel schließlich nach sieben Jahrhunderten in die Hände der sogenannten ‚ägyptischen-hohen-Priester'.

„Jene seltsame und sonderbare Zusammenstellung verschiedener Stoßzähne, die ihnen schon unverständlich war, wurde eine heilige Reliquie unter ihnen und existierte als solche bis zu der Periode, als jener persische König, von dem ich dir schon einmal erzählte, mit seinen Horden dorthin zog und, wie man dort sagt, mit jenem unglücklichen Ägypten gänzlich aufräumte.

„Darauf gelangte diese Hälfte der Kopie des ‚Bulmarschano' diesmal auf den Kontinent Asien und ging wieder von Hand zu Hand, bis sie in der Mitte meines sechsten Aufenthaltes dort gerade auf jenen aisorischen Priester erblich von seinem Großvater kam, bei dem ich sie zum erstenmal sah.

„Was die zweite Hälfte jenes nie zuvor dagewesenen Werkes betrifft, das nicht wieder gemacht werden kann, so ging es auch aus allen möglichen Gründen von Hand zu Hand weiter, bis es schließlich auch in eine Zentralgegend desselben Kontinents Asien kam und bei einem was man dort ‚Erdbeben' nennt in den Planeten einsank, allerdings nicht sehr tief.

„Hier muß ich dir übrigens auch noch sagen, wie ich während meines sechsten Aufenthaltes dort sowohl von all den erwähnten als auch von anderen ähnlichen Ereignissen, die längst zuvor dort stattgefunden hatten, erfuhr.

„Ich habe dir schon erzählt, daß ich während meines sechsten Aufenthaltes dort von Beruf ein ‚Arzt-Hypnotiseur' wurde und daß ich die seltsame Psyche deiner Lieblinge außer anderem auch mit Hilfe von Hypnotismus studierte, das heißt, durch eine in ihrer Psyche festgesetzte besondere spezifische Inhärenz.

„Während dieser meiner Tätigkeit unter ihnen, bereitete ich einige von ihnen in einer besonderen Weise vor und machte aus ihnen, was man dort in früheren Zeiten ‚Pythien' und in der heutigen Zeit ‚Medien' nennt.

„Zu ‚Pythien' oder ‚Medien' werden solche dreihirnige

Wesen dort, in denen entweder spontan nur durch zufällig sich ergebende äußere Verhältnisse oder absichtlich seitens eines anderen Bewußtseins das innere Funktionieren des planetischen Körpers sich sehr gut an jede Wandlung der inneren allgemeinen Psyche bei plötzlichen Änderungen ihrer Blutzirkulation gewöhnt, wodurch in ihnen das freie Funktionieren verschiedener Sonderbarkeiten ihrer allgemeinen Psyche nicht gestört wird, die bewußt oder unbewußt von außen gelenkt wird und von den hauptsächlichen automatischen Gegebenheiten, die in ihnen für ein echtes Seins-Bewußtsein noch vorhanden sind, der Gesamtheit des in ihnen vor sich gehenden Funktionierens, die sie ‚Unterbewußtsein' nennen.

„In eben diesem ihrem ‚Unterbewußtsein' blieb durch viele in ihnen geformte Ursachen jene Besonderheit der allgemeinen Psyche der dreihirnigen Wesen auch zufällig erhalten, die im allgemeinen in bestimmten Verhältnissen funktionieren kann und die da genannt wird ‚Zu-sehen-und-zu-empfinden,-was-sich-in-längstvergangenen-Zeiten-zugetragen-hat'.

„Also, mein Junge, als ich während meines sechsten Aufenthalts von dem Beginn jener traurigen all-kosmischen Geschichte erfuhr, die sich auf deinem Planeten zugetragen hatte, und als ich anfing, sie dort an Ort und Stelle während meines Aufenthaltes zu erforschen und auch als ich mir die Individualität dieses Makary Kronbernkzion klar machte, beschloß ich, da schon eine sehr lange Zeit seit jenem Ereignis vergangen war und sogar jede ‚Kalzanuarnische' Spur betreffs des Wesens, das an allem schuld war, schon vollends verschwunden war, meine Zuflucht außer zu den gewöhnlichen Formen von Nachforschungen auch zu diesen ‚Spiopsychoonalnischen' Mitteln zu nehmen.

„Unter diesen ‚Spiopsychoonalnischen' Mitteln nahm ich meine Zuflucht auch zu dem, was man ‚Mediumismus' nennt, das heißt, ich nahm meine Zuflucht zu der erwähnten besonderen Eigenschaft der besagten von mir eigens vorbereiteten ‚Medien'.

„Als es während meiner Untersuchungen über die Handlungen und die Persönlichkeit dieses Makary Kronbernkzions wahrscheinlich schien, daß auf der Oberfläche jenes Planeten noch immer ‚Etwas', das mit ihm nahe verbunden war, existierte, begann ich auch in der besagten Weise nach diesem ‚Etwas' zu suchen.

„Nachdem ich dann auf diese Weise erfahren hatte, daß der obengenannte aisorische Priester die Hälfte der Kopie des ursprünglichen von Makary Kronbernkzion eigens geschaffenen ‚Bulmarschano', von dem ich sprach, besaß, und auch, daß derselbe aisorische Priester auf dem Kontinent Asien in der Gegend, genannt ‚Urmia', existierte, ging ich dorthin, und als ich ihn gefunden hatte, machte ich mir bald klar, daß er tatsächlich eine uralte und, wie er es ausdrückte, ‚große-unförmige-Elfenbeinmasse' hatte, die ihm selbst sehr antik und wertvoll schien.

„Obgleich er nach kurzen Verhandlungen einwilligte, sie mir zu zeigen, so wollte er sie doch um keinen Preis verkaufen; trotzdem erlaubte er mir aber als Resultat meiner mehrtägigen Gespräche und Überredungen eine Alabaster-Kopie davon zu machen, die ich mit mir nahm.

„Was die zweite Hälfte angeht, so kostete es, obgleich ich durch dieselbe Methode des Suchens bald herausfand, wo sie war, doch sehr viel Mühe und Scherereien, bis ich zu ihr gelangte, um ihren Inhalt sofort zu entziffern.

„Obgleich ich sagte, daß die zweite Hälfte noch nicht in jener Periode Zeit gehabt hatte, tief in den Planeten einzusinken, so war sie doch so tief eingesunken, daß es unmöglich war, sie auf gewöhnlichem Wege zu erreichen.

„Aber meine Hauptschwierigkeit wurde damals dadurch verursacht, daß der Platz, wo ich existierte, in der Nähe eines von deinen Lieblingen bevölkerten Zentrums war und daß ich alles im voraus herzurichten und alle entsprechenden Maßnahmen zu treffen hatte, damit keiner von ihnen irgend etwas von all dem weder erfahren noch auch nur vermuten sollte.

„Zu den von mir getroffenen Maßnahmen zählte zum Beispiel der Erwerb von Teilen der an den gegebenen Platz angrenzenden Grundstücke von verschiedenen großen und kleinen Grundbesitzern, und ich ließ hauptsächlich von Arbeitern fremder Herkunft Ausgrabungen machen unter dem Vorwand, daß ich einen Schacht zu sogenannten Kupfergruben herstellen wolle.

„Also, mein Junge, nachdem ich diese beiden Hälften der Kopie der Schöpfung des einstweiligen Heiligen Makary Kronbernkzion durch die besagten Mittel gefunden und sie in die Stadt des Landes, das jetzt ‚Turkestan‘ heißt, gebracht hatte, wo damals der Haupt-Platz meiner Existenz war, begann ich die Inschriften und Darstellungen der wissenschaftlichen Thesis von Makary Kronbernkzion auf dem ‚Bulmarschano‘ unter dem Titel ‚Die-bejahenden-und-verneinenden-Einflüsse-auf-den-Menschen‘ zu entziffern.

„Wenn wir nach Hause kommen, werde ich sicherlich versuchen, mich so genau wie möglich, Wort für Wort, des ganzen Inhalts dieses großen Erzeugnisses der Vernunft und, wie man sagt, der ‚Hand‘ eines dreihirnigen Wesens zu erinnern und sie dir erzählen; einstweilen will ich dir nur jenen Teil davon darlegen, in dem Makary Kronbernkzion zuerst den Begriff von ‚Gut-und-Böse‘ anwandte, wobei er mit diesen Worten jene Kräfte bezeichnete, die eben der Grund zur Bildung sowohl des Bestandes als auch des fließenden Zustandes von jeder einzelnen, relativ selbständigen kosmischen Entstehung ist und natürlich auch jedes Wesens.

„Wenn die auf diesem ‚Bulmarschano‘ aufgezeichneten Begriffe in gewöhnliche Sprache gebracht würden, könnten sie in den folgenden Worten ausgedrückt werden:

DES MENSCHEN AUFFASSUNG VON GERECHTIGKEIT

„Offensichtlich sind wir Menschen, wie auch alle existierenden Einheiten der Welt, aus den gleichen drei selbständigen Kräften gebildet und bestehen immer aus ihnen, durch die der Prozeß der gegenseitigen Erhaltung von allem Existierenden geschieht, nämlich aus den folgenden drei selbständigen Weltkräften:

„Die erste dieser Kräfte entsteht andauernd durch die Ursachen, die in der Urquelle selbst liegen, und durch den Druck des Neuentstandenen, und fließt aus dieser Urquelle dank der Stoß- oder Trägheitskraft.

„Die zweite Weltkraft ist das, zu dem die erste Kraft wird, wenn sie, nachdem sie diese erhaltene Stoßkraft verausgabt hat, danach strebt, mit der Quelle ihres Entstehens wieder zu verschmelzen gemäß des Grundweltgesetzes, das da heißt, ‚Die-Wirkungen-einer-Ursache-müssen-wieder-zur-Ursache-zurückkommen'.

„Diese beiden Kräfte sind im allgemeinen Prozeß der einander gegenseitig erhaltenden Kräfte ganz selbständig und haben in ihren Manifestationen immer und in allem ihre eigenen Eigenschaften und Sonderheiten.

„Die erste dieser zwei Grundkräfte, nämlich die, die aus zwingenden Gründen sich immer außerhalb der Quelle ihres Entstehens manifestiert, muß dauernd involvieren, und die zweite, die dauernd danach strebt, mit der Ursache ihres Entstehens zu verschmelzen, muß immer und in allem evolvieren.

„Da die erste der besagten drei selbständigen Kräfte aus den verlebendigenden Wirkungen, die im eigentlichen Urgrund der Ursache von allem Existierenden vor sich gehen, entsteht und dadurch in ihrem Bestand den Keim zu der Möglichkeit erwirbt, auch Verlebendigung zu manifestieren, kann sie als ‚gut' betrachtet werden, das heißt als ein Faktor zur Verwirklichung der zurückfließenden Wirkungen, die in bezug auf diese erste Kraft als ‚böse' betrachtet werden kann und muß.

„Ferner kann die erste dieser Kräfte, die aus den unvermeidlichen und zwingenden Ursachen, die in der Urquelle selbst entstehen, manifestiert wird, von diesem Gesichtspunkt aus als passiv gelten. Und die zweite zurückfließende Kraft muß als aktiv gelten, weil sie dauernd widerstreben muß, um die Möglichkeit zu haben, zurückzudringen oder wenigstens die Möglichkeit, der ihr entgegengesetzt fließenden ersten passiven Kraft, die ihren Anstoß aus den Urquell-Ursachen empfing, zu widerstehen.

„Und was die dritte selbständige Weltkraft angeht, so ist diese Kraft in allem und überall nichts anderes als das Resultat des Zusammenpralls dieser zwei auf-und-absteigenden-selbständigen-Grund-Kräfte.

„Obgleich diese dritte selbständige Kraft nur das Resultat der beiden ersten Grundkräfte ist, ist sie nichtsdestoweniger die vergeistigende und versöhnende Kraft jeder Weltbildung.

„Und sie ist die vergeistigende Quelle jeder Weltbildung, weil sie darin als Bestand die ganze Zeit hindurch entstehen und existieren muß, solange die gegebenen Resultate existieren, die aus verschiedenen ungewöhnlichen gegenseitigen Widerständen entstehen, die zwischen den besagten zwei Grundkräften vor sich gehen, die in ganz entgegengesetzten Richtungen fließen.

„Also, mein Junge, in diesem Sinn und in dieser Bedeutung wurden die Worte ‚Gut‘ und ‚Böse‘ zum erstenmal von diesem unseligen Makary Kronbernkzion gebraucht.

„Durch sein zuvor erwähntes ‚Bulmarschano‘ und nach anderen Gegebenheiten, die ich dort an Ort und Stelle herausfand, kristallisierte sich in mir sowohl über Makary Kronbernkzion selbst als auch über alles andere meine eigene besondere Meinung, die ganz verschieden von der ist, die die rechtschaffenen Bewohner des heiligen Planeten als Ergebnis all ihrer Untersuchungen ausdrückten, die wenn auch weise, so doch nicht direkt waren.

„Ich wiederhole, daß, obgleich die Idee des äußeren ‚Gut-und-Böse' zuerst durch die Individualität jenes Makary Kronbernkzion entstand, er doch, meiner Meinung nach, nicht schuld daran war, daß sie eine solch verderbliche Form angenommen hat.

„Wie dem auch gewesen sein mag, so machte ich mir doch tatsächlich durch eingehende und unparteiische Nachforschungen betreffs all dessen dort das Folgende an Ort und Stelle ganz klar.

„Als diese verderbliche Idee dort allmählich diese bestimmte Form annahm und für die Psyche deiner Lieblinge ein sogenannter ‚verwirklichender Faktor' in ihrem ganzen Bestand zur Kristallisation von Gegebenheiten für den phantastischen Begriff wurde, nämlich, daß es außerhalb von ihnen gleichsam objektive Quellen von ‚Gut' und ‚Böse' gäbe, die auf ihr Wesen wirken, von da an kristallisierten sich — zuerst von selbst und später durch ihr seltsames Bewußtsein — andere sonderbare Gegebenheiten in der allgemeinen Psyche eines jeden von ihnen, Gegebenheiten, die durch automatische Seins-Assoziationen die Überzeugung hervorrufen, daß die Ursachen all ihrer sowohl guten als bösen Manifestationen, nicht sie selbst persönlich noch ihr eigener verbrecherischer Wesens-Egoismus seien, sondern die einen oder andern äußeren fremden Einflüsse, die überhaupt nicht von ihnen abhängen.

„Hauptsächlich aus dieser phantastischen Idee ergab sich das Grundübel für alle diese Unglücklichen, weil sogar schon zuvor — natürlich durch immer dieselben Verhältnisse der gewöhnlichen Seins-Existenz, die sie selbst eingerichtet haben — die Gegebenheiten sich nicht mehr länger in ihnen kristallisierten, die die sogenannten ‚verschiedenen-Seins-Aspekte-einer-Weltanschauung' in ihnen hervorbringen können und sich statt dessen in ihnen eine ‚Weltanschauung' bildet, die ausschließlich auf jener

1213

verderblichen Idee von äußerem ‚Gut-und-Böse' beruht.

„Und tatsächlich haben in der heutigen Zeit deine Lieblinge schon ohne Ausnahme alle Fragen sowohl betreffs der gewöhnlichen Seins-Existenz als auch Fragen über Selbstvervollkommnung und auch über verschiedene Philosophien und alle möglichen dort existierenden ‚Wissenschaften' und natürlich auch über ihre unzähligen ‚Religionslehren' und sogar ihre berüchtigte sogenannte ‚Moralität', ‚Politik', ‚Gesetz', ‚Sitten' und so weiter, ausschließlich auf jener phantastischen jedoch für sie selbst im objektiven Sinn sehr verderblichen Idee aufgebaut.

„Wenn ich dir nun, mein Junge, außer allem, was ich dir betreffs dieser verderblichen Idee erzählt habe, noch sagen werde, wie die Wesen unseres Stammes, die nach diesem sonderbaren Planeten verbannt waren, unfreiwillig an der Entstehung einer gewissen komischen Geschichte teilnahmen, so bin ich sicher, daß du fast ein wirkliches Verständnis des berüchtigten Begriffes deiner Lieblinge über ‚Gut-und-Böse' gewinnen wirst.

„Die Wesen unseres Stammes waren in der folgenden Weise die unfreiwillige Ursache der ganzen Entstehung dieser komischen Geschichte im Prozeß der gewöhnlichen Existenz dieser merkwürdigen dreihirnigen Wesen.

„Ich habe dir schon einmal gesagt, daß viele Wesen unseres Stammes zufällig im Anfang dort existierten und sich mit den Vorfahren dieser deiner Lieblinge vermischten und sogar auf freundschaftlichem Fuße mit einigen von ihnen standen.

„Es ist nötig zu bemerken, daß, als unser Stamm tatsächlich dort unter ihnen existierte, es überhaupt nichts gab betreffs dieser ‚tragik-komischen-Geschichte', von der ich dir jetzt erzählen will, es sei denn, daß wir die Tatsache dazurechnen, daß, bevor unser Stamm jenen Planeten zum letztenmal verließ, ein Begriff unter gewissen Wesen dort entstand und zu existieren begann — zwar nur unter besonders naiven — daß die Wesen unseres Stammes gleichsam ‚unsterblich' seien.

„Und diese Vorstellung entstand damals offenbar, weil die Existenzdauer der Wesen unseres Stammes länger war als die ihre und deshalb die Fälle des heiligen ‚Raskuarno' unter unserem Stamm selten waren, oder vielleicht geschah es, daß in jenen Perioden dieser heilige Prozeß überhaupt keinem einzigen Wesen unseres Stammes widerfuhr.

„Ich wiederhole, außer dem Besagten gab es nichts anderes in jener Periode, als unser Stamm unter ihnen existierte.

„Erst später, als, verschiedener Erwägungen wegen, der Wunsch von Oben ausgedrückt worden war, daß so wenig Wesen unseres Stammes als möglich auf jenem Planeten existieren sollten, und als deshalb die Mehrzahl von uns auswanderte, um auf anderen Planeten dieses gleichen Systems zu existieren, weshalb kaum eines unserer Wesen unter ihnen verblieb, gerade von jener Zeit an begann jene zuvor erwähnte komische Geschichte, in die sogar bis heute die wirklichen Namen einiger Wesen unseres Stammes unfreiwillig verwickelt sind.

„Die Ereignisse, die diesen merkwürdigen Zufall hervorriefen, nämlich, daß diese seltsamen dreihirnigen Wesen die Namen einiger Wesen unseres Stammes mit dieser ihrer phantastischen Idee zusammenbrachten, trugen sich folgendermaßen zu:

„Bald nachdem unsere Wesen von diesem Planeten abgereist waren, bildete ein gewisser Armanatura, der der Blütezeit der Tikliamischen Zivilisation angehörte und der von Beruf ein Priester war — und zwar einer von denen dieses Berufes, die andere für ‚gelehrte-Priester' halten — als erster eine ganze ‚Religionslehre', die auf dieser verderblichen Idee beruhte.

„Eben in dieser ‚Religionslehre' erklärte er unter anderem zum ersten Mal, daß gewisse unsichtbare Geister unter uns existieren und ‚äußeres-Gut-und-Böse' verbreiten und den Menschen zwingen, dieses ‚Gut-und-Böse' wahrzunehmen und zu manifestieren, und daß die Geister, die ‚das-Gute' verbreiten, ‚Engel' genannt werden, und die ‚Geister', die ‚das-Böse' verbreiten, ‚Teufel' heißen.

„Die ‚Engel', die Träger und Verbreiter ‚des-Guten', das heißt des Allerhöchsten und des Allergöttlichsten, könnten, da sie selbst hoch und göttlich sind, niemals von Menschen gesehen oder empfunden werden.

„Was dagegen die ‚Teufel' angeht, so könnten sie, da sie den niedrigsten Ursprung haben, das heißt von ‚von-ganz-Unten' kommen, vom Menschen gesehen werden.

„Und wenn wir manchmal die ‚Teufel' nicht wirklich sehen, so geschieht dies nur durch deren Einflüsterung, und somit wächst die Sichtbarkeit der ‚Teufel' für die Wahrnehmung des menschlichen Sehens im Verhältnis zur Zunahme der ‚Rechtschaffenheit' der Leute.

„Als diese neue ‚Religionslehre' weit verbreitet war, hatten einige von ihnen, den Erzählungen deiner Vorfahren zufolge, Kunde erhalten, wonach solche Wesen, die gleichsam unsterblich waren und plötzlich verschwanden, in früheren Zeiten unter ihnen existiert hatten. Und jene Wesen beschlossen, die Vermutung zu verbreiten, daß dies offenbar jene ‚Teufel' waren, die, da sie das Entstehen einer wahren Religionslehre voraussahen und fürchteten, daß die Leute sie infolgedessen vielleicht ‚entlarven' würden, sich unsichtbar machten, aber weiter unter ihnen existierten.

„Damals erwarben die wirklichen Namen vieler Wesen unseres Stammes, die auch zufällig in der besagten Weise auf die Wesen jener Epoche kamen und in der besagten ‚Religionslehre' erschienen, eine größere und besondere Bedeutung und kamen, dieweil sie von Geschlecht zu Geschlecht weitergingen, sogar bis auf deine heutigen Lieblinge.

„Diesen Namen haben sie bis heute immer wieder alle möglichen phantastischen ‚Rollen' zugeschrieben, die es ihrer Einbildung nach unter dem ‚Gesindel' dieser Seins-Teufel geben muß, die gleichsam von UNSEREM ERSCHAFFER selbst besonders organisiert und auf jenen Planeten geschickt wurden, um sie zu verhöhnen.

„Kurzum, nach der Einbildung dieser dreihirnigen Sonderlinge unseres Megalokosmos ist ein ‚Teufel' jenes unsichtbare ‚Etwas', das auf den Befehl UNSERES ALLERHALTENDEN SCHÖPFERS hin unter ihnen auf ihrem Planeten ob gewisser Ziele UNSERES ALLERHALTERS verweilen muß.

„Diese ‚Teufel' müssen den Menschenwesen gleichsam alle Wahrheit und Falschheit eingeben und sie zwingen, bei jedem Schritt jene unzähligen ‚Schurkereien' zu begehen, die schon gleichsam eine Eigenschaft ihres Bestandes geworden sind.

„Natürlich vermutet sogar kein einziger von ihnen, daß, wenn unter ihnen im allgemeinen alle möglichen ‚Schurkereien' vor sich gehen, sie diese ‚Schurkereien' ausschließlich nur begehen, weil sie falsch existieren, weshalb sich in ihnen ihr innerer ‚Böser-Gott' bildet, den ich einmal ‚sich-selbst-beruhigen' nannte, der absolute Herrschaft über ihre ganze Psyche hat und für den allein diese Idee des ‚Äußeren-Gut-und-Böse' nötig ist.

„Auf jeden Fall ergab sich aus dieser ihrer phantastischen Idee eine sehr große Propaganda zum Lob und zur Verherrlichung des Namens unseres unvergleichlichen Luzifer, weil nirgends im Weltall seine Fähigkeiten so gepriesen und verherrlicht werden wie von deinen Lieblingen."

An dieser Stelle von Beelzebubs Erzählungen kam einer der Angestellten des Schiffes in jenen Teil des kosmischen Schiffes „Karnak", wo die Unterhaltung stattfand, und übergab Beelzebub ein gerade eingetroffenes, an ihn addressiertes ‚Leitutschanbros', und beim Hinausgehen wandte er sich an alle und rief freudig aus, daß die Widerspiegelungen der Sphäre des Planeten Karatas schon bereits zu sehen seien.

XLV. Kapitel

BEELZEBUBS MEINUNG NACH
IST DES MENSCHEN GEWINNUNG VON
ELEKTRIZITÄT AUS DER NATUR UND IHRE
VERNICHTUNG WÄHREND IHRES GEBRAUCHS
EINE DER HAUPTURSACHEN ZUR VER-
KÜRZUNG DES LEBENS DER MENSCHEN

Nachdem Beelzebub den Inhalt des ‚Leitutschanbros‘ zu Ende gehört hatte und es auf den ‚Sinua‘ neben sich, das heißt auf ein kleines Gestell, gelegt hatte, seufzte er wieder tief und fuhr folgendermaßen zu sprechen fort:

„Es wäre für unseren Megalokosmos nur halb so schlimm, wenn die Anomalitäten der gewöhnlichen Existenz der dreihirnigen Wesen dieses deines Planeten alle möglichen schlechten Folgen nur für sie selbst hätten, das heißt für dreihirnige Wesen, wie sie sind und auch für ihre Möglichkeiten, jene ‚höheren-Seins-Körper‘ vollends zu vervollkommen, die schon das außerordentliche Unglück haben, in ihnen zu entstehen oder in der Zukunft in ihnen entstehen werden.

„Der ganze Schrecken aber liegt darin, daß ihre anomale Existenz schon bereits einen schädlichen Einfluß auf die normale Existenz dreihirniger Wesen auf ganz anderen Planeten ausübt, allerdings, wie man zugeben muß, des gleichen Sonnensystems, und auch schädlich auf deren Möglichkeiten zu normaler Seins-Vervollkommnung ihrer in ihrem Bestand sich bekleidenden höheren Seins-Teile wirkt.

„Diese betrübende Tatsache von all-kosmischem Charakter erfuhr ich zufällig erst ganz kurz vor meiner endgültigen Abreise von jenem Sonnensystem ‚Ors‘.

„Für dich die interessanteste Kunde von allen Ereignissen, die ein klares Feststellen und volles Kristallisieren der ‚unvergänglichen‘ Seins-Gegebenheiten in meinem allgemeinen Bestand zu der unzweifelhaften Überzeugung gerade dieser all-kosmischen betrübenden Tatsache verursachten, dürfte die sein, daß mir darin kein anderer als das ‚Resultat‘ oder, wie deine Lieblinge sagen würden, der Sohn meines Wesensfreundes Gornachur Harharch, das junge, bewußte Individuum Gornachur Rachurch, sehr half, der seine ganze Existenz, so wie sein Erzeuger, dem Studium aller Einzelheiten der Eigenschaften des kosmischen allgegenwärtigen Okidanoch widmete und auch nach und nach würdig wurde, als eines der sogenannten ‚höher-gradigen‘ all-kosmischen gelehrten dreihirnigen Wesen zu gelten.

„Weißt du was, mein Junge? Da alle Ereignisse und Gespräche, die als die Ursache der allmählichen Aufhellung und Kristallisation der Gegebenheiten in mir für die unzweifelhafte Überzeugung dieser all-kosmischen betrübenden Tatsache dienten, überhaupt sehr interessant sind und für dich sehr lehrreich sein dürften, und da einstweilen nur die Widerspiegelungen der Sphäre unserer teuren Karatas zu sehen sind, will ich mit dir auch darüber etwas eingehender sprechen.

„Um dir eine vollere Vorstellung davon zu geben, warum sich in meinem Sein die Gegebenheiten kristallisiert haben, dies festzustellen und gründlich zu erkennen, werde ich dir der Reihe nach erzählen, was vorausging und werde mit dem Augenblick beginnen, als ich, während ich noch auf deinem Planeten war, zuerst von meiner vollen Verzeihung erfuhr.

„Sobald ich von dieser besonderen allergrößten Gnade mir gegenüber erfuhr, beschloß ich natürlich im gleichen

Augenblick, bei der ersten Gelegenheit zu dem teuren Wesensplatz meines Entstehens zurückzukehren.

„Dafür war es vor allem nötig, auf den Planeten Mars hinaufzufliegen, um mich gründlich für diese lange Reise vorzubereiten.

„Einige Tage nachdem ich deinen Planeten für immer verlassen hatte, kam ich auf immer derselben ‚Okkasion' auf dem Planeten Mars an.

„Bald nach meiner Ankunft auf dem Planeten Mars erhielten wir einen Befehl von Oben, daß ich und alle anderen Wesen unseres Stammes, die zum Orte ihres Entstehens zurückzukehren wünschten, sich auf dem Planeten ‚Saturn' versammeln sollten, zu welcher Reise das Schiff ‚Okkasion' uns zur Verfügung stand, und daß auf diesem Planeten dann das große Zwischensystemschiff ‚Allgegenwärtig' landen würde, das uns alle zu unserem Bestimmungsort bringen sollte.

„Ich mußte jedoch noch für eine gewisse Zeit auf dem Planeten Mars verweilen, um alle meine persönlichen Angelegenheiten dort zu erledigen und um verschiedene Befehle betreffs der Wesen unseres Stammes zu geben. Und gerade damals sagte man mir, daß der ‚Tuf-Nef-Tef' mich sehr gerne sehen wollte.

„‚Tuf-Nef-Tef' ist auf dem Planeten Mars der Name für das Wesen, das an der Spitze aller dreihirnigen Wesen dieses Planeten steht und dem Wesen gleicht, das in derselben Stellung auf deinem Planeten ‚König' genannt wird.

„Ich kannte diesen ‚Tuf-Nef-Tef' in seiner Jugend, als er nur ein ‚Plef-Perf-Nuf' war und ein ‚Plef-Perf-Nuf' ist fast das gleiche wie bei uns ein ‚Zerlikner' oder auf deinem Planeten Erde ein ‚Arzt'.

„Hier muß ich dir übrigens sagen, daß auf fast allen Planeten unseres großen Weltalls und ebenso auf den übrigen Planeten dieses Sonnensystems ein Wesen durch

Verdienst an die Spitze der Wesen kommt, das zuerst meistens ein ‚Plef-Perf-Nuf'" oder ‚Arzt' gewesen ist.

„Mein erstes Zusammentreffen mit dem marsischen ‚Tuf-Nef-Tef' fand statt, als wir zuerst auf diesem Sonnensystem ankamen und uns auf diesem Planeten Mars niederließen. Er war damals ein ‚Plef-Perf-Nuf' gerade auf jenem Teil der Oberfläche dieses Planeten, wo ich und alle, die mit mir kamen, unseren Wohnsitz hatten.

„Seitdem hatte er auf verschiedenen Teilen der Oberfläche des Planeten Mars als ‚Plef-Perf-Nuf' existiert und verdient, das Oberhaupt aller Wesen, die auf dem Planeten Mars vorkommen, zu werden, und als er sich dem Zustand des heiligen ‚Ischmetsch' näherte, wünschte er gerade auf jenen Teil der Oberfläche seines Planeten zurückzukehren, wo er seine Jugend verbracht hatte. Deshalb war dieser frühere ‚Plef-Perf-Nuf', der jetzige ‚Tuf-Nef-Tef', damals in der Nähe meines Wohnortes auf dem Mars.

„Dieser marsische ‚Tuf-Nef-Tef' war nach den Begriffen deiner Lieblinge schon ein außerordentlich altes Wesen, er war nach der Zeitrechnung des Planeten Mars ungefähr zwölftausend marsische Jahre alt, was nach der Zeitrechnung der Erde nicht viel weniger ist.

„Hier muß ich dir auch sagen, daß die Existenzdauer der Wesen auf dem Planeten Mars im allgemeinen fast dieselbe ist wie die aller dreizentrischen Wesen auf allen andern Planeten unseres Megalokosmos mit Ausnahme natürlich jener Wesen, die sich direkt aus den ersten ‚Tetartokosmen' bilden und deren Existenzdauer dreimal so lang sein dürfte.

„Sowohl die dreihirnigen Wesen, die auf dem Planeten Mars entstehen und existieren, als auch die dreizentrischen Wesen auf all jenen Planeten unseres Megalokosmos, auf denen eine für dreizentrische Wesen normale Existenz herrscht, haben die volle Möglichkeit, den Zustand des heiligen ‚Ischmetsch' zu erreichen, nämlich jenen Seins-Zustand, in dem die Existenz eines Wesens, was den allergrößten kosmischen ‚Iraniranumansch' betrifft, nur von jenen Stoffen abhängt, die direkt aus der Manifestation der Aller Allerheiligsten Urquelle selbst entstehen, und nicht, wie es in den anderen Wesen vor sich geht, deren Existenz von kosmischen Stoffen abhängt, die durch die Resultate aller entsprechenden Schwerpunktsverdichtungen des allkosmischen Grund-‚Ansabaluiasar' entstehen.

„Und wenn sie diesen Zustand des heiligen ‚Ischmetsch' erreichen und die Vernunft ihres höchsten Teils schon bis zum erforderlichen Grad des heiligen Maßes von Vernunft vervollkommnet haben, kann erstens der Prozeß des heiligen Raskuarno ihnen nur auf eigenen Wunsch hin widerfahren und wird zweitens ihr höchster Seins-Körper direkt auf den heiligen Planeten Fegefeuer genommen.

„Also, als ich vom Planeten Erde auf den Planeten Mars zurückgekehrt war und eiligst dort meine Angelegenheiten erledigte, wurde mir mitgeteilt, daß der ‚Tuf-Nef-Tef' des Planeten mich persönlich sehen wolle.

„Dieser Wunsch des ehrenwerten ‚Tuf-Nef-Tef' wurde mir durch unseren Ahun mittels eines sogenannten ‚Kellie-ofu'*) übermittelt.

„Der Text dieses ‚Kelli-e-ofu' war folgender: ‚Ich erfuhr, daß Euer Hochehrwürden gewürdigt wurden, von unserem ALLER VATER DEM SCHÖPFER volle Verzeihungen für die Vergehungen Eurer Jugend zu erhalten und daß Ihr jetzt mein Heimatland für immer verlasset. Und deshalb möchte ich, ein altes Wesen, Euch sehr gern sehen und Euch persönlich ein letztesmal segnen und gleichzeitig in Eurer Person allen Wesen Eures Stammes für die dauernden guten Beziehungen zu den Wesen meines Heimatlandes während so vieler Jahre danken.'

„Am Ende dieses ‚Kelli-e-ofu' war die Nachschrift:

---

*) „Kelli-e-ofu" auf dem Planeten Mars ist dasselbe was auf der Erde ein „kurzer Brief" genannt wird.

„‚Ich selbst würde mich bei Euch zu Hause vorstellen, aber wie Ihr wißt, erlaubt mir die Größe meines planetischen Körpers nicht, dies zu tun, und so bin ich gezwungen Euch zu bitten, Euch nicht zu weigern, in mein ‚Fal-Fe-Ful'*) zu kommen'.

„Ich muß sagen, daß die dreihirnigen Wesen des Planeten Mars unsere echte Natur vom ersten Anfang an kannten und auch den wahren Grund, warum wir gezwungen waren, auf ihrem Planeten zu wohnen.

„Darin waren sie nicht, wie die dreihirnigen Wesen deines Planeten, die keineswegs wußten und sogar nicht einmal vermuteten, wer wir waren und warum wir auf ihrem Planeten existierten.

„Also, mein Junge, als ich die besagte Einladung von dem ehrenwerten ‚Tuf-Nef-Tef' erhielt, beschloß ich natürlich sofort, ohne Aufschub zu ihm zu gehen, und als ich dort ankam, wandte sich dieser im vollen Sinne des Wortes große ‚Tuf-Nef-Tef' nach der Beendigung der vorgeschriebenen Zeremonien und dem dort üblichen Austausch von Liebenswürdigkeiten mit der Bitte an mich, die gerade die Ursache für die folgende Kristallisierung der entsprechenden Gegebenheiten für die unbezweifelbare Überzeugung in mir war, daß die Resultate, die sich aus der anomalen Existenz der dreihirnigen Wesen deines Planeten ergeben, bereits schon angefangen haben, schädlich auch auf die gewöhnliche Existenz der dreihirnigen Wesen auf dem Planeten Mars zu wirken, was ihre ‚Fähigkeit' betrifft, sich zu vervollkommnen, wie es allen dreihirnigen Wesen zukommt.

„Ich werde versuchen, dir in unserer Sprache den Inhalt dieser Aufforderung des großen ‚Tuf-Nef-Tef' fast wortgetreu wiederzugeben.

„Er sagte damals folgendes:

---

*) „Fal-Fe-Ful" bedeutet in marsischer Sprache eine Wohnung.

„‚Euer Hochehrwürden!

„‚Durch die allergnädigste Verzeihung, die Euch von Oben zuteil geworden ist, habt Ihr wieder das Recht erworben, Eure wohlverdienten Wünsche zu verwirklichen. Und durch diese alles umfassende Gnade habt Ihr wieder alle Möglichkeiten, das zu werden, was Ihr lang zuvor durch Eure früher erworbenen Verdienste hättet sein können, was Vernunft angeht, und natürlich werdet Ihr von jetzt an, Euer Hochehrwürden, zweifellos verschiedene Individuen treffen, die Eurer Vernunft entsprechen und schon höhere Vernunftgrade erreicht haben.

„‚Und so nehme ich mir die Freiheit, mich an Euch als meinen alten Freund mit der Bitte zu wenden, daß, wenn Ihr diese Individuen trefft, Ihr Euch meiner, eines alten Wesens, erinnern möget und nicht vergesset, sie um ihre Meinung über jene Tatsache zu bitten, die in den letzten Jahren fast die ganze Zeit ein Schock zur Entstehung störender Assoziationen in all meinen vergeistigten Teilen war, und daß, wenn Ihr ihre Meinung erfahren habt, Ihr Euch nicht weigert, sie mir irgendwie bei passender Gelegenheit mitzuteilen.'

„Und er fuhr weiter fort:

„‚Die Sache ist die, daß ich in den letzten paar ‚Ftofus' sehr genau feststellte, daß unter den Wesen unseres Planeten die ‚Nurfuftafaf'*) mit jedem ‚Ftofu' zunimmt, und gleichzeitig damit beobachtete ich in ihnen ein proportionales Abnehmen der Intensität ihrer ‚Potenz' für die Möglichkeit zu ‚aktivem-Denken'.

„‚Seit ich diese für die Wesen unseres Planeten so beklagenswerte Tatsache zuerst entdeckte, dachte ich intensiv über ihre Ursache nach und forschte nach ihr, um den Wesen, die sich mir anvertraut haben, entsprechende An-

---

*) Der Ausdruck „Nurfuftafaf" bedeutet auf dem Planeten Mars etwas Ähnliches wie das, was auf dem Planeten Erde „Willenlosigkeit" genannt wird.

ordnungen geben zu können, um ihnen in ihrem Kampf zu helfen, diesen beklagenswerten Faktor auszurotten, der neu in ihrem Bestand entstanden war; aber trotzdem ich sehr oft und lange über diese mich dauernd beschäftigende Frage nachdachte, war ich bis jetzt noch nicht einmal fähig, mir auch nur ungefähr klarzumachen, was dem Übel zu Grunde liegt und welche entsprechende Maßnahmen getroffen werden könnten, um dieses Übel zu vernichten.'

„So endete die Bitte des ehrenwerten ‚Tuf-Nef-Tef‘ des Planeten Mars. Und natürlich, mein Junge, versprach ich damals sogleich diesem meinem ältesten Freund, mich nach all dem bei meinem ersten Zusammentreffen mit einem entsprechenden Individuum zu erkundigen und ihm unbedingt die Antwort mitzuteilen.

„Einige marsische Tage nach diesem Interview, von dem ich dir soeben erzählte, verließen wir diesen gastfreundlichen Planeten für immer und flogen zum Planeten Saturn.

„Sobald wir auf dem Planeten Saturn angekommen waren, kam das Haupt unseres Stammes dort zu uns und teilte uns den Inhalt eines Ätherogramms mit, das er gerade erhalten hatte und worin gesagt war, daß das große Zwischensystemschiff ‚Allgegenwärtig‘ erst früh im ‚Hre-Hri-Hra‘ auf dem Planeten Saturn landen würde.

„Dieses Wort ‚Hre-Hri-Hra‘ bedeutet dort eine jener Zeitperioden, die durch eine bestimmte Stellung dieses Planeten einerseits zur Sonne seines Systems und anderseits zu einem anderen Planeten dieses selben Systems namens ‚Neptun‘ bestimmt wird.

„In einem Jahr gibt es sieben dieser bestimmt festgesetzten Perioden dort auf dem Planeten Saturn und eine jede hat ihren eigenen Namen.

„Da nach der Zeitrechnung des Planeten Mars bis zu dieser ‚Hre-Hri-Hra‘ fast eine halbe ‚Fus‘ blieb, oder nach

der Zeitrechnung deiner Lieblinge, ungefähr eineinhalb
Monate, beschlossen wir unsere gewöhnliche Seins-Existenz dort während dieses Wartens in einer mehr oder
weniger passenden Weise einzurichten.

„Ein Teil unserer Wesen blieb auf dem Schiff ‚Okkasion' selbst, andere fanden in den Plätzen Unterkunft,
die uns die liebenswürdigen Wesen des Planeten ‚Saturn'
anboten, und ich mit Ahun ging zum Rirch, das heißt zu
eben jenem großen bevölkerten Zentrum der dortigen
Wesen, wo mein Freund Gornachur Harharch existierte.

„Am Abend unserer Ankunft dort fragte ich diesen meinen Wesensfreund im Laufe unserer freundschaftlichen
Unterhaltung unter anderem, wie die Existenz seines Erben verlaufe, das heißt meines teuren ‚Kesdschanischen-
Resultates-außerhalb-von-mir' oder, wie deine Lieblinge
sagen würden, meines Patenkindes Gornachur Rachurch.

„Er dankte mir und sagte, daß Rachurch ganz wohl existiere, daß er sein Erbe schon in allen Hinsichten sei und
daß er zum Ziel seiner Existenz auch das Studium der Einzelheiten des allgegenwärtigen Stoffes Okidanoch gemacht
habe, der auch für ihn selbst früher das Ziel seiner ganzen
verantwortlichen Existenz gewesen sei.

„Nach einer kurzen Pause fügte er hinzu, daß, was das
Wissen um die Frage des kosmischen Stoffes ‚Okidanoch' betreffe, sein Erbe es schon dahin gebracht habe,
wie er es selbst ausdrückte, ‚dessen-eigentliches-Wesen-
aufzuspüren'.

„Er sagte ferner, daß durch die Resultate der wissenschaftlichen Errungenschaften seines Erben alle Gegebenheiten für alle Überzeugungen, die sich zuvor in seinem
Wesen kristallisiert hatten durch beharrliche Bemühungen während langer Jahre, zu jener Zeit nicht nur vollends
dekristallisiert waren, sondern daß sie sogar vollends all
seine Erfindungen betreffs der Untersuchungen dieses allgegenwärtigen kosmischen Stoffes vernichtet hatten, wo-

runter auch seine berühmte ‚nicht-ausstrahlende-Lampe‘ war. Und nach einem tiefen Seufzer endete er, indem er sagte:

„‚Ich stimme jetzt vollends mit der Meinung des ‚Resultates meines Ganzen‘ überein, daß es das größte Unglück für mich war, daß ich mich so lange mit dieser im objektiven Sinne absolut ‚nicht-gut-zu-machenden‘ Sünde abgegeben habe.‘

„Als wir dann über verschiedene zufällige Themen sprachen, kamen wir auch im Lauf der Assoziationen von Seins-Denken auf die dreihirnigen Wesen auf dem Planeten Erde zu sprechen.

„Du erinnerst dich, daß ich dir schon sagte, daß mein Freund Gornachur Harharch immer über meine Beobachtungen ihrer seltsamen Psyche Mitteilung erhielt, die ich sowohl ihm als auch deinem Onkel Tuilan sandte, sogar mit Kopien einiger meiner Notizen.

„Also, als wir über die dir lieben dreihirnigen Wesen sprachen, traf es sich, daß Gornachur Harharch mich zufällig fragte:

„‚Sagt mir bitte, mein Freund, eist es möglich, daß die allgemeine Existenzdauer dieser Unseligen noch weiterhin abnimmt?‘

„Als ich ihm den jetzigen Zustand der Dinge in dieser Hinsicht zu erklären begann und ihm neue Gegebenheiten vermittelte, die ich betreffs jener Anomalität dort aufgedeckt hatte, gerade in jenem Augenblick kam das ‚Resultat‘ Gornachur Harharchs, Gornachur Rachurch, in das Zimmer, in dem wir waren.

„Der Neuangekommene hatte genau die gleiche Erscheinung wie sein ‚Erzeuger‘, sah sehr männlich aus und war voll feuriger Jugend.

„Als er seinen Platz auf der Stange eingenommen hatte, wie es den dreihirnigen Wesen jenes Planeten eigen ist, begrüßte er mich, wie es dort üblich ist, mit einer ‚engelhaft-melodischen' Stimme mit freundlichen und gefälligen Wünschen von Seins-Gefühl.

„Und zum Schluß sagte er mit einem gewissen Pathos:

„ ‚Obgleich Ihr nur mein Kesdschanischer Vater seid, haben sich doch — deshalb wohl, weil ihr während meiner ‚Hir-Hir'*) mit dem Gefühl einer vollen und gründlichen Erkenntnis der göttlichen Verpflichtungen, die ihr betreffs meiner übernommen habt, erfüllt wart — in meinem ganzen Bestand, was Euch betrifft, Gegebenheiten kristallisiert, die denen gleichkommen, die im allgemeinen in jedem dreihirnigen Wesen zu seinem eigenen Erzeuger sein sollten, und es ist zweifellos gerade deshalb, daß ich sehr oft an Euch denke und jedesmal in meinen Gedanken für Euch solche Umstände wünsche, die im allgemeinen im objektiven Sinn zu einer guten und glücklichen Zukunft führen können.'

„Du hast wahrscheinlich, mein Junge, nicht verstanden, was ich meinte, als ich dir sagte, daß Gornachur Rachurch seinen Platz auf einer ‚Stange' einnahm.

„Du mußt wissen, daß die dreihirnigen Wesen dieses Planeten durch ihre äußere Bekleidung allmählich die Gewohnheit erwerben, daß sie sich nur in der Haltung ausruhen können, wenn sie, nachdem sie sich in einer besonderen Weise gebückt haben, das ganze Gewicht ihres planetischen Körpers auf ihren unteren Extremitäten ruhen lassen und für dieses Ausruhen mußten sie in einer bestimmten Höhe sein. Und somit ergab sich allmählich für die dreihirnigen Wesen dort der Brauch, in einer gewissen Höhe in den Zimmern, in denen sie existierten, besondere Stäbe zum Ausruhen anzubringen, die sie ‚Stangen' nennen.

„Ich kann dir ebensowohl hier sagen, daß diese ‚Stan-

---

*) „Hir-Hir" auf dem Planeten Saturn ist der Name, den man jener heiligen Zeremonie gibt, die dem gleichkommt, was auf dem Planeten Erde „Taufe" genannt wird.

gen' von ihnen mit verschiedenem Zierrat geschmückt, oder alle möglichen Figuren herausgeschnitzt werden, genau so wie es auch deine Lieblinge tun, die dieselbe Schwäche hinsichtlich ihrer sogenannten ‚Möbel' manifestieren.

„Also, nachdem er seinen Platz auf seiner ‚Stange' eingenommen und sein Willkommen zum Ausdruck gebracht hatte, nahm mein teures ‚kesdschanisches-Resultat-außerhalb-von-mir', das heißt mein Patenkind Gornachur Rachurch, an meinem Gespräch mit Gornachur Harharch teil.

„Und, mein Junge, da es mich in unserer allgemeinen Unterhaltung über verschiedene Themen unter anderem interessierte, von meinem Patenkind zu erfahren, was der Grund war, der zur Kristallisierung der Gegebenheiten in seinem Bestand führte, die den Impuls in ihm erzeugt hatten, sich ernstlich mit der Aufklärung der Einzelheiten des allgegenwärtigen kosmischen Stoffes Okidanoch zu beschäftigen, durch die er, so wie sein Erzeuger, würdig geworden war, einige große kosmische Entdeckungen zu machen, wurde mir durch die Antwort des jungen Rachurchs und deren aufklärende Einzelheiten über diese Frage klar, daß die anomale Existenz deiner Lieblinge allmählich schon täglich auf die normale Existenz und die bewußte Selbstvervollkommnung der Wesen auf dem Planeten Mars wirkt. Gleichzeitig gewann ich durch seine eingehende Antwort, die auf wissenschaftlicher Grundlage beruhte, auch Gegebenheiten zur Aufklärung jener Frage, um deren Lösung mein alter marsischer Freund, der große ‚Tuf-Nef-Tef', sich an mich mit seiner Bitte gewandt hatte.

„Ich will versuchen, mein Junge, dir in unserer Sprache alle Gedanken seiner Antwort so genau wie möglich wiederzugeben.

„Nachdem Gornachur Rachurch ein wenig über die Frage, die ich ihm gestellt hatte, nachgedacht hatte, erwiderte er mit tiefem Ernst:

„‚Am Anfang meiner Existenz, nämlich in dem Alter, als

ich mich noch vorbereitete, ein verantwortliches Wesen zu werden, widmete ich, wie es allen dreihirnigen Wesen dieses Alters geziemt, den größeren Teil meiner Zeit dem, mich in der ‚Fähigkeit' zu üben, ‚aktiv-und-lange-nachzudenken'; und so ergab es sich von selbst, daß ich mich in der zu meinem Ausruhen nötigen Zwischenzeit mit den verschiedenen Experimentier-Apparaten meines Erzeugers beschäftigte.

„‚Und gerade in jener Periode meiner Existenz bemerkte ich mehr als einmal, daß die Kraft und Intensität meines aktiven Denkens an bestimmten Tagen besonders nachließ.

„‚Was ich damals feststellte, rief in mir ein subjektives Interesse hervor, das als Quelle zur Erzeugung des erforderlichen Impulses für die gründliche Erkenntnis der Ursache dieser Tatsache in meinem Bestand diente, und von da an fing ich an, sowohl auf mich selbst als auch auf was um mich herum vor sich ging, achtzugeben und die Ursachen dafür herauszufinden, und nach einem ‚Rchi' war ich zweifellos überzeugt, daß dieser unerwünschte Zustand sich jedesmal an dem Tag einstellte, wenn unser großer ‚Lebens-Tschakan'*) in Betrieb war.

„‚Gerade diese Tatsache, die ich damals zum erstenmal feststellte, war die Ursache, daß ich von da an mich ernstlich für diesen allgegenwärtigen kosmischen Stoff interessierte und mich ganz dem Studium seiner Einzelheiten widmete.

„‚Daher kam ich vom ersten Anfang meiner folgenden experimentellen Aufklärungen in den Besitz eines sehr umfangreichen Beweismaterials und machte mir selbst und anderen klar, daß der allgegenwärtige Stoff Okidanoch ein solches Teilchen des allgemeinen Bestandes der Atmosphäre unseres Planeten und offensichtlich des Bestandes

---

*) „Lebens-Tschakan" entspricht ungefähr dem, was man auf Erden einen „Dynamo" nennt.

der Atmosphären anderer Planeten ist, das sowohl am Entstehen jeder planetischen als auch aufplanetischen Bildung teilnimmt — worunter natürlich auch der ‚Hraprachabichrochnische' Teil jedes Wesens ist — wie auch der Erhaltung seiner Existenz.

„ ‚Durch meine weiteren experimentellen Aufklärungen erkannte ich auch ohne jeden Zweifel, daß, obgleich unser Sonnensystem wie alle anderen Sonnensysteme des großen Weltalls sein eigenes ‚Ansanbaluiazar' hat, und jeder Planet mit seiner Atmosphäre ein besonderer Verdichtungsort der einen oder anderen Klasse kosmischer Stoffe des gegebenen Systems ‚Ansanbaluiazar' ist, der kosmische Stoff ‚Okidanoch' doch ein unerläßlicher und vorherrschender Teil des Bestandes eines jeden Planeten ist.

„ ‚Und später wurde mir auch dank meiner Experimente klar, daß dieser kosmische Stoff, zufolge des all-universalen Gleichgewichts in jedem System in einer genau entsprechenden Proportion verdichtet ist und auch in einer genau bestimmten Proportion unter die Atmosphären aller Planeten des betreffenden Sonnensystems verteilt ist, und daß, wenn dieser universale Stoff durch Zufall oder absichtlich an einem Platz des atmosphärischen Raumes aufgebraucht wird, er unbedingt zum Gleichgewicht seiner allgemeinen Proportionalität in der Atmosphäre wieder aufgefüllt werden muß, und dies geschieht, indem er von anderen Plätzen her einströmt, und demzufolge muß dieses ausgleichende Transponieren des Okidanoch nicht nur von einem Raum zu einem andern in der Atmosphäre eines Planeten stattfinden, sondern auch von der Atmosphäre eines Planeten nach der Atmosphäre eines anderen Planeten, wenn in diesem andern Planeten aus irgendeinem Grund mehr als die bestehende Norm verbraucht wird.

„ ‚Schließlich machte ich noch weiter sehr bestimmt und von jedem Aspekt aus meiner Vernunft klar und bewies andern, daß der allgegenwärtige kosmische Stoff Okidanoch, der in unserer Atmosphäre vorhanden ist und dauernd wieder aufgefüllt wird, nicht nur für den allgemeinen Bestand unseres Planeten nötig und für jede Art von Entstehung und Existenzerhaltung höchst wichtig ist, sondern auch, daß das Wesen sowohl jeder ‚relativ-selbständigen' inplanetischen und aufplanetischen Bildung als auch das der Wesen jedes Hirnsystems und jeder äußeren Bekleidung von diesem Stoff abhängt und ebenfalls, daß die Möglichkeit für dreihirnige Wesen sich zu vervollkommnen und schließlich mit dem Ur-Grund von allem Existierenden zu verschmelzen auch ausschließlich davon abhängt.

„ ‚Ich wiederhole, daß ich als Resultat all meiner experimentellen Aufklärungen sehr bestimmt für mich selbst erkannte und unbezweifelbare Gegebenheiten für die Möglichkeiten erwarb, um allen Wesen meinesgleichen um mich herum von allen Seiten her zu beweisen, daß die Vernichtung des allgegenwärtigen kosmischen Stoffes Okidanoch im Bestand des Planeten und seiner Atmosphäre fast der bewußten Vernichtung aller Bemühungen und Resultate des ‚ersten-heiligen-Ur-Grundes' von allem Existierenden gleichkommt.'

„Mit diesen Worten endigte mein teures Patenkind, der junge hochgesinnte Gornachur Rachurch, den das Thema seiner Darlegungen mitgerissen hatte, sein Gespräch.

„Mitten in Gornachur Rachurchs Gespräch über die erwähnten Eigenschaften des allgegenwärtigen kosmischen Okidanoch und die unausbleiblichen Folgen seiner Gewinnung und Vernichtung aus dem Bestand deines Planeten entstand in mir der Verdacht und stiegen in meinem Gedächtnis allmählich alle möglichen allgemeinen Bilder wieder auf — die ich früher während meines persönlichen Aufenthaltes unter deinen Lieblingen und während meiner genauen Beobachtungen ihrer Existenz vom Planeten Mars durch die Eindrücke ihrer gewöhnlichen Seins-Existenz gewonnen hatte — wie sie in verschiedenen Perioden wiederholt diesen Stoff oder seine einzelnen Teile aus der Natur ihres Planeten gewannen und ihn für ihre verschiedenen naiv-egoistischen Ziele gebrauchten.

„Und als ich mich während der weiteren Erklärungen Gornachur Rachurchs assoziativ der Bitte des großen ‚Tuf-Nef-Tef' des Planeten Mars erinnerte, wurde ich mir mit meinem ganzen Sein zweifellos aller verderblichen Folgen gerade dieser Manifestation der dreihirnigen Wesendeines Planeten bewußt.

„Sie nannten die Gesamtheit oder die einzelnen Teile dieses gerade für sie heiligen Stoffes in verschiedenen Perioden verschieden und heutzutage nennen sie das Resultat der Verschmelzung und gegenseitigen Vernichtung zweier Teile dieses allgegenwärtigen Stoffes ‚Elektrizität'.

„Obwohl sie schon verschiedene Male in früheren Epochen — dank natürlich immer zufällig zusammentreffender Umstände — herausgefunden haben, wie sie durch verschiedene Mittel aus der Natur ihres Planeten verschiedene Teile dieses allgegenwärtigen Stoffes, der für normale kosmische Prozesse absolut notwendig ist, gewinnen, und für alle möglichen ihrer, wie ich schon gesagt habe, ‚naiv-egoistischen' Ziele nutzbar machen können, so haben sie aber doch noch nie so viel davon vernichtet wie in der letzten Zeit.

„So also wurde mir durch die Erklärungen meines ‚kesdschanischen-Resultats-außerhalb-von-mir' erstens unzweifelhaft die bereits schon begonnene verderbliche Wirkung der Resultate der gewöhnlichen anomalen Seins-Existenz der dir lieben dreihirnigen Wesen klar und zweitens die beunruhigende Frage von selbst gelöst, warum nämlich in der letzten Zeit es immer schwerer für die dreihirnigen Wesen des Planeten Mars geworden ist, sich zu vervollkommnen.

„Was die Lösung dieser Frage in dieser Weise angeht, so könnte ich sagen, daß sie sich so ergab, wie es für solche Fälle in einem selten gebrauchten weisen Ausspruch unseres geschätzten Mulla-Nassr-Eddin heißt, der da sagt:

„ ‚Man kann niemals wissen, wer einem aus Galoschen heraushelfen wird.'

„Und die Lösung dieser Frage wurde dadurch erzielt, weil mein sehr alter Freund an Individuen mit ganz anderen Gegebenheiten und Möglichkeiten als diese meine Saturnfreunde dachte, die nur gewöhnliche dreihirnige Wesen waren; mein Freund vermutete jedenfalls nicht, daß in den meisten Fällen betreffs dieser Fragen gerade solche gewöhnliche dreihirnige Wesen, die Kunden über alle möglichen echten kosmischen Tatsachen ausschließlich durch ihre Seins-Partkdolgpflicht erwerben, kompetenter sind als die Engel oder Cherubim mit ihrem fertigen Sein, die, obgleich zu höheren Vernunftgraden vervollkommnet, doch in praktischer Gegenüberstellung nur solche Individuen zu sein scheinen, die unser immer geschätzter Mulla-Nassr-Eddin mit den folgenden Worten charakterisiert:

„ ‚Nie-wird-der-die-Leiden-eines-andern-verstehen-können,-der-sie-nicht-selbst-erlebt-hat,-auch-wenn-er-göttliche-Vernunft-und-die-Natur-eines-echten-Teufels-besitzt.' "

An dieser Stelle von Beelzebubs Erzählung verbreiteten sich durch das ganze Zwischensystemschiff ‚Karnak' künstlich erzeugte Vibrationen, die die Eigenschaft besaßen, daß sie durch den allgemeinen Bestand aller Passagiere des Schiffes gingen und auf die sogenannten ‚Vagusnerven' des Magens wirkten.

Diese künstlich erzeugte Manifestation war eine Ankündigung für die Passagiere, sich in dem allgemeinen sogenannten ‚Dschamitschunatra' zu versammeln, einer Art von irdischem ‚klösterlichem-Refektorium', in dem man die ‚zweite-Seins-Nahrung' gemeinsam einnahm.

XLVI. Kapitel

BEELZEBUB ERKLÄRT SEINEM ENKEL DIE BEDEUTUNG DER VON IHM GEWÄHLTEN FORM UND REIHENFOLGE, IN DER ER DIE KUNDE ÜBER DEN MENSCHEN DARLEGTE

Nach dem Prozeß der Aufnahme der zweiten Seins-Nahrung kehrte Beelzebub nicht sofort aus dem ‚Dschamitschunatra' dahin zurück, wo er seine Zeit gewöhnlich im Gespräch verbrachte, sondern ging zuerst zu seinem ‚Kesschah'.

‚Kesschah' ist der Name für jene Abteile auf Raumschiffen, die auf irdischen Schiffen ‚Kabinen' heißen.

Beelzebub ging zuerst in sein Kesschah, um seinen schon sehr altersschwachen Schwanz ein wenig in einer gewissen Flüssigkeit zu kühlen, was er seines hohen Alters wegen von Zeit zu Zeit tun mußte.

Als er aus seinem Kesschah zurückkam und leise jene Abteilung des Schiffes ‚Karnak' betrat, wo sie gewöhnlich ihre Zeit verbrachten, sah er unerwartet das folgende ungewohnte Bild:

Sein geliebter Enkel Hassin stand mit dem Gesicht zur Ecke gewandt, die Hände vor den Augen und weinte. Beelzebub ging tief bewegt rasch auf Hassin zu und fragte ihn mit einer Stimme, die große Besorgnis verriet:

„Was ist dir, mein teurer Junge! Weinst du wirklich?"

Hassin wollte antworten, aber es war zu sehen, daß das Schluchzen seines planetischen Körpers ihn vom Sprechen abhielt.

Erst nach einer ziemlich langen Zeit, als der planetische

Körper Hassins sich ein wenig beruhigt hatte, blickte er seinen Großvater mit sehr traurigen Augen, zugleich jedoch mit einem liebevollen Lächeln, an und sagte:

„Mache dir um mich keine Sorgen, mein teurer Großvater, dieser Zustand geht bald vorbei.

„Offenbar habe ich während des letzten ‚Dianosk' sehr viel aktiv nachgedacht und aller Wahrscheinlichkeit nach hat sich durch dieses ungewohnte ‚neu-getempote' Funktionieren das allgemeine Tempo des Funktionierens meines ganzen Bestands geändert.

„Und bis dieses neue Tempo meines Denkens mit den andern Tempi des schon in mir bestehenden allgemeinen Funktionierens harmoniert, werden jedenfalls solche Anomalitäten, wie dieses Weinen, noch in mir vor sich gehen.

„Ich muß gestehen, mein teurer Großvater, daß die Grundursache zur Entstehung eines solchen Zustandes in meinem allgemeinen Bestand die war, daß in meinem Denken assoziativ das Bild der Lage und Bestimmung jener unseligen ‚höheren-Seins-Körper' entstand, die durch verschiedene zufällige Ereignisse entstehen und sich im Bestand der irdischen dreihirnigen Wesen halb formen.

„Diese assoziativen Gedanken mit einem dementsprechend anwachsenden Impuls von Traurigkeit begannen noch in dem ‚Dschamitschunatra' während der heiligen Aufnahme der zweiten Seins-Nahrung. Der Gedanke an sie entstand in meinem Denken assoziativ, als ich übervoll von Glück war von all dem, was sich dort ereignete.

„Es begann in mir zu denken betreffs dieser unseligen dreihirnigen Wesen, über die du mir soviel Kunden in der letzten Zeit mitgeteilt hast, daß nur durch die Folgen der Eigenschaften jenes für sie verfluchten ‚Etwas' — das durch überhaupt nicht von ihrem Wesen abhängende Ursachen, sondern ausschließlich nur durch den Mangel an Voraussicht einiger Allerhöchster Heiliger Individuen in den Bestand ihrer Vorfahren eingeimpft worden war —

nicht nur ihre höheren Seins-Körper, wenn sie sich in ihnen bekleiden, sondern auch sie selbst als gewöhnliche Wesen für immer der Möglichkeit beraubt sind, jene Seligkeit zu erleben, die im Bestand aller Arten von relativ selbständigen Individuen bei einem solchen heiligen gemeinsamen Aufnehmen der zweiten Seins-Nahrung erfahren wird, an dem wir soeben teilgenommen haben."

Als Hassin zu sprechen aufgehört hatte, sah Beelzebub lange und starr in seine Augen und sagte dann mit einem Lächeln, das einen Seins-Impuls von Liebe erkennen ließ:

„Jetzt sehe ich, daß du tatsächlich während des letzten ‚Dianosk' viel aktiv nachgedacht hast oder, wie einige deiner heutigen Lieblinge es ausdrücken würden, ‚in-dieser-Zeit-hast-du-innerlich-nicht-geschlafen'. Laß uns nun unsere gewohnten Plätze einnehmen und über jenes Thema sprechen, auf das zurückzukommen ich dir schon einmal versprach und das dem jetzigen Vorfall ganz angepaßt ist."

Als sie Platz genommen und auch Ahun gekommen war, begann Beelzebub und sagte:

„Vor allem will ich damit beginnen, nach außen hin in Worten dem in meinem ganzen Bestand vor sich gehenden Impuls von Freude über dich Ausdruck zu verleihen. Ich persönlich bin sehr froh über diese Krise, die sich ereignet hat und noch in dir anhält. Ich bin hauptsächlich froh, weil dein aufrichtiges Schluchzen, das ich sah und das gerade in dieser jetzigen Periode deiner Existenz sich manifestiert, wo du nach den Gesetzen des großen Heropas an der Schwelle zum Sein eines verantwortlichen Wesens bist — das heißt in gerade dem Alter, wo sich alle Arten von Gegebenheiten für jenes Funktionieren, das während der verantwortlichen Existenz jedes dreihirnigen Wesens seine Individualität ausmacht, kristallisieren und ein harmonisches Tempo im allgemeinen Funktionieren annehmen —, mir dadurch die Versicherung gibt, daß die ungefähre Erkenntnis oder sogar nur die Empfin-

FORM UND REIHENFOLGE DER DARLEGUNG

dung von sozusagen dem ‚Geschmack' dieser meiner Seins-Freude die auf den ersten Blick unlogisch erscheint, sehr wünschenswert und sogar für dich für deine verantwortliche Existenz notwendig ist, ebenso wie für alle dreihirnigen Wesen, die verantwortliches Alter erreichen. Deshalb will ich dir vor allem darüber sprechen.

„Dein Weinen gibt mir auch die Versicherung, daß in deiner künftigen verantwortlichen Existenz auch jene Seins-Gegebenheiten in deinem ganzen Bestand sein werden, die die Grundlagen des Wesens jedes Trägers Göttlicher Vernunft sind, und die sogar UNSER ALLER VATER in Worten formuliert hat, die über dem Haupteingang des heiligen Planeten Fegefeuer geschrieben stehen und folgendes anordnen:

„ ‚NUR-DER-HAT-HIER-ZUTRITT,-DER-SICH-IN-DIE-LAGE-DER-ANDERN-RESULTATE-MEINER-BEMÜHUNGEN VERSETZT.'

„Das gerade zeigte dein Wesen in diesem Fall als du, da du persönlich Seligkeit empfandest und dich zufällig assoziativ daran erinnertest, daß andere dessen beraubt sind, deshalb aufrichtig mit deinem ganzen Bestand schluchztest.

„Ich bin noch besonders für dich froh, weil die besagten einem Wesen nötigen Gegebenheiten gerade zu der Zeit zu funktionieren beginnen, wo sich in dir all jene Seins-Gegebenheiten bilden und kristallisieren, was keineswegs von eines Wesens eigener Vernunft abhängt, sondern ausschließlich nur von den Wesen seiner Umgebung, den äußeren Verhältnissen und dem größten allkosmischen ‚Iraniranumansch'.

„Nun also können wir zu dem von mir beabsichtigten Thema zurückkehren, das heißt, warum ich dir auf unserer ganzen Reise auf diesem Raumschiff so viel und in dieser Reihenfolge über die auf dem Planeten Erde vorkommenden dreihirnigen Wesen erzählt habe.

„Du mußt wissen, daß ich, als ich auf unsere teure Karatas zurückkehrte, da ich aller andern Seins-Pflichten ledig war, freiwillig die verantwortliche Leitung deines abschließenden ‚Oskiano' zum Sein eines verantwortlichen Wesens übernahm, oder wie deine Lieblinge sagen würden, deine ‚Erziehung'. Und da die jetzige Periode deiner Existenz für dich gerade jene Periode ist, wo im allgemeinen in dreihirnigen Wesen all jene in ihnen vorhandenen Funktionen harmonisch werden, die insgesamt in ihnen während ihrer verantwortlichen Existenz jene Form von Denken verwirklichen, die ‚gesundes Denken' genannt wird, nahm ich mir vor, als wir uns auf diese Reise in dem Raumschiff ‚Karnak' begaben, diese Zeit zu benutzen, um dir zu helfen, damit das Harmonisieren der verschiedenen Funktionen in dir und die Bildung deines künftigen aktiven Denkens, das davon abhängt, gerade in der Ordnung vor sich gehen sollte, von deren Richtigkeit ich mich mit meinem ganzen Bestand im Prozesse meiner langen persönlichen Existenz überzeugt habe.

„Als ich am Anfang unserer Reise bemerkte, daß dich die dreihirnigen Wesen auf dem Planeten Erde sehr interessieren, beschloß ich dein Interesse zu befriedigen und dir alles über sie in einer solchen Weise zu erzählen, daß sich in dir die nötigen sozusagen ‚Egoplastikuri' für deine künftigen Seins-Assoziationen ohne jede Beimischung von Zweifel kristallisieren können.

„Deshalb habe ich mich in fast all meinen Erzählungen genau an die zwei folgenden Prinzipien gehalten:

„Erstens: Nichts zu sagen, als ob es meine persönliche Meinung sei, damit sich die für deine eigenen Überzeugungen nötigen Gegebenheiten nicht in einer von den Meinungen eines anderen vorbereiteten Form kristallisieren würden.

„Und zweitens, dir in gerade einer solchen Ordnung und geplanten und ausgewählten Reihenfolge über alle

Ereignisse zu erzählen, die sich auf diesem Planeten Erde zutrugen, und zugleich über das Entstehen verschiedener allmählich fortschreitender innerer und äußerer Anomalitäten im Prozeß der gewöhnlichen Seins-Existenz dieser dir lieben dreihirnigen Wesen, — Anomalitäten, die sie insgesamt in ihren jetzigen trostlosen und fast unentrinnbaren Zustand gebracht haben, — damit du dein eigenes subjektives Beurteilen aller Ursachen allein auf Grund gewisser Tatsachen, die ich dir erzählt habe, lenken kannst.

„Ich beschloß, dies zu tun, damit sich viele ‚Egoplastikuri' verschiedenen Wesens für deine künftige logische Gegenüberstellung in den entsprechenden Lokalisierungen deines allgemeinen Bestandes kristallisieren würden und damit auch in dir durch aktives Denken die entsprechende Ausarbeitung der heiligen Stoffe ‚Abrustdonis' und ‚Helkdonis' zum Zweck der Bekleidung und Vervollkommnung deiner beiden ‚höheren-Seins-Teile' intensiver vor sich gehe.

„Damit nun, mein Junge, was ich in diesem Augenblick sagte, dir noch verständlicher werde, halte ich es für nötig, noch einmal in einer anderen und bestimmteren Form den aus verschiedenen Motiven schon mehrmals von mir hervorgehobenen Unterschied klarzumachen, der zwischen dem, was man in dreihirnigen Wesen im allgemeinen ‚Wissen' und dem, was man in ihnen ‚Verstehen' nennt, besteht.

„Damit dieser Unterschied klar herauskommt, will ich die gewöhnliche Vernunft deiner heutigen Lieblinge mit der Vernunft dreihirniger Wesen im allgemeinen auf anderen Planeten unseres großen Megalokosmos vergleichen.

„Dabei könnte man die Vernunft, die sie in sich haben und die schon vollends festliegt, auch wenn sie selbst sie ‚bewußte Vernunft' nennen als ‚Vernunft-des-Wissens' bezeichnen und die Vernunft der anderen dreihirnigen Wesen ‚Vernunft-des-Verstehens'.

„Die bewußte ‚Vernunft-des-Verstehens', die im allgemeinen allen dreihirnigen Wesen zukommt, ist ein ‚Etwas', das mit ihrem allgemeinen Bestand verschmilzt, und deshalb wird jede Art von Kunde, die mit dieser Vernunft aufgenommen wird, für immer ein unzertrennlicher Teil von ihnen. Die mit dieser Vernunft aufgenommenen Kunden oder Resultate, die durch Seins-Kontemplation der Gesamtheit früher aufgenommener Kunden erzielt werden, bleiben, wie auch ein Wesen selbst sich ändern mag, und was für Änderungen in den Sphären um es herum auch vor sich gehen mögen, für immer ein Teil seines Wesens.

„Was aber die Vernunft angeht, die für die meisten deiner heutigen Lieblinge schon zur Gewohnheit und üblich geworden ist und die ich ‚Vernunft-des-Wissens‘ nannte, so wird jede Art von durch diese Vernunft aufgenommenem Eindruck und ebenso jede Art von absichtlich oder einfach automatisch erworbenem Resultat aus früher wahrgenommenen Eindrücken nur zeitweilig ein Teil ihres Wesens und kann sich einzig und allein unter gewissen Umständen in ihm einstellen und unter der bestimmten Bedingung, daß die Kunde, die seine Grundlage und Ganzheit ausmacht, unbedingt von Zeit zu Zeit sozusagen ‚erfrischt‘ oder ‚wiederholt‘ wird. Andernfalls ändern sich diese früher aufgenommenen Eindrücke von selbst oder ‚verduften‘ sozusagen sogar vollends aus dem allgemeinen Bestand dieses dreihirnigen Wesens.

„Obgleich, was das heilige Triamasikamno angeht, der Entstehungsprozeß beider Arten von Seins-Vernunft sich in gleicher Weise vollzieht, so sind doch die erfüllenden Faktoren zur Verwirklichung seiner drei einzelnen heiligen Kräfte sehr verschieden. Und zwar dienen zur Bildung der ‚Vernunft-des-Wissens‘ die früher aufgenommenen einander widersprechenden Eindrücke in jeder der drei Lokalisierungen der dreihirnigen Wesen als bejahende und verneinende Faktoren, und die neuen Eindrücke, die von außen kommen, dienen in diesem Fall als der dritte Faktor.

„Für die ‚Vernunft-des-Verstehens' aber sind diese Faktoren die folgenden: Der erste, das heißt der ‚heilig-bejahende' sind die neuaufgenommenen Eindrücke der Lokalisierung, in der im gegebenen Augenblick das sogenannte ‚Schwerpunktsfunktionieren' vor sich geht. Der zweite oder ‚heilig-verneinende' sind die entsprechenden Gegebenheiten in einer anderen seiner Lokalisierungen; und der dritte Faktor ist, was man nennt, der ‚Seins-Autokolizikner', oder wie man ihn anders auch nennt, ‚Chudazbabognari', was bedeutet, ‚Die-Resultate-des-andauernd-verwirklichten-Strebens-nach-der-Manifestation-seiner-eigenen-Individualität'.

„Hier magst du übrigens noch einmal hören, sogar wenn du es schon weißt, daß die besagten „Seins-Autokolizikner' sich im Bestand der dreihirnigen Wesen im allgemeinen, in allen drei Lokalisierungen einzig und allein durch die Resultate der Verwirklichung der Seins-Partkdolgpflicht bilden, das heißt durch jene Faktoren, die UNSER EINS SEIENDER GEMEINSAMER VATER vom ersten Anfang der Entstehung dreihirniger Wesen an als Mittel zu ihrer Selbstvervollkommnung bestimmt hat.

„Und eben diese Bildungen im Bestand dreihirniger Wesen dienen als die dritte heilige Kraft des heiligen Triamasikamno zur Entstehung der ‚Vernunft-des-Verstehens'.

„Nur durch diesen Faktor kristallisieren sich auf Grund des heiligen Triamasikamno im Prozeß des Verschmelzens aller möglichen neu-aufgenommenen Eindrücke im Bestand dreihirniger Wesen Gegebenheiten für seine nur dem Wesen allein eigene Erkenntnis und für sein ihm allein eigenes Verstehen; und gleichfalls geschieht ausschließlich nur durch solche Prozesse der Kristallisation der Gegebenheiten für Bewußtsein im Bestand dreihirniger Wesen die sogenannte ‚Zernofukalnische-Reibung', wodurch sich hauptsächlich die heiligen Stoffe ‚Abrustdonis' und ‚Helkdonis' in ihnen zur Bekleidung und Vervollkommnung ihrer höheren Teile bilden.

„Ich muß dir hier sagen, daß sich nur die neu-aufgenommenen Eindrücke, die sich in der besagten Ordnung kristallisieren und die in den Wesen durch bewußtes Denken neu entstehen, in den Lokalisierungen festgehalten werden, und zwar in jenen Serien zuvor empfangener Eindrücke, die jenen ähnlich sind und den in ihnen schon vorhandenen entsprechen.

„Und die in einer anderen Ordnung, das heißt durch die ‚Vernunft-des-Wissens' kristallisierten neuen Eindrücke lassen sich in den Seins-Lokalisierungen aufs Geratewohl nieder, ganz ohne jede sozusagen ‚Klassifizierung'. All diese neuen Eindrücke lassen sich fast immer in den Serien solcher früherer Eindrücke nieder, die nichts mit ihnen gemein haben.

„Hauptsächlich weil sich alles, was sie neu erfahren, im Bestand dreihirniger Wesen, die nur ‚Vernunft-des-Wissens' haben, aufs Geratewohl niederläßt, bleibt es immer nur einfach als Kunde dort, ohne jede Erkenntnis durch die Ganzheit ihres Seins.

„Und deshalb haben neue Gegebenheiten jeder Art, die sich auf diese Weise in den dreihirnigen Wesen, die ‚Vernunft-des-Wissens' haben, festsetzen, was ihre Nutzbarmachung angeht, überhaupt keinerlei Bedeutung für das Wohl ihrer folgenden Existenz.

„Außerdem hängt die Dauer der Dekristallisation dieser Art von festgesetzten Eindrücken von der Quantität und Qualität der in den betreffenden Wesen erzeugten Impulse ab.

„Was diese letztere Tatsache angeht, die aus dem schon verschlechterten Funktionieren der den dreihirnigen Wesen eigenen Vernunft stammt und die die meisten deiner heutigen Lieblinge jetzt bereits schon haben, so erinnere ich mich assoziativ an einen sehr selten gebrauchten Ausspruch unseres geschätzten Lehrers Mulla-Nassr-Eddin, der da lautet:

„ ‚Sobald man etwas braucht, scheint es dreckig und von Mäusen zerfressen zu sein.'

„Alles, was deine Lieblinge Wissen nennen, wie sie es besitzen und wie es im allgemeinen Bestand der Wesen in der besagten Weise erworben worden ist, ist subjektiv und hat absolut nichts mit dem gemein, was ‚Objektives-Wissen' genannt wird.

„Nun denn, mein Junge, damit die besagte ‚Zernofukalnische-Reibung' in den Wesen erzielt werde, auf daß durch sie die Kristallisation neuer Wahrnehmungen für die ‚Vernunft-des-Verstehens' vor sich gehe, bemühte ich mich, da ich schon sehr gut kenne, was man die ‚Gesetze-der-Festsetzung-und-Loslösung-von-lokalisierten-Ideen' nennt — wobei ich übrigens die Einzelheiten dieser Gesetze auch durch die dir lieben dreihirnigen Wesen während meines Aufenthaltes unter ihnen als ‚professioneller-Hypnotiseur' erfuhr — während meiner Erzählungen, außer vielen anderen notwendigen Prinzipien betreffs der richtigen Aufnahme neuer Kunden durch bewußte Führung von außen her, mich immer an die gleiche nicht zu umgehende Regel zu halten, auf daß die allmähliche Zunahme der, wie man sagt, ‚Quintessenz' aller Kunden in dir mit dem völligen Fehlen der Seins-Impulse von ‚Empörung', ‚Beleidigung', ‚Ärgernis' und so weiter vor sich gehe.

„Was die Reihenfolge meiner Kunden, die ich dir vermittelte, und die Resultate deines Wesens-Verständnisses betrifft, so muß ich dir noch sagen, daß, wenn ich, als ich dein Interesse für die dreihirnigen Wesen auf dem Planeten Erde bemerkte, dir gleich vom ersten Anfang an über jedes Ereignis nur meine persönliche Überzeugung und die Meinungen, die sich in mir über sie während meiner Beobachtungen festgesetzt haben, gegeben und erst danach angefangen hätte, dir die reichhaltige und vielseitige ‚Gesamtheit-von-Kunden', die ich dir schon erzählt habe, zu geben, du all diese von mir berichteten Tatsachen ohne deine eigene Seins-logische Gegenüberstellung in dich aufgenommen hättest und die Gegebenheiten, die sich daraus kristallisiert hätten, hätten sich in deinen entsprechenden Lokalisationen einfach nur als Information festgesetzt, ohne jedes echte ‚Seins-Verständnis' für diese dreihirnigen Wesen.

„Deshalb hatte ich es in all meinen Erzählungen über die dreihirnigen Wesen auf dem Planeten Erde darauf abgesehen, daß sich einerseits in den entsprechenden Lokalisationen deines allgemeinen Bestandes viele verschieden geformte Gegebenheiten für deine künftigen Seins-Assoziationen betreffs aller ‚Gesamtheiten' oder ‚Zweige' ‚Objektiven Wissens' kristallisieren sollten und daß anderseits der Prozeß der ‚Zernofukalnischen-Reibung' intensiv in deinem allgemeinen Bestand vor sich gehen, und daß ein Resultat der Art erzielt werden sollte, wie das, dessen Zeuge ich soeben war, als du meine Frage: ‚Warum weinst du?' beantwortetest.

„Da ich nun, mein Junge, schon mehr oder weniger überzeugt bin, daß die Zeit, die ich daran gewandt habe, nicht umsonst war und daß meine Erzählungen über die dich interessierenden dreihirnigen Wesen deines Planeten dir den Nutzen gebracht haben, den ich erwartete, so denke ich, daß wir aufhören können, davon zu reden, um nicht länger in dir den Prozeß aktiven Denkens hervorzurufen; außerdem bleibt uns nicht viel Zeit, denn bald werden wir auf unserem teuren Planeten sein.

„Trotzdem muß ich dir jetzt noch kurz erklären und dir streng befehlen, daß, solange unsere Reise dauert, was besagen will, solange wir über die dreihirnigen Wesen des Planeten Erde sprechen, du mit der in deinem Bestand vorhandenen Vernunft versuchen sollst, es so einzurichten, daß einige jener in dir vor sich gehenden Funktionen, die im allgemeinen dreihirnigen Wesen die Möglichkeit zu aktivem Denken geben, inaktiv bleiben oder, wie man sagt, ‚ruhen‘, das heißt jene Funktionen sollen in dir ruhen, die während dieser Zeit intensiver als gewöhnlich an deinem aktiven Denken teilnahmen, dessen Funktionieren nicht vom Kern der Wesen abhängt, sondern ausschließlich von der sogenannten Harmonie des allkosmischen Tempos.

„Übrigens darfst du nie vergessen, daß die Vernunft eines Wesens und die Intensität der Wirkung dieser Vernunft von dem richtigen Funktionieren aller einzelnen Teile seines ganzen Bestandes abhängt.

„Zum Beispiel sind alle Funktionen des ‚planetischen-Körpers‘ und der Körper selbst die Hauptteile eines Wesens; aber das Funktionieren sowohl einzelner Teile als auch des ganzen Körpers selbst ohne der anderen vergeistigten Teile des Wesens ist nur eine unselbständige, ganz unbewußte kosmische Bildung, und deshalb muß auf Grund dessen, was du einmal den ‚all-universalen-Pfeiler-der-Gerechtigkeit‘ genannt hast, jeder vergeistigte Teil eines Wesens immer gerecht gegen diesen unselbständigen und unbewußten Teil sein und nicht mehr von ihm verlangen, als ihm zu geben möglich ist.

„Damit genau wie alles andere im Megalokosmos auch der ‚planetische Körper‘ eines Wesens seinem Hauptteil dienen kann, das heißt, damit dieser Hilfsteil des ganzen Wesens seinem Wesenskern selbst entsprechend diene, muß dieser Wesenskern immer gerecht sein und an ihn nur Anforderungen stellen, die seinen inhärenten Möglichkeiten entsprechen.

„Abgesehen von dieser Frage der Gerechtigkeit ist es nötig, sich dem unbewußten Teil eines Wesens gegenüber so zu verhalten, daß einige Funktionen von Zeit zu Zeit inaktiv bleiben können, damit es für diesen unbewußten Teil allmählich und zu seiner Zeit möglich werde, seine neu erworbenen subjektiven ‚Tempi' mit den objektiven ‚Tempi' unseres allgemeinen Megalokosmos zu verschmelzen.

„Du mußt wissen, daß im Megalokosmos das ‚Verschmelzen-von-tempi' nur ‚kaznukizkernisch' vor sich geht, das heißt, wie deine Lieblinge sagen würden, mit ‚gesetzmäßiger Allmählichkeit'.

„Also, wenn du willst, daß dein ‚aktives Denken' während deiner künftigen verantwortlichen Existenz richtig und produktiv vor sich gehe, mußt du jetzt, da ein solches Denken schon in dir begonnen hat und dieser innere Prozeß für deinen planetischen Körper unwünschenswerte Folgen hat, dich für eine Weile überhaupt nicht mit solchem Denken beschäftigen, wie sehr du es auch liebst, und wie sehr es dich auch interessieren mag; andernfalls wird sich eine ‚Dezonakuasanz' in dir ergeben, das heißt, nur ein Teil deines allgemeinen Bestandes wird ein anderes Tempo erwerben und folglich wirst du wieder, wie deine Lieblinge sagen würden, ‚schief'.

„Übrigens werden die meisten deiner Lieblinge, besonders die heutigen, wenn sie verantwortlich werden, eben zu solch ‚schiefen Wesen'.

„Kurzum, nur durch einen allmählichen Tempowandel eines Teiles des Ganzen ist es möglich, das Tempo dieses Ganzen ohne Schaden zu verändern.

„Ich halte es für nötig zu wiederholen, daß aktives Denken in einem Wesen und die nützlichen Resultate eines solchen Seins-Denkens in Wirklichkeit ausschließlich nur mit einem gleichgradigen Funktionieren aller seiner drei Lokalisierungen der in seinem Bestand vergeistigten Resultate verwirklicht werden kann, den drei Lokalisierungen, die da heißen ‚Denkzentrum', ‚Gefühlszentrum' und ‚Bewegungszentrum'."

XLVII. Kapitel

DAS GESETZMÄSSIGE RESULTAT
UNPARTEIISCHEN DENKENS

Beelzebub wollte noch mehr sagen, aber gerade in diesem Augenblick wurde alles plötzlich von etwas „blaßblauem" erleuchtet und durchdrungen. Und von da an nahm die Fallgeschwindigkeit des Schiffes ‚Karnak' merklich ab.

All das bedeutete, daß eines der großen kosmischen „Egolionopti" im Begriff war, an das Raumschiff „Karnak" anzulegen.

Und tatsächlich wurde bald durch die durchsichtigen äußeren Teile des Schiffes „Karnak" die Quelle jenes „blaßblauen-Etwas" sichtbar, das nicht allein das ganze innere des Schiffes „Karnak" erleuchtete, sondern auch den ganzen Raum des Weltalls um dieses große kosmische ‚Egolionopti' herum, soweit er dem gewöhnlichen Blick von Wesen erreichbar war.

Von diesen großen „Egolionopti" gibt es nur vier im Weltall, und jedes von ihnen ist der Leitung eines der vier „Allviertelerhalter" des Weltalls unterstellt.

Unter allen Wesen an Bord entstand eine eilige und aufgeregte Bewegung, und nach kurzer Zeit versammelten sich alle, Passagiere und Schiffsmannschaft, in der Haupthalle, die in der Mitte des Schiffes lag.

Jeder von ihnen trug einen Myrtenzweig in einer Hand und ein „Dasdschelkastsche" in der anderen.

Als das große kosmische „Egolionopti" an dem Schiff „Karnak" angelegt hatte, wurden gewisse Teile des letzteren in einer besonderen Weise auseinandergeschoben, und darauf schritt aus dem „Egolionopti" in die Haupthalle des Schiffes eine Prozession, die aus mehreren Erzengeln und einer großen Anzahl von Engeln, Cherubim und Seraphim bestand, die auch alle Zweige in den Händen trugen, aber schon Palmen.

An der Spitze dieser Prozession schritt ein schon sehr betagter Erzengel und dicht hinter ihm folgten zwei Cherubim, die feierlich ein Kästchen trugen, aus dem auch „Etwas" ausstrahlte, diesmal aber etwas Orangefarbenes.

An der Spitze von allen in der Haupthalle des Schiffes „Karnak" stand Beelzebub und hinter ihm seine Getreuen und der Kapitän des Schiffes, und alle anderen folgten dahinter in ehrerbietiger Entfernung.

Als die besagte Prozession aus dem „Egolionopti" bei den in Erwartung versammelten Wesen von Beelzebubs Natur angekommen war, hielt sie an, und beide Gruppen verschieden-naturiger dreihirniger Wesen sangen gemeinsam die Hymne an UNSEREN UNENDLICHEN, die Hymne, die immer in solchen Fällen überall im Weltall von den Wesen aller Naturen und aller Formen äußerer Bekleidung gesungen wird.

Diese Hymne besteht aus den folgenden Worten:

DU LANGMÜTIGER SCHÖPFER VON ALLEM, WAS ODEM HAT,
DU LIEBREICHE URSACHE ALLES EXISTIERENDEN,
DU EINZIGER BEZWINGER DES SCHONUNGSLOSEN HEROPAS,
FROHLOCKE JETZT ZUM KLANG UNSERES LOBGESANGES
UND VERHARRE IN SELIGKEIT.
DURCH DEINE BEISPIELLOSEN MÜHEN GABST DU DEN ANFANG ZU UNSEREM ENTSTEHEN,

DAS RESULTAT UNPARTEIISCHEN DENKENS

DURCH DEINE BEZWINGUNG DES HEROPAS
IST UNS DIE MÖGLICHKEIT GEGEBEN, UNS
BIS ZUM HEILIGEN ANKLAD ZU VERVOLL-
KOMMNEN.
DU — RUHE NUN WIE DU VERDIENST.
WIR ABER IN DANKBARKEIT WOLLEN ER-
HALTEN, WAS DU GESCHAFFEN,
UND FÜR IMMER UND IN ALLEM DICH VER-
HERRLICHEN,
DICH, DEN SCHÖPFER UND ERSCHAFFER,
DICH, DEN ANFANG ALLER ENDEN,
DICH, DER AUS DEM UNENDLICHEN KOMMT,
DICH, DER IN SICH DAS ENDE VON ALLEM
HAT,
DICH, DEN OHNE ENDE UNENDLICHEN.

Nachdem diese Hymne gesungen war, näherte sich der ehrwürdige Erzengel und verkündete feierlich:

„Durch Erlaß Seiner Allviertelerhalterschaft, des Erzcherubs Peschtwogner, und mit seinem heiligen Szepter erscheinen wir vor Euch, Euer Hochwürden, um Euch, gemäß der Euch von Oben gewährten Verzeihung, und in Anerkennung einiger Eurer Verdienste zurückzuerstatten, was Ihr in Eurer Verbannung verloren habt, nämlich Eure Hörner."

Nachdem der betagte Erzengel dies gesagt, drehte er sich nach dem Kästchen um, das die Cherubim trugen, und nahm aus ihm sehr sorgsam und mit größter Ehrfurcht das heilige Szepter heraus.

Inzwischen ließen sich alle Anwesenden auf ein Knie nieder, dieweil die Engel und Cherubim die entsprechenden heiligen Lobgesänge anstimmten.

Darauf nahm der Erzengel das heilige Szepter in die Hand, wandte sich wieder zu Beelzebub und richtete die folgenden Worte an die Wesen von Beelzebubs Natur:

„Wesen, die ihr von UNSEREM EINS-SEIENDEN UNENDLICHEN erschaffen seid, dem gleichen, der dieses einstmals irrige Wesen, Beelzebub, begnadigte, der durch die unendliche Gnade UNSERES SCHÖPFERS wieder unter euch, Wesen seinesgleichen, existieren wird ...

„Da sich die Verschiedenheit und der Grad der Vernunft der Wesen eurer Natur durch die Hörner an eurem Kopf bestimmen läßt und offenbart, müssen wir mit Genehmigung unseres Allviertelerhalters und mit eurer Hilfe Beelzebub die Hörner, die er verlor, zurückerstatten.

„Wesen, die ihr von dem EINEN UNSER ALLER VATER erschaffen seid, eure Hilfe besteht darin, daß jeder von euch einwilligen kann, für die verdiente Begnadigung Beelzebubs freiwillig auf einige Teile seiner eigenen Hörner zu verzichten.

„Und jeder, der damit einverstanden ist und dies zu tun wünscht, trete hier zu diesem heiligen Szepter und berühre seinen Griff, und von der Länge der Zeit, die er den Griff des heiligen Szepters hält, wird der Betrag der aktiven Elemente abhängen, die von seinen eigenen Hörnern in die Bildung der entsprechenden Hörner dieses begnadigten Wesens eurer Natur übergehen wird."

Nachdem der betagte Erzengel dies gesagt, hielt er das Hauptende, das heißt die Kugel des heiligen Szepters über den knienden Beelzebub, und seinen Griff hielt er den Anwesenden so entgegen, daß sie ihn nach Wunsch berühren konnten. Sobald der hochbetagte Erzengel mit seiner Rede zu Ende war, begann unter den Wesen von Beelzebubs Natur eine sehr große Bewegung, da jeder näher kommen wollte, um als erster und so lange als möglich das heilige Szepter mit der Hand zu berühren.

Doch wurde die Ordnung bald wieder hergestellt, und darauf trat einer nach dem anderen heran und hielt den Griff so lange, als der Kapitän des Schiffes angab, der diese nötige Leitung auf sich genommen hatte.

Während dieser feierlichen heiligen Handlung begannen am Kopfe Beelzebubs langsam Hörner zu wachsen.

Anfangs, solange sich bloß die nackten Hörner bildeten, herrschte unter den Versammelten nur eine konzentrierte ernste Ruhe; aber von dem Augenblick an, wo Gabeln an den Hörnern erschienen, begann sich eine große Spannung und forschende Aufmerksamkeit unter ihnen zu manifestieren. In diesen Zustand gerieten sie, weil alle sehr begierig waren zu erfahren, wie viele Verzweigungen an den Hörnern Beelzebubs erscheinen würden, da ihre Zahl den Grad der Vernunft anzeigen würde, den Beelzebub dem heiligen Vernunftmesser nach erreicht hatte.

Während sich die ersten drei Gabeln bildeten, ging, sooft eine neue zu erscheinen begann, durch alle Anwesenden ein offensichtlich freudiger Schauer, und es kam ein Gefühl von unverhüllter Befriedigung zum Ausdruck.

Als sich aber die vierte Gabel an den Hörnern zu bilden begann, erreichte die Spannung unter allen Anwesenden den Höhepunkt, da die Bildung der vierten Gabel an den Hörnern anzeigte, daß die Vernunft Beelzebubs schon bis zum heiligen ‚Ternunald' vervollkommnet war und somit für Beelzebub nur noch zwei Grade bis zum heiligen Anklad übrigblieben.

Als diese ganze ungewöhnliche Zeremonie sich ihrem Ende nahte, aber noch bevor die Anwesenden von ihrer früheren freudigen Aufregung wieder zu sich hatten kommen können, erschien an den Hörnern Beelzebubs ganz selbständig die fünfte Gabel von einer ihnen allen bekannten Form.

Darauf fielen alle ohne Ausnahme, sogar der hochbetagte Erzengel selbst, vor Beelzebub nieder, der sich nun erhoben hatte und verklärt in majestätischer Erscheinung dastand, majestätisch durch die Hörner, die auf seinem Kopf entstanden waren.

Alle fielen vor Beelzebub nieder, weil diese fünfte Gabel

1253

an seinen Hörnern anzeigte, daß er schon die Vernunft des heiligen „Podkulad" erreicht hatte, das heißt die letzte Stufe vor der Vernunft des heiligen „Anklad".

Die Vernunft des heiligen „Anklad" ist die höchste, die ein Wesen überhaupt erreichen kann, und ist der dritte Grad nach der absoluten Vernunft SEINER UNENDLICHKEIT selbst.

Aber auch die Vernunft des heiligen „Podkulad", zu der sich Beelzebub schon vervollkommnet hatte, ist gleichfalls sehr selten im Weltall; deshalb fiel auch der betagte Erzengel selbst vor Beelzebub nieder, weil seine eigene Vernunft erst bei dem Grad des heiligen „Degindad" angelangt war, das heißt ihm fehlten noch drei Grade zur Vernunft des heiligen „Anklad".

Als sich alle wieder erhoben hatten, wandte sich der betagte Erzengel diesmal schon an alle versammelten Wesen verschiedener Naturen und verkündete:

„Wesen, die ihr von EINEM SCHÖPFER erschaffen seid!...

„Wir alle wurden soeben gewürdigt, als erste der endgültigen Bildung der Erscheinung von dem beizuwohnen, was das Wunschbild sowohl aller hier Versammelten als auch der Wesen unseres ganzen Megalokosmos überhaupt ist.

„Jetzt aber wollen wir uns freuen und frohlocken über eine solche Würdigung, die für uns ein erneuter Anstoß ist, um gegen unser eigenes verneinendes Prinzip kämpfen zu können, was uns allein zu jenem heiligen ‚Podkulad' führen kann, den einer der Söhne UNSERES ALLER VATERS erreicht hat, der, obgleich er sich zuerst in seiner Jugend verging, doch später durch bewußte Bemühungen und absichtliche Leiden es dahin brachte, mit seinem Wesen würdig zu werden, eines der seltenen heiligen Individuen unseres ganzen großen Weltalls zu werden."

Nach dieser Rede des Erzengels sangen alle Wesen auf dem Raumschiff „Karnak" ohne Ausnahme den für solche

Fälle vorgeschriebenen Lobgesang, der da heißt ‚Halleluja'.

Als auch dieser letzte heilige Lobgesang zu Ende war, gingen alle Engel und Cherubim mit dem besagten Erzengel an ihrer Spitze auf das kosmische „Egolionopti" zurück, das darauf das Raumschiff „Karnak" verließ, und langsam in den Raum verschwand. Danach begaben sich alle Passagiere und die Schiffsmannschaft auf ihre Plätze zurück und die „Karnak" fiel wieder weiter in der Richtung, die ihr zukam.

Nachdem die soeben beschriebene erhabenste kosmische Feier vorüber war, kehrte Beelzebub mit seinem Enkel und seinem alten Diener Ahun, gleich allen übrigen Passagieren des Raumschiffes ‚Karnak' tief bewegt durch diese unerwartete Begebenheit in jenen Teil des Schiffes zurück, wo sie alle ihre Gespräche über die Menschenwesen geführt hatten, die auf der Erde entstehen und existieren.

Als Beelzebub in seiner seinen Verdiensten entsprechenden und allen sichtbaren verklärten Erscheinung seinen gewohnten Platz wieder eingenommen hatte, fiel sein alter Diener Ahun, der fast während seiner ganzen Existenz neben ihm gewesen war, unerwartet vor ihm nieder und begann mit inständig flehender Stimme zu sprechen:

„Heiliger Podkulad unseres großen Megalokosmos!

„Erbarmet Euch meiner und verzeihet mir unglücklichem, gewöhnlichem, dreihirnigem Wesen meine früheren absichtlichen und unabsichtlichen, der Ehrfurcht ermangelnden Manifestationen Eurem heiligen Wesen gegenüber!

„Erbarmt Euch und verzeiht mir, jenem dreizentrischen Wesen nämlich, das, obgleich es sehr lange existierte, doch zu seinem eigenen Unglück, nur weil ihm in seinem vorbereitenden Alter niemand half, die Gegebenheiten zu kristallisieren, die ihn befähigt hätten, seine Seins-Partkdolgpflicht intensiv zu verwirklichen — bis jetzt sogar noch nicht einsah, daß er nicht imstande ist, die unter der äußeren Erscheinung vorhandene Wirklichkeit zu empfinden, womit nach dem all-kosmischen Trogoautoegokraten alle existierenden und neu entstehenden Einheiten des Megalokosmos sich bekleiden, die in ihrem Wesen jenes ‚Heilige' haben, das Vernunft heißt."

Nachdem Ahun dies gesagt, blieb er wie erstarrt in schweigender Erwartung stehen.

Und Beelzebub, auch schweigend, sah ihn mit einem Blick an, der, wenn er auch von außen betrachtet nur Liebe und Verzeihung ausdrückte, doch auch seinen Wesenskummer und eine unvermeidliche Resignation fühlen ließ.

Während dieser soeben beschriebenen Szene stand Hassin abseits in der Haltung, die überall im Weltall die „Haltung-des-berühmten-all-universalen-Einsiedlers-Harnatulkpararana-vom-Planeten-Kirmankschana' genannt wird.

Und als sich Beelzebub etwas später umsah und seinen Enkel in der besagten Haltung bemerkte, wandte er sich zu ihm und sagte:

„Was, mein Junge, ist es möglich, daß auch in deinem Bestand das Gleiche vor sich geht wie in unserem alten Ahun?"

Auf diese Frage Beelzebubs erwiderte Hassin in einem für ihn ungewöhnlich unsicheren Ton, sogar schüchtern:

„Beinahe ... ja ... heiliger Podkulad unseres großen Megalokosmos! Nur mit dem Unterschied, daß in mir der Impuls der Liebe sowohl für die dreihirnigen Wesen des Planeten Erde als auch für unseren Ahun jetzt noch stärker funktioniert.

„Und stärker ist dieser Impuls der Liebe offenbar deshalb in mir geworden, weil auch sie, wie mir scheint, sehr geholfen haben, damit ich soeben würdig wurde, ein Augenzeuge der großen Feier von dem zu sein, der die Ursache der Ursache meiner Entstehung ist und der bis jetzt mein-teurer-Großvater war und jetzt auch für mich offenbar einer der heiligen Podkulad unseres großen Megalokosmos geworden ist, vor dem sich alle beugen werden und vor dem ich in diesem Augenblick zu stehen das Glück habe.

„Ach, ach, ach, ach! . . ." rief Beelzebub aus und sagte dann, nachdem er seinen Zügen den gewöhnlichen Ausdruck wieder verliehen hatte, den er während seines Aufenthaltes auf der Erde anzunehmen pflegte:

„Vor allem will ich bemerken und in der Sprache des von mir besonders geschätzten Mulla-Nassr-Eddin dem Gedanken Ausdruck verleihen, der assoziativ durch die Worte Ahuns, die ihm nicht eigen waren, und durch die von ihm eingenommene für ihn ganz ungewöhnliche Haltung in mir entstand.

„Unser teurer Lehrer würde in solchen Fällen sagen:

„ ,Vergieß nicht umsonst Tränen, wie das Krokodil, das danebenschnappte, als es über den Fischer herfiel, um seine untere Hälfte abzubeißen.'

„Doch nehmt jetzt eure gewohnten Plätze ein und laßt uns noch ein wenig weiterreden.

„Obschon unser Schiff bereits in die Sphären unseres Planeten Karatas kommt, so wird doch noch eine geraume Zeit vergehen, so wie es gewöhnlich mit Zwischenraumschiffen geht, bis sie die von ihnen erworbene Trägheitskraft erschöpfen und bevor es an dem ihm bestimmten Landungsplatz ankommt."

Hassin und Ahun kamen sofort und schweigend Beelzebubs Vorschlag nach; an ihren Bewegungen und der Durchsichtigkeit ihrer inneren Psyche war jedoch zu sehen, daß in ihrem Verhalten Beelzebubs Person gegenüber seit dem oben beschriebenen allgemeinen Weltallereignis ein großer Wandel stattgefunden hatte. Als sie diesmal ihre Plätze einnahmen, setzten sie sich nicht mit der Ungezwungenheit, wie sie es früher getan hatten.

Darauf wandte sich Beelzebub an Hassin und sagte:

"Vor allem, mein Junge, gebe ich dir mein Wort, daß, wenn wir nach Hause zurückkehren, ich dir — vorausgesetzt, daß kein Ereignis von äußeren nicht von unserem Wesen abhängenden Ursachen dies verhindern wird — alles betreffs der dich interessierenden Wesen erklären werde, was ich während dieser unserer langen Reise auf dem Schiff ‚Karnak' dir zu erklären versprach, aber aus irgendeinem Grund unerklärt ließ.

"Einstweilen aber frage mich irgendeine Frage, die du im Sinn hast und die der Erklärung bedarf.

"Ich schicke nur voraus, daß wir nicht genug Zeit haben, um in der Form zu antworten, die in all dieser Zeit unseren Unterhaltungen eigen war; bemühe dich deshalb weiter, deine Frage so zu formulieren, daß meine Antwort auch kurz sein kann.

"Durch deine Frage kannst du mir übrigens noch einmal zeigen, wie weit dein logisches Denken während meiner Erzählung über die seltsame Psyche der auf dem Planeten Erde entstehenden und existierenden dreizentrischen Wesen zunahm."

Auf diesen Vorschlag seines Großvaters hin, dachte Hassin eine geraume Weile nach und sagte dann in gehobener Stimmung Folgendes:

"Heiliger ‚Podkulad' und Hauptursache der Ursache meines Entstehens!

"Seit der soeben stattgefundenen Feier, bei der sich dein heiliges Wesen mit einem entsprechenden sichtbaren Äußeren bekleidete, wodurch seine ganze Bedeutung, die nicht von allen dreihirnigen Wesen wahrgenommen noch verstanden werden kann, sowohl mir als jeder anderen kosmischen Einheit außerhalb von dir klar und sogar fühlbar wurde, gilt mir jedes Wort, das du sprichst und jeder Rat, den du gibst, als Gesetz.

"Deshalb eben muß ich mich mit meinem ganzen Bestand bemühen, den Vorschlag, den du mir soeben gemacht hast, in die Tat umzusetzen und zu versuchen, meine Frage so gut und so kurz als möglich zu formulieren.

„Heiliger ‚Podkulad' und Ursache der Ursache meiner Entstehung!

„Damit die Überzeugungen, die sich in mir während dieser Zeit dank deiner Erörterungen betreffs der Anomalitäten, die auf der Erde vor sich gehen, endgültig kristallisieren, möchte ich noch deine diesmal persönliche und aufrichtige Meinung darüber erfahren: Was würdest du antworten, wenn, nehmen wir an, UNSER ALLUMFASSENDER SCHÖPFER DER UNENDLICHE selbst dich zu sich rufen und dich fragen würde:

„ ‚Beelzebub!!!

„ ‚Du als eines der erwarteten beschleunigten Resultate all meiner Verwirklichungen, äußere kurz die Summe deiner sehr langen unparteiischen Beobachtungen und Studien der Psyche der dreizentrischen Wesen, die auf dem Planeten Erde entstehen, und drücke in Worten aus, ob es noch durch irgendwelche Mittel möglich sei, sie zu retten und auf den ihnen zukommenden Pfad zu führen . . . ' "

Nachdem Hassin dies gesagt hatte, stand er auf und sah abwartend in ehrfürchtiger Haltung auf Beelzebub.

Auch Ahun stand auf.

Beelzebub lächelte liebevoll zu dieser Frage Hassins und sagte dann, daß er nun endgültig überzeugt sei, daß seine Erzählungen Hassin die gewünschten Resultate gebracht hätten und fuhr dann in ernstem Ton fort, daß, wenn UNSER ALLUMFASSENDER EINS SEIENDER SCHÖPFER ihn tatsächlich rufen und ihn dies fragen sollte, er antworten würde . . .

Da erhob sich auch Beelzebub plötzlich und unerwartet, streckte seine rechte Hand nach vorn und seine linke zurück, und richtete seinen Blick irgendwohin in die

Ferne, wobei es schien, daß sein Blick gleichsam die tiefsten Tiefen des Raumes durchdrang.

Gleichzeitig entstand langsam um Beelzebub herum „etwas Blaßgelbes" und hüllte ihn ein, und es war in keiner Weise möglich zu verstehen noch herauszufinden, von wo dieses „Etwas" kam — ob von Beelzebub selbst oder ob es zu ihm aus dem Raum kam, von Quellen außerhalb von ihm.

Inmitten dieser — allen dreihirnigen Wesen unverständlichen — kosmischen Verwirklichungen sprach Beelzebub mit ungewohnt lauter Stimme sehr eindringlich die folgenden Worte:

„DU MEIN EIN UND ALLES!

„DAS EINZIGE MITTEL, UM DIE WESEN DES PLANETEN ERDE NOCH ZU RETTEN, KANN NUR DARIN BESTEHEN, IHREM BESTAND EIN NEUES ORGAN EINZUPFLANZEN, EIN ORGAN WIE KUNDABUFFER, DIESMAL ABER MIT SOLCHEN EIGENSCHAFTEN, DASS JEDER DIESER UNGLÜCKLICHEN WÄHREND SEINES EXISTENZPROZESSES DAUERND DIE UNVERMEIDLICHKEIT SOWOHL SEINES EIGENEN TODES ALS AUCH DES TODES JEDES ANDEREN, AUF DEM SEIN BLICK ODER SEINE AUFMERKSAMKEIT VERWEILEN, EMPFINDET UND ERKENNT.

„JETZT KANN NUR EINE SOLCHE EMPFINDUNG UND ERKENNTNIS DEN IN IHNEN VOLLENDS KRISTALLISIERTEN EGOISMUS VERNICHTEN, DER IHR GANZES WESEN EINNIMMT, WIE AUCH DIE DARAUS ENTSTEHENDEN NEIGUNGEN, ANDERE ZU HASSEN, DIE NEIGUNG NÄMLICH, DIE ALLE DORT HERRSCHENDEN VERHÄLTNISSE IHRER BEZIEHUNGEN UNTEREINANDER HERVORRUFT, DIE DA

DIE HAUPTURSACHE ALLER ANOMALITÄTEN
SIND, DIE SICH FÜR DREIHIRNIGE WESEN NICHT
ZIEMEN UND FÜR SIE SELBST VERDERBLICH
SIND, WIE AUCH FÜR DAS GANZE WELTALL."

Ende

XLVIII. Kapitel

VOM AUTOR

Nach sechsjähriger Arbeit, wobei ich, ohne mich zu schonen, fast dauernd mit angestrengtem Denken beschäftigt war, beendigte ich endlich gestern in einer, meiner Meinung nach diesmal schon allen zugänglichen Form die schriftliche Darlegung der ersten Serie von Büchern der drei von mir geplanten und auch gleichzeitig begonnenen Serien. In diesen drei Serien habe ich die Gesamtheit jener Ideen entwickelt, durch die ich die drei Wesensaufgaben, die ich mir gestellt hatte, zuerst theoretisch und später praktisch durch auch schon von mir geplante Mittel zu verwirklichen mir vorgenommen habe: und zwar, um durch die erste Serie die Vernichtung von all dem im Menschen zu erzielen, was seinen falschen Vorstellungen nach angeblich in Wirklichkeit existiert, oder um, anders gesagt, „den-ganzen-Schund,-der-sich-in-Jahrhunderten-im-menschlichen-Denken-angesammelt-hat,-schonungslos-auszurotten", und um durch die zweite Serie „neues-Baumaterial" vorzubereiten und durch die dritte „eine-neue-Welt-zu-errichten".

Da ich die erste Serie von Büchern nun beendet habe, werde ich jetzt dem schon längst auf Erden festgesetzten Brauch folgen — ein so großes „Werk" unbedingt mit was die einen einen „Epilog", die anderen ein „Nachwort", die dritten „Vom Autor" und so weiter nennen, abzuschließen — und sie auch mit etwas Derartigem vollenden.

Zu diesem Zweck las ich heute morgen sehr aufmerksam das Einleitungskapitel durch, das ich vor sechs Jahren

unter dem Titel „Erwachen des Denkens" geschrieben
habe, um daraus entsprechende Ideen für das entsprechende
sozusagen „logische-Verschmelzen" dieses Anfangs mit
dem von mir schon geplanten Ende zu nehmen.

Beim Lesen dieses von mir vor sechs Jahren geschriebenen Kapitels, das mir übrigens meinem jetzigen Empfinden nach vor sehr langer Zeit geschrieben zu sein
scheint, ein Empfinden, das jetzt wohl deshalb in meinem
allgemeinen Bestand ist, weil ich in dieser Zeit das ganze acht dicke Bände füllende Material zu durchdenken
und sogar, wie man auch sagen könnte, „zu durchleben"
hatte — heißt es doch nicht umsonst in dem Zweig echter Wissenschaft, genannt „die-Assoziationsgesetze-des-
menschlichen-Denkens", der von fernen Zeiten auf uns
gekommen und nur wenigen Leuten heutzutage bekannt
ist: "das-Empfinden-des-Zeitlaufes-ist-genau-proportional
-der-Quantität-und-Qualität-des-Gedankenlaufs" —
beim Lesen also dieses von mir von allen Seiten, wie
ich sagte, durchdachten und unter der Einwirkung einer
ausschließlich von meinem eigenen Willen bestimmten
Selbstkasteiung erlebten Kapitels, das gerade damals geschrieben wurde, als das ganze Funktionieren dessen in
mir, was im Menschen „das-Vermögen-sich-nach-eigener-
Initiative-zu-manifestieren" hervorbringt, vollständig
disharmoniert war, das heißt, als ich noch sehr krank war,
infolge eines mir kurz zuvor widerfahrenen Unfalls, der
in einem „heftigen-Anprall" meines Automobils in voller
Geschwindigkeit an einen Baum bestand, der schweigend
an dem historischen Weg zwischen der Weltstadt Paris und
Fontainebleau stand, wie ein Beobachter und Registrator
der Flucht der Jahrhunderte in einem unsinnigen Tempo
— ein Anprall nämlich, der, allen gesunden menschlichen
Begriffen nach, meinem Leben ein Ende hätte machen
müssen — damals also entstand in mir beim Lesen dieses
Kapitels ein ganz bestimmter Entschluß.

Da ich mich meines Zustandes während des Schreibens jenes ersten Kapitels erinnere, kann ich ob einer kleinen mir anhaftenden Schwäche, die darin besteht, daß ich immer eine innere Genugtuung empfinde, wenn ich auf den Gesichtern der geschätzten heutigen sogenannten „Repräsentanten-der-exakten-Wissenschaft" jenes ihnen allein eigene sehr spezifische Lächeln bemerkte, es nicht unterlassen, hier noch hinzuzufügen, daß, obgleich mein Körper durch den mir widerfahrenen Unfall so „zerquetscht-und-alles-darin-durcheinandergemengt" war, daß er viele Monate lang etwas von dem allgemeinen Bild darstellte, das man als „ein-Stück-lebendes-Fleisch-in-einem-reinen-Bette" charakterisieren könnte, trotzdem mein, was man „Geist" zu nennen pflegt, der bis dahin in der richtigen Weise diszipliniert war, durch diesen physischen Zustand meines Körpers gar nicht deprimiert war, wie es ihren Begriffen nach hätte sein müssen, sondern daß seine Macht sogar im Gegenteil noch zunahm durch die vermehrte Erregung, die kurz vor diesem Unglück durch oft wiederholte Enttäuschungen über Menschen entstanden war, über Menschen besonders, die sich, wie sie sagen, der „Wissenschaft" widmen und auch durch Enttäuschungen in Bezug auf alle bis dahin gehabten Ideale, die sich langsam in meinem Bestand hauptsächlich dank des mir in meiner Kindheit eingeprägten Gebotes gebildet hatten, das da sagt „das-allerhöchste-Ziel-und-der-Sinn-des-menschlichen-Lebens-besteht-in-dem-Streben-das-Wohl-seines-Nächsten-zu-erreichen", was allein nur durch bewußten Verzicht auf das eigene möglich ist.

Also, nachdem ich dann dieses unter den besagten Verhältnissen geschriebene Einleitungskapitel der ersten Serie sehr aufmerksam gelesen und mir in meinem Gedächtnis assoziativ den Text der vielen folgenden Kapitel wieder vergegenwärtigt hatte — die meiner Überzeugung nach im Bewußtsein der Leser ungewöhnliche Eindrücke hervorrufen sollten, Eindrücke, die wiederum, wie man sagt, „substantielle Resultate erzeugen" — beschloß ich, das heißt diesmal jenes in meinem allgemeinen Bestand herrschende „Etwas", das jetzt die Summe der Resultate darstellt, die sich aus den Gegebenheiten ergibt, die sich während meines Lebens kristallisiert haben und die im allgemeinen dem Menschen, der sich zum Ziel gesetzt hat, im Prozeß seiner verantwortlichen Existenz sozusagen „aktiv-unparteiisch-zu-denken", unter anderem die Fähigkeit gibt, die Psyche von Menschen verschiedener Typen zu durchschauen und zu verstehen, und unter dem Einfluß des zugleich in mir entstandenen Impulses, der da „Liebe-zu-seinesgleichen" heißt, beschloß ich, zum Schlusse in Bezug auf das Ziel dieser ersten Serie nichts Neues mehr zu schreiben, sondern mich darauf zu beschränken, meine erste Vorlesung aus der großen Menge von Vorlesungen beizufügen, die in der Periode der Existenz der von mir unter dem Namen „Institut-für-die-harmonische-Entwicklung-des-Menschen" gegründeten Einrichtung öffentlich von mir gehalten worden war.

Diese Einrichtung besteht übrigens schon nicht mehr — und ich finde es nötig und angebracht, hauptsächlich zur Beruhigung einiger Typen aus verschiedenen Ländern, hier kategorisch zu erklären, daß ich diese Einrichtung endgültig und für immer aufgelöst habe.

Zur Auflösung dieser Einrichtung und all dessen, was ich zur Eröffnung von achtzehn Zweigstellen in verschiedenen Ländern im darauffolgenden Jahr organisiert und sorgfältig vorbereitet hatte, kurzum all dessen, was ich zuvor mit fast übermenschlicher Anstrengung geschaffen hatte, war ich gezwungen, mich mit einem unsagbaren Impuls von Kummer und Betrübnis hauptsächlich deshalb zu entschließen, weil ich bald nach dem beschriebenen mir widerfahrenen Unglück, und zwar nach drei Monaten, als in mir das frühere gewohnte Funktionieren meines

Denkens wieder mehr oder weniger hergestellt war — ich aber gleichzeitig körperlich noch völlig hilflos war — einsah, daß die Fortsetzung der Existenz dieser Einrichtung — da echte Menschen an meiner Seite fehlten und es unmöglich war, ohne mich die erforderlichen großen materiellen Mittel herbeizuschaffen — unvermeidlich zu einer Katastrophe führen müsse, deren Resultat unter anderem sowohl für mich in meinen alten Tagen als auch für die vielen anderen, die ganz und gar von mir abhingen, sozusagen ein „halbverhungertes Vegetieren" bedeuten würde.

Die Vorlesung, die ich zum Schlusse dieser ersten Serie beifügen will, war in der Periode der Existenz der zuvor erwähnten Einrichtung mehr als einmal öffentlich von meinen, wie sie damals genannt wurden, „Schülern-ersten-Ranges" gehalten worden. Einige von diesen hatten übrigens zu meinem persönlichen aufrichtigen Bedauern in ihrem Wesen die Veranlagung für eine rasche Umwandlung ihrer Psyche in die Psyche von sogenannten „Hasnamussen" — eine Veranlagung, die für alle mehr oder weniger normalen Menschen um sie herum ganz sichtbar und deutlich spürbar wurde, als sie im Augenblick der unvermeidlichen, durch das besagte Unglück hervorgerufenen Krise von all dem, was ich bis dahin verwirklicht hatte — weil sie, wie man sagt, „für-ihre-Haut-zitterten', das heißt fürchteten, ihr persönliches Wohl, das ich, nebenbei gesagt, für sie geschaffen hatte, zu verlieren — die gemeinsame Arbeit verleugneten und indem sie sich mit eingezogenem Schwanz in ihre Hundehütten zurückzogen und die sozusagen von meinem „Ideentisch" gefallenen Krumen benutzten, um ihre, wie ich sie nennen würde, „Schacher-Macher-Arbeitsbuden" zu eröffnen, wo sie mit einem Gefühl geheimer und vielleicht sogar freudiger Hoffnung auf die baldige völlige Erlösung von meiner wachsamen Kontrolle sich daran machten, aus verschiedenen unglücklichen, naiven Leuten „Klienten-für-Irrenhäuser" zu fabrizieren.

Ich füge gerade diese Vorlesung bei, einmal weil sie vom ersten Anfang der Verbreitung der von mir ins Leben gebrachten Ideen in Europa absichtlich so angelegt war, um als Einleitung zu dienen oder gleichsam als Vorstufe für die gesamten Serien der folgenden Vorlesungen, durch die insgesamt es allein möglich war, in einer jedermann zugänglichen Form die Notwendigkeit der von mir in einem halben Jahrhundert von Tag-und-Nacht aktiver Arbeit ans Licht gebrachten und festgestellten unerschütterlichen Wahrheiten klarzumachen und zu beweisen, daß sie tatsächlich für das Wohl der Menschen benutzt werden können, und andererseits, weil ich, als ich beim letzten öffentlichen Lesen dieser Vorlesung vor einer zahlreichen Versammlung zufällig zugegen war, ihr etwas hinzufügte, was, da es dem verborgenen Sinn, den Herr Beelzebub selbst in seinen sogenannten „Schlußakkord" hineinlegte, vollends entspricht — und indem es diese allergrößte objektive Wahrheit gleichzeitig neu beleuchtet, es dem Leser möglich macht, diese Wahrheit gebührend wahrzunehmen und sie sich anzueignen, wie es einem Wesen zukommt, das vorgibt ein „Ebenbild Gottes" zu sein.

ERSTE VORLESUNG

DIE GESETZMÄSSIGE VERSCHIEDENHEIT DER MANIFESTIERUNG DER MENSCHLICHEN INDIVIDUALITÄT

(Gehalten zum letztenmal in New York im Neighbourhood Playhouse im Januar 1924)

Den Forschungen vieler Gelehrter früherer Epochen und ebenso den Gegebenheiten nach, die in der Jetztzeit durch die ganz außerordentlich durchgeführten Untersuchungen des „Instituts-für-die-harmonische-Entwicklung-des-Menschen", das auf dem Gurdjieff'schen System aufgebaut ist, erzielt wurden, sollte — auf Grund höherer Gesetze und der auf der Erde von Anfang an festgesetzten und allmählich eingebürgerten Verhältnisse des Lebensprozesses der Menschen — die ganze Individualität jedes Menschen — ganz gleich von welcher Vererbung er auch das Resultat ist und in welchen ihn umgebenden zufällig zusammengekommenen Verhältnissen er auch entstanden sein mag und sich entwickelt hat —, sollte des Menschen Individualität schon zu Beginn seines verantwortlichen Lebens — um wirklich dem Sinn und der Bestimmung seiner Existenz als Mensch und nicht bloß als Tier zu entsprechen — unbedingt aus vier bestimmten einzelnen Persönlichkeiten bestehen.

Die erste von diesen vier selbständigen Persönlichkeiten ist die Gesamtheit jenes automatischen Funktionierens, das den Menschen wie auch allen Tieren eigen ist. Die Gegebenheiten für diese Gesamtheit setzen sich erstens aus der Gesamtsumme des Resultats der Eindrücke zusammen, die sie bis dahin sowohl aus der ganzen sie umgebenden Wirklichkeit als auch aus allem absichtlich von außen künstlich in sie Eingeimpftem empfingen, und zweitens aus dem Resultat des auch jedem Tier eigenen Prozesses, der da „Vor-sich-hin-träumen" heißt, jener Gesamtheit automatischen Funktionierens nämlich, die die meisten Menschen aus Unkenntnis „Bewußtsein" oder im besten Fall „Denken" nennen.

Die zweite Persönlichkeit des Menschen, die in den meisten Fällen ein von der ersten ganz unabhängiges Funktionieren hat, ist das Fazit der Resultate der angesammelten und festgesetzten Gegebenheiten, die im Bestand jedes Tieres durch sechs in ihm vorhandene Organe wahrgenommen werden, „Empfänger-verschieden-eigenschaftiger-Vibrationen" genannt, Organe, die nach neu wahrgenommenen Eindrücken funktionieren und deren Feinheit von der auf das gegebene Individuum gekommenen Vererbung abhängt und den Verhältnissen, in denen seine vorbereitende Heranbildung für seine verantwortliche Existenz stattgefunden hat.

Der dritte selbständige Teil eines Wesens stellt die Hauptfunktionierung seines Organismus dar wie auch alle bei diesem Hauptfunktionieren vor sich gehenden sogenannten „Reflex-motorischen-reziprok-wirkenden-Manifestierungen", und die Qualität dieser Manifestierungen hängt von denselben zuvor erwähnten Resultaten der Vererbung ab und auch von der Umgebung des Wesens in der Zeit seiner vorbereitenden Bildung.

Und der vierte, der auch ein selbständiger Teil des ganzen Individuums sein sollte, ist nichts anderes als die Manifestierung der Gesamtheit aller Resultate des bereits automatisierten Funktionierens der drei aufgezählten, in ihm einzeln geformten und selbständig aufgewachsenen Persönlichkeiten, das heißt, er ist eben das, was das „Ich" in einem Wesen genannt wird.

Im ganzen Bestand des Menschen hat jeder der drei

aufgezählten einzeln geformten Teile seines vollen Ganzen zu seiner Vergeistigung und Manifestierung eine selbständige sogenannte „Schwerpunkts-Lokalisierung", und ferner hat jede dieser Schwerpunkts-Lokalisierungen mit dem ihr eigenen ganzen System für ihre allgemeine Verwirklichung ihre eigenen nur ihr inhärenten Eigentümlichkeiten und Veranlagungen. Infolgedessen ist es zur allseitigen Vervollkommnung des Menschen unbedingt nötig, jedem dieser drei Teile eine besondere ihm entsprechende richtige Erziehung zuteil werden zu lassen und nicht eine solche, wie sie heutzutage gegeben und auch „Erziehung" genannt wird.

Nur dann kann das „Ich", das im Menschen sein sollte, sein, eigenes „Ich" sein.

Auf Grund der schon erwähnten langjährigen, ernsthaft durchgeführten experimentellen Forschungen und allein schon der gesunden und unparteiischen Auffassung eines jeden heutigen Menschen nach sollte der allgemeine Bestand jedes Menschen, besonders eines Menschen, der irgendwie beansprucht, nicht ein gewöhnlicher Durchschnittsmensch, sondern ein Gebildeter im eigentlichen Sinne des Wortes zu sein, nicht nur aus den besagten vier schon ganz deutlich bestimmten einzelnen Persönlichkeiten bestehen, sondern diese sollten unbedingt genau einander entsprechend entwickelt sein, auf daß in seinen allgemeinen Manifestierungen während seiner verantwortlichen Existenz alle einzelnen Teile miteinander harmonisieren können.

Um sich die Verschiedenquelligkeit der Entstehung und die Verschiedeneigenschaftigkeit der manifestierten Persönlichkeiten in der allgemeinen Organisation des Menschen und auch den Unterschied zwischen dem, was im allgemeinen Bestand eines „Menschen-ohne-Anführungsstriche", das heißt eines wahren Menschen „Ich" genannt wird und dem, was als das „falsche-Ich" bezeichnet werden kann und von den heutigen Menschen für das wahre gehalten wird, allseitig und anschaulich klarzumachen, kann sehr gut jener Vergleich dienen, der, wenn er auch von modernen sogenannten Spiritisten, Okkultisten, Theosophen und anderen Spezialisten, die „im-Trüben-fischen", bei ihrem Geschwätz über sogenannte „mentale", „astrale" und andere angeblich im Menschen vorhandene Körper, wie man sagt, „bis-zur-Abgeschmacktheit-abgenutzt" ist, trotzdem zur Erläuterung der von uns hier untersuchten Frage sehr geeignet ist.

Der Mensch als Ganzes mit all seinen einzelnen in ihm konzentrierten und funktionierenden Lokalisierungen, das heißt, den in ihm geformten und selbständig aufgewachsenen „Persönlichkeiten" ist fast genau jener Einrichtung vergleichbar, die zur Beförderung des Passagiers, aus Wagen, Pferd und Kutscher besteht.

Vor allem muß bemerkt werden, daß der Unterschied zwischen einem wahren Menschen, das heißt, einem, der sein eigenes „Ich" hat, und einem Menschen, der es nicht hat, in der von uns gewählten Parallele darin besteht, daß im ersten Fall der Passagier im Wagen der Besitzer selbst ist, dieweil er im zweiten Fall ein beständig wechselnder Jemand ist, in der Art eines Passagiers in einem Droschken-Taxi: der erstbeste Vorübergehende, den man trifft.

Der Körper des Menschen mit all seinen reflexmotorischen-Manifestierungen entspricht einfach dem Wagen, das ganze Funktionieren und die Manifestierung des Fühlens im Menschen dem Pferd, das vor den Wagen gespannt ist und ihn zieht, der Kutscher, der auf dem Bock sitzt und das Pferd lenkt, dem, was von den Menschen Bewußtsein oder Denken genannt wird, und der Passagier endlich, der im Wagen sitzt und dem Kutscher befiehlt, ist eben das, was „Ich" genannt wird.

Das Grundübel bei den heutigen Menschen liegt hauptsächlich darin, daß — durch die eingewurzelte und überall verbreitete anomale Methode der Erziehung der heranwachsenden Generation — bei allen Menschen zu Beginn ihres verantwortlichen Alters die vierte Persönlichkeit, die in ihnen sein sollte, vollends fehlt, und daß sie fast alle nur aus den drei aufgezählten und noch dazu irgendwie zufällig von selbst geformten Teilen bestehen. Das heißt, fast jeder heutige Mensch von schon verantwortlichem Alter stellt nicht viel mehr als ein „Droschken-Taxi" dar und noch dazu ein sehr heruntergekommenes, „das viel mitgemacht hat", mit einem Kleppergaul und einem zerlumpten, halbverschlafenen, halbbetrunkenen Kutscher auf dem Bock, dessen Zeit, die von der Mutter Natur für seine Selbstvervollkommnung bestimmt war — dieweil er an der Ecke auf irgendeinen zufälligen Passagier wartet — mit phantastischen Träumereien vergeht und den der erste beste, der vorübergeht, mietet und über ihn verfügt, wie es ihm gefällt, und nicht nur über ihn, sondern auch über alle zu ihm gehörenden Teile.

Wenn wir jetzt die Parallele zwischen einem typischen Menschen von heute mit seinen Gedanken, Gefühlen und seinem Körper einerseits und dem Droschken-Taxi mit seinem Wagen, Pferd und Kutscher andererseits weiter verfolgen, werden wir klar begreifen, daß sich in jedem einzelnen Teil dieser beiden Organisationen nur die jedem dieser Teile allein eigenen Bedürfnisse, Gewohnheiten, Geschmack und so weiter bilden und vorhanden sein müssen. Durch die verschiedene Entstehungsart der verschiedenen Naturen und durch die verschiedenen Verhältnisse während ihrer Gestaltung und durch die verschiedenen in ihnen enthaltenen Möglichkeiten haben sich in jedem dieser Teile unvermeidlich zum Beispiel seine eigene Psyche, seine Begriffe und subjektiven Grundsätze, seine Ansichten über Dinge und so weiter gebildet.

Die Gesamtheit der Manifestierung des menschlichen

VOM AUTOR

Denkens mit der ganzen ihrem Funktionieren eigenen Inhärenz und all ihren spezifischen Eigentümlichkeiten entspricht in jeder Hinsicht fast genau dem Wesen und den Manifestierungen eines typischen Mietskutschers.

Der Kutscher, wie im allgemeinen alle gemieteten Kutscher, ist der Typ, den man gewöhnlich „Johann" nennt. Er kann ein wenig lesen und schreiben, weil er nach den in seiner Heimat bestehenden Verordnungen, die in einer Einführung des allgemeinen „Schul-Zwanges" bestanden, in der Kindheit manchmal die sogenannte „Kirchen-Gemeindeschule" besuchen mußte.

Obgleich er selbst vom Lande kommt und wie die andern Bauern unwissend geblieben ist, kam er doch durch seinen Beruf mit Menschen von verschiedenem Rang und verschiedener Bildung in Berührung und „schnappte", wie man sagt, ein wenig von allen verschiedenen Ausdrücken auf, die verschiedene Begriffe bezeichnen, weshalb er nun auf alles vom Land kommende mit Überlegenheit und Geringschätzung herabschaut und mit Empörung all das gern als „Dummheit" abtut.

Kurzum er ist ein Typ, auf den die Definition genau paßt: „Für-einen-Raben-war-er-zu-gut-und-zu-einem-Pfauen-hats-nicht-gelangt".

Er hält sich für kompetent sogar in Fragen der Religion, Politik und Soziologie; mit seinesgleichen liebt er darüber zu streiten; die, von denen er glaubt, daß sie unter ihm stehen, belehrt er; den Höherstehenden schmeichelt er und ist ihnen zu Diensten, vor ihnen — wie man sagt — „zerknüllt-er-seinen-Hut".

Eine seiner Hauptschwächen ist, mit den Köchinnen und Stubenmädchen der Nachbarn zu poussieren. Am meisten aber liebt er sich vollzustopfen und ein Glas nach dem andern zu leeren — und wenn er dann ganz voll ist — schläfrig vor sich hinzudösen.

Um diese Schwächen befriedigen zu können, stiehlt er

einen Teil des Geldes, das ihm sein Herr zum Einkauf des Pferdefutters gibt.

Wie jeder gemietete „Johann" arbeitet er, wie man sagt, immer nur aus „Furcht vor Schlägen", und wenn er manchmal, ohne die Peitsche zu fühlen, arbeitet, so geschieht es nur in der Hoffnung auf Trinkgeld.

Der Wunsch, ein Trinkgeld zu erhalten, hat ihn langsam gelehrt, einige Schwächen der ihm begegnenden Menschen zu erkennen und Nutzen für sich selbst daraus zu ziehen. Und er gewöhnte sich auch automatisch an, listig zu sein und zu schmeicheln, sozusagen „einzuseifen" und im allgemeinen zu lügen.

Bei jeder passenden Gelegenheit und in jeder freien Minute kehrt er in eine Kneipe ein oder in eine Bar und döst dort lange bei einem Glas Bier vor sich hin oder führt eine Unterhaltung mit einem ihm ähnlichen Typ oder liest einfach die Zeitung.

Er gibt sich Mühe solid auszusehen und trägt einen Bart; wenn er mager ist, legt er unter seinen Anzug an entsprechenden Stellen etwas ein, um bedeutender zu erscheinen.

Die Gesamtheit der Manifestierungen der Gefühlslokalisierung und das ganze System ihrer Funktionierung im Menschen entspricht — wie es nicht besser sein könnte — in dem von uns gewählten Beispiel, dem Pferd eines Droschken-Taxis.

Der Vergleich des Pferdes mit der menschlichen Gefühlsorganisation kann übrigens besonders anschaulich zeigen, wie falsch und einseitig heutzutage die Erziehung der heranwachsenden Generation ist.

Das Pferd als Ganzes ist durch die Vernachlässigung, die ihm schon von seiner Jugend an durch die Wesen seiner Umgebung widerfuhr, und durch seine beständige Einsamkeit gleichsam in sich selbst eingesperrt, das heißt, sein sogenanntes „inneres-Leben" ist nach innen verdrängt und für äußere Manifestierungen bleibt ihm nichts als Trägheit.

Ob der anomalen Verhältnisse um es herum erhielt es keine besondere Erziehung, sondern bildete sich ausschließlich unter der Einwirkung beständiger Peitschenhiebe und häßlicher Schimpfworte.

Es war immer angebunden, man fütterte es, wie es gerade kam, und gab ihm statt Hafer und Heu nur Stroh, was ohne Wert für seine wirklichen Bedürfnisse ist.

Da es nie Manifestierungen von auch nur ein wenig Liebe und wohlwollender Haltung gegen sich erfahren hat, ist es jetzt bereit, sich jedem, der ihm die kleinste Liebkosung erweist, einfach vollständig auszuliefern.

Schließlich führte all das dazu, daß die Neigungen des Pferdes, das alles höheren Strebens und Trachtens bar ist, sich unvermeidlich auf Essen, Trinken und den automatischen Drang zum andern Geschlecht richten mußten; und deshalb fühlt es sich immer dahin gezogen, wo es etwas davon bekommt; wenn es zum Beispiel die Stelle sieht, wo vielleicht nur ein- oder zweimal eines seiner aufgezählten Bedürfnisse befriedigt worden ist, bemüht es sich, immer wieder seine Schritte dorthin zu lenken.

Man muß weiter noch hinzufügen, daß, obgleich der Kutscher einen sehr schwachen Begriff von seinen Pflichten hat, er doch immerhin, wenn auch nur ein wenig, logisch denken kann, und da er an den nächsten Tag denkt, tut er manchmal aus Furcht, daß man ihn wegjage oder aus Wunsch nach einer Belohnung, etwas für den Herrn, ohne daß er die Peitsche gerade fühlt; das Pferd dagegen, das zur rechten Zeit — weil man ihm, wie schon gesagt, keine besondere und entsprechende Erziehung angedeihen ließ — keine Gegebenheiten zur Manifestierung des für die verantwortliche Existenz nötigen Strebens erhielt, kann nicht begreifen — und man kann sogar nicht erwarten, daß es begreife — warum es im allgemeinen überhaupt etwas tun soll, und deshalb erfüllt es seine Pflichten ganz träge und arbeitet nur aus Furcht vor neuen Schlägen.

Was dann endlich den Wagen betrifft, der in unserer Parallele mit dem Körper ohne die anderen im ganzen Bestande des Menschen selbständig geformten Teile verglichen wird, so steht es mit ihm sogar noch schlechter.

Dieser Wagen ist, wie im allgemeinen alle Wagen, aus verschiedenerlei Material gemacht und noch dazu von einer sehr komplizierten Konstruktion.

Wie es für jeden gesund-denkenden Menschen offensichtlich ist, war er dazu bestimmt, alle möglichen Lasten zu transportieren, und nicht zu dem, wozu die Leute ihn heutzutage gebrauchen, nämlich nur zur Beförderung von Passagieren.

Der Hauptgrund für die verschiedenen Mißverständnisse in bezug auf ihn liegt darin, daß das System dieses Wagens vom Meister für die Fahrt auf Landwegen berechnet war, weshalb einige innere Einzelheiten seiner allgemeinen Konstruktion voraussichtlich dementsprechend gemacht waren.

Zum Beispiel war das Prinzip des Schmierens, eines der Hauptbedürfnisse dieser Konstruktion aus so verschiedenartigem Material, so vorgesehen, daß sich die Schmiere über alle Metallteile durch die Erschütterung, die durch die Unebenheiten, die auf solchen Wegen unvermeidlich sind, verbreiten sollte, und jetzt steht dieser Wagen, der zum Transport auf Landwegen bestimmt war, an den Parkstellen in der Stadt und rollt über die glatten asphaltierten Pflaster.

Da beim Fahren über solche Pflaster alle Stöße vermieden werden, kommt es zu keinem gleichmäßigen Schmieren aller seiner Teile, und infolgedessen rosten einige natürlich ein und hören auf, die von ihnen erwartete Arbeit zu leisten.

Im allgemeinen rollt jeder Wagen leicht, wenn die Teile, die die Bewegung leisten, richtig geschmiert sind. Wenn sie zu wenig geschmiert sind, laufen sie sich warm und werden später glühend und verderben dadurch andere Teile, und wenn ein Teil zu viel geschmiert ist, wird die gesamte Bewegung des Wagens schwierig, und in beiden Fällen ist es schwerer für das Pferd, ihn zu ziehen.

Der Kutscher von heute, unser „Johann", weiß und vermutet sogar oft nicht, daß der Wagen geschmiert werden muß, und wenn er ihn auch schmiert, so tut er es ohne die nötige Kenntnis und macht es nur, weil er es gehört hat, indem er aufs Geratewohl das befolgt, was der erste beste ihm sagt.

Und so kommt es, daß, wenn der Wagen, der sich schon an glatte Straßen gewöhnt hat, irgendwie einmal auf Landwegen fahren muß, ihm dann stets etwas passiert: Eine Schraube lockert sich, ein Bolzen wird verbogen, irgend etwas wird lose und nach einigen Versuchen, auf solchen Wegen zu fahren, geht die Sache selten ohne mehr oder weniger große Reparaturen ab.

Auf jeden Fall kann man danach den Wagen für den Zweck, für den er gemacht war, unmöglich länger ohne Risiko benutzen. Und wenn man Reparaturen vornimmt, wird es schon notwendig, ihn ganz zu zerlegen, alle seine Teile zu prüfen, sie zu reinigen, zu ölen, wie es in solchen Fällen angebracht ist, und sie wieder zusammenzusetzen, und sehr oft wird sich sogar die Notwendigkeit herausstellen, sofort irgendeinen Teil durch einen neuen zu ersetzen, was ganz schön ist, solange es kein teurer Teil ist, sonst aber kann es kostspieliger werden, als einen neuen Wagen zu kaufen.

Und so kann alles, was über die einzelnen Teile der Organisation gesagt wurde, aus der das Droschken-Taxi insgesamt besteht, vollends auf die allgemeine Organisation des ganzen Bestandes des Menschen angewandt werden.

Da es den Leuten heutzutage an Wissen und an der Fähigkeit gebricht, die heranwachsende Generation auf ihre verantwortliche Existenz vorzubereiten durch eine entsprechende Erziehung aller einzelnen Teile, die ihren ganzen Bestand ausmachen, stellt jeder Mensch heutzutage irgendeinen Wirrwarr und etwas im höchsten Grade Komisches dar, und zwar um uns wieder des gleichen Beispiels zu bedienen, etwas in der Art des folgenden Bildes:

Ein Wagen, ganz neu aus der Fabrik, nach der letzten Mode ausgeführt und von einem echten deutschen Barmer Meister poliert und ein Pferd davorgespannt, das in der Gegend, die ‚hinterer Kaukasus' genannt wird, ‚Dglozy-Dzi' heißt (‚Dzi' ist ein Pferd und ‚Dgloz' der Name eines Armeniers, der Spezialist im Ankauf und Häuteabziehen schon ganz untauglicher Pferde ist).

Auf dem Bock dieses eleganten Wagens sitzt der unrasierte, ungekämmte, schläfrige Kutscher Johann, in einem schmierigen Überzieher, den er aus dem Müllhaufen gezogen hat, wohin ihn die Abspülfrau Marie geworfen hat, weil er vollständig wertlos schien, und auf dem Kopf trägt er einen ganz nagelneuen Zylinder, eine genaue Kopie des Zylinders von Rockefeller, und in seinem Knopfloch prangt eine riesengroße Chrysantheme.

Dieses Bild eines heutigen Menschen, so komisch es auch sein mag, mußte sich unvermeidlich hauptsächlich deshalb so ergeben, weil vom ersten Tag der Entstehung und Gestaltung eines heutigen Menschen an diese drei in ihm geformten Teile, die — obgleich sie aus verschiedenen Ursachen stammen und verschieden-qualifizierte Eigenschaften besitzen — während seiner verantwortlichen Existenz zur Verfolgung des gleichen Ziels zusammen sein gesamtes Ganzes darstellen sollten, sozusagen einzeln zu „leben" anfangen und sich in ihren spezifischen Manifestierungen einzeln festsetzen, da sie sich die erforderliche automatische gegenseitige Unterstützung und gegenseitige Hilfsbereitschaft nicht angewöhnt haben noch zu irgendeinem gegenseitigen, wenn auch nur annähernd gegenseitigen Verständnis gelangt sind, weshalb, wenn gemeinsame Manifestierungen benötigt werden, sie nicht erscheinen.

Dank des in der Jetztzeit im Leben der Menschen schon ganz eingebürgerten sogenannten „Erziehungs-Systems-der-heranwachsenden-Generation", das einzig und allein darin besteht, die Schüler durch ständiges bis zum „Verrücktwerden" getriebenes Wiederholen zu trainieren, verschiedene, fast leere Worte und Ausdrücke nur durch den Unterschied ihres Klanges zu empfinden und die mit diesen Worten und Ausdrücken bezeichnete angebliche Wirklichkeit zu erkennen, ist der Kutscher recht und schlecht imstande, wenn auch nur andern Typen seinesgleichen die verschiedenen in ihm entstehenden Wünsche zu erklären und manchmal sogar andere ungefähr zu verstehen.

Dieweil unser Kutscher Johann mit anderen Kutschern schwätzt, während er auf einen Passagier wartet, und durch sein gelegentliches, wie man sagt, „poussieren" mit den Dienstmädchen des Nachbarn am Tore, lernt er sogar verschiedene Formen von was man „Höflichkeiten" nennt.

Durch die äußeren Lebensverhältnisse der Kutscher im allgemeinen kam er unter anderem allmählich automatisch dazu, eine Straße von der anderen unterscheiden und herausfinden zu können, wie man zum Beispiel während der Reparatur einer Straße von einer anderen Seite her in die betreffende Straße gelangen kann.

Was aber das Pferd angeht, auf dessen Bildung sich die verderbliche Erfindung der heutigen Menschen, die da „Erziehung" heißt, nicht erstreckt — weshalb die ihm vererbten Möglichkeiten nicht atrophiert sind, diese Bildung aber in den sich anomal eingebürgerten Verhältnissen des gewöhnlichen Existenzprozesses der Menschen verfließt und es von allen übersehen, wie eine Waise, aufwächst und noch dazu schlecht behandelt wird — so erwirbt es nichts, was der festgesetzten Psyche des Kutschers entspricht, und weiß deshalb nichts von dem, was der Kutscher weiß, und alle Formen gegenseitiger Beziehungen, die dem Kutscher gewohnt sind, sind ihm unbekannt, und so wird kein Kontakt zwischen ihm und dem Kutscher für ein gegenseitiges Verstehen hergestellt.

Es kann jedoch vorkommen, daß das Pferd mit seinem verschlossenen Leben doch eine Form des Verkehrs mit dem Kutscher lernt und ihm sogar seine Sprache nicht fremd ist, aber das Unglück besteht darin, daß der Kutscher nichts davon weiß und sogar nicht einmal eine solche Möglichkeit vermutet.

Nicht nur, daß sich zwischen dem Kutscher und dem Pferd durch die besagten anomalen Verhältnisse keine Gegebenheiten zu einem auch nur annähernden gegenseitigen Verständnis bilden, es gibt auch noch viele andere äußere gar nicht von ihnen abhängende Ursachen, die ihnen keine Möglichkeit geben, jenen einzigen Zweck zusammen zu verwirklichen, für den sie beide bestimmt sind.

So wie die einzelnen selbständigen Teile eines Droschken-Taxis miteinander verbunden sind — nämlich der Wagen mit dem Pferd durch die Deichselstangen, das Pferd mit dem Kutscher durch die Zügel —, so sind auch in der allgemeinen Organisation des Menschen die einzelnen Teile miteinander verbunden, und zwar der Körper mit der Gefühlsorganisation durch das Blut, die Gefühlsorganisation mit der Organisation, die die Funktionierung des Denkens oder Bewußtseins verwirklicht, durch das sogenannte „Ganbledzoin", das heißt jenen Stoff, der im allgemeinen Bestand eines Menschen durch alle absichtlich erzeugten Seins-Anstrengungen entsteht.

Das falsche System der modernen Erziehung führte dazu, daß der Kutscher nicht mehr länger irgendeine Wirkung auf das Pferd ausüben kann, es sei denn, daß man in

Betracht ziehen will, daß er mittels der Zügel im Bewußtsein des Pferdes gerade noch drei Ideen hervorrufen kann — rechts, links und halt.

Eigentlich besteht sogar nicht einmal immer diese Möglichkeit, da die Zügel im allgemeinen aus einem solchen Material gemacht sind, das auf verschiedene atmosphärische Erscheinungen reagiert; während eines Regengusses zum Beispiel schwellen sie an und werden kürzer, und bei Hitze geschieht das Gegenteil, und dadurch verändert sich ihre Wirkung auf die automatisierte Wahrnehmungsempfindlichkeit des Pferdes.

Dasselbe geschieht in der allgemeinen Organisation eines gewöhnlichen Menschen, wenn sich durch einen Eindruck in ihm sozusagen „die-Dichtigkeit-und-das-Tempo" des „Ganbledzoin" ändert und sein Gedanke dann vollends jede Möglichkeit verliert, auf seine Gefühlsorganisation zu wirken.

Also, um alles Gesagte zusammenzufassen, muß man, ob man will oder nicht, zugeben, daß jeder Mensch danach streben sollte, sein eigenes „Ich" zu haben, da er sonst immer nur ein Droschken-Taxi darstellen wird, in das jeder beliebige Passagier sich hineinsetzen und nach Belieben darüber verfügen kann.

Hier gerade wird es nicht überflüssig sein, hervorzuheben, daß „das-Institut-für-die-harmonische-Entwicklung-des-Menschen", das nach dem System von Gurdjieff organisiert ist, unter seinen Hauptaufgaben auch die hat, in seinen Schülern einerseits jede der aufgezählten selbständigen Persönlichkeiten entsprechend zu erziehen, sowohl einzeln als auch in ihrer Beziehung zueinander, und andererseits in jedem hervorzurufen und zu fördern, was in jedem, der den Namen „Mensch ohne Anführungsstriche" trägt, sein sollte: sein eigenes „Ich".

Für eine genauere sozusagen wissenschaftliche Bestimmung des Unterschiedes zwischen einem echten Menschen, das heißt, einem Menschen, wie er sein sollte, und einem, den wir „Mensch-in-Anführungsstrichen" genannt haben und zu dem der größte Teil der heutigen Menschheit bereits geworden ist, ist es hier sehr angebracht zu wiederholen, was Gurdjieff in einer seiner allgemeinen Vorlesungen über diesen Gegenstand sagte.

Und zwar sagte er folgendes:

„Zur Bestimmung eines Menschen von unserem Gesichtspunkt aus können uns keine modernen Kenntnisse seiner anatomischen noch physiologischen noch psychischen Kennzeichen helfen, da diese Kennzeichen in dem einen oder anderen Maß jedem Menschen inhärent sind und sich folglich auf alle Menschen gleicherweise beziehen und uns deshalb keine Möglichkeit bieten, den Unterschied festzustellen, den wir zwischen einzelnen Menschen feststellen wollen. Das einzige zur Unterscheidung dienende Maß kann nur so formuliert werden: „Der-Mensch-ist-ein-Wesen-das-,tun'-kann, und ,tun'-heißt-bewußt-und-nach-eigener-Initiative-handeln."

Und wirklich muß jeder mehr oder weniger gesund denkende Mensch, wenn er auch nur ein wenig unparteiisch sein kann, zugeben, daß es keine andere bessere und erschöpfendere Definition gab und geben kann.

Wenn man diese Definition vorübergehend annimmt, muß unvermeidlich die Frage entstehen, ob der Mensch, der ein Produkt der heutigen Erziehung und Zivilisation ist, überhaupt etwas bewußt und nach eigenem Willen tun kann.

Nein . . . antworten wir sogleich auf diese Frage. Warum nicht . . . ?

Schon allein deswegen, weil, wie „das Institut-für-die harmonische-Entwicklung-des-Menschen" experimentell beweist und auf Grund dieser Experimente kategorisch lehrt, ohne Ausnahme alles von Anfang bis zu Ende in den gegenwärtigen Menschen sich tut, und es nichts gibt, was der heutige Mensch selbst tut.

VOM AUTOR

Im persönlichen, Familien- und Gemeinschaftsleben, in der Politik, der Wissenschaft, der Kunst, der Philosophie und Religion — mit einem Wort in allem, was den Prozeß des gewöhnlichen Lebens eines heutigen Menschen ausmacht, tut sich alles von Anfang bis zu Ende, und es gibt nicht einen einzigen Menschen unter diesen „Opfern-der-heutigen-Erziehung", der etwas „tun" kann.

Diese experimentell bewiesene kategorische Behauptung des „Instituts-für-die-harmonische-Entwicklung-des-Menschen", nämlich, daß der gewöhnliche Mensch nichts tun kann, sondern daß sich alles in ihm tut, stimmt mit dem überein, was die heutige „exakte-positive-Wissenschaft" vom Menschen sagt.

Die heutige „exakte-positive-Wissenschaft" sagt, daß der Mensch ein sehr komplizierter Organismus sei, der sich evolvierend aus den allereinfachsten Organismen entwickelt hat und der jetzt auf äußere Eindrücke sehr kompliziert reagieren kann. Diese Fähigkeit zu reagieren ist so kompliziert im Menschen, und die antwortenden Bewegungen können scheinbar so weit von den Ursachen, die sie hervorbrachten und bedingen, entfernt sein, daß die Handlungen des Menschen, wenigstens zum Teil, einem naiven Beobachter ganz willkürlich zu sein scheinen.

Aber den Gurdjieff'schen Ideen nach ist der gewöhnliche Mensch tatsächlich nicht der allergeringsten selbständigen oder willkürlichen Handlung oder eines solchen Wortes fähig. Er ist nichts als das Resultat äußerer Einflüsse. Der Mensch ist eine Transformations-Maschine, etwas in der Art einer weiterleitenden Kräftestation.

Sonst unterscheidet sich der Mensch vom Gesichtspunkt Gurdjieffs und auch der heutigen „exakten-positiven-Wissenschaft" aus vom Tier nur durch eine größere Kompliziertheit seines Reagierens auf äußere Eindrücke und durch eine kompliziertere Konstruktion für die Aufnahme von Eindrücken und die Reaktion auf sie.

Und was das betrifft, was „Willen" genannt und dem Menschen zugeschrieben wird, so leugnet Gurdjieff vollständig, daß er im Bestand eines gewöhnlichen Menschen sein kann.

Der Wille ist eine bestimmte Kombination, erzielt aus den Resultaten verschiedener Eigenschaften, die Menschen, die tun können, in sich eigens erarbeiten.

Was im Bestand eines gewöhnlichen Menschen Wille genannt wird, ist einzig und allein das Ergebnis aus Wunsch und Begehren.

Wille ist ein Zeichen eines sehr hohen Grades von Sein im Vergleich zu dem Sein eines gewöhnlichen Menschen. Und nur Menschen, die ein solches Sein besitzen, können tun.

Alle anderen Leute sind einfach Automaten, die durch äußere Kräfte in Bewegung gesetzt werden, Maschinen oder mechanische Spielzeuge, die gerade so lange laufen, als die durch zufällig sie umgebende Verhältnisse aufgezogene sogenannte „Feder" Spannung hat, und diese Feder kann weder verlängert noch verkürzt noch durch eigene Initiative verändert werden.

Also, dieweil wir zugeben, daß der Mensch große Möglichkeiten hat, sprechen wir ihm jeden Wert als selbständige Einheit solange ab, als er bleibt, wie er heutzutage ist.

Um das völlige Fehlen irgendeines Willens im gewöhnlichen Menschen darzustellen, will ich hier eine Stelle aus einer anderen von Gurdjieff gehaltenen Vorlesung einschalten, in der die Manifestationen dieses vielgerühmten angeblichen Willens im Menschen malerisch geschildert werden.

In dieser Vorlesung wandte er sich an einen der Anwesenden und sagte:

„Sie haben viel Geld, luxuriöse Existenzverhältnisse und genießen allgemeine Achtung und Verehrung. An der Spitze

VOM AUTOR

Ihres solid fundierten Unternehmens stehen absolut ehrliche Leute, die Ihnen ergeben sind — mit einem Wort: Sie leben einfach herrlich.

„Sie verfügen über Ihre Zeit nach eigenem Belieben, Sie fördern die Künste, lösen Weltfragen bei einer Tasse Kaffee und sind sogar an der Entwicklung der verborgenen geistigen Kräfte des Menschen interessiert. Geistige Bedürfnisse sind Ihnen nicht fremd und in den Fragen der Philosophie sind Sie zu Hause. Sie sind gebildet und belesen. Da Sie großes Wissen in allen möglichen Fragen besitzen, gelten Sie als kluger Mann, der sich in allen möglichen Gebieten auskennt, — kurzum, Sie sind das Muster eines gebildeten Menschen.

„Alle, die Sie kennen, halten Sie für einen Menschen von großem Willen und die meisten schreiben sogar Ihr Wohl den Resultaten der Manifestationen dieses Ihres Willens zu. Kurzum, von allen Gesichtspunkten aus verdienen Sie Nachahmung und sind vollends zu beneiden.

„Am Morgen wachen Sie unter dem Eindruck eines schweren Traumes auf.

„Ihre leicht bedrückte Laune, die sich bei Ihrem Erwachen aufgehellt hat, hinterläßt nichtsdestoweniger eine Spur in Ihnen.

„Schlapp und unbestimmt sind Ihre Bewegungen.

„Sie gehen zum Spiegel, um sich Ihr Haar zu kämmen und lassen unversehens Ihre Haarbürste fallen; kaum haben Sie sie aufgehoben, und gereinigt, so fällt sie schon wieder. Sie heben sie schon mit einem Anflug von Ungeduld auf und dadurch lassen Sie sie ein drittes Mal fallen. Sie versuchen, sie noch in der Luft zu fangen, doch. . . durch den unglücklichen Schlag Ihrer Hand fliegt die Bürste gegen den Spiegel; Sie geben sich alle Mühe, sie zu fangen, doch krach . . . da ist ein Stern von Sprüngen in Ihrem alten Spiegel, auf den Sie so stolz waren.

„Ach, zum Teufel. . . und da entsteht eben das Bedürfnis, an irgend jemandem Ihren gerade entstandenen Mißmut auszulassen, und als Sie keine Zeitung neben Ihrem Morgenkaffee finden, weil der Dienstbote vergessen hat, sie dorthin zu legen, läuft das Maß Ihrer Geduld schon über und Sie beschließen, daß dieser nichtsnutzige Kerl nicht länger in Ihrem Haus geduldet werden kann.

„Es ist Zeit für Sie auszugehen und, um das schöne Wetter auszunutzen und da Ihr Ziel nicht fern ist, entschließen Sie sich, zu Fuß zu gehen. Hinter Ihnen her rollt langsam Ihr erst unlängst erworbenes Automobil letzter modernster Ausführung.

„Die strahlende Sonne beruhigt Sie ein wenig und ein Menschenauflauf, der sich an der Ecke der nächsten Seitenstraße angesammelt hat, zieht Ihre Aufmerksamkeit an.

„Sie treten näher hinzu und sehen in der Mitte der Menge einen Mann bewußtlos auf dem Bürgersteig liegen. Ein Schutzmann setzt ihn mit Hilfe einiger sogenannter „gaffender Müßiggänger", die sich angesammelt haben, in ein „Taxi", um ihn zum Krankenhaus zu bringen.

„Bemerken Sie wie seltsam in Ihren Assoziationen — nur durch die Ähnlichkeit, die Ihr Auge soeben zwischen dem Gesicht des Taxi-Chauffeurs und dem Gesicht des Betrunkenen bemerkt hat, mit dem Sie zusammenstießen, als Sie irgendwie selbst angeheitert im letzten Jahr von einer lärmenden Geburtstags-Gesellschaft zurückkamen, — dieses Unglück an der Ecke da mit der Torte. verbunden ist, die Sie auf der Gesellschaft aßen?

„Ach, war das eine wunderbare Torte!

„Der Dienstbote, der Ihnen heute die Zeitung nicht reichte, verdarb Ihnen Ihren Morgenkaffee. Warum sollen Sie sich jetzt nicht entschädigen? Dazu gibt es hier auch noch ein modernes Café, in dem Sie manchmal mit Ihren Freunden verkehren.

VOM AUTOR

„Aber warum haben Sie sich an Ihren Dienstboten erinnert? Haben Sie doch die Unannehmlichkeiten des Morgens schon fast ganz vergessen! Jetzt auf jeden Fall schmeckt Ihnen die Torte mit dem Kaffee wirklich ganz ausgezeichnet.

„Und sieh´ da, am nächsten Tisch sitzen zwei Damen. Was für eine reizende Blonde!

„Sie hören, wie sie ihrer Nachbarin zuflüstert und dabei nach Ihnen schaut:

„ ‚Der ist ganz nach meinem Geschmack.‘

Können Sie leugnen, daß ob dieser zufällig von Ihnen gehörten und vielleicht auch absichtlich laut ausgesprochenen Worte über Sie, Sie, wie man sagt, „innerlich frohlocken"?

„Wenn man Sie nun in diesem Augenblick fragen würde, ob es wert war, daß Sie wegen der Unannehmlichkeiten am Morgen verstimmt waren und sich Ihre Laune verderben ließen, würden Sie dies gewiß verneinen und sich das Wort geben, daß nichts Ähnliches mit Ihnen je wieder vorkommen solle.

„Ist es noch nötig zu sagen, wie sich Ihre Laune wandelte, als Sie mit der Sie interessierenden und in Sie interessierten Blonden Bekanntschaft machten und wie sie die ganze Zeit hindurch war, die Sie mit ihr verbrachten?

„Sie kehren, einen Schlager summend, nach Hause zurück, und selbst der zerbrochene Spiegel ruft nur ein Lächeln in Ihnen hervor.

„Und wie steht's mit Ihrem Geschäft, für das Sie heute ausgingen? Sie erinnern sich erst jetzt daran. Zu dumm . . . doch ganz gleich . . . man kann telephonieren.

„Sie gehen zum Telephon, und das Fräulein verbindet Sie mit der falschen Nummer.

„Sie klingeln wieder und werden wieder mit derselben Nummer verbunden.

„Irgend jemand sagt Ihnen, daß Sie ihn belästigen. Sie sagen, daß dies nicht Ihre Schuld sei, und im Hin und Her der Worte erfahren Sie ganz unerwartet, daß Sie ein Schuft sind, ein Idiot und daß, wenn Sie noch einmal bei ihm anläuten ... Sie ...

„Der unter Ihre Füße geratene Teppich ruft einen Sturm von Entrüstung in Ihnen hervor, und Sie sollten den Ton hören, in dem Sie den Dienstboten zurechtweisen, der Ihnen einen Brief überreicht.

„Der Brief ist von einem Menschen, den Sie achten und auf dessen hohe Meinung von Ihnen Sie großen Wert legen. Der Inhalt des Briefes ist dermaßen schmeichelnd für Sie, daß Ihre Aufgebrachtheit beim Lesen verfliegt und Sie in die ‚angenehme Verwirrung' eines Menschen versetzt, der sein Lob hört. In der angenehmsten Stimmung lesen Sie den Brief zu Ende.

„Ich könnte dieses Bild Ihres Tages noch weiter durchführen, Sie freier Mensch!

„Vielleicht denken Sie, daß ich übertreibe.

„Aber nein, es ist eine photographisch genaue Aufnahme nach der Natur."

Da wir vom Willen des Menschen sprechen und von den verschiedenen Aspekten seiner Manifestationen, die angeblich aus seiner eigenen Initiative stammen, Manifestationen, die für die heutigen sogenannten „ForscherKöpfe" und unserer Auffassung nach natürlich „naiven Köpfe" als Gegenstand zu Klügeleien und Selbstgefälligkeiten dienen, wird es nicht schaden anzuführen, was Gurdjieff in einer anderen „Vorlesung" in zwangloser Form sagte, weil die Gesamtheit von dem, was er damals sagte, ein Licht auf die Illusion werfen dürfte, daß jeder Mensch angeblich einen Willen habe.

VOM AUTOR

Er sagte:

„Der Mensch kommt als reines Blatt Papier auf die Welt, und alles, was ihn umgibt, und alle, die ihn umgeben, tun ihr Bestes, dieses Blatt vollzuschmieren und zu beschmutzen mit Erziehung und Moral und mit Kunden, die von uns Kenntnisse genannt werden, und mit allen möglichen Gefühlen von Pflicht, Ehre, Gewissen und so fort und so weiter.

„Und alle bestehen auf der Unveränderlichkeit und Unfehlbarkeit der Methoden, die angewandt werden, um diese Schößlinge dem Stamm einzupfropfen, der da Persönlichkeit des Menschen heißt.

„Das Blatt wird allmählich schmutzig, und je schmutziger das Blatt wird, das heißt, je mehr der Mensch mit diesen vergänglichen Kunden vollgestopft wird und mit Begriffen von Pflicht, Ehre und so weiter, die ihm eingetrichtert und von anderen suggeriert wurden, für desto ‚klüger‘ und verdienter gilt dieser Mensch seiner Umgebung.

„Und auch das beschmierte Blatt, das sieht, daß die Menschen seinen Schmutz als ein Verdienst erachten, kann nicht anders als seinen Schmutz mit den andern in rosigem Licht zu betrachten.

„Und so haben Sie ein Muster von dem, was wir einen Menschen nennen, dem wir noch dazu oft Worte wie ‚Talent‘ und ‚Genie‘ hinzufügen.

„Und unserem ‚Talent‘ wird die Laune für den ganzen Tag verdorben, wenn er beim Erwachen am Morgen seine Pantoffeln nicht an seinem Bett findet.

„Unfrei ist der gewöhnliche Mensch in seinen Manifestationen, in seinem Leben, in seinen Stimmungen.

„Er kann nicht der sein, der er sein möchte und für den er sich hält.

„Mensch, wie stolz das klingt, schon allein der Name ‚Mensch‘, was die ‚Krone-der-Schöpfung‘ bedeutet. Paßt aber dieser Titel auf den heutigen Menschen?

„Der Mensch sollte zwar wirklich die Krone der Schöpfung sein, weil er mit allen Möglichkeiten gebildet und ausgestattet ist, um all die Gegebenheiten zu erwerben, die genau den Gegebenheiten in dem Einen gleichen, der alles im ganzen Weltall Existierende verwirklicht."

Um ein Recht auf den Namen Mensch zu haben, muß man einer sein.

Und um einer zu sein, muß man zuallererst mit einer unermüdlichen Beharrlichkeit und einem nie versagenden Impuls von Wunsch, der aus allen einzelnen selbständigen Teilen, die unseren ganzen Bestand ausmachen, das heißt gleichzeitig aus unseren Gedanken, Gefühlen und unserem organischen Mechanismus stammen muß, an einem allseitigen Sich-Selbst-Erkennen arbeiten — wobei man gleichzeitig unaufhörlich gegen seine subjektiven Schwächen ankämpfen muß — und indem man sich später nur an die durch sein eigenes Bewußtsein erhaltenen Resultate hält, sowohl was die Fehler angeht, die in der Subjektivität des Betreffenden vorhanden sind als auch was die herausgefundenen Mittel betrifft, die den Kampf mit ihnen möglich machen — ohne Schonung für sich selbst zu kennen — ihre Ausrottung erzielen.

Der heutige Mensch — den wir nur erkennen können, wenn jede Parteilichkeit unsererseits fehlt — stellt in Wirklichkeit nichts mehr und nichts weniger als nur ein Uhrwerk dar, allerdings von sehr komplizierter Konstruktion.

Der Mensch muß seine Mechanität unbedingt und ohne jede Parteilichkeit von allen Seiten durchdenken und gut begreifen, um vollends zu verstehen, welche Bedeutung diese Mechanität und alle daraus stammenden Folgen und Resultate sowohl für sein eigenes weiteres Leben als auch zur Rechtfertigung des Sinnes und Zieles seiner Entstehung und seiner Existenz haben kann.

VOM AUTOR

Für den, der die menschliche Mechanität im allgemeinen studieren und sich klarmachen will, ist er selbst mit seiner eigenen Mechanität sich das allerbeste Studiumsobjekt und diese in einer praktischen Weise zu studieren und vernünftig mit seinem ganzen Sein — nicht ‚psychopathisch‘, das heißt mit nur einem Teil seines ganzen Bestandes — zu verstehen, ist einzig und allein als Ergebnis richtig gelenkter Selbstbeobachtung möglich.

Und was die Möglichkeit betrifft, die Selbstbeobachtung richtig zu leiten, ohne dabei Gefahr zu laufen, schädlichen Resultaten zu erliegen, die man mehr als einmal in den Versuchen von Leuten beobachtet hat, die dieses ohne gebührende Kenntnisse tun, ist es, nur um jeden falschen Eifer zu vermeiden, nötig, im Voraus zu warnen, daß unsere Erfahrung, die auf zahlreichen genauen Kunden beruht, zeigt, daß dies nicht so einfach ist, wie es auf den ersten Blick scheinen mag. Deshalb machen wir das Studium der Mechanik des heutigen Menschen zur Grundlage einer richtig gelenkten Selbstbeobachtung.

Bevor ein Mensch diese Mechanität und alle Prinzipien einer richtig gelenkten Selbstbeobachtung zu studieren beginnt, muß er sich zuerst unwiderruflich entschließen, immer rückhaltlos aufrichtig mit sich selbst sein zu wollen, seine Augen vor nichts zu verschließen und keinen Resultaten auszuweichen, wohin sie ihn auch führen, sich vor keinen Folgerungen zu fürchten und sich nicht durch zuvor festgesetzte Grenzen einzuschränken. Ferner ist es nötig, damit diese Prinzipien, die wir darbieten, von den Anhängern der Lehre klar aufgefaßt und zu ihrem eigenen Gut werden können, eine entsprechende Form von „Sprache" festzulegen, da wir die Form der heutzutage bestehenden Sprache als ganz unzulänglich für solche Klarstellungen finden.

Was die erste Bedingung betrifft, so ist es jetzt gleich am Anfang nötig, warnend vorauszuschicken, daß ein

Mensch, der nicht daran gewöhnt ist, in der Richtung zu denken und zu handeln, die den Prinzipien der Selbstbeobachtung entsprechen, viel Mut haben muß, um die erzielten Folgerungen ehrlich anzunehmen und nicht den Mut zu verlieren, sondern sich an sie zu halten und sie mit einer dafür unbedingt nötigen wachsenden Beharrlichkeit fortzusetzen.

Diese Folgerungen können alle im Menschen schon tief verwurzelten Überzeugungen und seinen Glauben und auch die gesamte Ordnung seines gewöhnlichen Denkens wie man sagt ‚umstürzen‘, in welchem Fall er vielleicht für immer all die angenehmen, wie man sagt, ‚seinem-Herzen-teuren-Werte‘ verlieren kann, die bis dahin sein ruhiges und gemütliches Leben ausmachten.

Durch richtig gelenkte Selbstbeobachtung wird ein Mensch von den ersten Tagen an seine volle Macht- und Hilflosigkeit gegenüber buchstäblich allem, was ihn umgibt, klar einsehen und zweifellos erkennen.

Er wird sich mit seinem ganzen Sein überzeugen, daß alles ihm befiehlt, alles ihn regiert. Er selbst befiehlt und regiert überhaupt gar nichts.

Er wird angezogen und abgestoßen, nicht nur von allem Lebenden, das die Entstehung dieser oder jener Assoziation in ihm beeinflussen kann, sondern sogar von ganz leblosen und trägen Objekten.

Ohne Selbsteinbildung oder Selbstbetäubung — Impulse, die man sich nicht vom heutigen Menschen wegdenken kann — wird er erkennen, daß sein ganzes Leben nichts als ein blindes Reagieren auf die besagten Anziehungen und Abstoßungen ist.

Er wird klar erkennen, wie seine sogenannten Ansichten, seine Weltanschauung, sein Charakter, Geschmack und so weiter, kurzum, wie seine Individualität geformt ist und unter welchen Einflüssen sie sich in ihren Einzelheiten ändern kann.

VOM AUTOR

Und was die zweite unerläßliche Bedingung betrifft, das heißt die Festsetzung einer richtigen Sprache, so ist dies nötig, weil die Sprache, die sich neuerdings festgesetzt und sozusagen „Bürgerrechte" erworben hat, die Sprache, in der man spricht, durch die man anderen sein Wissen und seine Begriffe vermittelt und in der man Bücher schreibt, unserer Meinung nach schon so ist, daß sie für jeden mehr oder weniger genauen Meinungsaustausch ganz untauglich ist.

Die Worte, aus denen die gewöhnliche Sprache besteht, bezeichnen durch den willkürlichen Sinn, den Leute in sie legen, relative und unbestimmte Begriffe und werden deshalb vom Durchschnittsmenschen „elastisch" aufgefaßt.

Daß es aber zu dieser Anomalität im Leben der Menschen kam, dabei spielte meiner Meinung nach wiederum dieselbe falsche Erziehungsmethode der heranwachsenden Generation eine Rolle.

Und sie spielt eine Rolle, hauptsächlich dadurch, daß sie, wie wir schon gesagt haben, die heranwachsende Generation zwingt, eine möglichst große Quantität von Worten nur durch den von ihrem äußeren Klang erhaltenen Eindruck voneinander zu unterscheiden und nicht durch den echten Kern der in sie gelegten Bedeutung, wodurch es schließlich dahin kam, daß die Leute allmählich die Fähigkeit verloren, nachzudenken, worüber sie reden, und aufzufassen, was ihnen gesagt wird.

Durch den Verlust dieser Fähigkeit und gleichzeitig im Hinblick auf die Notwendigkeit, unsere Gedanken anderen mehr oder weniger genau zu vermitteln, ist der heutige Mensch gezwungen, trotz der endlosen Anzahl von Worten, die sich in allen heutigen Sprachen finden, entweder Worte aus anderen Sprachen zu entlehnen oder noch immer neue Worte zu erfinden, und dadurch kam es schließlich dahin, daß, wenn ein Mensch heutzutage einen Gedanken ausdrücken will und viele Worte kennt, die ihm dafür passend zu sein scheinen, er trotzdem, wenn er seine Gedanken mit einem Wort ausdrückt, das seiner geistigen Auffassung nach entsprechend zu sein scheint, gleichzeitig instinktiv eine Ungewißheit betreffs der Richtigkeit seiner Wahl fühlt und unbewußt diesem Wort seine eigene subjektive Bedeutung gibt.

Einerseits ob dieses schon automatisierten Gebrauches und andererseits ob des allmählichen Verschwindens der Fähigkeit, seine aktive Aufmerksamkeit lang konzentrieren zu können, betont der gewöhnliche Mensch, wenn er ein Wort ausspricht oder hört, unfreiwillig diesen oder jenen Aspekt des in dem Worte enthaltenen Begriffes und konzentriert jedesmal die ganze Bedeutung des Wortes auf einen Aspekt dieses ganzen Begriffes, das heißt er bezeichnet durch dieses Wort nicht alle Merkmale des gegebenen Begriffes, sondern bloß das erste zufällige Merkmal, das von den Ideen abhängig ist, die in dem Strom der automatisch in ihm vor sich gehenden Assoziationen erzeugt werden. Deshalb gibt der moderne Mensch in der Unterhaltung mit anderen ein und demselben Wort, so oft er es hört oder gebraucht, eine andere Bedeutung, oft sogar ganz entgegengesetzt dem Sinn, der durch das gegebene Wort zum Ausdruck gelangen soll.

Für einen Menschen, der dies bis zu einem gewissen Grad erkannt hat und es mehr oder weniger zu beobachten gelernt hat, steht dieses ‚tragikomische Klangbachanal' besonders deutlich fest und wird offensichtlich, wenn an der Unterhaltung von zwei heutigen Menschen sich andere beteiligen. Jeder von ihnen legt in all die Schwerpunkts-Worte in der betreffenden sozusagen „Symphonie-von-Worten-ohne-Inhalt" seinen eigenen subjektiven Sinn, und dem Ohr dieses unparteiischen Beobachters klingt dies alles wie das, was in den alten synokulupianischen Erzählungen von „Tausend und einer Nacht" ein „kakophonisch-phantastischer-Unsinn" genannt wird.

VOM AUTOR

Die heutigen Menschen, die in dieser Weise miteinander sprechen, bilden sich ein, daß sie einander verstehen und sind sicher, daß sie ihre Gedanken einander vermitteln.

Wir aber, die wir auf zahlreichen, durch psycho-physisch-chemische Experimente bewiesenen unbestreitbaren Gegebenheiten fußen, behaupten kategorisch, daß solange die heutigen Menschen bleiben, wie sie zur Jetztzeit sind, das heißt „Durchschnittsmenschen", sie niemals — worüber sie auch miteinander sprechen mögen, besonders in Bezug auf abstrakte Fragen — dieselben Begriffe durch dieselben Worte bezeichnen und niemals einander wirklich verstehen werden.

Und deshalb manifestiert sich im heutigen Durchschnittsmenschen jedes innere, selbst jedes schmerzliche und ihn zum Denken anregende Erlebnis — und die dadurch erhaltenen logischen Resultate, die sonst für die um ihn herum sehr segensreich sein könnten — nicht nach außen, sondern wandelt sich nur in einen sozusagen „knechtenden-Faktor" für ihn selbst um.

Dadurch wird die Isolierung des inneren Lebens jedes einzelnen Menschen sogar noch verstärkt und gleichzeitig wird die sogenannte „gegenseitige-Belehrung", die in der gemeinsamen Existenz von Menschen so nötig ist, noch mehr und mehr vernichtet.

Durch den Verlust der Fähigkeit, aufzufassen und nachzudenken, denkt der heutige Mensch, wenn er im Gespräch ein Wort hört oder gebraucht, das ihm nur durch seinen Klang bekannt ist, überhaupt nicht weiter nach, und es entsteht in ihm sogar keine Frage, was eigentlich mit diesem Wort gemeint ist, da er ein für allemal überzeugt ist, daß er es kennt und daß andere es auch kennen.

Eine Frage entsteht jedoch manchmal in ihm, wenn er ein ihm ganz unbekanntes Wort zum erstenmal hört, aber in diesem Fall begnügt er sich einfach damit, dieses unbekannte Wort durch ein anderes passendes Wort von bekanntem Klang zu ersetzen und bildet sich ein, daß er es verstanden habe.

Ein sehr gutes Beispiel zur Beleuchtung dessen, was ich soeben gesagt habe, ist das so oft von jedem heutigen Menschen gebrauchte Wort „Welt".

Wenn die Menschen für sich selbst auffangen könnten, was ihnen durch den Kopf geht, wenn sie das Wort „Welt" hören oder anwenden, müßten die meisten zugeben — vorausgesetzt, daß sie aufrichtig sein wollen — daß sie keine genaue Vorstellung mit diesem Wort verbinden. Sie fangen einfach durchs Ohr den ihnen gewohnten Klang auf, dessen Bedeutung sie zu kennen glauben und sagen gleichsam zu sich selbst: „Ach, Welt, ich weiß schon, was das ist", und damit basta.

So man aber absichtlich ihre Aufmerksamkeit auf dieses Wort lenkt und ihnen zu entlocken versucht, was sie unter diesem Wort eigentlich verstehen, so werden sie zuerst sichtbar „verwirrt" oder „verlegen", sich dann aber rasch etwas vormachen und die erste Definition, die ihnen über dieses Wort in den Kopf kommt, als die ihre ausgeben, auch wenn sie in Wirklichkeit nie zuvor daran gedacht hatten.

Wenn man die entsprechende Macht hätte und einer Anzahl heutiger Menschen befehlen könnte, selbst solchen unter ihnen, die sozusagen „eine gute Erziehung" erhielten, auszusagen, was sie unter diesem Wort ‚Welt' genau verstehen, würden alle von ihnen so „wie-die-Katze-um-den-heißen-Brei-laufen", daß man sich unwillkürlich selbst an Rizinus-Öl mit einer gewissen Zärtlichkeit erinnern würde.

So würde zum Beispiel einer unter ihnen, der außer anderem verschiedene astronomische Bücher durchgeackert hat, sagen, daß die Welt eine enorme Anzahl von Sonnen sei, die in kolossaler Entfernung voneinander von Planeten umgeben sind und zusammen das, was wir die Milchstraße nennen, ausmachen, hinter der in unermeßlicher Entfernung und jenseits der unserer Erforschung noch unzugänglichen Raumgrenzen andere Anhäufungen von Sternen, andere Welten, liegen dürften.

Ein anderer, der sich für die heutige Physik interessiert, würde von der Welt als einer systematischen Evolution der Materie sprechen, angefangen beim Atom, bis zu den größten Anhäufungen von Planeten und Sonnen; vielleicht würde er von der Theorie der Ähnlichkeit zwischen der Atom- und Elektronen-Welt und der Welt der Sonnen und Planeten reden und so fort im selben Geleise.

Einer, der sich aus irgendeinem Grund zur Philosophie hingezogen fühlt und allen möglichen Kram über diesen Gegenstand nachgeschlagen hat, würde sagen, daß die Welt nur die Frucht unserer subjektiven Vorstellungen und Einbildungen ist und daß unsere Erde mit ihren Bergen und Seen, ihrem Pflanzen- und Tierreich nur eine Welt täuschender Erscheinungen ist, eine eingebildete Welt.

Ein Mensch, der mit den neuen Theorien der Viel-Dimensionalität des Raumes bekannt ist, würde sagen, daß die Welt gewöhnlich als eine endlose drei-dimensionale Sphäre angesehen wird, daß aber in Wirklichkeit eine drei-dimensionale Welt an sich nicht existieren könne und nur ein vorgestellter Querschnitt einer anderen vier-dimensionalen Welt sei, aus der alles kommt und in die alles zurückkehrt, was um uns vorgeht.

Ein Mensch, dessen Weltanschauung auf den Dogmen der Religion beruht, würde sagen, daß die Welt alles umfaßt, was existiert, das Sichtbare und das Unsichtbare, daß sie von Gott geschaffen wurde und von seinem Willen abhängt, daß unser Leben in der sichtbaren Welt kurz ist, in der unsichtbaren Welt aber, wo der Mensch Belohnung und Strafe für alles erhält, was er während seines Aufenthaltes in der sichtbaren Welt beging, ewig.

Einer, der sich dem „Spiritismus" verschrieben hat, würde sagen, daß es außer der sichtbaren Welt auch noch eine andere gibt, eine Welt des „Jenseits", und daß bereits eine Verbindung zu den Wesen, die diese Welt des Jenseits bevölkern, hergestellt worden ist.

Einer, der von der Theosophie angezogen ist, würde sogar noch weitergehen und sagen, daß es sieben einander durchdringende Welten gibt, die aus immer feinerem Stoff bestehen, und so fort und so weiter.

Kurzum, nicht ein einziger heutiger Mensch wäre fähig, eine bestimmte für alle Gesichtspunkte gleicherweise passende Definition der eigentlichen Bedeutung des Wortes „Welt" zu geben.

Das ganze psychische innere Leben eines gewöhnlichen Menschen ist nichts als ein ‚automatisierter-Kontakt' zwischen zwei oder drei Serien früherer von ihm wahrgenommener Assoziationen von Eindrücken, die sich unter Einwirkung eines dabei in ihm entstandenen Impulses in allen drei heterogenen Lokalisationen oder ‚Gehirnen' festsetzten. Wenn eine Assoziationsserie einmal aufs neue wieder abzulaufen beginnt, das heißt, wenn die Wiederholung entsprechender Eindrücke vor sich geht, ist es unter dem Einfluß einiger innerer oder äußerer zufälliger Schocks möglich festzustellen, daß auch in einer anderen Lokalisation sich die homogenen Eindrücke von selbst wiederholen.

Alle Besonderheiten der Weltanschauung des gewöhnlichen Menschen und die charakteristischen Züge seiner Individualität stammen und hängen ab von der Folge der in ihm beim Wahrnehmen neuer Eindrücke vor sich gehenden Impulse und auch von dem Automatismus, der den Entstehungsprozeß der Wiederholung dieser Eindrücke veranlaßt. Und das erklärt, weshalb man immer sogar im gewöhnlichen Menschen in seinem passiven Zustand beobachten kann, daß die verschiedenen Assoziationen, die gleichzeitig in ihm vor sich gehen, nichts miteinander gemein haben und in keiner Weise übereinstimmen.

VOM AUTOR

Die besagten Eindrücke werden im allgemeinen Bestand eines Menschen sozusagen durch drei „Apparate" empfangen, die in ihm, wie im allgemeinen im Bestand aller Tiere, als Wahrnehmer aller sieben sogenannten „planetischen Schwerpunkts-Vibrationen" sind.

Die Struktur dieser wahrnehmenden Apparate ist in allen Teilen des Mechanismus dieselbe.

Diese Apparate bestehen aus Vorrichtungen, die an klare Wachs-Grammophon-Platten denken lassen; auf diesen Platten oder, wie man sie auch nennen kann, „Rollen" werden alle empfangenen Eindrücke vom ersten Tag der Erscheinung eines Menschen in der Welt und sogar zuvor, während seiner Gestaltung im Schoß der Mutter aufgezeichnet.

Und die einzelnen Apparate, die seinen allgemeinen Mechanismus ausmachen, besitzen auch eine gewisse automatisch wirkende Vorrichtung, dank derer neuempfangene Eindrücke, außer daß sie neben den ihnen ähnlichen früher empfangenen Eindrücken aufgenommen, auch in chronologischer Ordnung neben den gleichzeitig empfangenen Eindrücken aufgezeichnet werden.

Somit wird jeder erlebte Eindruck gleichzeitig an verschiedenen Stellen und auf verschiedenen Rollen eingetragen und auf diesen Rollen unverändert aufbewahrt.

Diese eingeprägten Wahrnehmungen haben die Eigenschaft, daß sie, wenn sie mit ähnlichen und gleichartigen Vibrationen in Berührung kommen, sozusagen „sich selbst erregen" und daß sich in ihnen ein Ablauf wiederholt, der dem Ablauf gleicht, der durch ihr erstes Entstehen hervorgerufen wurde.

Und es ist diese Wiederholung von früher wahrgenommenen Eindrücken, die das hervorruft, was Assoziation genannt wird, und Teile dieser Wiederholung, die in das Feld der Aufmerksamkeit eines Menschen kommen, machen das aus, was „Gedächtnis" genannt wird.

Das Gedächtnis eines gewöhnlichen Menschen, verglichen mit dem Gedächtnis eines harmonisch vervollkommneten Menschen, ist eine sehr, sehr unvollkommene Vorrichtung zur Nutzbarmachung seiner früher wahrgenommenen Eindrücke während seines verantwortlichen Lebens.

Mit Hilfe seines Gedächtnisses kann der gewöhnliche Mensch von der ganzen Menge der früher wahrgenommenen Eindrücke nur einen sehr kleinen Teil benutzen und übersehen, wogegen das Gedächtnis, wie es in einem echten Menschen ist, ohne Ausnahme alle Eindrücke, ganz gleich, wann sie wahrgenommen wurden, übersieht.

Viele Experimente sind gemacht worden, und es ist mit unbezweifelbarer Genauigkeit festgestellt worden, daß jeder Mensch in gewissen Zuständen, wie zum Beispiel im Zustand eines bestimmten Stadiums von Hypnose, bis auf die kleinsten Einzelheiten sich an alles erinnern kann, was ihm je geschah, an alle Einzelheiten der Umstände und Gesichter und Stimmen der Leute, die ihn umgaben, selbst in den ersten Tagen seines Lebens, als er nach den Begriffen der Leute noch ein unbewußtes Wesen war.

Wenn ein Mensch in einem dieser Zustände ist, ist es möglich, künstlich sogar die in den dunkelsten Ecken seines Mechanismus verborgenen Rollen wieder zum Gehen zu bringen; aber es geschieht auch oft, daß diese Rollen von selbst unter dem Einfluß eines durch ein Erlebnis hervorgerufenen offenen oder verborgenen Schocks abzulaufen beginnen und dann plötzlich vor dem Menschen lang vergessene Szenen, Bilder, Gesichter und so weiter auftauchen.

An dieser Stelle unterbrach ich den Vorleser und hielt es für angebracht, die nun folgende Hinzufügung zu machen:

HINZUFÜGUNG

So also ist der gewöhnliche Durchschnittsmensch: ein unbewußter Sklave des allgesamten Dienstes für, seiner eigenen Individualität fremde, all-universelle Zwecke.

Er kann sein ganzes Leben leben, so wie er ist, und als solcher für immer vergehen.

Gleichzeitig aber hat ihm die Große Natur die Möglichkeit gegeben, nicht nur ein blindes Werkzeug des allgemeinen Dienstes dieses all-universellen-objektiven-Zweckes zu sein, sondern zugleich, indem er ihr dient und verwirklicht, was ihm vorausbestimmt ist — wie es das Los alles Atmenden ist — auch für sich selbst, für seine eigene egoistische Individualität zu arbeiten.

Diese Möglichkeit ist ihm auch zum Dienst für den gemeinsamen Zweck gegeben, da für das Gleichgewicht dieser selben objektiven Gesetze auch solche teilweise befreite Leute nötig sind.

Obwohl die besagte Befreiung möglich ist, so ist es doch schwer zu sagen, ob jeder beliebige Mensch die Möglichkeit hat, sie zu erreichen.

Es gibt eine Unzahl von Ursachen, die dies nicht zulassen und die in den meisten Fällen weder von uns persönlich noch von großen Gesetzen abhängen, sondern nur von allerlei zufälligen Verhältnissen bei unserer Entstehung und Gestaltung, unter denen die hauptsächlichsten die Vererbung und die Verhältnisse sind, unter denen der Prozeß unseres „vorbereitenden-Alters" verflossen ist. Und es sind gerade diese nicht zu ändernden Ursachen, die die Befreiung möglicherweise nicht zulassen.

Die hauptsächlichste Schwierigkeit für die Befreiung

aus der allgemeinen Sklaverei besteht darin, daß man selbst mit einer aus persönlicher Initiative stammenden Absicht und von eigenen Anstrengungen unterstützten Ausdauer, was besagen will, nicht durch fremden, sondern eigenen Willen erstreben muß, in seinem Bestand sowohl die Ausrottung schon fest verwurzelter Folgen gewisser Eigenschaften jenes „Etwas" zu erreichen, das in unseren Vorvätern war und „Organ-Kundabuffer" genannt wird, wie auch die Ausrottung der Veranlagung zu diesen Folgen, die wieder entstehen könnten.

Damit ihr wenigstens annähernd versteht, was dieses seltsame Organ mit seinen Eigenschaften und auch die Manifestierung der Folgen dieser Eigenschaften in uns darstellt, müssen wir uns ein wenig länger bei dieser Frage aufhalten und etwas ausführlicher darüber reden.

In ihrer Voraussicht mußte die Große Natur ob vieler wichtiger Gründe (über die später theoretische Erklärungen in den folgenden Vorlesungen gegeben werden) in den allgemeinen Bestand unserer fernen Vorfahren ein Organ hineinlegen, dessen Eigenschaften sie davor schützen sollten, nichts von dem zu sehen und zu fühlen, was in Wirklichkeit vor sich geht.

Obwohl dieses Organ später auch von derselben Großen Natur aus dem Bestand der irdischen Wesen wieder „entfernt" wurde, so ist doch auf Grund des kosmischen Gesetzes, das in den Worten formuliert ist: „die-Assimilierung-der-Resultate-oft-wiederholter-Handlungen" — wonach in jeder ‚Weltverdichtung' durch häufige Wiederholung ein und derselben Handlung eine Anlage entsteht, die unter gewissen Bedingungen ähnliche Resultate hervorrufen kann — die in unsern Urvätern entstandene gesetzmäßige Anlage erblich von Geschlecht zu Geschlecht übergegangen, und als ihre Nachkommen im Prozeß ihrer gewöhnlichen Existenz viele Verhältnisse festsetzten, die sichals der besag-ten Gesetzmäßigkeit entsprechend erwiesen, entstanden von dieser Zeit an in ihnen nach und nach die Folgen aller möglichen Eigenschaften dieses Organs, und indem diese durch erbliche Weitergabe von Geschlecht zu Geschlecht von ihnen assimiliert wurden, erwarben sie schließlich fast dieselben Manifestationen wie die ihrer Vorfahren.

Ein annäherndes Verstehen der Manifestierung dieser Folgen in uns kann uns die folgende unserer Vernunft sehr verständliche und keinen Zweifel zulassende Tatsache geben.

Wir Menschen sind alle sterblich und jeder Mensch kann in jedem beliebigen Augenblick sterben.

Nun fragt es sich, kann ein Mensch sich wirklich den Prozeß seines eigenen Todes vorstellen und ihn in seinem Bewußtsein sozusagen „erleben"?

Nein! Seinen eigenen Tod und das gesamte Erlebnis dieses Prozesses kann sich der Mensch sogar beim besten Willen niemals vorstellen.

Der gewöhnliche Mensch von heute kann sich den Tod eines anderen Menschen vorstellen, doch auch das nicht vollends.

Er kann sich zum Beispiel vorstellen, daß ein Herr Müller aus dem Theater kommt und beim Überschreiten der Straße unter ein Auto gerät und totgequetscht wird.

Oder daß ein vom Winde losgerissenes Ladenschild auf den Kopf eines Herrn Maier fällt, der zufällig vorbeigeht, und ihn auf der Stelle tötet.

Oder daß Herr Schmitt verdorbene Krebse ißt, sich vergiftet und, da ihn niemand retten kann, morgen sterben muß. Das alles kann sich ein jeder leicht vorstellen. Kann aber ein Durchschnitts-Mensch eine solche Möglichkeit, die er für Müller, Maier und Schmitt zuläßt, sich auch für sich selbst vorstellen und die ganze Verzweiflung, daß ihm ein solches Ereignis zustoßen kann, empfinden und erleben?

Denkt, was einem Menschen geschehen könnte, der die Unvermeidlichkeit seines eigenen Todes sich deutlich vorstellen und erleben könnte!

Wenn man ernst nachdenkt und wirklich tief dahinein dringen und seinen eigenen Tod erkennen würde, was könnte schrecklicher sein?

Im gewöhnlichen Leben der Menschen, besonders in der letzten Zeit, gibt es außer der niederdrückenden Tatsache der Unvermeidlichkeit des Todes, der dem Menschen unbedingt widerfahren muß, noch viele andere ähnliche Tatsachen, die in ihm schon bei der Vorstellung, daß sie ihm zustoßen könnten, das Gefühl unsagbarer und unerträglicher Verzweiflung hervorrufen.

Angenommen, daß solche heutigen Menschen, die schon endgültig alle Möglichkeiten, irgendwelche wirkliche objektive Hoffnungen für die Zukunft zu haben, verloren haben, das heißt solche, die in der Zeit ihres verantwortlichen Lebens niemals etwas „gesät" und die folglich nichts in der Zukunft zu „ernten" haben, die Unvermeidlichkeit ihres schnellen Todes erkennen würden, würden sie — allein bei diesem Gedanken — sich aufhängen.

Darin eben besteht die Besonderheit der Wirkung der Folgen der Eigenschaften des besagten Organs auf die allgemeine Psyche der heutigen gewöhnlichen Menschen, daß dank derselben in den meisten heutigen Menschen — dieser dreizentrischen Wesen, auf denen alle Hoffnungen und Erwartungen unseres Schöpfers beruhen, da sie die Möglichkeit haben, höheren Zwecken zu dienen — dieses wirkliche Entsetzen nicht erkennen und ihre Existenz ruhig fortsetzen können, dieweil sie unbewußt erfüllen, was ihnen vorausbestimmt ist, jedoch nur im Dienst der nächsten unmittelbaren Ziele der Natur, da sie wegen ihres nicht passenden anomalen Lebens jede Möglichkeit verloren haben, höheren Zwecken zu dienen.

Durch diese Folgen kommt es in der Psyche solcher

Menschen nicht nur nicht zur Erkenntnis dieses Entsetzens, sondern sie denken sich sogar zu ihrer Selbst-Beruhigung alle möglichen phantastischen Erklärungen aus, die ihrer naiven Logik einleuchten, sowohl für das, was sie tatsächlich empfinden, als auch für das, was sie gar nicht empfinden.

Wenn zum Beispiel die Lösung der Frage, warum uns die Fähigkeit, verschiedene mögliche wirkliche Entsetzen, insbesondere das Entsetzen unseres eigenen Todes, in Wirklichkeit zu empfinden fehlt, sagen wir, zur „brennenden-Tagesfrage" würde, wie es mit einigen Fragen im heutigen Leben der Menschen periodisch geschieht, so würden aller Wahrscheinlichkeit nach alle einfachen Sterblichen wie auch alle sogenannten „Gelehrten" kategorisch eine Lösung finden und ohne eine Minute zu zweifeln mit Schaum am Munde beweisen, daß, was die Menschen tatsächlich davor bewahrt, solche Entsetzen zu erleiden, eben ihr eigener „Wille" ist.

Zugegeben, daß dem so ist, warum schützt uns dann nicht dieser angeblich in uns vorhandene Wille vor allen kleinen Ängsten, die wir auf Schritt und Tritt erleben?

Damit ihr, worüber ich soeben spreche, mit eurem ganzen Wesen empfindet und versteht, und nicht nur mit eurer, sagen wir „Gedanken-Hurerei", die zum Unglück unserer Nachkommen schon zur Haupt-Inhärenz der heutigen Menschen geworden ist, stellt euch nun bloß folgendes vor:

Ihr geht heute nach der Vorlesung nach Hause, zieht euch aus und legt euch zu Bett, und in dem Moment, wo ihr euch mit der Decke zudeckt, springt eine Maus unter dem Kissen hervor, läuft über euren Körper und versteckt sich in den Falten der Decke.

Gesteht nur offen, läuft euch nicht schon beim bloßen Gedanken an eine solche Möglichkeit ein Schauer über den ganzen Körper?

Stimmt das vielleicht nicht?

Versucht jetzt, bitte, eine Ausnahme zu machen und ohne Teilnahme irgendeiner in euch fest eingeprägten, nennen wir es „subjektiven-Gefühlstuerei" nur mit eurem Denken allein über einen solchen Vorfall nachzudenken, der euch widerfahren kann, und ihr selbst werdet dann erstaunt sein, warum ihr eigentlich so darauf reagiert.

Was ist denn so Schreckliches dabei?

Es ist doch nur eine gewöhnliche Hausmaus, ein ganz ungefährliches und harmloses Tierchen.

Nun frage ich euch, wie kann man zur Erklärung all des Gesagten den in jedem Menschen angeblich vorhandenen Willen anführen?

Wie kann man in Einklang bringen, daß der Mensch vor einem zaghaften sich selbst vor allem fürchtenden Mäuschen und vor tausend anderen ähnlichen Kleinigkeiten, die ihm vielleicht sogar niemals zustoßen werden, Angst hat und daß er gleichzeitig kein Entsetzen vor der Unvermeidlichkeit seines eigenen Todes empfindet?

Auf jeden Fall ist es unmöglich, einen solchen offensichtlichen Widerspruch mit dem Wirken des vielgepriesenen menschlichen Willens zu erklären.

Wenn wir diesen Widerspruch nüchtern betrachten, ohne jede Voreingenommenheit, das heißt ohne fertige Begriffe, die durch die Klügeleien aller möglichen sogenannten „Autoritäten" — die zu solchen hauptsächlich dank der „Naivität" und „Mitläuferei" der Menschen geworden sind — erzielt worden sind, wie auch ohne die in unserem Denken entstehenden Resultate, die von der anomalen Erziehung abhängen, so wird es ohne jeden Zweifel klar, daß alle diese kleinen Entsetzen, durch die im Menschen der Wunsch sich aufzuhängen, wie wir schon gesagt haben, nicht entsteht, von der Natur selbst in einem solchen Maß gestattet werden, als sie für unseren gewöhnlichen Existenzprozeß nötig sind.

VOM AUTOR

Und tatsächlich könnten ohne sie, ohne diese verschiedenen im objektiven Sinne kleinen, wie man sagt „im-Nu-verschwindenden", aber für uns scheinbar „nie-zuvor-da-gewesenen-Entsetzen" keine Erlebnisse wie Freude, Kummer, Hoffnung, Enttäuschung und so weiter in uns vor sich gehen, und wir könnten nicht die verschiedenen Sorgen, Triebe, Streben haben, wie überhaupt viele verschiedene Impulse, die uns handeln und etwas erstreben und nach einem Ziele trachten lassen.

Und es ist eben die Gesamtheit all dieser automatisch im Durchschnittsmenschen entstehenden und vor sich gehenden — wie man sie nennen könnte — „kindischen-Erlebnisse", die einerseits sein Leben ausmacht und erhält und die ihm andererseits weder die Möglichkeit noch die Zeit gibt, die Wirklichkeit zu sehen und zu fühlen.

Wenn dem heutigen Durchschnittsmenschen die Möglichkeit gegeben wäre, zu empfinden oder sich wenigstens mit seinen Gedanken daran zu erinnern, daß er irgendwann an einem bestimmten ihm bekannten Zeitpunkt, zum Beispiel morgen, oder in einer Woche, oder einem Monat, oder erst in einem Jahr, oder in zwei Jahren sterben würde, ganz sicher sterben würde, was würde dann, so fragt man, was von all dem, was sein Leben bisher ausgefüllt und ausgemacht hat, übrigbleiben?

Alles würde für ihn seinen Sinn und seine Bedeutung verlieren. Was wäre dann schon der Orden, den er gestern für vieljährigen Dienst erhalten hat und der ihm solche Freude gemacht hat, und was gälte der von ihm erst unlängst bemerkte, vielversprechende Blick der Frau, die bis jetzt das Objekt seines beständigen und bisher ergebnislosen Begehrens war, und die Zeitung beim Morgenkaffee und der ehrerbietige Gruß des Nachbarn auf der Trep-pe und das Theater abends und Erholung und Schlaf und alle seine Lieblingssachen — wozu nur das alles?

Das alles würde nicht länger die Bedeutung haben, die

man ihm bis dahin gegeben hat, sobald man weiß, daß der Tod, wenn auch erst in fünf oder zehn Jahren, einen ereilt.

Kurzum, der Durchschnittsmensch kann nicht und darf nicht seinem Tod, wie man sagt „in-die-Augen-schauen" — sonst würde er mit einem Mal sozusagen den „Boden-unter-den-Füßen" verlieren, und vor ihm würde dann in ihrer ganzen Schroffheit die Frage auftauchen: Wozu und wofür leben und leiden und plagen wir uns denn?

Damit eben eine solche Frage nicht entstehe, hat die Große Natur — in der Überzeugung, daß im allgemeinen Bestand der meisten Menschen sich schon alle den dreizentrischen Wesen eigenen Faktoren für würdige Manifestationen nicht mehr länger bilden — voraussichtig und weise sie dadurch geschützt, daß sie die Entstehung verschiedener Folgen solcher in dreizentrischen Wesen jetzt vorhandenen unwürdigen Eigenschaften zugelassen hat, die beim Fehlen würdiger Anstrengungen dazu führen, sie die Wirklichkeit nicht wahrnehmen und empfinden zu lassen.

Und die Große Natur war gezwungen, sich dieser im objektiven Sinne Anomalität anzupassen, weil durch die von den Menschen selbst eingerichteten Verhältnisse ihres gewöhnlichen Lebens die sich verschlechternde Qualität ihrer für Höhere Allkosmische Zwecke erforderlichen Ausstrahlungen zur Erhaltung des Gleichgewichts eine Vermehrung der Quantität der Entstehungen und Existenzen dieser Leben dringend erforderte.

Daraus folgt, daß das Leben im allgemeinen dem Menschen nicht für ihn selbst gegeben ist, sondern daß sein Leben für die besagten Höheren Kosmischen Zwecke nötig ist, weswegen die Große Natur dieses Leben überwacht, damit es in einer mehr oder weniger erträglichen Form verläuft und dafür sorgt, daß es nicht vorzeitig aufhört.

Füttern, schützen, pflegen doch auch wir unsere Schafe

und Schweine und machen ihnen das Leben nach Möglichkeit bequem?

Machen wir das, weil wir ihr Leben ob ihres Lebens schätzen?

Nein, wir machen all das, um sie eines schönen Tages zu schlachten und das von uns benötigte Fleisch und soviel Speck als möglich zu erhalten.

In derselben Weise trifft die Natur Vorkehrungen, damit wir leben ohne unser Entsetzen zu sehen, und uns nicht aufhängen, sondern lange leben, und dann, wenn sie uns braucht — schlachtet sie uns.

Unter den jetzt für das gewöhnliche Leben der Menschen bestehenden Verhältnissen ist dies ein unabänderliches Natur-Gesetz geworden.

Es gibt in unserem Leben einen gewissen sehr großen Zweck, und wir alle müssen diesem großen gemeinsamen Zweck dienen — darin liegt die ganze Bestimmung und der Sinn unseres Lebens.

Alle Menschen ohne Ausnahme sind Sklaven dieses „Großen", und alle müssen sich ihm widerspruchslos unterwerfen und müssen ohne Einschränkung und Kompromisse erfüllen, was jedem von uns vorausbestimmt ist, als Folge der auf ihn gekommenen Vererbung und des von ihm selbst erworbenen Seins.

Indem ich nach all dem hier Eingeschobenen zum Hauptthema der heute hier gehaltenen Vorlesung zurückkehre, will ich Eurem Gedächtnis die einige Male zur Definition des Menschen gebrauchten Ausdrücke „echter Mensch" und „Mensch-in-Anführungsstrichen" zurückrufen und zum Schluß Folgendes sagen:

Wenn auch beide, sowohl der echte-Mensch, der schon ein persönliches „Ich" erworben hat, als auch der Mensch-in-Anführungsstrichen, der ein solches nicht hat, Sklaven des besagten „Großen" sind, so besteht doch der Unterschied zwischen ihnen, wie ich schon gesagt habe, darin, daß der erste, der sich seiner Sklaverei bewußt ist, die Möglichkeit erwirbt, gleichzeitig mit dem Dienst für die all-universelle-Verwirklichung auch einen Teil seiner Manifestationen gemäß der Voraussicht der großen Natur für sich selbst zu dem Zweck zu verwenden, ein „unvergängliches-Sein" zu erwerben, wogegen der zweite, der seine Sklaverei nicht erkennt, im Laufe seines ganzen Existenz-Prozesses ausschließlich nur als ein Ding dient, das, nachdem die Natur seiner nicht mehr länger bedarf, auf immer verschwindet.

Um das soeben von mir Gesagte verständlicher und bildhafter zu machen, wird es sehr nützlich sein, das menschliche Leben im allgemeinen mit einem großen Strom zu vergleichen, der aus verschiedenen Quellen entspringt und über die Oberfläche unseres Planeten fließt, und das Leben jedes einzelnen Menschen mit einem Tropfen Wasser, der mit unzähligen anderen zusammen die Gesamtheit dieses Lebensstromes ausmacht.

Dieser Strom fließt zuerst als Ganzes durch ein verhältnismäßig ebenes Tal, und an der Stelle, wo die Natur einen sogenannten „ungesetzmäßigen-Kataklysmus" erlitten hat, teilt er sich in zwei Ströme, oder wie man auch sagt, der Strom erfährt eine „Teilung der Wasser".

Dabei gerät die ganze Wassermasse des einen Stromes bald nach dem Passieren dieser Stelle in noch flachere Täler ohne sogenannte ‚majestätische und malerische' Szenerien auf beiden Seiten, die sie aufhalten könnten, und mündet dann in den offenen Ozean.

Der zweite Strom, der sein Fließen über Stellen, die als Folgen des „ungesetzmäßigen-Kataklysmus" entstanden sind, fortsetzt, fließt schließlich in die Spalten der Erde, die auch die Folge desselben Kataklysmus sind, und sickert ins Innere der Erde hinein.

Obgleich von der Teilung der Wasser an das Wasser beider Ströme selbständig weiterfließt und sich die Ströme nie mehr vereinen, kommen sie sich doch in ihrem weiteren Lauf oft so nahe, daß verschiedene Resultate, die sich aus dem Prozeß ihres Fließens ergeben, miteinander verschmelzen und sogar manchmal während großer atmosphärischer Erscheinungen, als da sind Sturm, Wind und so weiter, Wasserstäubchen und sogar einzelne Tropfen von einem Bett ins andere geraten.

Das Leben jedes einzelnen Menschen, bevor er verantwortliches Alter erreicht hat, entspricht einem Tropfen Wasser im anfänglichen Fließen des noch ungetrennten Stromes, und die Stelle, wo die Scheidung der Wasser stattfindet, entspricht der Zeit, in der der Mensch mündig wird.

Nach dieser Trennung wird jede weitere gesetzmäßige große Bewegung des Stromes und auch die kleinen untergeordneten Bewegungen für die Verwirklichung der im voraus festgesetzten Bestimmung des ganzen Stromes gleicherweise auf die einzelnen Tropfen übertragen, insofern sich diese Tropfen in der Gesamtheit dieses Stromes befinden.

Für den Tropfen selbst haben seine eigenen Umlagerungen, Richtungen und Zustände, die von der Verschiedenheit seiner Lage und durch verschiedene zufällig entstandene ihn umgebende Verhältnisse bedingt werden, und ebenso die Beschleunigung oder Verzögerung des Tempos seiner Bewegung, immer ganz zufälligen Charakter.

Für die Tropfen gibt es keine Vorherbestimmung ihres persönlichen Schicksals; eine Vorherbestimmung des Schicksals gibt es nur für den ganzen Strom.

Im anfänglichen Fließen des Stromes ist der Tropfen einmal hier, einmal dort, und nach einer weiteren Minute kann er überhaupt aufhören, einer zu sein, wird aus dem Fluß herausgespritzt und verdunstet.

Da also die Große Natur ob des unwürdigen Lebens der

Menschen gezwungen war, den allgemeinen Bestand der Menschen entsprechend umzuformen, hat es sich von da an, was die allgemeine Verwirklichung alles Existierenden betrifft, so ergeben, daß das menschliche Leben im allgemeinen auf der Erde in zwei Strömen fließen muß. Und allmählich wurden von der Großen Natur entsprechende Gesetzmäßigkeiten in den Einzelheiten ihrer allgemeinen Verwirklichung vorausgesehen und festgesetzt, damit in den Wassertropfen im anfänglichen Fließen des Lebens-Stromes bei dem entsprechenden subjektiven sogenannten „Kampf-seiner-eigenen-Selbst-Verneinung" jenes „Etwas" entstehen oder nicht entstehen könne, demzufolge gewisse Eigenschaften erworben werden, durch die er an der Stelle der Trennung der Wasser dieses Lebens-Stromes in den einen oder den anderen Strom geraten kann.

Dieses „Etwas", das im allgemeinen Bestand des Wassertropfens als Faktor dient, der in ihm die Eigenschaft verwirklicht, die dem einen oder anderen Strom entspricht, ist im allgemeinen Bestand jedes Menschen, der verantwortliches Alter erreicht, jenes ‚Ich', von dem in der heutigen Vorlesung gesprochen wurde.

Der Mensch, der in seinem Bestand ein eigenes „Ich" hat, gerät in das eine Bett des Lebens-Stromes und der, der es nicht hat, in das andere.

Das weitere Schicksal jedes Tropfens im allgemeinen Lebens-Strom wird bei der „Trennung-der-Wasser" entschieden, je nachdem, in welches Bett des Stromes der Tropfen gerät.

Und es wird, wie es schon gesagt wurde, dadurch entschieden, daß einer dieser beiden Ströme schließlich in den Ozean mündet, das heißt in jenen Bereich der allgemeinen Natur, der oft den sich wiederholenden sogenannten „gegenseitigen-Stoffwechsel zwischen verschiedenen-großen-kosmischen-Konzentrierungen" durch den Prozeß des sogenannten „Pochdalidschantscha" erfährt, und von

VOM AUTOR

dem übrigens die heutigen Menschen ein Teilchen erfassen und „Zyklone" nennen, wodurch der Tropfen Wasser die Möglichkeit hat, so wie er ist, in die nächst-höhere Verdichtung zu evolvieren.

Und der andere Strom dringt, wie auch schon gesagt wurde, am Ende seines Fließens in die Spalten der Erde, in die „unteren-Regionen" ein, wo er in dem unaufhörlich im Inneren des Planeten vor sich gehenden Prozeß, den man „Involutions-Konstruktion" nennt, sich in Dampf verwandelt und sich in entsprechende Sphären für neue Entstehungen verteilt.

Obgleich nach der Scheidung der Wasser die großen und die kleinen aufeinanderfolgenden Gesetzmäßigkeiten und Einzelheiten für die äußere Bewegung zwecks der Verwirklichung der im voraus festgesetzten Bestimmung beider Ströme aus denselben kosmischen Gesetzen stammen, sind doch die aus ihnen entstehenden Resultate je nach den beiden Strömen entsprechend ‚subjektiviert', und obgleich sie selbständig zu funktionieren beginnen, helfen und unterstützen sie einander doch dauernd. Diese „subjektivierten" zweitrangigen Resultate, die aus kosmischen Grundgesetzen stammen, funktionieren manchmal nebeneinander, stoßen manchmal zusammen oder kreuzen einander, vermischen sich jedoch nie. Die Wirkung dieser „subjektivierten" zweitrangigen Resultate kann sich manchmal unter besonderen Verhältnissen auch nur auf die einzelnen Tropfen übertragen.

Für uns heutige Menschen liegt das Grundübel darin, daß wir — ob verschiedener von uns selbst eingerichteter Verhältnisse unserer gewöhnlichen Existenz, hauptsächlich durch die anomale sogenannte ‚Erziehung' —wenn wir verantwortliches Alter erreichen und den allgemeinen Bestand haben, der nur jenem Lebens-Strom entspricht, der schließlich in die „unteren Regionen" mündet, in diesen Fluß geraten und es uns dahinträgt, wie er will und wohin er will; und ohne über die Folgen nachzudenken, gehen wir passiv mit und werden weiter und weiter getrieben.

Solange wir passiv bleiben, können wir es nicht vermeiden, nicht nur einzig und allein als ein Mittel für die „involutionäre Konstruktion" der Natur zu dienen, sondern sind auch im Laufe unseres ganzen weiteren Lebens sklavisch allen möglichen blinden Zufallslaunen ausgesetzt.

Da die Mehrzahl der hier versammelten Hörer schon die Schwelle zum verantwortlichen Alter, wie man sagt, „überschritten" hat und offen einsieht, daß sie bisher ihr eigenes „Ich" nicht erworben hat, und gleichzeitig nach allem, was ich hier im wesentlichen gesagt habe, sich keine besonders angenehmen Perspektiven ausmalt, werde ich, damit ihr, gerade ihr, die das einsieht, nicht allzu sehr, wie man sagt, „den-Mut-sinken" läßt, und nicht in den üblichen und den im heutigen anomalen Leben der Menschen herrschenden sogenannten „Pessimismus" verfällt, ganz aufrichtig, ohne jeden Hintergedanken sagen, auf Grund meiner Überzeugungen, die sich durch langjährige Untersuchungen bildeten und sich auf zahlreiche ganz ungewöhnlich durchgeführte Experimente stützen, auf deren Resultaten das von mir gegründete „Institut-für-die-Harmonische-Entwicklung-des-Menschen" begründet ist: auch für euch ist es noch nicht zu spät.

Die besagten Untersuchungen und Experimente haben mir nämlich sehr deutlich und sehr bestimmt gezeigt, daß die für alles sorgende Mutter Natur den Wesen die Möglichkeit gegeben hat, zum Kern ihres Wesens, das heißt zu ihrem „Ich" auch nach dem Beginn ihres verantwortlichen Alters zu gelangen.

Die Voraussicht der gerechten Mutter Natur besteht in diesem Fall darin, daß sie uns die Möglichkeit gegeben hat, unter gewissen inneren und äußeren Verhältnissen aus dem einen Strom in den anderen überzugehen.

Der zu uns aus undenklich fernen Zeiten gekommene

VOM AUTOR

Ausdruck „die-erste-Befreiung-des-Menschen" bedeutet eben diese Möglichkeit des Überganges aus dem einen Strom, dem es vorausbestimmt ist, in die unteren Regionen zu verschwinden, in den anderen Strom, der in das weite Reich des grenzenlosen Ozeans mündet.

Von einem in den anderen Strom überzugehen, ist nicht so einfach: einfach zu wollen und hinüber zu gelangen. Dazu ist es erstens notwendig, in sich die Gegebenheiten bewußt zu kristallisieren, die in unserem allgemeinen Bestand den dauernden unauslöschlichen Impuls des Wunsches nach einem solchen Übergang hervorrufen und dann eine lange entsprechende Vorbereitung.

Zu diesem Übergang ist es vor allem notwendig, sich von allem, was euch als ein „Segen" erscheint, was aber in Wirklichkeit nur sklavisch und automatisch erworbene Gewohnheiten sind, die im ersten Lebensstrom vorkommen, freizumachen.

Mit anderen Worten, man muß für das einem zur Gewohnheit gewordene gewöhnliche Leben sterben.

Eben von diesem Tod wird in allen Religionen gesprochen.

Und dasselbe wird durch den vom fernen Altertum auf uns gekommenen Spruch ausgedrückt: „Ohne-Tod-keine-Auferstehung" — das heißt, wenn du nicht stirbst, kannst du nicht auferstehen.

Der Tod, von dem hier gesprochen wird, ist nicht der Tod des Körpers, denn für einen solchen Tod braucht es keine Auferstehung.

Wenn es eine Seele gibt, noch dazu eine unsterbliche, so kann sie auf eine Auferstehung des Körpers verzichten. Die Auferstehung ist auch nicht notwendig, um vor dem Herrgott beim Jüngsten Gericht zu erscheinen, wie uns die Kirchenlehrer gelehrt haben.

Nein! Sogar Jesus Christus und alle anderen von Oben gesandten Propheten haben von dem Tod gesprochen, der noch während dieses Lebens sich vollziehen kann, nämlich vom Tod jenes „Tyrannen", von dem unsere Sklaverei während dieses Lebens herrührt und von der Befreiung, von der allein die erste und hauptsächlichste Befreiung des Menschen abhängt.

Wenn man alles zusammenfaßt, sowohl die Gedanken, die in der Vorlesung, die ihr gehört habt, ausgeführt sind wie auch was ich heute hinzugefügt habe, nämlich betreffs der zwei Kategorien der heutigen Menschen, die, was ihren inneren Gehalt angeht, nichts miteinander gemein haben, und was die bedauerliche Tatsache angeht, die meine Hinzufügung bis zu einem gewissen Grad herausbringt, daß nämlich im allgemeinen Bestand der Menschen in der letzten Zeit ob der progressiv sich verschlimmernden von ihnen festgesetzten Verhältnisse ihres gewöhnlichen Lebens — hauptsächlich ob des falschen Erziehungssystems der heranwachsenden Generation — die verschiedenen Eigenschaften des Organs Kundabuffer viel intensiver zu entstehen begannen, halte ich es für notwendig, auch noch zu sagen und sogar zu betonen, daß ohne Ausnahme alle Mißverständnisse, die im Prozeß des gemeinschaftlichen Lebens entstehen, hauptsächlich was die Beziehungen der Menschen untereinander angeht, alle Meinungsverschiedenheiten, Streitigkeiten, Auseinandersetzungen und voreiligen Entschlüsse — nämlich solche Entschlüsse, die, wenn man sie in die Tat umsetzt, den fortdauernden Prozeß „des Gewissensbisses" in einem entstehen lassen — und sogar solche großen Ereignisse wie Krieg, Bürgerkrieg und andere ähnliche Unglücke allgemeinen Charakters gerade ob der im allgemeinen Bestand vorhandenen Eigenschaft jener Menschen vorkommen, die nicht eigens an sich gearbeitet haben, die ich diesmal so nennen würde: „dic-in-des-Menschen-Auffassung-ganz-verdrehte-Widerspiegelung-der-Wirklichkeit".

Jeder Mensch, der imstande ist, auch nur ein wenig

ernst nachzudenken, ohne sich, sagen wir, mit seinen Leidenschaften „zu identifizieren", muß dem zustimmen, sei es auch nur, daß er die sich im Prozeß seines inneren Lebens oft wiederholende Tatsache in Betracht zieht, daß all seine Erlebnisse, die anfangs, das heißt, wenn sie zuerst geschehen, als noch nie dagewesen und wirklich schrecklich erscheinen, nach Verlauf schon ganz geringer Zeit, wenn diese Erlebnisse von anderen abgelöst werden und ihm diese ersteren zufälligerweise wieder einfallen, sie dann, wenn er schon in einer anderen Stimmung ist, seinem logischen Urteil nach „nicht-einen-roten-Heller-wert" erscheinen.

Die Resultate des Denkens und Fühlens im Durchschnittsmenschen bringen es oft dahin, daß, wie man es ausdrücken kann, „eine-Mücke-zu-einem-Elefanten-wird-und-ein-Elefant-zu-einer-Mücke".

Die Manifestierung dieser verderblichen Eigenschaft im allgemeinen Bestand der besagten Menschen verwirklicht sich besonders intensiv gerade während solcher Ereignisse wie Krieg, Revolution, Bürgerkrieg und so weiter.

Gerade während solcher Ereignisse manifestiert sich besonders schroff der sogar von ihnen selbst festgestellte Zustand, dessen Einfluß sie alle mit wenigen Ausnahmen verfallen und den sie „Massenpsychose" nennen.

Das Wesentliche dieses Zustandes besteht darin, daß die Durchschnittsmenschen in ihrem ohnedies schwachen und während dieser Zeit noch schwächeren Denken einen Schock durch die böswilligen Geschichten irgendeines Verrückten erhalten, und indem sie im vollen Sinn des Wortes Sklaven dieser böswilligen Geschichten werden, manifestieren sie sich vollständig automatisch.

Solange sie unter der Wirkung einer solchen Geißel stehen, die für die heutigen gewöhnlichen „Menschen" schon eine von ihnen untrennbare Inhärenz geworden ist, ist jenes Heilige, das da „Gewissen" genannt wird, schon nicht mehr länger in ihrem Bestand zu finden, und die Gegebenheiten, um dieses Gewissen erwerben zu können, sind eben das, womit die Große Natur die Menschen als gottähnliche Geschöpfe im Unterschied zum Tier ausgestattet hat.

Unterrichtete Leute bedauern aufrichtig gerade diese Inhärenz in den heutigen Menschen, weil historischen Gegebenheiten und auch experimentellen Aufklärungen vieler echter Gelehrter vergangener Epochen zufolge die Große Natur schon längst keine Notwendigkeit mehr für eine solche Erscheinung wie Massenpsychose zu ihrem Equilibrium nötig hat; im Gegenteil, eine solche periodisch in den Menschen entstehende Inhärenz zwingt die Große Natur zu immer neuen Anpassungen, zum Beispiel zur Vermehrung der Geburtenzahl, Veränderung des sogenannten „Tempos-der-allgemeinen-Psyche" und so weiter.

Nach allem, was ich gesagt habe, finde ich es notwendig zu sagen und sogar zu betonen, daß allen historischen Gegebenheiten nach, die auf einige heutige Menschen gekommen und auch mir zufälligerweise bekanntgeworden sind, nämlich aus den historischen Gegebenheiten, die sich in der Vergangenheit im Leben der Menschen wirklich ereignet haben und nicht denen, die von den heutigen sogenannten „Gelehrten", hauptsächlich unter den Deutschen erdichtet werden — „Geschichten", mit denen überall auf der Erde das ganze heranwachsende Geschlecht vollgestopft wird —, es sich deutlich ergibt, daß sich die Menschen früherer Epochen nicht in zwei Lebensströme geteilt haben, sondern daß alle in einem Lebensstrom flossen.

Das allgemeine Leben der Menschheit hat sich in zwei Ströme erst zur Zeit der sogenannten ‚Tikliamischen-Zivilisation' geteilt, die der Babylonischen Zivilisation unmittelbar voranging.

VOM AUTOR

Eben von da an begann allmählich und bürgerte sich schließlich jene Organisation im Leben der Menschheit endgültig ein, die, wie jeder vernünftig denkende Mensch feststellen muß, jetzt nur dann mehr oder weniger erträglich verlaufen kann, wenn sich die Menschen in Herren und Sklaven teilen.

Obwohl es des Menschen unwürdig ist, Herr oder Sklave im gemeinsamen Existieren mit ihm ähnlichen Kindern des GEMEINSAMEN VATERS zu sein, so muß man sich doch durch die in der Jetztzeit im Prozeß des gemeinsamen Lebens der Menschen existierenden und schon fest eingewurzelten Verhältnisse, deren Anfang aus dem fernen Altertum stammt, damit aussöhnen und sich auf einen Kompromiß einlassen, der nach unparteiischer Überlegung sowohl unserem persönlichen Wohl entsprechen als auch gleichzeitig keinem für uns Menschen eigens von dem „Urquell-alles-Existierenden" gegebenen Geboten widersprechen soll.

Ein solcher Kompromiß ist meiner Meinung nach möglich, wenn einige Menschen es bewußt zum Hauptziel ihrer Existenz machen, in ihrem Bestand alle entsprechenden Gegebenheiten zu erwerben, um Herr zu werden unter den Wesen ihresgleichen um sie herum.

Wenn wir davon ausgehen und nach dem aus ältesten Zeiten stammenden Spruch handeln, der da sagt, „Um-wirklich-ein-gerechter-und-guter-Altruist-zu-sein,-ist-es-unvermeidlich-erforderlich,-zuerst-durch-und-durch-ein-Egoist-zu-sein", und ferner auch von dem uns von der großen Natur gegebenen gesunden Menschenverstand Gebrauch machen, muß jeder von uns es sich zum Hauptziel setzen, im Prozeß unseres gemeinsamen Lebens Herr zu werden.

Allerdings nicht Herr in dem Sinn und der Bedeutung, die die heutigen Menschen diesem Worte beimessen, nämlich in dem Sinn und der Bedeutung, daß er viele Sklaven und viel Geld, das meistens erblich auf ihn gekommen ist, hat, sondern in dem Sinne, daß der betreffende Mensch durch seine im objektiven Sinne gottgefälligen Taten den Menschen seiner Umgebung gegenüber, das heißt Taten, die er nur nach den Angaben seiner reinen Vernunft vollbringt, ohne daß jene Impulse teilnehmen, die in ihm wie überhaupt in allen Menschen durch die erwähnten Folgen der Eigenschaften des verderblichen Organs Kundabuffer entstehen, jenes „Etwas" in sich erwirbt, was von selbst allen um ihn herum befiehlt, sich zu beugen und alle seine Befehle mit Ehrfurcht auszuführen.

Ich betrachte jetzt die erste Serie meiner Schriften als beendet und in einer Form beendet, die sogar mich selbst befriedigt.

Auf jeden Fall gebe ich mein Wort, von morgen an selbst nicht mehr fünf Minuten meiner Zeit an diese erste Serie zu verschwenden.

Und bevor ich mich an die Bearbeitung der zweiten Serie meiner Schriften begebe, um auch ihr eine von meinem Standpunkt aus jedermann zugängliche Form zu geben, will ich einen ganzen Monat hindurch ruhen, positiv nichts schreiben und zur Aufmunterung meines bis zum äußersten ermüdeten Organismus „l-a-n-g-s-a-m" die noch übrigen fünfzehn Flaschen des „über-ober-überhimmlischen-Nektars" schlürfen, den man jetzt auf Erden „alten-Calvados" nennt.

Ich bin übrigens würdig gewesen, diesen ‚alten-Calvados' in siebenundzwanzig Flaschen zufällig in einer Mischung aus Kalk, Sand und feingehacktem Stroh zu finden, als ich vor einigen Jahren eine Grube zur Aufbewahrung von Mohrrüben in den Kellern meines jetzigen ständigen Haupt-Wohnsitzes grub.

Diese Flaschen mit dieser göttlichen Flüssigkeit waren aller Wahrscheinlichkeit nach von Mönchen an dieser Stelle vergraben worden, die einst hier, fern von weltlichen Versuchungen, an der Rettung ihrer Seele gearbeitet haben.

Es scheint mir jetzt irgendwie, daß diese Flaschen nicht ohne Absicht hier vergraben waren, sondern daß dank dem in ihnen vorhandenen sogenannten „intuitiven-Scharfblick" sie vorausgesehen haben, daß die vergrabene göttliche Flüssigkeit in würdige Hände geraten würde, die für solche Sachen Verständnis hätten, wobei die Gegebenheiten dazu, wie man annehmen muß, sich in ihnen durch ihr gottgefälliges Leben gebildet haben. Und tatsächlich begeistert diese Flüssigkeit den Besitzer, in dessen Hände sie geriet, um die bessere Weitergabe des Sinnes der Ideale, auf die sich die Gemeinschaft dieser Mönche gründete, auf die folgenden Geschlechter aller Ehren wert zu unterstützen und zu fördern.

Ich will während dieser von jedem Standpunkt aus verdienten Erholung diese wunderbare Flüssigkeit langsam schlürfen, die mir in den letzten Jahren allein die Möglichkeit gegeben hat, ohne Qual die mir ähnlichen Bestien um mich herum zu ertragen, allerlei neuen Anekdoten zuzuhören und manchmal, wenn es an neuen mangelte, auch alten, vorausgesetzt, daß es meisterliche Erzähler waren.

Es ist jetzt Mittag, und da ich mir mein Wort gegeben habe, nichts mehr, doch erst von morgen ab, für diese erste Serie zu schreiben, so habe ich noch Zeit und kann, ohne mein Wort zu brechen, mit reinem Gewissen auch noch hinzufügen, daß ich mich schon vor ein oder zwei Jahren kategorisch entschloß, von den Schriften, die ich veröffentlichen werde, nur die erste Serie jedermann zugänglich zu machen, und was die zweite und dritte Serie anbelangt, sie nicht jedem zugänglich zu machen, sondern ihre Verbreitung so zu organisieren, um unter anderem durch sie eine der Hauptaufgaben zu verwirklichen, die ich mir unter Wesenseid vorgenommen habe und die darin besteht, schließlich allen meinen Zeitgenossen sowohl theoretisch als auch praktisch die Absurdität der ihnen allen eigenen Idee über die angebliche Existenz einer gewissen „anderen-Welt" mit dem so schönen und viel gepriesenen „Paradies" und der so entsetzlichen ‚Hölle' auch unbedingt zu beweisen und zur selben Zeit theoretisch darzutun und es später unbedingt praktisch zu erreichen, daß auch jedes „volle-Opfer" der heutigen Erziehung mit Schaudern verstehe und wisse, daß „Hölle" und „Paradies" tatsächlich existieren, jedoch nicht irgendwo in der anderen Welt, sondern zusammen mit ihnen auf dieser Erde.

Wenn alle Bücher der ersten Serie gedruckt sein werden, beabsichtige ich, zur Verbreitung des Inhalts der zweiten Serie allgemein zugängliche öffentliche Lesungen zu veranstalten.

Und was die echten, unbedingt verständlichen, objektiven Wahrheiten betrifft, die in der dritten Serie beleuchtet sind, so will ich diese Serie ausschließlich nur jenen unter den Zuhörern der zweiten Serie meiner Schriften zugänglich machen, die von eigens dazu vorbereiteten Leuten nach von mir schon ausgearbeiteten Instruktionen ausgewählt werden.